会展管理核心课程创新系列教材

张河清　张玉明　主编

会展企业管理

（第二版）

袁亚忠　主　编
曾玲芝　陈　辉　副主编

中山大学出版社
SUN YAT-SEN UNIVERSITY PRESS

·广州·

版权所有　翻印必究

图书在版编目（CIP）数据

会展企业管理/袁亚忠主编；曾玲芝，陈辉副主编．—2版．—广州：中山大学出版社，2016.7

（会展管理核心课程创新系列教材/张河清，张玉明主编）

ISBN 978-7-306-05709-9

Ⅰ.①会… Ⅱ.①袁… ②曾… ③陈… Ⅲ.①展览会—企业管理—高等学校—教材 Ⅳ.①G245

中国版本图书馆 CIP 数据核字（2016）第 117569 号

出 版 人：	徐　劲
策划编辑：	翁慧怡
责任编辑：	翁慧怡
封面设计：	林绵华
责任校对：	陈　霞
责任技编：	何雅涛
出版发行：	中山大学出版社
电　　话：	编辑部 020-84111996，84113349，84111997，84110779
	发行部 020-84111998，84111981，84111160
地　　址：	广州市新港西路 135 号
邮　　编：	510275　　　传　真：020-84036565
网　　址：	http://www.zsup.com.cn　E-mail:zdcbs@ mail.sysu.edu.cn
印 刷 者：	广州家联印刷有限公司
规　　格：	787mm×1092mm　1/16　22.75 印张　433 千字
版次印次：	2010 年 8 月第 1 版　2016 年 7 月第 2 版　2016 年 7 月第 3 次印刷
定　　价：	38.00 元

如发现本书因印装质量影响阅读，请与出版社发行部联系调换

"会展管理核心课程创新系列教材"编委会

顾问：马　勇
主编：张河清　张玉明
编委：（按姓氏拼音为序）
　　　陈　玲　　陈　辉　　方　东　　胡　林　　姜　倩
　　　李　星　　彭思量　　茹虹玮　　唐文林　　吴开军
　　　邬国梅　　袁亚忠　　于　丹　　曾玲芝　　张河清
　　　张颖华　　张玉明

内 容 简 介

本教材是在 2010 年 8 月出版的《会展企业管理》（第一版）的基础上修订的。

会展企业是会展经济运行的主体和微观基础。本书根据企业管理的基本原理，结合会展业的具体实际，对会展企业管理的理论和实务进行了概况性和系统性的论述，具体内容包括会展企业管理概述、会展企业战略管理、会展企业组织与制度管理、会展项目管理、会展企业营销与策划管理、会展企业信息管理、会展企业客户关系管理、会展企业财务管理、会展企业危机管理、会展企业人力资源管理和会展企业文化。

本书从现代企业的角度来探讨会展企业的经营管理，内容新颖，体例独特，并结合国内外会展业发展的热点和难点问题，力求把握会展企业管理的前沿动态；注重理论与实践的结合，例证丰富，说理清楚，每一章均配有学习目标、本章小结、基本概念、复习思考题和综合案例，便于读者系统地学习和掌握各章内容。

本书既可以作为高等院校会展专业教材用书，又可作为会展从业人员的工作参考书，也可供广大有志从事会展行业工作的人员自学使用。

丛书主编简介

张河清，男，湖南新宁人。现任广州大学旅游学院（中法旅游学院）院长，管理学教授、博士，先后入选教育部"新世纪优秀人才支持计划"、广东省"千百十"人才工程省级培养对象、广州市"羊城学者"中青年学术带头人；主要从事区域旅游经济、城市发展与会展旅游、旅游营销管理等教学与研究工作。

主要社会和学术兼职有："教育部高等学校旅游管理类专业教学指导委员会"委员，"广东省本科院校旅游管理类专业教学指导委员会"副主任，中国自然资源学会资源工程专业委员会副主任，中国人类学民族研究会民族旅游专业委员会副主任，国家自然科学基金、社科基金、教育部社科规划项目通讯评审专家，广东省财政厅、省旅游局旅游发展专家团成员，旅游规划咨询评审专家，广东省首批旅游A级景区评定委员；先后被湛江市、梅州市、清远市、韶关市、惠州市、江门市等十多个市（县）聘为旅游发展高级顾问。

曾先后担任湘潭大学党委办公室副主任，湘潭大学旅游管理学院党委书记，湖南省人文社科重点研究基地"红色旅游研究基地"首席专家，广东财经大学（原广东商学院）旅游学院院长等职。

迄今为止，已主持国家自然科学基金项目2项、国家社科基金项目1项、部省级科研课题9项；主持完成30多项地方政府和旅游企事业单位委托的旅游规划与策划横向课题研究工作；在《旅游学刊》《经济地理》等国内外学术期刊发表论文100余篇，出版著作6部。曾获国家旅游局优秀学术成果奖1项、省级优秀教学成果奖1项、其他教学科研奖励20多项。

张玉明，广东揭阳人。营销学教授、硕士生导师。历任南昌大学经济与管理学院副院长、侨联主席，广东财经大学（原广东商学院）旅游与环境学院副院长、校务委员、会展研究中心主任、会展管理专业负责人等。现任广东外语外贸大学南国商学院国际工商管理学院院长、企业创新与发展研究中心主任、会展管理专业负责人。主要研究方向为工商管理和会展管理。

主要学术兼职：中国会展经济研究会会员、中国国际贸易学会会议与展览专业委员会理事、全国国际商务会展管理培训认证考试专家委员会专家、会展管理高级策划师、广东省商业经济学会理事等。

迄今为止，主持或参与完成国家级、省厅级等课题30余项，协助主持世行课题1项；出版专著和教材5部，发表论文70余篇，其中会展方面的课题18项、论文40余篇、教材3部。科研成果获省级社会科学优秀成果二等奖3项；中国会展经济研究会科研成果一等奖1项、二等奖2项；其他奖多项。主讲多门会展课程，连续多年获课堂教学质量优秀奖。

总　序

我们这套会展管理核心课程创新系列教材是与 2010 年第一届会展经济与管理专业本科生的毕业论文撰写同步启动的。在目前我国会展教材总量并不算少的情况下，我们依然反复酝酿并长期准备编写会展教材，是因为有一个无法放弃、无法割舍的既定目标。这个目标就是：吸收目前已有的所有会展教材（包括本土教材与引进版教材）和会展研究成果的精华，结合我国会展实业和会展教育的发展情况，立足会展专业本科层次的人才培养，兼顾会展专业专科层次的人才培养和会展业从业人员的自学与深造，选择得到公认的主干课程（第一批 10 种），集会展管理专业教师团队多年的实践教学经验和研究成果，集会展管理专业教师的智慧和心血，打造我国会展专业适用、好用的教材，为会展专业人才的培养和培训贡献我们的绵薄之力。

首先，我们力图实现主干课程之间教学内容的科学分割。目前，我国已经出版的会展教材在不同课程内容上的多处重复是一个令人非常头疼和棘手的问题。对此，本系列教材编著单位进行了多次研讨和认真梳理，提出了各种内容调整方案。例如，将"会展经济学"更名为"会展产业经济"：以产业经济的分析和研究为课程的主干，适当结合微观经济学、城市经济学、地理经济学、信息经济学等课程的相关理论，对会展经济进行阐述；严格地从经济学的角度提出问题、分析问题并解决问题，避免与会展概论、会展导论、会展管理、会展营销等课程冲突与重复。再如，《会展企业管理》教材借鉴了管理学和企业管理等课程的相关理论，从企业的角度来探讨会展的经营管理，内容新颖，对会展企业管理的理论和实务进行了全面系统的阐述，其内容涵盖战略管理、组织与制度管理、项目管理、营销与策划管理、客户关系管理、信息管理、财务管理、危机管理、人力资源管理、企业文化等方面，填补了目前《会展企业管理》教材的空白。

其次，我们力图达到单门课程内容体系的科学完整。具体要求是：每一位编著者必须跳出按实际操作来安排教材章节和内容的窠臼，每门课程都要追溯到有紧密联系、可以为我所用和必须为我所用的理论源头，并将其与新兴的会展产业结合，完整构建各门课程的理论体系、应用框架和操作程序，使课程既有理论又有操作，用理论指导实践，从而实现与职业教育专业教材以操作为主的特点严格区别开来，使之更适合本、专科层次的人才培养，也有利于其他层次教育和培训的提升。例如，《会展服务管理》教材的内容体系是：前五章以会展服务的实务与操作为主，后五章以会展服务管理的理论与方法为主。该书的理论与方法部分主要包括会展服务管理的基本理论与常用方法、会展服务需求预测、会展服务流程设计、会展服务质量管理、会展服务人员管理（包括会展实习生、见习生、志愿者等外部服务人员的管理），使得该书的内容体系更加科学和完整，很多内容都是首次在同类教材中出现。

再次，我们力图实现教材的内容体系与国际接轨并体现中国特色，同时达到一定的理论深度。我们要求编著者充分参考发达国家会展管理方面的课程体系设计和相同课程的内容选择，并根据我国教学实践的需要，适当地进行梳理和消化，使教材能够与国际最新教材体系接轨。例如，《会展旅游》教材就是在充分借鉴国内外同类教材的基础上完成的。该教材从我国高校开设会展专业的实际出发，遵循教材编排的一般规律，注重将最新的科研成果贯穿始终，使之既符合教材体例，又能反映会展旅游的国内外最新发展动态，具有很强的时效性和科学性。会展旅游消费者行为、会展旅游产业集群、会展旅游核心竞争力评价、会展旅游目的地形象策划与品牌管理等内容都是首次在《会展旅游》教材中出现，具有明显的创新特色和一定的理论深度。

最后，我们力图实现讲授和自学的好读好懂、好用适用。教材的每章在正文之前配以学习目标，进行导学和提示；在正文当中穿插小案例、图表、小链接，帮助学生理解和分析；在正文之后增加小结、关键词和复习思考题，便于学生回顾和记忆；最后配以综合案例和案例讨论题。本套丛书每种教材的谋篇布局环环相扣、逻辑严密、层次清晰、追踪前沿、解剖案例、传授技巧、教习结合、学练叠成。全套教材可作为会展专业本、专科生的专业教材，也可供会展从业人员培训使用和对会展有兴趣的各界人员自学使用。

总之，实现主干课程之间教学内容的科学分割、单门课程内容体系的科学完整、内容体系与国际接轨并体现中国特色、达到一定的理论深度、好读好懂、好用适用，是本套教材编写人员和出版单位共同的追求和期望。

本套教材将是会展专业教师们多年研究心得的总汇及多年教学经验的集

成；同时，还包括老师们来不及发表的学术成果和在研的问题及课题。我们真诚地期待更多的良师益友参与探索，对本套教材的不足之处提出批评和指导意见。

"会展管理核心课程创新系列教材"编委会

顾问：马　勇　教授

教育部高等学校旅游管理教学指导委员会副主任

2015 年 7 月

目 录

第一章 会展企业管理概述 ……………………………………………… (1)

学习目标 ……………………………………………………………… (1)
第一节 会展企业的类型和特点 ……………………………………… (1)
 一、会展企业的概念和类型 ……………………………………… (1)
 二、会展企业的特点 ……………………………………………… (2)
第二节 会展企业管理的主要内容和研究方法 ……………………… (3)
 一、会展企业管理的定义和功能系统 …………………………… (3)
 二、会展企业管理的主要内容 …………………………………… (5)
 三、会展企业管理的研究方法 …………………………………… (6)
第三节 会展企业管理的理论基础和理论发展趋势 ………………… (8)
 一、会展企业管理的理论基础 …………………………………… (8)
 二、会展企业管理理论的发展趋势 ……………………………… (12)
本章小结 ……………………………………………………………… (17)
本章关键词 …………………………………………………………… (17)
复习思考题 …………………………………………………………… (17)
综合案例 ……………………………………………………………… (17)

第二章 会展企业战略管理 …………………………………………… (19)

学习目标 ……………………………………………………………… (19)
第一节 战略管理概述 ………………………………………………… (19)
 一、战略与战略管理的定义 ……………………………………… (19)
 二、战略管理的特点 ……………………………………………… (20)
 三、战略管理的作用 ……………………………………………… (21)
 四、战略管理的过程 ……………………………………………… (22)
第二节 会展企业战略环境分析 ……………………………………… (22)

一、会展企业外部环境分析 …………………………………………… (22)
　　二、会展企业内部环境分析 …………………………………………… (28)
　第三节　会展企业战略目标的确定 ………………………………………… (35)
　　一、企业使命和企业战略目标的定义 ………………………………… (35)
　　二、会展企业战略目标的作用 ………………………………………… (36)
　　三、会展企业战略目标的内容 ………………………………………… (36)
　　四、会展企业战略目标体系 …………………………………………… (37)
　　五、会展企业战略目标制定过程 ……………………………………… (37)
　　六、会展企业战略目标制定原则 ……………………………………… (38)
　第四节　会展企业战略的制定、评价和选择 ……………………………… (38)
　　一、会展企业战略类型 ………………………………………………… (38)
　　二、会展企业战略制定 ………………………………………………… (42)
　　三、会展企业战略评价和选择 ………………………………………… (43)
　第五节　会展企业战略的实施和控制 ……………………………………… (50)
　　一、会展企业战略实施 ………………………………………………… (50)
　　二、会展企业战略控制 ………………………………………………… (55)
　本章小结 ……………………………………………………………………… (59)
　本章关键词 …………………………………………………………………… (59)
　复习思考题 …………………………………………………………………… (60)
　综合案例 ……………………………………………………………………… (60)

第三章　会展企业组织与制度管理 ………………………………………… (63)

　学习目标 ……………………………………………………………………… (63)
　第一节　会展企业组织 ……………………………………………………… (63)
　　一、会展企业组织概述 ………………………………………………… (63)
　　二、会展企业组织运作特点 …………………………………………… (64)
　第二节　会展企业组织结构设计 …………………………………………… (66)
　　一、会展企业组织结构设计的特殊性 ………………………………… (66)
　　二、会展企业组织结构设计的原则 …………………………………… (67)
　　三、会展企业组织设结构计的影响因素 ……………………………… (70)
　　四、会展企业组织结构设计的任务 …………………………………… (72)
　　五、会展企业组织结构设计的内容 …………………………………… (73)
　　六、会展企业组织结构设计的步骤 …………………………………… (77)
　　七、会展企业常见的组织结构类型 …………………………………… (79)

第三节　会展企业制度管理 (83)

一、会展企业制度的定义 (83)

二、会展企业制度的特征 (84)

三、会展企业制度的内容 (85)

四、会展企业制度的制定 (87)

五、会展企业制度化管理 (90)

本章小结 (91)

本章关键词 (91)

复习思考题 (92)

综合案例 (92)

第四章　会展项目管理 (94)

学习目标 (94)

第一节　会展项目与项目管理 (94)

一、项目的定义及其特征 (94)

二、项目管理的定义、特征及其发展历程 (96)

三、会展项目的定义、特征及其类型 (98)

四、会展项目管理的定义、过程及其发展趋势 (100)

第二节　会展项目管理的实施 (102)

一、会展项目启动 (102)

二、会展项目规划 (105)

三、会展项目执行 (108)

四、会展项目结束 (109)

第三节　会展项目评估 (110)

一、会展项目评估的定义、目的和特点 (110)

二、会展项目评估的内容 (112)

三、会展项目评估的程序 (115)

本章小结 (117)

本章关键词 (117)

复习思考题 (117)

综合案例 (117)

第五章　会展企业营销与策划管理 (120)

学习目标 (120)

第一节　会展企业营销信息与调研 …………………………………（120）
　　一、会展企业营销的定义 ……………………………………（120）
　　二、会展企业营销信息系统 …………………………………（121）
　　三、会展企业营销调研 ………………………………………（123）
第二节　会展企业营销战略 …………………………………………（127）
　　一、会展市场细分 ……………………………………………（127）
　　二、选择目标市场 ……………………………………………（131）
　　三、会展市场定位 ……………………………………………（133）
第三节　会展企业营销策略 …………………………………………（134）
　　一、会展企业产品策略 ………………………………………（134）
　　二、会展企业产品定价策略 …………………………………（137）
　　三、会展企业营销渠道策略 …………………………………（140）
　　四、会展企业促销策略 ………………………………………（142）
第四节　会展策划 ……………………………………………………（144）
　　一、会展策划的定义、特点和原则 …………………………（144）
　　二、会展策划的内容和程序 …………………………………（147）
本章小结 ………………………………………………………………（150）
本章关键词 ……………………………………………………………（151）
复习思考题 ……………………………………………………………（151）
综合案例 ………………………………………………………………（151）

第六章　会展企业信息管理 …………………………………………（157）

学习目标 ………………………………………………………………（157）
第一节　会展企业信息管理概述 ……………………………………（157）
　　一、信息的概念与特征 ………………………………………（157）
　　二、会展信息的概念与内容 …………………………………（160）
　　三、信息管理与会展信息管理 ………………………………（160）
第二节　会展企业管理信息系统 ……………………………………（161）
　　一、会展管理信息系统概述 …………………………………（161）
　　二、会展管理信息系统的组成和作用 ………………………（163）
　　三、会展管理信息系统的功能模块与结构 …………………（164）
　　四、会展管理信息系统的评价 ………………………………（166）
第三节　会展企业信息化管理 ………………………………………（167）
　　一、信息化与信息化管理 ……………………………………（167）

二、会展现场信息化管理 …………………………………………… (168)
　　三、会展办公信息化管理 …………………………………………… (171)
　　四、会展网上信息化管理 …………………………………………… (172)
本章小结 ……………………………………………………………………… (172)
本章关键词 …………………………………………………………………… (173)
复习思考题 …………………………………………………………………… (173)
综合案例 ……………………………………………………………………… (173)

第七章　会展企业客户关系管理 …………………………………………… (177)

学习目标 ……………………………………………………………………… (177)
第一节　会展企业客户关系管理概述 ……………………………………… (177)
　　一、会展企业客户的类型 …………………………………………… (177)
　　二、会展企业客户关系管理的内涵 ………………………………… (179)
　　三、会展企业客户关系管理的目标和作用 ………………………… (180)
　　四、会展企业客户关系管理的技术支持 …………………………… (181)
第二节　会展企业客户关系管理的内容、流程和策略 …………………… (182)
　　一、会展企业客户关系管理的内容 ………………………………… (182)
　　二、会展客户关系管理的流程 ……………………………………… (183)
　　三、会展客户关系管理的策略 ……………………………………… (185)
第三节　会展企业客户关系管理系统的实施 ……………………………… (187)
　　一、会展企业客户关系管理系统的功能 …………………………… (187)
　　二、会展企业客户关系管理系统总体框架 ………………………… (188)
　　三、会展企业实施客户关系管理系统应该注意的问题 …………… (190)
本章小结 ……………………………………………………………………… (192)
本章关键词 …………………………………………………………………… (192)
复习思考题 …………………………………………………………………… (192)
综合案例 ……………………………………………………………………… (192)

第八章　会展企业财务管理 …………………………………………………… (198)

学习目标 ……………………………………………………………………… (198)
第一节　会展企业财务管理概述 …………………………………………… (198)
　　一、会展企业财务管理的定义 ……………………………………… (198)
　　二、会展企业财务管理的内容 ……………………………………… (199)
　　三、会展企业财务关系 ……………………………………………… (201)

四、会展企业财务管理的目标及其原则 …………………… (203)
　　五、会展企业财务管理的方法 ………………………………… (206)
　第二节　会展企业财务预算管理 ……………………………………… (210)
　　一、会展企业项目预算 ………………………………………… (211)
　　二、会展企业部门预算 ………………………………………… (212)
　　三、会展企业财务预算的执行与控制 ………………………… (213)
　第三节　会展企业财务风险与防范 …………………………………… (213)
　　一、会展企业财务风险的表现 ………………………………… (214)
　　二、会展企业财务风险的防范与控制 ………………………… (215)
　第四节　会展企业融资管理 …………………………………………… (218)
　　一、会展企业的融资方式 ……………………………………… (218)
　　二、会展企业负债融资 ………………………………………… (219)
　　三、会展企业负债融资时需要考虑的因素 …………………… (221)
　第五节　会展企业财务报表 …………………………………………… (222)
　　一、会展企业财务报表的内容 ………………………………… (222)
　　二、会展企业财务报表分析 …………………………………… (222)
本章小结 ……………………………………………………………………… (227)
本章关键词 …………………………………………………………………… (227)
复习思考题 …………………………………………………………………… (228)
综合案例 ……………………………………………………………………… (228)

第九章　会展企业危机管理 ……………………………………………… (230)

学习目标 ……………………………………………………………………… (230)
　第一节　会展企业危机管理概述 ……………………………………… (230)
　　一、会展企业危机管理的相关概念 …………………………… (230)
　　二、会展企业危机的类型 ……………………………………… (233)
　　三、会展企业加强危机管理的意义 …………………………… (237)
　　四、会展企业危机管理的程序 ………………………………… (238)
　第二节　会展企业危机预警管理 ……………………………………… (239)
　　一、企业危机预警管理的实践 ………………………………… (240)
　　二、会展企业危机预警管理的对策 …………………………… (242)
　第三节　会展企业危机处理与恢复 …………………………………… (248)
　　一、会展企业危机处理的原则 ………………………………… (249)
　　二、会展企业危机处理的一般步骤 …………………………… (250)

三、会展企业危机处理的对策 …………………………………… (252)
　　四、会展企业危机的恢复 ………………………………………… (260)
　本章小结 ………………………………………………………………… (261)
　本章关键词 ……………………………………………………………… (261)
　复习思考题 ……………………………………………………………… (261)
　综合案例 ………………………………………………………………… (262)

第十章　会展企业人力资源管理 …………………………………… (263)

　学习目标 ………………………………………………………………… (263)
　第一节　会展企业人力资源管理概述 ………………………………… (263)
　　一、会展企业人力资源及人力资源管理的定义 ………………… (263)
　　二、我国会展企业人力资源状况 ………………………………… (266)
　　三、会展企业人力资源管理的意义 ……………………………… (270)
　第二节　会展企业员工招聘 …………………………………………… (271)
　　一、会展企业员工招募 …………………………………………… (272)
　　二、会展企业员工甄选 …………………………………………… (274)
　　三、会展企业员工录用和评估 …………………………………… (277)
　第三节　会展企业员工培训和开发 …………………………………… (279)
　　一、会展企业员工培训和开发概述 ……………………………… (279)
　　二、会展企业员工培训和开发过程 ……………………………… (281)
　　三、会展企业员工培训和开发机制 ……………………………… (285)
　第四节　会展企业员工绩效管理 ……………………………………… (287)
　　一、会展企业员工绩效管理概述 ………………………………… (288)
　　二、会展企业员工绩效管理的过程 ……………………………… (291)
　　三、会展企业员工绩效管理的方法 ……………………………… (293)
　第五节　会展企业员工激励 …………………………………………… (295)
　　一、激励概述 ……………………………………………………… (296)
　　二、会展企业员工激励存在的问题 ……………………………… (299)
　　三、会展企业员工激励机制 ……………………………………… (300)
　本章小结 ………………………………………………………………… (303)
　本章关键词 ……………………………………………………………… (304)
　复习思考题 ……………………………………………………………… (304)
　综合案例 ………………………………………………………………… (304)

第十一章　会展企业文化 (306)

学习目标 (306)
第一节　会展企业文化概述 (307)
一、会展企业文化的概念和特征 (307)
二、会展企业文化的内容 (310)
三、会展企业文化的功能 (312)
四、会展企业文化的结构 (315)
第二节　会展企业的物质文化 (315)
一、会展企业产品 (316)
二、会展企业环境 (317)
三、会展企业容貌 (320)
四、会展企业广告 (321)
五、会展企业产品包装和设计 (321)
第三节　会展企业的行为文化 (322)
一、会展企业领导层的行为 (322)
二、会展企业英雄人物的行为 (324)
三、会展企业员工的群体行为 (326)
第四节　会展企业的制度文化 (328)
一、会展企业制度文化的定义和作用 (328)
二、会展企业组织结构的制度文化 (330)
第五节　会展企业的精神文化 (330)
一、会展企业精神 (330)
二、会展企业价值观 (333)
本章小结 (334)
本章关键词 (335)
复习思考题 (335)
综合案例 (335)

主要参考文献 (338)

后记 (341)

第一章 会展企业管理概述

①了解会展企业的性质和类型;②掌握会展企业管理的基本内容和意义;③理解会展企业管理的相关理论;④熟悉会展企业管理理论的发展趋势。

第一节 会展企业的类型和特点

一、会展企业的概念和类型

(一) 企业的概念和类型

企业是社会生产力和商品经济发展到一定阶段的产物,是市场经济的基本细胞。作为一种经济组织形态,企业是指依法设立、以营利为目的、从事生产经营活动、独立核算的经济组织。

在现代社会经济中,企业有各种各样的类型,有的从事物质资料的生产,如制造企业、建筑企业、农业企业、与资源采掘相关的企业等;有的从事商品的流通,如商业企业、贸易企业等;有的从事金融和保险业务,如银行、保险公司等;还有许多从事信息咨询、市场调研、商贸流通以及提供劳务服务的企业,如管理咨询公司、市场调查公司、展览公司以及旅游公司等。

(二) 会展企业的概念和类型

简单地说,会展业是围绕会议、展览、大型节事活动等集体性活动的举办而形成的综合性服务贸易行业,是第三产业的重要组成部分。会展企业是会展产业为社会创造经济价值的载体。具体来说,会展企业是指依托各类会展场馆和相关设施,从事会议、展览和节事活动的策划、组织和经营管理等相关活动,以营利为主要目标,具有相对独立性的经济组织。

现代会展产业包含的范围十分广泛,既包括各种类型的专业会议(如协会会议、公司会议等),也包括展览会(如博览会、交易会、贸易洽谈会、展销会等),还包括各种节事活动(如节日庆典、大型活动、体育赛事等)以及奖励旅游等。会展内容的多样性和广博性,决定了会展企业类型的多样性和复杂性。根据不同的标准,会展企业可以划分为以下不同的类型:

(1)按照经营业务划分,会展企业可以分为会展经营公司、会展场馆公司,以及为会展提供设计搭建、现场服务、安保、租赁、物流等服务的公司等。

(2)按照经营规模划分,会展企业可以分为大型会展企业、中型会展企业和小型会展企业三种类型。

(3)按照投资主体划分,会展企业可以分为国有会展企业、民营会展企业、合资会展企业、外商投资会展企业、港澳台投资会展企业等多种类型。

(4)按照与会展活动的密切程度,会展企业可以分为直接会展企业、间接会展企业和配套会展企业三种类型。直接会展企业是指直接和专门经营会展业务的企业,如专业会议组织公司(PCO)、专业展览组织公司(PEO)或组展商、场馆经营公司等;间接会展企业是指除了为会展业提供服务外,同时也为社会其他部门和人员提供服务的企业,如广告媒体、酒店餐馆、交通运输、零售、银行、通讯等公司;配套会展企业是指为会展企业提供配套产品或服务的相关企业,如设备租赁、清洁卫生、现场服务、安保、物流等公司。

二、会展企业的特点

会展企业作为企业的具体类型,既有一般企业的共性特征,又有其专有的特征,具体表现在以下四个方面:

(1)对基础设施和环境的依赖性。会展企业主要是利用会展场馆和相关设施设备的功能、空间以及其他产业所提供的产品和服务为参展商、采购商、与会者和观众提供服务。会展产业是服务产业,会展活动的开展显著地依赖其他产业的产品和服务作为中间投入的生产要素,与国民经济其他产业的关联性很强,会展业的发展会拉动其他产业相关部门的发展。因此,一个地区和城市的经济发达程度、基础设施建设、市政工程配套、资源环境、物资配套以及水电能源消耗等,对该地区和城市会展企业的发展具有重要影响。

(2) 经营的敏感性。由于会展活动本身受国内外政治、经济、文化、外交以及恐怖事件、自然灾害、疾病流行等多种因素的影响,会展企业的经营活动往往具有较强的敏感性。对外在环境变化的敏感性,导致会展企业的经营活动存在较大的波动性。因此,会展企业必须关注各种突发事件发生的可能性,不断提高企业的抗风险能力,同时对会展企业的发展应保持充分的信心。

(3) 服务的时效性。通常情况下,会展活动往往是在特定的时间和地点举办,因而具有一定的时空条件约束。这就要求会展企业必须在会展活动举办的特定时间和特定地区内,为参展商、采购商、与会者和观众提供及时有效的服务,才能取得经营的最大效益。

(4) 先进设备和劳务服务并存。会展活动既需要高水平的策划和设计,也需要设施先进的现代化场馆支撑,更需要提供相应的劳务服务,如展台搭建、交通、物流、金融、餐饮、住宿等。一次会展活动往往需要大量的先进设施设备来有效地展示,也需要高质量的服务,这样才能真正满足客户的需求,实现会展活动的持续稳定开展。

第二节 会展企业管理的主要内容和研究方法

一、会展企业管理的定义和功能系统

(一) 会展企业管理的定义

会展企业管理既具有一般企业管理的共性,又有其自身的特性。简单地说,会展企业管理,就是会展企业最大化利用自身的资源以实现企业目标的活动过程。根据管理学的基本理论,结合会展企业实际,会展企业管理可以定义为:会展企业管理者在了解市场需求的前提下,遵循科学的理论和原则,运用各种管理方法,对企业所拥有的有形与无形等综合资源进行有效的决策、计划、组织、指挥、协调和控制,使各项资源要素得以合理配置,以实现企业所预期的战略目标。

会展企业管理的基本要素,可以归纳为履行职能、利用资源、应用技术、把握能力、实现目标、激励发展六个方面。具体如图1-1所示。

```
            ┌ 履行职能：计划、组织、指挥、控制等
            │ 利用资源：人力、物力、财力、信息等
            │ 应用技术：标准、评价方法、控制措施等
管理人员 ┤ 把握能力：沟通、领导、激励、评价等
            │ 实现目标：个人的、部门的、公司的
            └ 激励发展：员工、管理者、会展企业满足客户和企业及其成员的愿望
```

图 1-1　会展企业管理的基本要素

资料来源：约瑟夫·M.普蒂等：《管理学精要：亚洲篇》，丁慧平等译，机械工业出版社1999年版。

（二）会展企业管理的功能系统

会展企业管理的功能系统是会展企业正常运行的保证，它是会展企业管理者运用管理职能开展会展企业经营活动以实现企业目标的过程。会展企业管理的功能系统如图1-2所示。

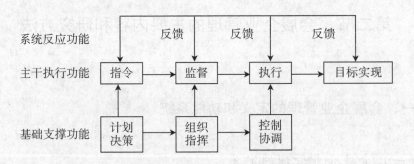

图 1-2　会展企业管理的功能系统

该功能系统由三个层面组成，即基础支撑功能、主干执行功能和系统反应功能。

基础支撑功能是会展企业经营活动的先行功能，它为主干功能提供行动方案和科学依据。决策和计划是以调查研究和预测为基础，确定企业目标和计划方案，并形成一个个具体的指令下达各部门、各环节以便于执行。组织指挥则是为落实计划去合理有效地配置资源，并设计相应的机构、岗位和规章制度来监督和保证各项指令的到位和执行。控制和协调功能是根据计划指令的进度，协调各种关系，控制管理过程及成本消耗，纠正偏差，最终保证目标的实现。

主干执行功能是会展企业运行的主体,也是体现会展企业经营管理活动的实质性功能。会展企业的各种决策计划只有通过具体的指令并监督执行才能实现企业目标。该功能也是会展企业创造效益的源泉。

系统反应功能及时反馈企业运行各环节的问题与信息,以不断完善企业运行质量,是保证会展企业循环高效运行的重要环节。由于系统反应功能一般不会影响到某一个具体的执行功能,因此往往容易被忽视。会展企业要实现快速、健康和可持续发展,必须十分重视系统反应功能的作用。

上述三种功能相辅相成,基础功能支撑主干功能,提供科学方案、机构和制度等;主干功能有效实施,发挥最佳效益;反馈功能及时反应,实现良性循环,从而保证会展企业的运行效率。

二、会展企业管理的主要内容

企业管理是一个庞大而复杂的系统,涉及企业经营管理活动的方方面面。国外有学者认为,企业管理的基本要素包括人事、金钱、方法、机器、物料、市场和工作精神七个方面,因为这七个英文单词的首字母都是 M,所以又简称为"七 M 要素"。①人事(Men),包括员工的招聘、培训、考核、奖惩、升降和任免等;②金钱(Money),包括筹集资金、预算控制、成本、财务分析、资本营运等;③方法(Methods),包括战略经营、计划、决策、质量管理、作业研究、工作设计等;④机器(Machines),包括企业布局、工作环境、工艺装备、设施等;⑤物料(Material),包括材料的采购、运输、储存、验收等;⑥市场(Market),包括市场需求预测、生产决策以及价格和销售策略制定等;⑦工作精神(Morale),包括提高工作效率,把员工的热情、兴趣、志向引导到生产或工作上,发挥员工的积极性和创造性。

同样,会展企业管理也是一个复杂的系统,包含的内容涉及诸多方面,具体有如下九个方面:

(1)会展企业战略与计划管理。具体包括:①会展企业战略环境分析,包括经济、政治、社会文化、政府政策、行业态势与竞争等;②会展企业战略类型比较与核心竞争力培育;③会展企业战略选择与资源配置;④会展企业计划制订;⑤会展企业计划指标体系建设;⑥会展企业计划落实的手段与措施。

(2)会展企业组织与制度管理。具体包括:①会展企业组织设计原则与要求;②会展企业组织结构与岗位设置;③会展企业组织制度建设;④会展企业管理层级与责权体系确定;⑤会展企业组织风格与个性。

(3)会展企业项目管理。具体包括:①会展企业项目管理类型;②会展企业项目管理过程；③会展企业项目管理方法；④会展企业项目管理评估。

（4）会展企业营销策划与公共关系管理。具体包括：①会展企业市场调研与分析，包括对市场环境、客户行为、竞争形势等方面的判断与研究；②会展企业整体营销计划的确定，以及4P［Product（产品）、Price（价格）、Place（渠道）、Promotion（促销）］营销基本要素的把握；③会展企业营销策划技术的运用与方案的设计，CIS［Corporate Identity System（企业形象识别系统）］理念的导入；④会展企业的市场开拓、销售渠道与销售方式的选择；⑤会展企业顾客关系管理；⑥会展企业公共形象的树立与公共关系的维系。

（5）会展企业信息与效率管理。具体包括：①会展企业信息系统的建立，包括硬件设备与软件配套；②会展企业信息操作流程与规章制度的制定；③会展企业信息系统平台安全管理；④会展企业信息系统的高效开发与合理利用。

（6）会展企业财务与风险管理。具体包括：①会展企业资金筹集管理；②会展企业项目投资风险管理；③会展企业成本利润管理；④会展企业财务制度建立与管理；⑤会展企业经济效益的考核。

（7）会展企业危机与预警管理。具体包括：①会展企业安全制度建设与组织体系；②会展企业危机类型与危害分析；③会展企业危机预警体系的建立；④会展企业危机管理教育。

（8）会展企业人力资源管理。具体包括：①会展企业人员定编定岗与招聘管理；②会展企业员工职业生涯设计与素质要求；③会展企业员工的绩效考核与薪酬设计；④会展企业人力资源的激励与培训开发；⑤会展企业人力资源的有效利用与保护。

（9）会展企业文化与价值体系构建。具体包括：①会展企业文化与价值体系构建；②会展企业文化建设措施与方法；③会展企业个性文化的形成与宣传；④会展企业核心价值理念的构建。

三、会展企业管理的研究方法

会展企业管理学涉及会展管理学与企业管理学的相关领域，因此，会展管理学和企业管理学的一般研究方法也适用于会展企业管理的研究。具体来说，会展企业管理的研究方法主要有系统研究法、实证调研法和比较研究法三种。

（一）系统研究法

系统研究的方法是将会展企业管理的外部环境、市场、政府政策等要素和内部的人、财、物、信息等资源放在一个有机的系统中进行分析和研究，而不是孤立地研究某个要素,从而清晰地识别系统与外部环境之间以及系统内的各要素之间的平衡关系,进而发挥会展企业管理的综合职能,实现会展企业管理系统的合理有效运行。

在研究会展企业经营管理的过程中,既要善于把握系统的整体性分析方法,也要能够运用解剖分析的方法,以便具体研究会展企业系统的某一个部门或环节存在的问题。与此同时,还应该运用动态的观点来看问题,应看到会展企业管理系统本身处在不断发展变化过程之中,会展企业管理系统内的各种因素也在不断地发展变化,因此,要随时把握会展企业管理实践中出现的新问题和研究的热点,从而保持会展企业管理学的先进性和科学性。

(二) 实证调研法

会展企业的经营管理尽管在很多方面有一些规律可循,但绝对没有完全相同的两个会展企业,每一个会展企业都有自己的个性,因此,要求在具体分析某一个会展企业时,尤其是为会展企业提供咨询诊断时,一定要亲临会展企业做实地调研,收集会展企业经营管理各个方面的数据、发展背景资料和现实的管理状况。实证调研法强调直接的访谈、观察、记录、测试等方法和手段的运用。当然,调研目的不同,就需要有针对性地设计不同的调查问卷,例如,为会展企业做薪酬设计、绩效考核,或者是做市场分析,其所需要的调查问卷和考察内容是不一样的。实证调研法对于会展企业的个案分析是一种十分有效的方法。

(三) 比较研究法

比较研究法是一种具有广泛运用价值的科学研究方法,应用在会展企业管理学中,一方面可以比较会展企业内部各部门的效益、成本、资源利用等各方面的水平,从而找出会展企业内部的优势和核心竞争力;另一方面,还可以用于不同会展企业的对比,分析不同会展企业在会展业构成中的分工与竞争关系。此外,对不同国家和地区的会展企业做比较分析,还可以找到会展企业管理发展的特色和规律,为会展企业制定科学的决策服务,同时也可以研究会展企业的发展历程,为探索会展企业管理的一般规律服务。

第三节　会展企业管理的理论基础和理论发展趋势

一、会展企业管理的理论基础

(一) 管理科学理论

管理科学的发展是随着社会生产力的发展而逐渐发展的，它是现代会展企业管理的基石。从管理科学的发展历程来看，管理科学理论大致可以分为古典管理理论和现代管理理论两个发展阶段。

1. 古典管理理论

古典管理理论包括泰罗的科学管理理论、法约尔的一般管理理论和韦伯的行政组织理论。

(1) 泰罗的科学管理理论。古典管理理论发端于美国工程师弗雷德里克·泰罗（Frederick Taylor）在20世纪初创立的"科学管理"。1911年出版的泰罗撰写的《科学管理原理》一书，奠定了科学管理的基础，因此，泰罗被誉为"科学管理之父"。科学管理的主要内容包括：制定科学系统的工作方法以完成任务、使用差别计件工资制增加产量、精心选择工人并根据岗位和能力培训人才、培养工人和管理者的合作以协调集体活动、生产效率取决于员工的积极性等。在泰罗的科学管理理论指导下，企业逐渐开始用科学的管理方法代替旧的经验管理方法。

(2) 法约尔的一般管理理论。亨利·法约尔（Henry Fayol）是法国科学管理专家，管理学先驱之一。在实践和大量调查研究的基础上，法约尔于1916年出版了其代表性著作《工业管理与一般管理》，标志着一般管理理论的形成。一般管理理论的主要内容有：企业的经营包括技术、商业、财务、安全、会计和管理六种基本活动，其中管理活动是企业经营管理活动的核心；管理包括计划、组织、指挥、协调和控制五种基本职能；成功的管理应遵循14条原则，即劳动分工、权力与责任、纪律、统一命令、统一管理、个人利益服从整体利益、合理报酬、集中、等级链、秩序、平等、人员的稳定、首创精神和集体精神；管理不是专家和经理的特权和责任，而是企业全体成员的共同职责。法约尔管理思想的系统性和理论性比较强，他对管理五项职能的分析为管理科学提供了一套科学的理论框架,提出的管理原则具有普遍的意义,因此他被后世尊称为"管理理论之父"。

(3)韦伯的行政组织理论。马克斯·韦伯(Max Weber)是德国著名的社会学家,他在《社会和经济组织理论》一书中描绘了理想的行政组织模式,也就是"官僚体制"。韦伯认为,官僚体制是一种严密的、合理的、形同机器那样的社会组织,它具有熟练的专业活动、明确的权责划分、严格执行的规章制度以及金字塔式的等级服从关系等特征,从而使其成为一种系统的管理技术体系。组织要通过职务或职位而不是个人或世袭地位来管理,理想的行政组织应以合理、合法的权力为基础,没有某种形式的权力,任何组织都不能达到自己的目标。韦伯提出的组织理论为组织指明了一条制度化的组织准则,为社会发展提供了一种高效率、合乎理性的管理体制。韦伯也因此被誉为"组织理论之父"。

泰罗、法约尔、韦伯奠定了管理思想的基础,他们的理论代表了早期的管理思想,其研究涉及管理方法、管理职能、组织方式等基本的管理方面,但是都忽略了人的行为心理因素,因此在管理发展阶段中也被称为"古典管理理论阶段"。这些管理思想对当代会展企业的管理仍然具有一定的指导意义,如在会展企业业务流程与质量标准设计、组织与制度建设等方面,提供了较为普遍的模式。

2. 现代管理理论

现代管理理论是管理思想十分丰富和大力发展的阶段。在古典管理理论的基础上,许多管理学者从不同的研究角度提出了对管理学的见解,涌现出丰硕的成果。这一阶段的管理理论是现代企业管理的重要理论基础,也被称为"管理理论丛林"时期。这一时期主要有如下八大学派,它们的比较如表1-1所示。

表1-1 现代管理理论流派比较

主要学派	对管理思想的贡献	代表人物
管理过程学派	在法约尔的一般管理理论的基础上发展而来。一是相对于其他学派而言是最为系统的学派;二是确定了管理职能和管理原则,为管理活动指明了方向	哈罗德·孔茨 西里尔·奥唐奈
社会系统学派	奠定了现代组织理论的基础,主张用社会学的观点来分析和研究管理的问题。认为组织是一个协作系统,包含三个基本要素:协作愿望、共同目标、信息沟通。以管理者为核心,探讨组织内部均衡与外部相适应的条件	切斯特·巴纳德

(续表1-1)

系统管理学派	组织是一个人造的、开放的社会技术系统，与环境之间存在着交互作用，它由各个相互联系的子系统组成。该学派重视对组织结构和模式的分析，应用系统理论的范畴和原理，全面分析和研究企业及其他组织的管理活动与管理过程，并建立起系统模型以便于分析	卡斯特 罗森茨韦克 贝塔朗菲
经验主义学派	把管理看成对经验的研究，并运用案例分析作为概括管理经验的手段。成功和失败的管理经验教训能够给人们在未来如何运用有效的方法解决管理问题方面提供借鉴，管理应该侧重于实际研究而不是纯粹的理论研究	彼得·德鲁克 欧内斯特·戴尔
行为科学学派	以梅奥等人创立的人际关系学说为基础，从人的本性和需要、行为的动机等心理因素的角度研究人的行为规律，特别是研究人与人之间的关系、个人与集体之间的关系，并运用这种规律性的认识来预测和控制人的行为，以提高工作效率，实现组织的目标	梅奥 马斯洛 赫茨伯格 斯金纳 麦格雷戈
决策理论学派	认为决策是管理的核心，贯穿于整个管理过程，管理就是决策。组织是作为决策者的个人所组成的系统。西蒙把系统理论、运筹学、计算机科学和心理学综合运用于管理决策分析上，形成了有关决策过程、准则、类型及方法的较完整的理论体系	赫伯特·西蒙
管理科学学派	认为管理就是制定和运用数学模型与程序的系统，就是用数学模型和公式来表示计划、组织、控制、决策等合乎逻辑的程序，求出最优解，以达到企业的目标。该学派对管理学的精确化、数量化和科学化做出了贡献	伯法 布莱克特
权变理论学派	强调在管理中要根据组织所处内外环境变化而随机应变，针对不同情况采用相宜的管理模式和方法，没有一成不变的、普遍适用的、最好的管理模式	伍德沃德 卢桑斯 菲德勒

资料来源：吴金法：《现代企业管理学》，电子工业出版社2003年版，第32页。

当然，由于社会经济环境的变化，现代管理理论仍在不断地创新发展，许多管理学者从不同的高度、不同的角度提出了新的视角，为会展企业管理综合借鉴不同管理理论与方法提供了可资学习和吸收的依据。

（二）现代企业理论

现代企业理论又称为"企业的契约理论"，由诺贝尔经济学奖获得者、新制度经济学创始人罗纳德·科斯开辟先河。该理论是20世纪中后期主流经济学发展最为迅速、最富有成果的领域之一，与博弈论、信息经济学、激励机制设计理论和新制度经济学相互交叉与融合，大大丰富了微观经济学的内容，改进了人们对市场机制及企业组织制度运行的认识。

现代企业理论的核心观点是，企业是一系列契约（合同）的有机组合，是人们之间交易产权的一种方式。它把企业看作一种人与人之间的交易关系，认为企业行为是所有企业成员及企业之间博弈的结果，企业成员的目标函数都是约束条件下的个人效用最大化。

围绕上述核心观点，现代企业理论主要通过回答下述三个问题来展开。第一，企业为什么存在？企业的本质是什么？企业与市场的边界如何界定？第二，企业的所有权（Ownership）和委托权（Principalship）如何最优安排？企业内谁应该是委托人（Principal）？谁应该是代理人（Agent）？第三，委托人和代理人之间的契约如何安排？委托人如何监督和控制代理人？基于上述问题，现代企业理论产生了两个主要分支——交易成本理论和委托代理理论。交易成本理论侧重研究企业与市场的关系，委托代理理论主要研究企业内部组织结构与企业具体成员之间的代理关系。交易成本理论和委托代理理论都强调企业的契约性、契约的不完全性以及由此导致的企业所有权的重要性。

以科斯为代表的现代企业理论以全新的视角对企业的最基本问题进行了探讨，有助于人们从企业的最根本问题——企业的性质入手，探索企业的本质。运用现代企业理论对会展企业性质的本质进行深入的研究，指导会展企业按照经济规律开展经营活动，有利于进一步探索我国会展企业的经营管理，提高我国会展企业的竞争力。

（三）会展管理学理论

会展管理学的基本原理揭示了会展活动的本质及研究内容，其理论是会展企业管理的基础。会展管理学的研究主要是通过理论和实证等多种途径，从不同的角度和层面对会展现象的性质、形态、结构、特征、运行机理及其与社会的各种关系和影响做宏观和微观两方面的探讨，以阐明其意义、判明其演变、分析其态势，提出对应的见解。会展管理学的研究对象是会展活动的内在矛盾及其表现，任务是通过研究来认识这种矛盾的性质及其发生原因、形态结构、运动规律和它所产生的各种外部影响。会展管理学的研究方法明显地表现出多学科（包括经济学、社会学、心理学等）渗透的学术特点。

（四）会展经济学理论

会展经济学是研究会展活动所产生的经济现象和经济关系的一门学科，其基本原理构成了会展企业管理的重要理论基础。国内对会展经济理论和分析方法的研究刚刚起步，远未达到成熟的阶段。会展经济学的主要内容有：会展需求与供给、会展市场结构和运作机制、会展产业链、会展效益分析、城市经济与发展、会展市场失灵与政府参与、会展与区域经济发展等。

二、会展企业管理理论的发展趋势

管理理论是随着社会经济的环境变化和技术的更新换代而不断创新变化的。随着对管理理论的深入研究，以及企业理论的不断发展，会展企业管理也必须适应时代变化发展的要求，不断运用新思维、新技术和新方法，以适应管理理论日新月异的发展趋势。

（一）核心能力

核心能力又称为核心竞争力（Core Competitive Competence），是管理学与经济学交叉融合的理论成果。该理论最早由美国学者普拉哈拉德（C. K. Prahalad）和英国学者哈默（G. Hamel）于1990年在《哈佛商业评论》上发表的文章《企业的核心竞争力》中提出。经过众多学者的努力，核心能力理论已经确立了其在管理学理论与实践中的地位。他们认为，核心能力是在组织内部经过整合的知识和技能，尤其是关于如何协调多种生产技能和整合不同技术的知识和技能，这是一种基于技术观的核心竞争力。

核心能力的观点一经提出，立即受到了管理理论界和实践界的广泛关注。很多学者从不同的角度对核心能力理论进行了大量的研究，形成了核心能力的不同理论。以巴顿为代表的基于知识观的核心竞争力，认为核心竞争力是指具有企业特性的、不易外泄的企业专有知识和信息；以克里斯汀·奥利佛为代表的基于资源观的核心竞争力，强调资源和能力对企业获得高额利润回报和持续竞争优势的作用；以库姆斯为代表的基于组织和系统观的核心竞争力，主张核心竞争力是企业不同的管理系统、目标和价值系统、结构系统、社会心理系统的有机结合；以拉法和佐罗为代表的基于文化观的核心竞争力，指出企业核心竞争力的积累蕴藏在企业的文化中，渗透在整个组织中，它是技术核心能力、组织核心能力和文化核心能力的有机结合，不可能在企业里分散开来加以定位。由此可见，核心能力理论尚处在不断发展和完善之中。

企业核心能力是企业长期竞争优势的源泉，核心竞争力的形成要经历企业内部资源、知识、技术等积累和整合过程，并且只有当它们具有价值性、稀缺性、异质性和垄断性时才能真正形成企业的核心竞争力。企业核心能力理论的主要观点是：企业竞争力来源于企业的竞争优势及其持续性；企业竞争优势是由企业资源和能力作为基础支撑的，而持续竞争优势则来源于企业核心能力；企业学习和创新是建立并不断强化企业核心能力的根本途径。

（二）柔性管理

柔性管理是相对于传统的以规章制度为中心的刚性管理而提出来的一种以人为中心的人性化管理方法。刚性管理主要依靠规章制度来约束人，而柔性管理主要依据企业的共同价值观和文化、精神氛围进行人格化管理，是在研究人的心理和行为规律的基础上，采用非强制性方式在员工心目中产生一种潜在的说服力，从而把组织意志转变为个人的自觉行动。

柔性管理的最大特点在于主要不是依靠权威、制度约束员工，而是依靠人性解放、权力平等和民主管理，从内心深处来激发每个员工的内在潜力、主动性和创造精神，积极为企业不断开拓新的优良业绩，成为企业在激烈的全球化市场竞争中取得竞争优势的力量源泉。

企业实施柔性管理包括人、组织结构和信息三大要素，这三大要素在企业生产经营管理的各个环节中相互交错。人是柔性管理中最具柔性的资源，关键在于人是企业的主体，人通过自己的创造能力、选择能力和分析能力具备了柔性，同时人能够主动地感觉、学习和适应环境。合理的组织结构能够促进企业各个环节的柔性，适应外部环境的变化。信息则是企业获取柔性，实施各项措施和行动的强有力的支持，快速收集、存储、传播信息有助于企业迅速做出正确的决策并付诸实施。因此，企业应该与消费者建立有效的沟通渠道，生产满足消费者需求的产品，同时企业要加强内部组织的交流，减少组织内部的信息不对称。

柔性管理对于会展企业来说具有重要的作用和应用价值。实施柔性管理有助于会展企业激发员工的创造性、适应瞬息万变的市场环境和满足柔性生产的需要。会展企业实施柔性管理就必须更多地从人性管理出发，创造具有凝聚力和向心力的企业文化，从根本上激发员工的积极性与创造性。

（三）学习型组织

"学习型组织"一词最早出现在西方学者赫钦斯于1968年出版的《学习社会》一书中。20世纪70年代初，联合国教科文组织明确提出创建"学习型社会"的目标。1990年，美国学者彼得·圣吉在其所著的《第五项修炼》一书中首次将其理论化和系统化。他强调，"21世纪企业间的竞争，实质上是企业学习能力的竞争，而竞争唯一的优势是来自比竞争对手更快的学习能力"。由此，学习型组织受到越来越多企业的推崇，逐渐成为现代管理的重要表现形式。

所谓学习型组织，是指通过培养弥漫于整个组织的学习氛围、充分发挥员工的创造性思维能力而建立起来的一种有机的、高度柔性的、扁平的、符合人性的、能持续发展的组织。这种组织具有持续学习的能力，具有高于个人绩效总和的综合绩效。

学习型组织理论认为，要把企业从传统的权力控制型组织改造成为学习型组织，就必须进行以下五项修炼：

（1）建立共同的愿景目标。进行这一修炼的目的是建立生命共同体，它包括企业愿景（企业蓝图）、企业价值观、企业目的和使命以及具体目标等内容。

（2）加强团队学习。目的是为了激发群体的智慧，强化团队的向心力。

（3）改善心智模式。这项修炼要求企业的领导者和员工打破旧的思维障碍，用创新的眼光看世界。

（4）培养系统思考能力。将企业看成一个系统，考虑问题既要看到局部，又要顾及整体；既要看到当前利益，又要兼顾长远利益。

（5）追求自我超越。鼓励人们不断挑战自我，挖掘潜力，实现人生价值。

通过建立学习型组织，一方面，能够保证会展企业适应生存环境，使会展企业具备不断改进的能力，提高竞争力；另一方面，能够实现会展企业员工与工作环境的真正融合，使员工在工作中不断实现自身价值。

（四）流程再造

流程再造是指对组织的作业流程进行根本的重新思考和彻底翻新，以便在成本、品质、服务和速度上获得根本性的改善。流程再造最早由美国学者、麻省理工学院的迈克尔·哈默（M. Hammer）提出。流程再造的核心是面向顾客满意度的业务流程，而核心思想是要打破企业按职能设置部门的管理方式，代之以业务流程为中心，重新设计企业管理过程，从整体上确认企业的作业流程，追求全局最优，而不是个别最优。

哈默认为，流程再造包括以下四个连续推进的阶段：

（1）确定再造队伍。产生再造领导人，任命流程主持人，任命再造总管，必要时组建指导委员会，组织再造小组。

（2）寻求再造机会。选择需再造的业务流程，确定再造流程的顺序，了解客户需求和分析流程。

（3）重新设计流程。召开重新设计会议，运用各种思路和方法重构流程。

（4）着手再造。向员工说明再造理由，进行前景宣传，实施再造。

企业实施流程再造要遵循的原则有：

（1）围绕结果进行组织，而不是围绕任务进行组织。企业应当围绕某个目标或结果（而不是单个的任务）来设计流程中的工作。

（2）让利用流程结果的人执行流程。基于计算机的数据和专门技能越来越普及，部门和个人可以自行完成更多的工作。那些用来协调流程执行者和流程使用者的机制可以取消。

（3）将信息处理工作归入产生该信息的实际工作流程。

（4）将分散各处的资源视为集中的资源。企业可以利用数据库、电信网络和标准化处理系统，在获得规模和合作的益处的同时，保持灵活性和优良的服务。

（5）将平行的活动连接起来，而不是合并它们的结果。将平行职能连接起来，并在活动进行中而不是在完成之后，对其进行协调。

（6）将开展工作的地方设定为决策点，并在流程中形成控制。让开展工作的人员决策，把控制系统嵌入流程之中。

（7）从源头上一次性获取信息。当信息传递难以实现时，人们只得重复收集信息。如今，当我们收集到一份信息时，可以把它储存到在线数据库里，供所有需要它的人查阅。

（8）领导层要支持。流程再造要获得成功必须具备一个条件：领导层真正富有远见。除非领导层支持该工作，并能经受住企业内的冷嘲热讽，否则人们不会认真对待流程再造。为了赢得安于现状的人的支持，领导层必须表现出投入和坚持——可能再带一点狂热。

流程再造的实施策略主要有：

（1）取得高层管理者的支持。这是企业流程重组的关键因素之一。

（2）选择适当的局部业务流程为突破口进行再造。流程再造是企业组织的一种根本性变革，突破口找对了则有利于流程再造的成功。

（3）授予一线操作者决策权力。一线员工对于向顾客传送价值具有决定性作用。

（4）建立畅通的沟通渠道。企业流程再造需要全体员工的参与，同时市场也会对流程再造产生一定反应，要取得流程再造的成功必须加强信息的沟通。

对于会展企业来说，实施流程再造必须以客户为流程分析的中心和起点，以客户满意为目标，围绕客户满意设计流程和管理模式，以便实现企业和客户的双赢。

(五) 管理信息化

信息时代的到来不断改变着企业的经营方式，而且正以前所未有的速度改变着人们的消费观念。企业管理信息化是顺应时代发展的必然要求，网络技术和信息技术的不断发展，为企业管理信息化提供了技术支撑，直接导致了管理信息化。企业管理的信息化经历了电子数据处理阶段、综合数据处理阶段和系统数据处理阶段，目前正朝着网络化、信息技术集成化方向发展。企业管理信息化实现了从个人计算机到群体计算机工作网络、从孤立系统到联合系统以及从内部计算机网络到跨企业计算机网络的飞跃。

信息化的飞速发展给企业管理带来了巨大而深刻的变革：第一，信息化给企业生产、管理活动的方式带来了根本性的变革；第二，信息技术将企业组织内外的各种经营管理职能、机制有机地结合起来；第三，信息化将在许多方面改变产业竞争格局和态势；第四，信息化给企业带来了新的、战略性的机遇，促使企业对其使命和活动进行反思；第五，为了成功地运用信息技术，企业必须进行组织结构和管理方法的变革；第六，信息化对企业管理的重大挑战是如何改造企业，使其有效地运用信息技术，适应信息社会，在全球竞争中立于不败之地。

管理信息化使得企业能够突破传统的生产模式的限制，更灵活地安排企业内部资源，高效率地完成客户需要的产品，同时可以节约大量的原料和劳动力成本。

目前出现的虚拟企业正是基于信息技术而出现的，是管理信息化的直接应用。虚拟企业能够及时抓住机遇，通过信息技术的连接和协调，把不同地区的现有资源迅速组合成一种超越时空约束、依靠信息网络手段和统一指挥的经营实体，以最快的速度提供高质量、低成本的产品或服务。

(六) 客户关系管理

客户关系管理（Customer Relationship Management，简称 CRM）最早由美国 IT 咨询顾问公司 Gartnet Group 提出的。客户关系管理源于以客户为中心的管理思想，是一种先进的管理模式，它是一种基于网络、通讯、计算机等信息技术，实现企业与客户之间的信息交流互动管理系统，使企业在服务与保护客户、市场竞争、销售及支持方面形成彼此协调的全新的关系实体，为企业带来长久的竞争优势。该模式对于客户交流频繁、客户支持要求高的行业，如银行、保险、电信、航空、证券、房地产、会展、电子、医疗保健等行业具有较大的应用价值。客户关系管理不仅是一套管理软件和技术，也是一种企业经营管理理念，更是一种企业文化的体现。

客户关系管理通过导入资讯技术系统，以规范企业与客户来往的一切互动行为与资讯，有效管理企业的客户关系，针对所有的客户进行分层化区隔与差异化服务，并建立资讯架构。识别和保持有价值客户是客户关系管理的两项基本任务。客户关系管理理念已不仅停留在顾客满意层面，而是通过客户认知、客户满意、客户信任和转移成本等多种因素共同影响客户忠诚度，从而不断开发和保持对企业有价值的忠诚顾客。

客户关系管理对于会展企业来说具有重要的意义。会展企业主要以提供劳务服务为主的产品，需要员工与客户频繁交流，加强客户关系管理，从客户的角度来看，有利于减少客户为收集会展信息而付出的成本；从会展企业的角度来看，可以赢得长期忠诚的客户，从而获得企业持续发展的动力和效益。

本章小结

企业是市场经济的主体和创造价值的主要载体。会展企业是会展经济的微观基础，既有一般企业的共性，又有会展行业本身的特殊性。会展行业的特殊性决定了会展企业的不同类型及会展企业管理研究的具体内容和研究方法的特色。会展企业管理的理论基础来源于不断演进和发展的管理理论；同时，会展企业的发展又要紧密结合管理理论的发展趋势，才能不断发展完善，日趋成熟。

本章关键词

会展企业　会展企业管理　系统研究法　科学管理　管理过程学派　权变理论学派　核心能力　柔性管理　学习型组织　流程再造　管理信息化　虚拟企业　客户关系管理

复习思考题

1. 简述会展企业的类型和性质。
2. 简述会展企业管理的基本内容和研究方法。
3. 简述会展企业管理理论的发展趋势。

综合案例

全球十大展览公司与十大展览中心

据德国经济贸易展览和博览会协会（AUMA）发布的 *Review* 2014 显示，按照营业收入和展览面积，2014年全球十大展览公司和十大展览中心分别为：

全球十大展览公司（2014年）

排名	展览公司名称	国家	营业收入（百万欧元）
1	Reed Exhibitions（励展集团）	英国	1104.0
2	GL events（智奥集团）	法国	939.4
3	United Business Media（联合商业媒体集团）	英国	561.1
4	Messe Frankfurt（法兰克福博览集团）	德国	554.2
5	Messe Düsseldorf（杜塞尔多夫博览集团）	德国	411.5
6	MCH Group（MCH集团）	瑞士	373.6
7	VIPARIS	法国	316.0
8	Messe München（慕尼黑博览集团）	德国	309.4
9	Deutsche Messe（汉诺威德国博览集团）	德国	280.6
10	Messe Berlin（柏林博览集团）	德国	269.4

全球十大展览中心（2014年）

排名	展览中心名称	国家	室内面积（平方米）
1	Hannover Exhibition Center（汉诺威展览中心）	德国	463275
2	Frankfurt/Main Exhibition Center（法兰克福展览中心）	德国	366637
3	Fiera Milano（米兰展览中心）	意大利	345000
4	China Import & Export Fair Complex Guangzhou（广交会琶洲展馆）	中国	340000
5	Cologne Exhibition Center（科隆展览中心）	德国	284000
6	Dusseldorf Exhibition Center（杜塞尔多夫展览中心）	德国	262218
7	Paris-Nord Villepinte（巴黎诺德维拉品特中心）	法国	242582
8	McCormick Place Chicago（芝加哥麦考米克中心）	美国	241549
9	Fira Barcelona-Gran Vía（巴塞罗那展览中心）	西班牙	240000
10	Feria Valencia（瓦伦西亚展览中心）	西班牙	230837

注：2014年建成使用的上海国家会展中心室内展览面积40万平方米，未统计在内。

（资料来源：http://www.auma.de/en/DownloadsPublications）

■讨论题

从上述两个表中，你能发现什么问题？试论上述两表能给我们什么启发？

第二章 会展企业战略管理

学习目标

①了解战略管理的定义、特点和作用;②理解会展企业的战略管理过程;③掌握会展企业战略分析、评价与选择的一般方法;④熟悉会展企业如何通过战略管理来获得战略竞争力。

第一节 战略管理概述

一、战略与战略管理的定义

"战略"(Strategy)一词来源于希腊语"Strategos",意为"将军"。其本义是指基于对战争全局的分析而做出谋划。战略对于战争的意义在于它可以帮助决策者掌握战争全局的动态,"运筹于帷幄之中,决胜于千里之外"。在企业的经营管理过程中,战略是指企业为了实现它的长远目标和重要使命而做的长期计划和谋略。战略具有目的性,它在所采取的行动发生之前形成,体现对公司战略意图和使命的一种共识。战略作为会展企业经营管理的一项重大决策,直接关系到会展企业未来发展方向的正确与否,是决定会展企业经营管理成败的关键因素。

战略管理是指企业根据组织外部环境和内部条件设定企业的战略目标,为保证目标的正确落实和实现进行谋划,并依靠企业内部能力将这种谋划和决策付诸实施,以及在实施过程中进行控制的管理过程。由于战略的制定、战略的评价和战略的实施需要不断地对外部环境和内部条件的各种变化进行趋势分析

和预测，因而它是一种动态和连续的管理过程，使得企业可以主动对未来做出反应。因此，从动态的观点来看，战略管理是企业为获取战略竞争力而进行的一个投入、决策以及行动的完整过程。

二、战略管理的特点

战略管理是关系到企业长期性、全局性和方向性的重大决策问题，是会展企业在复杂多变的环境中谋求生存和发展的一种管理方式。同一般的管理职能（如财务、生产、销售等）相比而言，会展企业的战略管理具有如下特点：

（1）总体性。企业战略是企业发展的蓝图，所管理的是企业经营管理的一切具体活动，所追求的是企业总体效益，是通过确立企业的使命、制定企业的目标和战略来协调企业各部门的活动，实现企业整体最优。

（2）长远性。战略管理是对企业未来较长时期内（3～5年乃至更长）就企业如何生存和发展等问题进行统筹规划。战略决策者面临的问题并不是企业明天应该怎么办，而是为了应付不确定的明天，我们今天应该如何做？战略着眼于未来，是根据过去一段时间企业在经营活动中总结出来的经验和教训，以及市场变化趋势，对企业未来发展方向制定的长期方针和政策。战略管理的长远性主要表现在三个方面：目标的长远性、环境的长远性和措施的长远性。

（3）指导性。战略管理规定了企业在一定时期内基本的发展目标，同时也指出了实现这一目标的基本途径，指导和激励企业全体员工努力工作。

（4）现实性。战略管理的全过程都是建立在现有的主观因素和客观条件基础上的，所有的一切都是从现有的起点出发。

（5）竞争性。战略是为了适应市场的需要而产生的，是为了实现企业的目标而制定的。战略管理的作用在于通过密切关注市场竞争态势和自身的实际情况，抓住机遇，迎接挑战，发挥优势，克服弱点，以求在市场竞争中获胜，保障企业的生存和发展。

（6）风险性。企业战略是对未来发展的规划，但是环境总是处于不确定和变化之中，所以任何企业战略都具有风险性。

（7）创新性。企业战略的创新性源于企业内外部环境的发展变化，因循守旧的企业战略是无法适应时代发展的。

（8）相对稳定性。企业战略可能会为了适应内外部环境的变化而做出一定的调整，但总的来说，在较长的时期内都会保持相对稳定，以利于企业各级单位和部门贯彻执行。

（9）适应性。战略管理的全过程都不应脱离现实可行的企业管理模式，在有必要的情况下,管理模式也必须适当调整以适应企业战略的要求。此外,企业的战略也应与战术、方法、手段相适应,一个好的企业战略如果缺乏实施的力量和技巧,也不会取得好的效果。

三、战略管理的作用

企业战略管理是会展企业确定其使命,根据外部环境和内部条件设定企业的战略目标,并根据企业内部能力付诸实施且进行控制的一个动态管理过程。战略管理作为一种企业管理方式或思想,之所以受到人们的青睐,是因为它在企业的经营管理过程中发挥着重要的作用。

(一)战略是决定企业经营成败的关键

由于战略管理者将企业的成长和发展纳入变化的环境之中,管理工作要以未来的环境变化作为决策的基础,这就使得企业管理者们十分重视对经营环境的研究,以正确地确定公司的发展方向,从而更好地把握外部环境所提供的机会,增强企业经营计划对外部环境的适应性,达到两者的最佳结合。

(二)企业战略是编制经营计划和制定经营政策的依据

由于战略管理不只是停留在战略分析及战略制定上,而是将战略的事实作为其管理的一部分,这就使得企业的战略在日常经营活动中充分发挥了其纲领性作用;而经营计划具有具体性、稳定性和可操作性,它是一种明确而细致的行动计划。此外,战略作为一种愿景规划,规定了企业的长远发展方向;而经营计划作为一种执行计划,侧重于各个具体时期内沿着既定的战略方向应该达到的目标。

(三)企业战略能够提高企业各项管理工作的效率

由于战略管理把规划出的战略付诸实施,而战略的实施又同日常的经营计划执行与控制结合在一起,这就把近期目标与长远目标结合了起来,把总体战略目标同局部战术目标统一了起来,从而调动了各方面的积极性,有利于充分发挥、利用企业的各种资源并提高协同效果。

(四)战略管理能够增强企业创新意识

由于战略管理不仅计划"我们正走向何处",而且也计划如何淘汰陈旧过时的东西,以"计划是否继续有效"为指导,重视战略的评价与更新,这就使企业管理者能不断地在新的起点上对外界环境和企业战略进行连续性的探索，增强创新意识。

四、战略管理的过程

战略管理过程是一种动态和连续的管理过程。有效的战略投入，如对内外部环境的分析，有利于设计战略意图和目标。而有效的战略行动又成为获取战略竞争力和利润的必要前提。会展企业在整个战略管理过程中要不断调整资源、能力和竞争力来适应千变万化的市场和竞争结构。总的来说，一个规范、全面的战略管理过程主要包括四个阶段：战略环境分析；战略目标的确定；战略的制定、评价和选择；战略的实施和控制。

第二节　会展企业战略环境分析

会展企业要进行战略管理，首先必须全面地、客观地分析和掌握环境的变化，并以此为基础和出发点来制定企业的战略目标和实现战略目标的战略。会展企业的战略环境分析包括外部环境分析和内部环境分析。通过外部环境分析，企业可以很好地明确自身面临的机会与威胁，从而决定企业可以选择做什么；通过内部环境分析，企业可以很好地认识自身的优势与劣势，从而决定企业能够做什么。通过对外部环境和内部环境的整体了解，会展企业将获得必要的信息，从而了解现状并预见未来。

一、会展企业外部环境分析

（一）会展企业外部环境的概念和特点

所谓外部环境，是指存在于会展企业周围、影响会展企业经营活动及其发展的各种客观因素与力量的总和。会展企业外部环境作为一种客观的制约力量，在与企业的相互作用和影响中形成了自己的特点，具体表现在它的唯一性和变化性。

1. 唯一性

虽然每个企业的经营活动都处于与外部环境的动态作用中，但是对于每个企业来说，其所面对的外部环境条件是唯一的。即使是两个同处于会展行业的竞争企业，由于它们本身的特点和眼界不同，对于环境的认识和理解也是不同的，因此，它们也不会具有绝对相同的外部环境。外部环境的唯一性，要求企业面对外部环境必须具体情况具体分析，不但要抓住企业所处环境的共性，也要抓住其个性。

2. 变化性

任何企业都不会处于同一个永恒不变的外部环境之中，会展企业的外部环境总是处于不断变化的状态之中。例如，企业与会展行业其他竞争者位置的改变、法律义务和法律制约的改变、政府经济政策的改变等，都将引起企业外部环境的变化。这就要求企业战略的选择应该依据外部环境的变化做出调整或修正。

（二）会展企业进行外部环境分析的意义

任何企业都不是孤立存在的，总是要与其周围环境发生物质的、能量的和信息的交流与转换。离开了与外部环境的交流与转换，企业将无法生存和发展。特别是在当今社会，信息对于会展企业来说就是生存的根本。因此，分析外部环境对会展企业的经营和发展具有极其重要的意义。

1. **外部环境是会展企业生存和发展的土壤**

从宏观上讲，任何国家的政府总是为了解决本国社会、经济等方面的问题而制定和推行一系列的路线、方针和政策。当国家政治、经济形势发生变化时，其路线、方针、政策和法规也会发生剧烈变化，会展企业如果不能正确地预测和估计这些变化，企业经营将会陷入十分被动的局面，甚至破产而被淘汰出局。因此，外部环境是会展企业存在的前提，国家的路线、方针和政策对企业有着直接的推动、制约和干扰作用。

2. **外部环境是会展企业决策的依据**

随着社会、经济、科技的发展，会展企业外部环境的变化速度加快。国际政治、军事、经济形势的变化，都有可能使企业经营停滞，而国内经济体制改革使各项政策的变化也在加快，企业要适应这些变化，就必须及时进行产品结构调整、技术改造及设备更新、组织结构的自我调整等。企业只有在预计环境变化之前完成经营结构的调整，才能充分利用环境变化提供的机会，才能避免环境变化带来的危机。因此，企业经营者不仅要了解环境变化的趋势，而且要预测估计出环境变化的速度，才能取得经营主动权。外部环境是计划、组织、指挥、协调、控制等一切企业内部管理活动的依据。

3. **企业的经济效益和社会效益要通过外部环境获得**

从微观上讲，会展企业经营活动的一切要素都要从外部环境获取，如资金、劳动力、信息等生产要素都是从外部环境中获取的,没有这些生产要素,企业不可能生存,企业的产品也要通过外部市场销售出去。总之,企业经营离不开市场和竞争,因此必须对外部环境加以分析。

(三) 会展企业外部环境分析的内容

根据外部环境因素对会展企业经营活动影响的方式和程度,企业外部环境分析一般可分为三大类(如图2-1所示):第一类是企业的一般社会宏观环境因素分析,主要包括政治法律因素、经济环境因素、社会文化因素和科学技术因素等,它们对企业的影响往往是间接的或潜在的;第二类是行业环境因素分析,包括供应商、参展商、替代品、新进入者的威胁、行业内的竞争程度等;第三类是竞争环境因素分析,主要是指企业的直接竞争对手的状况。后两类对企业的影响往往是直接的或明显的。

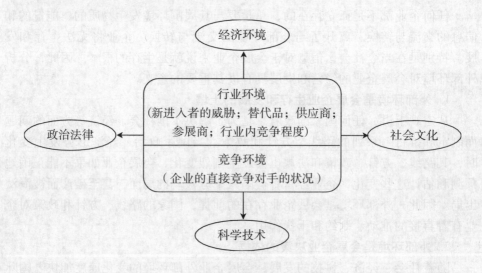

图2-1 会展企业外部环境分析的内容

(四) 会展企业宏观环境分析

构成会展企业宏观环境的因素很多。宏观环境因素分析主要是确认和评价政治(Political)、经济(Economic)、社会文化(Social)、科技(Technological)等因素对企业战略目标和战略选择的影响,因此这种分析通常也被称为PEST分析。

1. 政治环境

政治环境因素是指对企业经营活动具有现实的和潜在的作用与影响的政治力量、政治制度、体制、方针政策,同时也包括对企业经营活动加以限制和要求的法律和法规等。这些因素常常制约、影响企业的经营行为,尤其是影响企业较长期的投资行为。

2. 经济环境

在会展企业宏观环境的各因素中,经济环境因素对会展企业经营活动的影响最为明显。经济环境因素,是指整个社会的经济状况及国家经济政策的总和。它是一个多元动态系统,内容十分复杂。对会展企业经营发展产生直接影响的主要经济环境因素包括国家的宏观经济政策、社会经济结构、经济体制、国民经济发展状况以及经济基础设施等要素。

3. 社会文化环境

社会文化环境包括一个国家或地区的社会性质、民族特征、文化传统、价值观念、宗教信仰、教育水平以及风俗习惯等因素。社会文化环境因素会影响社会对产品的需求,社会对产品的需求则会引导展会的主办者及参展商的行为与决策。因此,社会文化环境因素也能改变或影响会展企业的战略选择。

4. 科技环境

企业的科技环境指的是企业所处的社会环境中的科技要素及与该要素直接相关的各种社会现象的集合,大体包括社会科技水平、社会科技力量、国家科技体制、国家科技政策和科技立法等基本要素。

(五)会展企业行业环境因素分析

会展企业所处的行业环境对其经营状况有着重要的影响。行业环境因素分析的常用工具是美国学者迈克·波特教授提出的"五种力量模型"。按照波特的观点,一个行业中的竞争,远不止在原有竞争对手中进行,而是存在着五种基本的竞争力量。具体到会展行业中,这五种基本竞争力量分别是:新进入者的威胁、替代产品的威胁、参展商讨价还价的能力、供应商讨价还价的能力、现有竞争者之间的竞争。

1. 新进入者的威胁

行业的新进入者会带来新的生产力,他们希望获得一定的市场份额,并拥有足够的资源。新进入者往往导致产品价格下跌,使现有企业成本上升并减少利润。我国会展业的产业规模以年均20%的增长速度发展并在20多年中成长为一个新兴产业,这决定了会有更多的企业涉足会展行业。特别是实行多样化经营的公司往往利用其财力通过兼并的形式进入。

新进入者威胁的大小取决于行业进入壁垒和行业内现存竞争者的反应,当进入壁垒很高且新进入者遇到行业内现有企业的坚决反击时,新进入者的威胁就较小。

行业的进入壁垒主要由行业的规模经济、产品的差异化、资本的需求、转换成本、销售渠道、与规模经济无关的成本优势以及政府的政策这七个因素决定。

预期的报复是指新进入者对行业内现有竞争者反应的预期。这也会影响新进入者的进入。如果他们预测现有企业会强烈反击其进入活动从而使他们在行业中处于不利位置，就可能撤销进入行为。

2. 替代产品的威胁

替代品是指那些与本企业产品具有相同功能或类似功能的产品。从广义上讲，行业内所有的企业都在参与生产替代产品的行业竞争，行业内的企业在制定可以获利的产品价格时，替代品的存在使这个价格有一定的限度，从而限制了行业的潜在收益。替代品的价格越吸引人，对该行业利润的限制就越大。决定替代品威胁大小的因素主要有替代品的盈利能力、替代品生产企业的经营策略、购买者的转换成本等。

3. 参展商讨价还价的能力

参展商也在与行业内的会展企业竞争，他们迫使会展企业降低价格，提供高质量的产品服务，并使行业内的企业相互对立，这些都会降低行业的获利能力。每一个参展商的讨价还价能力，取决于其市场状况的特征，以及相对于其全部业务活动从本行业购买会展产品服务的重要性。

会展企业对参展商的选择是一个重要的战略决策，如果会展企业能找到影响它的能力很小的参展企业，那么会展企业就可改善其战略地位，这就是买主选择的权力。即使是会展企业只向某一行业的企业出售产品，该行业内也同样存在着讨价还价能力小的细分市场。

4. 供应商讨价还价的能力

供应商可以通过提高产品价格以及降低产品或服务的质量等威胁手段向买方企业讨价还价。强有力的供应商能压缩会展企业的获利能力。因为强有力的供应商往往会提高企业购入产品服务的成本，而会展企业又不能使自己的产品价格上升来弥补成本的增加。使供应商强大的情况与使买方强大的因素是对应的。决定供应商力量的条件不仅是不断变化的，而且常常是企业无法控制的。但是和买方力量一样，企业有时可以通过恰当的战略改善其处境，它能够加强后向一体化的威胁，努力消除转移成本等。

5. 现有竞争者之间的竞争

会展行业内现有企业间的竞争常常采用下列熟悉的争夺市场地位的手段，如价格竞争、广告大战、产品介绍和增加对顾客的服务等。竞争之所以发生，是因为一个或更多的竞争者感到了来自其他企业的压力或看到了提高市场占有率的机会。一个企业挑起的竞争活动必然对其他竞争者产生显著的影响并引起抵制这种行为的反击或努力。

有些竞争方式,如引起价格战等,是极度不稳定的并很容易导致全行业的获利能力下降。此外,广告战这种方式能扩大需求或提高产品差别化程度,因此对行业内所有企业都有益。

(六)会展企业竞争环境因素分析

作为行业环境因素分析的补充,竞争环境因素分析的重点集中在与会展企业直接竞争的每一个企业身上。尽管所处的行业环境很重要,但行业环境因素分析着眼于行业整体,是中观分析,所以,从个别企业视角去观察分析其竞争对手竞争实力的微观分析——竞争环境因素分析就显得尤为重要,特别是在会展企业面临着一个或几个强大的竞争对手时。

1. 竞争对手分析模型

根据波特的"五种力量模型",对竞争对手的分析主要有四个方面的内容,即竞争对手的未来目标、自我假设、现行战略和潜在能力。

(1)未来目标。对竞争对手未来目标的分析与了解,有利于预测竞争对手对其目前的市场地位以及财务状况的满意程度,从而推断其改变现行战略的可能性以及对其他企业战略行为的敏感性。

(2)自我假设。自我假设包括竞争对手对自身企业的评价和对所处行业以及其他企业的评价。自我假设往往是企业各种行为取向的最根本动因,所以了解竞争对手的自我假设,有利于正确判断竞争对手的战略意图。

(3)现行战略。对竞争对手现行战略的分析,目的在于揭示竞争对手正在做什么、它能够做什么。例如,了解竞争对手其产品的市场占有率、产品的定位、销售渠道以及所采取的竞争类型等。

(4)潜在能力。对竞争对手潜在能力的分析,是对竞争对手分析过程中的一项重要内容,因为潜在能力将决定竞争对手对其他企业战略行为做出反应的可能性、时间选择、性质和强度。潜在能力分析主要包括对竞争对手的核心能力、增长能力、快速反应能力以及持久能力的分析。

2. 市场信号

市场信号是竞争对手任何直接或间接地表明其战略意图、动机、目标、内部资源配置、组织及人事变革、技术及产品开发、销售举措及市场领域变化的活动信息。

利用市场信号对竞争对手进行分析,首先要注意市场信号的真伪。要做到这一点,除了要将市场信号与竞争对手的未来目标、自我假设、现行战略、潜在能力结合起来分析之外,还要注意考察竞争对手的"宣言"或信息发布是否与其实际行动相一致，利用历史资料辨别市场信号的真伪，对竞争对手过去的行为进行"温故而知新"，从而去发现其采取现实行为的某些真正原因。其次，要了解市场信号的形式。市场信号的形式多种多样，采取何种形式主要依据竞争对手的行为及其使用的媒介而定。比较重要的市场信号形式主要有事前预告、事后宣告、竞争对手对行业的公开讨论、竞争者对自己行动的讨论和解释等。

3. 竞争者信息系统

对竞争者的研究需要大量的信息资料，大量丰富的信息资料是在长期的一点一滴积累过程中形成的，而不是在一次性工作中就能形成的。研究竞争者不仅需要长期艰苦细致的工作和适当的资料来源渠道，而且需要建立保障信息效率的组织机构——竞争者信息系统。

(1) 竞争者信息系统的构成。竞争者信息系统作为一种信息与决策支持系统，应当具备一般信息系统和决策支持系统的基本功能，如信息的收集、汇总、分析和利用等。竞争者信息系统的构成包括四个子系统：竞争者信息中心、竞争者情报系统、竞争者专题调研系统和竞争者信息分析系统。

(2) 竞争者信息系统的信息内容体系。竞争者信息系统的信息内容体系的设计是竞争者信息系统的核心，它在很大程度上决定了竞争者信息收集的努力方向，也在很大程度上决定了竞争者信息系统的效率、成本和效益。

(3) 竞争者信息系统的管理。竞争者信息系统只是企业应对竞争、建立竞争优势的一种工具，这种工具是否能够最大限度地发挥其应有的作用，完全取决于竞争者信息系统的管理。

二、会展企业内部环境分析

(一) 会展企业内部环境的概念和特点

会展企业的内部环境，是相对于外部环境而言的，是指企业在投入、转换、产出过程中，企业内部具有各种职能的生产要素的总和。根据各种条件在投入产出过程中的地位和作用不同，企业内部环境可划分为企业内部的资源、资源的加工转换条件和内部组织条件。内部资源也即通常说的人力、财力、物力等因素；资源的加工转换条件指企业拥有的技术、专利、机器设备、展览场馆等；内部组织条件是指企业的管理者、管理者的思想、管理组织结构、管理制度和企业文化的统称。

企业的内部环境主要有以下几个特点：

(1) 相对于外部环境来说，企业内部环境具有内在的"可控性"。外部环境是企业的不可控因素，而内部环境中的诸因素的形成、发展、变化是在企业的影响和控制下进行的，企业可根据环境的变化和要求来进行内部环境发展和变化的决策。因此，企业主要通过控制内部环境来适应外部环境。

（2）企业内部环境是企业生存和发展的基础。企业内部环境各项因素的集合，构成了企业的运行机制，企业在外部环境中的行为表现，正是这种运行机制作用的结果。企业作为经济实体追求物质利益的愿望是内部环境各因素的内在特性的反映。从这个意义上来讲，没有企业的内部条件，就不存在企业，也谈不上发展。

（3）企业从事经济活动的能力，取决于企业内部环境中各因素之间的联系和比例关系。企业经济活动的能力不是企业内部个别的、孤立的要素作用的结果，而是全部要素共同作用所产生的能力。这个特点，说明了结构和功能的关系，即功能产生于结构，结构决定于功能。在实践上，这就要求企业管理者从实现企业功能的角度出发，合理安排人力、物力、财力、技术及管理组织之间的关系，不要片面强调提高某一些要素的素质，力求各要素之间的发展符合提高整体功能的需要。

（4）企业内部环境是一个动态的概念。企业内部环境具有相对性，随着时间和环境的变化而变化。生产在发展，科技在进步，内部条件诸要素的素质也不会停留在一个水平上，这是要素自身属性所决定的。

（5）企业内部环境的评价，通常可以用企业素质的高低来说明。企业素质是指企业从事经济活动所具有的潜在能力，是存在于企业机体之中的固有的素质和品质。潜在能力只有在外部环境的作用下才能转化为现实的能力，而潜在的能力正是企业内部条件各因素的综合所构成的能量。这样，企业内部环境的评价就可用一系列考察企业素质的指标来衡量，如企业的技术素质、管理素质、竞争能力、应变能力等。

（二）会展企业进行内部环境分析的意义

会展企业战略的制定及选择不但要知彼，即客观地分析企业外部环境，而且还要知己，即对企业内部环境加以正确的估计，从而清晰地了解企业所具有的优势和劣势。因为战略一经确定，对企业的影响将是十分深远的。因此，必须扎扎实实地做好战略制定的基础性工作。在基础性工作中，内部环境分析就是制定战略的首要工作。这是因为只有对公司内部资源、职能、条件进行系统的分析，评估公司的优势与劣势，才能发现影响企业发展的关键性战略要素，才能找到适合企业发展的方向以及企业的核心竞争力，规避企业可能遇到的风险，使有限的资源得到最有效的利用。不断变动着的外部环境会给所有企业都带来潜在的可以利用的机会，而只有做好充分准备的企业才能抓住这些机会。因此，内部环境分析越深刻、越彻底，分析企业的优势和劣势越客观，制定的战略就越切实可行。

（三）会展企业内部环境分析的内容

对会展企业内部环境进行分析，就是要确定和评价企业内部战略要素，从而发现企业的能力及不足之处，进而确定企业的战略地位。进行企业内部环境分析要经过三个步骤：第一步，对企业经营状况的主要方面进行调查，找出影响企业战略方向的方面，进行更深入的分析；第二步，通过有关分析方法，明确企业每一内部战略要素的作用，即这些要素到底是形成企业经营优势，还是形成企业经营劣势，同时据此确定关键战略要素；第三步，根据上述内部分析结果，再结合企业外部环境的分析结果，就能确定企业的战略地位，企业管理当局可以以此为依据拟订战略方案。

在上述过程中，所要分析的内部环境的内容主要包括下列方面：财务状况、产品服务、设施设备状况、市场营销能力、研究与开发能力、人员的数量及素质、组织结构、企业过去确定的目标和曾经采用过的战略、企业的核心竞争力等。而对每一方面的分析和评价，需要回答一系列的问题。从对这些问题的答案中，就可明确企业所具备的优势和劣势。

1. 财务状况

企业的财务和会计功能，最基本的目标是两个：一是确保企业在任何时期都有足够的财务资源；二是确保企业的财务资源运用得当，取得最佳回报。财务状况分析的具体内容主要有：

（1）对一些财务指标进行趋势分析，可以发现有哪些优势和劣势，财务指标的变化趋势则可以反映出企业处于什么样的财务状况。一般的财务指标包括销售利润率、资产利润率、资本利润率、每股平均收益、流动比率、存货周转率、资本结构等。

（2）利润来源的分布如何？有无提高投资收益率的规划？

（3）有无筹措短期资金和长期资金的能力？渠道如何？

（4）财务主管人员是否为将来设计出资产负债表和损益表？

（5）是否具备一个严密的现金管理系统？

（6）财务人员是否具有税务计划方面的知识？

（7）是否建立起了有效的成本控制系统？

（8）是否有一个高效和适宜的成本核算系统？

2. 产品服务

产品服务的管理功能，是要确保会展企业在提高产品服务时的效率能提升到最高水平，以最少投入和最大产出为目标。产品服务分析的具体内容主要有：

（1）在本企业的产品服务中，其优势和劣势是什么？是设计问题、服务质量问题，还是成本问题？

（2）企业是否具有使其获得竞争优势的某些专利产品？别人模仿的可能性多大？

（3）本企业的产品服务目前拥有多大的市场占有率？这个市场占有率的稳定程度如何？市场占有率的变化趋势如何？

（4）本企业的产品服务是否容易受到经济周期变化的影响？

（5）如果涉及不同的产品类型，不同的产品线在市场营销、工程技术等方面有多大的协同性？

（6）现在的顾客和潜在的顾客怎样评价本企业的产品或服务？

（7）市场研究人员、研究与开发人员和营销人员是否在为新产品的开发而有效地工作？

3. 设施设备状况

对于会展企业而言，设施设备分析的内容主要是指展览场馆等设施设备的数量是否充足？构成怎样？自动化程度如何？有无过剩的能力和扩充的可能？效率如何？

4. 市场营销能力

按照科特勒的定义，市场营销就是通过创造、交换产品和价值，从而使个人或群体满足其需要的管理过程。会展企业的市场营销主要包括会展市场调研、目标市场选择、产品开发、营销渠道选择、营销推广等过程。市场营销能力分析的具体内容主要有：

（1）本企业的市场营销人员是否充足？素质如何？能否开展有效的营销工作？

（2）本企业收集市场信息的能力如何？是否充分？

（3）本企业采用了什么样的销售渠道？是否有效？

（4）本企业是否具备开拓新市场的能力？

（5）本企业的促销及广告活动是否有效？有无极大的想象力和创新性？

（6）本企业是否能为顾客提供各种售前和售后服务？

5. 研究与开发能力

研究与开发工作主要包括两大类：第一类是关于新产品的研制与开发；第二类是对现有产品或技术进行改良。研究与开发能力分析的具体内容主要有：

（1）各类研究与开发人员的数量、构成、知识结构、能力如何？

(2) 研究经费是否充足？是否能够满足不断变化的市场需要？
(3) 研究与开发的组织管理能力如何？

6. 管理人员的数量及素质

管理人员在企业发展过程中所起的作用无疑是非常重要的，对于企业战略管理来说，这种作用就更为明显，因为管理人员往往是制定企业发展战略的一个重要层级，管理人员的数量及素质如何，将直接影响到企业发展战略的制定质量和执行成败。管理人员数量及素质分析的具体内容主要有：

(1) 最高层管理人员是由什么群体构成的？他们的知识结构、年龄结构如何？
(2) 最高管理层的管理风格是什么？呈现出什么样的管理模式？
(3) 最高管理层中占统治地位的价值体系是什么？
(4) 在涉及完成计划、降低成本和提高质量等实施和控制方面，中层管理人员和作业层管理人员的数量及素质如何？

7. 员工的数量及素质

如果只有好的领导者而没有优秀的员工队伍，企业也很难得到持续快速的发展。员工的数量及素质分析的具体内容主要有：

(1) 员工的数量是否充足？
(2) 员工的技能和熟练程度怎样？这些技能是否能充分满足当前和未来的需要？
(3) 员工的工作态度如何？出勤率怎样？员工的激励水平如何？
(4) 本企业的工资政策是否合适？
(5) 本企业有无一个员工遴选、培训及晋升系统？

8. 组织结构

对企业战略管理者而言，如何规划企业内员工的职权，制定协调的组织结构方式是一个策略性的选择，因为不同的组织结构形式各有优劣，如果所选择的组织结构不能很好地配合战略的需要，就有可能导致战略不能得到有效的落实和执行。组织结构分析的具体内容主要有：

(1) 现有的组织结构是什么类型？
(2) 组织结构中的责权关系是否明确？
(3) 现有的组织结构在实现企业目标的工作中是否有效地合作并且是高效率的？
(4) 每个组织结构的计划和控制工作是充分的还是过分烦冗的？

9. 企业过去的目标及战略

企业过去的目标及战略分析的内容主要包括：

（1）企业过去几年中的主要目标是什么？这些目标是否都已达到？这些目标是否适合企业自身？

（2）企业已采用了哪些战略？这些战略是否取得了成功？

10. 企业的核心竞争力

企业内部环境分析中，最为重要的就是企业核心竞争力的分析。企业核心竞争力是指决定企业生存和发展的最根本因素，是作为企业战胜其他竞争对手的竞争优势的来源和能力。积累、保持、运用核心竞争力是企业经营管理的永恒目标，计划、组织、协调、控制等各类管理职能都应该围绕企业核心竞争力而展开。通常，核心竞争力与企业的职能领域有关，如汉诺威会展公司的核心竞争力就是其服务职能。

企业核心竞争力分析是从企业组织的本质和目标出发，从不同角度对核心竞争力进行层次分解，将其落实到企业各个管理职能领域和经营管理业务活动中。

进行企业核心竞争力分析，可从以下三个方面展开：

首先，要建立企业核心竞争力的识别体系与企业绩效的评价指标。识别企业的核心竞争力，需要有一套全面、科学的指标。没有这套指标的建立，就不能判断企业核心竞争力的差异，使基于核心竞争力制定的经营战略无法操作。企业绩效评价指标主要用于测度运用核心竞争力理论制定和选择企业战略行为的结果。

其次，需要探讨会展行业特性与企业核心竞争力的关系，分析会展行业的特性对企业核心竞争力所具有的重大影响，分析行业规模、产品特点、技术进步、市场结构、竞争程度、进入和退出壁垒等对企业核心竞争力的培养和形成以及对企业战略制定的影响，寻求规律性的东西，指导企业根据行业特性辨识和培育核心竞争力，寻求经营战略的正确基点。

最后，从企业核心竞争力的角度解释企业的战略行为。对企业的战略选择，如跨国经营战略、战略联盟、多角度经营战略、差异化战略等，可以从企业核心竞争力的角度进行评定。对这些企业日常采用的战略行为进行分析，一方面，可以归纳出这些战略的适用条件，从而指导企业进行科学的战略选择；另一方面，也为企业已有的战略选择提供新的评价和判断。

（四）SWOT 分析法

SWOT 分析法是企业在进行环境分析时非常重要的方法。所谓 SWOT 分析，就是将与研究对象密切相关的各种主要内部优势因素（Strengths）、弱点因素（Weaknesses）、外部机会因素（Opportunities）和威胁因素（Threats），通过调查罗列出来，并依照一定的次序按矩阵方式排列起来，然后运用系统分析的思想，把各因素相互匹配起来加以分析，从中得出一系列相应的结论。运用这种方法，有利于企业对组织所处的环境进行全面、系统、准确的研究。SWOT 分析框架如图 2-2 所示。

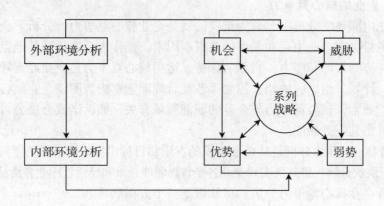

图 2-2　SWOT 分析框架

进行 SWOT 分析，主要包括三个方面的内容，即分析环境因素、构造 SWOT 矩阵、制订行动计划。

1. 分析环境因素

运用各种调查研究方法，分析出会展企业所处的各种环境因素，即外部环境因素和内部环境因素。外部环境因素包括机会因素和威胁因素，它们是外部环境对企业的发展直接有影响的有利因素和不利因素，属于客观因素；内部环境因素包括优势因素和弱点因素，它们是企业在其发展中自身存在的积极因素和消极因素，属于主动因素。在调查分析这些因素时，不仅要考虑企业的历史与现状，而且还要考虑企业的未来发展。

2. 构造 SWOT 矩阵

将调查得出的各种因素根据轻重缓急或影响程度等排序方式，构造 SWOT 矩阵，如图 2-3 所示。在这个矩阵中，有四个象限或组合，分别是长处-机会（SO）组合；长处-威胁（ST）组合；弱点-机会（WO）组合；弱点-威胁（WT）组合。

	长处（S）	弱点（W）
机会（O）	SO 组合	WO 组合
威胁（T）	ST 组合	WT 组合

图 2-3　SWOT 矩阵

3. 制订行动计划

在完成环境因素分析和 SWOT 矩阵的构造后，便可以制订出相应的行动计划。制订计划的基本思路是：发挥优势因素，克服或者回避弱点因素；利用机会因素，化解或者躲避威胁因素。运用系统的综合分析方法，将排列与考虑的各种环境因素组合采取不同的策略。

（1）弱点—威胁（WT）组合。企业应尽量避免处于这种状态。然而一旦企业处于这样的位置，在制定战略时就要减低威胁和弱点对企业的影响。这样，企业要生存下去可以选择合并或者缩减规模的战略，以期能克服弱点或使威胁随时间的推移而消失。

（2）弱点—机会（WO）组合。企业已经鉴别出外部环境所提供的发展机会，但同时企业本身存在着限制利用这些机会的组织弱点。在这种情况下，企业应遵循的策略原则是，通过外在的方式来弥补企业的弱点以最大限度地利用外部环境中的机会。如果不采取任何行动，就会将机会让给竞争对手。

（3）长处—威胁（ST）组合。在这种情况下，企业应巧妙地利用自身的长处来对付外部环境中的威胁，其目的是发挥优势以减少威胁。但这并不意味着一个强大的企业必须以其自身的实力来正面地回击外部环境中的威胁，合适的策略应当是慎重而有限度地利用企业的优势。

（4）长处—机会（SO）组合。这是一种最理想的组合，任何企业都希望凭借企业的长处和资源来最大限度地利用外部环境所提供的多种发展机会。

第三节　会展企业战略目标的确定

一、企业使命和企业战略目标的定义

企业的存在是为了在宏观经济环境中实现某种特殊的社会目的或满足某种特殊的社会需要。每个企业从其建立开始，就应该承担一定的责任并履行相应的使命。企业的使命就是指企业区别于其他类型组织而存在的原因或目的。企业的使命是高度抽象的，它不是企业经营活动具体结果的表述，而是为企业提供一种原则、方向和哲学。具体来说，企业使命包括两个方面的内容，经营哲学和企业宗旨。经营哲学是指企业在从事经营活动中所持有的基本信念、价值观和行为准则，它决定了企业经营行为的基本性质和方向，是企业一切行为与

活动追求的目标或精神。企业宗旨是指企业现在和将来应该从事什么事业，应该成为什么性质的企业，它明确了企业今后经营活动发展的方向，反映了企业高层领导对企业未来的构想。企业战略目标，就是企业使命的具体化和数量化，是企业对企业经营活动预期取得的主要成果的期望值。

二、会展企业战略目标的作用

会展企业要制定正确的经营战略，首先要明确企业的战略目标。战略目标是企业经营战略的核心，它反映了企业的经营思想，表达了企业的期望，指明了企业今后长时期内努力的方向。

确定企业的战略目标，具有如下重要的作用：

（1）战略目标能够实现企业外部环境、内部环境和企业目标三者之间的动态平衡，使企业获得长期、稳定和协调的发展。

（2）战略目标能够使企业使命具体化和数量化。企业使命是比较抽象的东西，如果不落实为具体的定量化目标，企业的战略任务就有可能落空。有了战略目标，可以把企业各个单位、部门、各项生产经营活动有机地联结成一个整体，发挥企业的整体功能，提高企业经营管理的效率。

（3）战略目标为战略方案的决策和实施提供了评价标准和考核依据。战略方案是实现战略目标的手段，有了战略目标，就为评价和优选战略方案提供了标准，同时，也为战略方案的实施结果提供了考核的依据，从而大大促进了企业战略的实施。

（4）战略目标描绘了企业发展的远景，对企业各级管理人员和广大员工具有很大的激励作用，有利于更好地发挥全体员工的积极性、主动性和创造性。

三、会展企业战略目标的内容

会展企业的战略目标是多元化的，既包括经济性目标，也包括非经济性目标。企业的战略决策者应从以下几个方面来考虑建立企业的战略目标：

（1）利润目标。利润目标是会展企业的基本目标。获得经济效益对于企业的生存和发展起着至关重要的作用。企业的利润目标能否实现取决于企业的资源配置效率及利用效率，包括人力资源、生产资源、资本资源的投入产出目标。

（2）市场目标。市场目标常常反映了企业的竞争地位。企业所预期达到的市场地位应该是最优的市场份额，这就要求企业对客户、目标市场、服务和销售渠道做全面细致的分析。

(3) 创新目标。创新作为会展企业的战略目标之一，能使会展企业获得生机和发展的活力。对会展企业而言，技术创新、制度创新和管理创新都是企业努力的方向。

(4) 社会责任目标。会展企业必须意识到自己对社会的责任。一方面，企业必须对自身造成的社会影响负有责任；另一方面，企业必须承担解决社会问题的部分责任。企业的社会责任目标反映企业对社会的贡献程度，如环境保护、节约能源、社区建设、支持社会福利事业等。

四、会展企业战略目标体系

企业战略目标体系一般是由企业总体战略目标和主要的职能目标组成。在企业使命和企业功能定位的基础上制定企业总体战略目标，为保证总目标的实现，必须将其层层分解，制定保证性职能战略目标（见图2-4）。也就是说，总战略目标是主目标，职能性战略目标是保证性的目标。

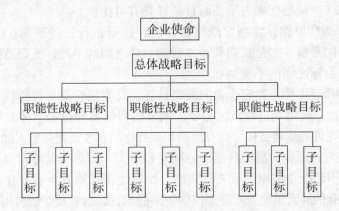

图2-4 会展企业战略目标体系

五、会展企业战略目标制定过程

会展企业制定战略目标的过程主要包括以下几个步骤：
(1) 企业最高管理层宣布企业使命，开始战略目标的制定过程。
(2) 确定达到企业使命的长期战略目标。
(3) 把长期战略目标分解为建立整个企业的短期执行性战术目标。
(4) 不同战略业务单位、职能部门建立自己的长期或短期目标。
(5) 战略目标的制定过程是通过组织结构层次由上而下层层进行的，由企业整体直至个人。

六、会展企业战略目标制定原则

会展企业在制定战略目标过程中，应遵循以下基本原则：

(1) 关键性原则。这一原则要求企业确定的战略目标必须突出有关企业经营成败的、有关企业全局的问题，切不可把次要的战略目标作为企业的主要战略目标，以免滥用企业资源而因小失大。

(2) 可行性原则。确定的战略目标必须保证能够如期实现。因此，在制定战略目标时，必须全面分析企业各种资源条件和主观努力所能达到的程度。既不可脱离实际凭主观愿望把目标定得过高，也不可不求进取把战略目标定得过低。

(3) 定量化原则。要使企业的战略目标明确清晰，就必须把目标定量化，使战略目标具有可衡量性，以便检查和评价其实现程度。因此，战略目标必须用数量指标或质量指标来表示，而且最好具有可比性。

(4) 平衡性原则。在制定战略目标时，需要进行三种平衡：一是不同利益主体之间的平衡；二是长期利益与短期利益之间的平衡；三是总体战略目标与职能战略目标之间的平衡。

(5) 激励性原则。制定企业的战略目标，既要使它具有可行性，又要考虑到它的先进性。所谓先进性，就是要求制定的目标要经过努力才能实现。只有那些可行而先进的战略目标才具有激励和挑战作用，才能挖掘出人的巨大潜能。

(6) 稳定性原则。战略目标一经制定和落实，就必须保持相对稳定，不能朝令夕改而引起企业战略的变更。当然，如果经营环境发生了变化，战略目标调整后，所有的经营单位及职能部门的短期战术目标也要及时做出相应的调整。

第四节　会展企业战略的制定、评价和选择

一、会展企业战略类型

对于会展企业来说，主要有三种战略类型，即成本领先战略、差异化战略和目标集中战略。

（一）成本领先战略

成本领先战略是指会展企业的总成本低于竞争对手的成本，甚至是达到同行业中的最低成本水平。实现该战略的核心是成本控制管理。围绕这一核心又需要展开一系列的具体战略行动，如紧缩成本开支，控制间接费用，尽量减少研发、广告、服务、销售等方面的投入，等等。但是，成本的控制不能以降低服务质量为代价，否则企业将会面临失去市场份额的危机。

企业通过在内部加强成本控制，如在研究开发、生产、销售、服务和广告等领域内把成本降低到最低限度，成为行业中的成本领先者。企业凭借其成本优势，可以在激烈的市场竞争中获得有利的竞争优势。

1. 成本领先战略的适用条件

成本领先战略的理论基础是规模效应，即单位产品或服务成本随生产规模的增大而降低。对于会展企业而言，选择成本领先战略一般应具有以下条件：

（1）企业本身具有较大规模，其业务领域包括了会展供应链上的多个子环节。例如，展览公司若自己拥有会展场馆，则其举办展会时就会大大节约用于租赁场馆的费用。

（2）企业产品拥有较高的市场占有率。这一方面减少了企业用于开发市场、吸引客户的成本开支；另一方面可以使企业在开发新的展会项目，也就是扩大生产时获得较为廉价的资源。

（3）企业拥有经验丰富的员工。对于属于服务性质的会展企业来说，员工的经验积累对降低成本的贡献比其他行业的企业更明显。员工的经验积累多，不仅可以提高劳动效率、节约时间、改善服务质量，而且可促进合理有效生产要素的投入，减少操作服务中不必要的开支，从而使成本得到有效控制。

2. 成本领先战略的优势

会展企业采取成本领先战略具有以下优势：

（1）可以使处于低成本地位的会展企业拥有比竞争对手更多的让价空间，即在竞争对手不能盈利甚至是亏损的价格条件下，企业仍能有一定利润。

（2）可以增强企业与消费者讨价还价的能力。

（3）当供应链上的供方因某种原因而抬高价格时，处于低成本地位的企业有更大的灵活性来处理困境。

（4）企业可利用规模和成本优势形成行业的进入障碍，减少新兴企业的竞争。

3. 成本领先战略的风险

会展企业在选择成本领先战略时还要看到这一战略的弱点。如果竞争对手的竞争能力强，或者发生下面一些变化，采用成本领先战略就有可能面临一些风险：

（1）竞争对手开发出更低成本的生产方法，形成新的低成本优势，使得企业原有的优势成为劣势。

（2）竞争对手采用模仿的办法。当企业的产品或服务具有竞争优势时，竞争对手往往会采取模仿的办法，形成与企业相似的产品和成本，使企业陷入困境。

（3）顾客需求的改变。如果企业过分追求低成本，降低了产品和服务质量，会影响顾客的需求，结果会适得其反，企业不但没有获得竞争优势，反而会处于劣势。

（二）差异化战略

差异化战略是通过提供与众不同的产品和服务来满足顾客的特殊需求，以形成竞争优势的战略。在实施该战略时，会展企业可以选取多方面来体现差异，如产品品牌差异化、展会主题或企业形象差异化、设施技术差异化、营销方式和营销渠道差异化等。

1. 差异化战略的适用条件

会展企业采取差异化战略，一般应具有以下条件：

（1）企业具有较强的研发能力，研发人员具有较强的市场洞察力和创造性思维能力。

（2）企业的研发部门与组织策划部门、市场营销部门之间保持较强的协调性。

（3）企业具有较强的市场宣传及营销能力。

（4）企业具有较高的市场声誉或者市场认同度较高的品牌。

2. 差异化战略的优势

会展企业选择差异化战略具有以下优势：

（1）可以使企业与竞争对手得以有效区分，一旦企业的服务为市场所接受，则可以建立较为稳固的竞争地位，并可使企业获得高于行业平均水平的收益。

（2）有利于企业建立起客户对其产品或服务的认识和信赖，降低服务的价格弹性，同时还可以使购买方具有较高的转换成本而对企业及其产品产生一定的依赖。

（3）对竞争对手形成一定的壁垒，同时还增加了新进入者参与竞争的难度。

（4）有利于企业获得高边际收益，增强与供方和买方的讨价还价能力。

3. 差异化战略的风险

会展企业选择差异化战略，也可能面临以下风险：

（1）实施差异化战略的企业往往需要在设计、研发和宣传等方面有较大的投入，而这种投入若不能使产品的吸引力对价格产生足够的替代效应，则可能使购买者宁愿放弃差异而选择价格较低的产品服务。

（2）随着会展行业的整体发展，差异化的产品或服务很可能为竞争对手所模仿而使企业失去原有的竞争优势。

（三）目标集中战略

目标集中战略是指会展企业将经营活动集中于供应链某一特定的环节，或者是将目标市场集中于某一特定的购买集团，其关键是在于对特定目标能够比竞争对手提供更为有效和更为优质的服务。目标集中战略也可以呈现出多种形式，如展览公司将展会业务集中于一个或几个行业的专业性展会项目等。

目标集中战略适用于规模、资源相对有限的中小型会展企业，同时要求企业在某一特定业务领域，如项目策划、广告宣传某一方面具有一定的优势，或是对服务于特定的目标市场有独特的经验。

1. 目标集中战略的优势

会展企业选择目标集中战略具有以下优势：

（1）有利于将企业有限的资源和力量集中起来，在特定的业务范围内形成比较优势，走做专做强的发展道路，从而延伸企业的发展空间。

（2）使企业的发展目标集中明确，经济成果易于评价，管理控制过程更为容易简便。

（3）集中目标市场，可以更好地研究特定消费者情况，开发针对性的技术，从而持续地稳固市场，实现逐步的规模化及持续发展。

2. 目标集中战略的风险

会展企业选择目标集中战略，可能面临以下风险：

（1）竞争对手可能会寻找与本企业匹敌的有效途径来服务于细分目标市场。

（2）细分目标市场之间的差异减弱会降低进入该市场的壁垒，使得竞争对手很容易争取到采取目标集中战略企业的客户。

（3）采取目标集中战略的企业所聚焦的细分市场非常具有吸引力，以至于各个竞争对手蜂拥而入，瓜分细分市场的利润。

二、会展企业战略制定

会展企业战略的制定主要包括战略的制定和具体规划的制定这两个部分。两者实际上是不可分割的一个整体，相互补充，相互呼应，战略制定是具体规划的前提，而具体规划则是战略制定的后续工作及补充。

在战略制定的过程中，必须注意以下几个问题：第一，不仅要考虑企业环境的变化，还要考虑到一系列的连锁反应及派生的社会后果。第二，战略计划必须将其注意力超越可直接控制的界限，包括制约企业经营活动的诸多要素。为了不只是在表面上考虑到某一点，企业必须自觉地考虑与绝大多数日常工作无多大关系的环境影响。第三，企业制订战略计划，不仅包括制订总体计划，而且包括制订各种子计划，总体计划必须与各个子计划有一种内在的逻辑关系，体现战略计划的系统结构，这种系统结构是统一协调的有效手段。第四，战略计划虽然是一个长期计划，但它必须兼顾到短期的影响。

不同类型与规模的企业在制定战略的过程中会有不同的形式。小规模的企业，所有者兼任管理人员，其战略一般都是非正式形成的，主要存在于管理人员的头脑之中，或者只存在于上级下达的口头协议之中。而大规模的公司，战略是通过各层管理人员广泛的参与，经过详细繁杂的研究和讨论，有秩序、有规律地形成的。总的来说，战略的制定方法有以下四种形式：

（1）自上而下的方法。这种方法是先由企业的高层管理人员制定企业的总体战略，然后由下属各部门根据自身的实际情况将企业的总体战略具体化，形成系统的战略方案。这种方法最显著的优点就是，高层管理人员能很好地控制住整个企业的经营方向，并能对下属各部门的各项行动进行有效控制。其缺点是，要求高层管理人员在制定战略时必须确保战略方案非常完善，并且还要对下属各部门提供详尽的指导；同时，这种方法也束缚了各部门的手脚，难以发挥中下层管理人员的积极性和创造性。

（2）自下而上的方法。这是一种先民主后集中的方法，在制定战略时，高层管理人员对下属各部门不做具体硬性的规定，而要求各部门积极提交战略方案，然后在此基础上加以协调和平衡，对各部门的战略方案进行必要的修改后加以确认。这种方法的优点是，能充分发挥各部门和管理人员的积极性和创造性，集思广益；同时也便于战略方案的贯彻落实。其不足之处在于，各部门的战略方案难以协调，有时会影响整体战略的系统性和完整性。

（3）上下结合的方法。这种方法是在战略制定过程中，高层管理人员和下属各部门管理人员共同参与，通过广泛沟通和磋商，制定出适宜的战略。其主要优点是，可以产生较好的协调效果，制定的战略更具可操作性。

（4）战略小组的方法。这种方法是指企业负责人与其他管理人员组成一个制定小组，共同处理企业所面临的问题。这种方法的目的性很强，效率高，比较适合制定如产品开发战略、市场影响战略等特殊战略和处理紧急事件。

三、会展企业战略评价和选择

在大多数情况下，会展企业在制定战略过程中所形成的战略方案不止一种或者一套，而是多种或者多套。究竟选择其中的哪一种或者哪一套方案，需要经历一个战略的评价和选择过程。

（一）会展企业战略评价和选择过程

战略方案的评价和选择过程是一个重大的决策过程，主要包括提出决策目标、确定战略方案标准、标准的重要性评价、比较和选择备选方案、评估风险。

1. 提出决策目标

在此阶段，决策者应该明确三个问题：第一，打算做出什么样的选择；第二，为什么这个方案是必要的；第三，最后采用的应是什么样的方案。

2. 确定战略方案标准

方案标准是指判断方案可能产生的效果的标准。事前确定这些标准有助于在决策的时候理智地分析和选择。方案标准的确定可以从影响方案预期效果的各种因素出发，通过一一列举可能影响方案预期效果的各种因素，包括政府的政策、投资风险、资源、商业、交通等各个方面，制定出方案的标准。方案的标准不仅是判断方案预期效果的标准，而且是判断一个方案是否可行或者满意的标准。

3. 标准的重要性评价

在方案的限定性标准和合格标准确定以后，还需要对这些标准按其重要性进行排序，以便在决策时可以根据不同的要求进行选择，根据标准的重要性进行取舍。因为在进行管理决策时，往往会碰到某个方案的一些指标好而另一个方案的一些指标也好的情况，决策者不得不在这些方案间进行选择，而方案标准的重要性排序可以给决策者提供帮助，避免决策失误。

4. 比较和选择备选方案

当备选方案的限定性确定以后，就可以根据限定性标准建立备选方案。这一阶段决策者需要详细地调查了解各种备选方案，并将它们一一列举出来，然后通过与限定性标准的比较，从中找出可行性方案；再经过对多个可行性方案的相互比较，对每一个方案的各项限定性标准给出评分，以供决策之用。

5. 评估风险

评估风险的主要目的，是在决策的时候就将方案可能产生的副作用都考虑到。这就需要对各种风险发生的可能性和严重性进行评估。

(二) 会展企业战略评价的原则

1. 目标原则

一般来说，企业战略目标是建立在对企业内外环境条件分析的基础之上的，因而具有一定的客观性。评价战略方案的目标原则就是要求战略方案与企业总体战略目标贴近，从方案是否能够满足目标的要求来进行评价。脱离总目标的战略方案当然在淘汰之列。

2. 风险原则

风险原则是指根据战略方案的效益高低和风险程度进行评价。一方面，要考虑哪一个方案能够在同样的约束条件下，以最低代价、最短时间实现既定目标，给本企业和社会带来最大效益；另一方面，则要考虑每一个方案可能给本企业和社会带来的不良后果，以及实施该方案所需承受的风险大小。据此比较分析，从中选择最佳方案。

3. 适应性原则

适应性原则是从战略方案敏感度大小的角度来考虑企业一旦实施这一战略方案，能否适应环境变化和意外事变的干扰。如果这项方案的敏感度太高，毫无伸缩性和灵活性，可能使企业不能承受反常情况的震荡，从而导致企业战略的失败或企业的衰败，则显然这项方案是不可选的。

4. 公共关系原则

公共关系原则常常被人们所忽视，然而它却是一项重要原则。所谓公共关系原则，即是指在战略方案的评价中应该特别注意方案是否有利于建立本企业的良好形象和声誉，是否有利于满足社会公众的要求，维护社会公众的利益，从而与社会公众建立良好的关系。随着社会主义市场经济的发展，这一原则已被越来越多的企业所重视。

5. 价值原则

价值原则主要衡量战略方案的实施能否给企业带来价值及有多大的价值。战略方案应该坚持全面价值观点和历史价值观点，即从经济价值、精神价值、当前价值、长远价值、物质价值、社会价值以及投入和产出等多方面综合衡量战略方案的价值。同时将该战略方案与过去进行比较，看其是否进步、在当期是否具有同行业先进水平、是否有利于企业未来的发展等，通过历史比较来衡量战略方案的价值。

6. 可行性原则

价值原则解决了战略方案"值不值"的问题，可行性原则则是解决战略方案"行不行"的问题，即从实践层面检验战略方案是否可行。贯彻可行性原则，主要从战略方案的时机是否成熟、经营的大方向是否对头、是否抓住了企业的主要矛盾、是否具有战胜竞争对手的实力和特殊优势等方面考虑战略方案的可行性，以拓宽思路，有备无患。

（三）会展企业战略选择的依据

1. 达到目标的程度

达到目标的程度反映了一种理性选择未来战略的非常流行的观点和方法。其思路是把组织的目标尽可能量化，并将之作为评价战略方案的尺度。这时评价方法成为决策制定过程的核心，并希望对各方案优缺点的评价结果提供数量答案，其中包括指明行动的步骤。然而，实际上这种理想过程较少发生。即使真有人这样做，往往还需要返回来对评价目标重新进行调整，从而可能变成一种"事后合理化"。最好的情况是，战略方案也从其他角度获得了认可，这样达到目标的程度就成为一种很好的评价尺度。

2. 参考上级精神

在战略选择过程中，负责战略方案评价的工作人员可能没有权力做出最后决定。同样，那些有决定权而且必须做出决策的高层管理人员可能并未参与方案的评价工作。所以，就需要将评价的结果传达给高层管理人员，供他们决策时参考。由于这些高层管理人员不可能有充足的时间和精力来考虑评价中的细节问题，所以他们主要依靠自己对于外部事实的判断，重点从宏观上考察不同方案对企业总体目标的达到程度。这时，战略评价就需要上下级之间进行良好的沟通。

3. 借助外部机构

企业内部几个主要决策人物之间，有时在关于战略的选择问题上可能会产生意外分歧。这种情况下，常常需要借助一些外部机构如顾问组织等，帮助企业进行战略分析。由于外部机构是独立于企业之外的，与企业没有利害关系，所以他们的评价被认为是比较客观、合理的。一些跨国公司特别是当有政府机构参与时，常常雇佣一些顾问辅助进行战略评价，或为决策者提供咨询服务。

（四）会展企业战略评价和选择的方法

战略评价和选择的方法有很多，如波士顿矩阵分析法（BCG矩阵）、通用-麦肯锡矩阵分析法（GE矩阵）、生命周期矩阵分析法、产品-市场演化矩阵分析法等等。这里主要介绍波士顿矩阵分析法（BCG矩阵）。

波士顿矩阵简称BCG矩阵，是20世纪60年代由美国波士顿咨询集团（Boston Consulting Group，BCG）公司开发出的一种产品组合分析方法。这一方法利用SWOT分析提出的基本框架，分别用定量化的变量来反映"环境中存在的机会与威胁"和"企业存在的优势与劣势"。BCG矩阵假定，每一个企业都是由两个以上的战略经营单位构成的，即企业都至少经营两种以上的业务，从而形成"业务组合"或"产品组合"，企业必须为每一种独立经营的业务分别制定战略。BCG矩阵用市场需求增长率的高低来反映环境中存在的机会（或该行业可能存在的吸引力），用纵轴表示；用企业在该市场上的相对市场占有率的高低来反映企业在该行业的竞争优势（或竞争能力），用横轴表示。这样上述两个参数——行业市场需求增长率和企业市场占有率就把企业每一种产品的经营情况限定在某一象限内，如图2-5所示。

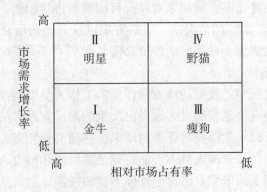

图2-5 BCG矩阵

在图 2-5 中，纵轴表示行业的市场需求增长率，它代表着市场的吸引力，为企业迅速收回资金、支付投资收益提供了机会。当然，由于市场需求增长率越快，维持其增长所需的资金也就越多，因而这样的机会也可能存在一些问题。一般来讲，高于 10% 就被认为是高市场需求增长率。市场需求增长率一般用公式（1）来估算。在 BCG 矩阵中，用相对市场占有率来反映企业在该市场上的竞争能力，这一指标能够更好地说明企业与竞争对手之间的相互关系。这样，相对市场占有率的值就在 0～1 之间，那么相对市场占有率的值在 0～0.5 之间为"低"，在 0.5～1 之间为"高"。相对市场占有率可用公式（2）来估算。

$$市场需求增长率 = \frac{当年市场需求 - 去年市场需求}{当年市场需求} \times 100\% \qquad (1)$$

$$相对市场占有率 = \frac{经营单位的绝对市场占有率}{行业中最大企业的绝对市场占有率} \times 100\% \qquad (2)$$

根据上述数据，就把产品/市场分为 Ⅰ、Ⅱ、Ⅲ、Ⅳ 四个象限，下面对这四个象限的情况分别加以说明。

象限 Ⅰ 称为"金牛"区，或"现金牛"区，处在这一区域的业务，其相对市场占有率高，但是这一行业的市场需求增长率较慢，即"高占有－低增长"。由于企业在该业务或产品的市场占有率高，企业可以从中获取大量现金，且市场需求增长慢，企业不需要过多的资金来维持市场的增长，即企业获得的现金超过所需的资金（这称为"撇脂"或"揩油"）。象限 Ⅱ 称为"明星"区，处在这一区域业务的特点是高相对市场占有率和高市场需求增长率，即"高占有－高增长"，它是企业获得长期增长和获利机会的最佳领域，能够产生的现金和所需要的现金流量都很大。象限 Ⅲ 称为"瘦狗"区，处在该区的业务具有低相对市场占有率和低市场需求增长率，即"低占有－低增长"。象限 Ⅳ 称为"野猫"区（也有人称为"问题"区、"儿童"区），处在该区域的业务具有低相对市场占有率和高市场需求增长率，即"低占有－高增长"。

BCG 矩阵最初的分析主要集中在业务的需求上，以便计划其组合的现金流的需求。根据 BCG 矩阵的分析，利用"现金牛"业务为"明星"业务和"野猫"业务筹集发展资金，即从"现金牛"区榨取大量现金，然后向"明星"区或"野猫"区的业务投资。各业务随时间的推移而发生变化，最佳的变化路径是按逆时针方向不断由"瘦狗"业务变为"野猫"业务，由"野猫"业务变为"明星"业务，由"明星"业务变为"现金牛"业务，再由"现金牛"业务变为"瘦狗"业务。当然，按顺时针方向的演变也被认为是一种可取的路径。然而，在许多企业并没有出现这种类似的循环。在上述循环过程中，企业应力求使业务组合中的各部分成为行业中的明星，见图2-6所示。

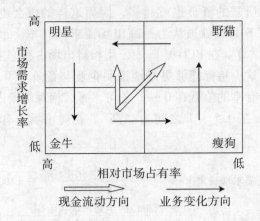

图2-6 BCG矩阵现金流和业务变化路径

从战略的角度看，BCG矩阵认为，对大多数企业而言，它们的经营业务可能分布在四个象限中的每一个区域，企业应该采取的组合战略是：首要目标是维护"现金牛"业务的地位，但是要防止对其追加过多的投资的做法；用"现金牛"区所获得的现金优先用于改进和维护处于"明星"区的难以自给自足的业务，剩余的资金可用于扶持一部分经过筛选的、有发展潜力的处于"野猫"区域的业务，使之向"明星"区转变。

BCG矩阵的重要意义就在于，它使人们很容易注意到企业各分部门的现金流动、投资特性及需求和业务组合的合理性。当然，BCG矩阵分析也有一些缺陷。首先，根据相对市场占有率和市场需求增长率这两个变量把企业的所有业务分为四类的做法过于简单；事实上，企业很多位于BCG矩阵中部的业务不易被明确归类。其次，用市场需求增长率反映产业的增长和行业吸引力也太过简单，用相对市场占有率反映企业的竞争优势和竞争能力也缺乏足够的说服力。再次，BCG矩阵认为，处于"瘦狗"区域的业务应该剥离或清算；但现实中，许多企业位于这一区域内的业务仍然能够获得较好的利润。最后，BCG矩阵不能反映各分部或其所在产业在一定时期是否增长；也就是说，该矩阵没有时间特性，它就像对一家公司在某一时点的状况进行拍照。

正是由于波士顿矩阵有上述缺陷，1983年，波士顿咨询集团对原BCG矩阵进行修正，重新设计出新的波士顿矩阵图（见图2-7）。在新设计的BCG矩阵中，横轴表示业务经营单位竞争优势的强弱，纵轴表示经营单位在行业取得竞争优势的途径的多少。同样有四个象限，根据这四个象限经营业务的情况可以分别考虑不同的战略。

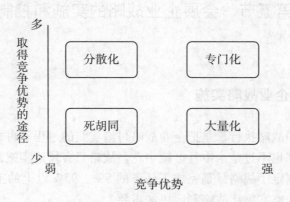

图 2-7　新 BCG 矩阵

　　大量化经营单位具有强竞争优势和不多的几条获取竞争优势的途径。企业处在一般具有少数几个寡头竞争者的行业之中，竞争者们生产比较相同的产品，生产方式也大体上相同。这些行业中存在着较高的规模经济和学习（或经验）效益。根据这些特点，处在这样行业中的企业业务最适宜的战略是成本领先战略，并以大量生产为主。

　　专门化经营单位具有强竞争优势和多条取得竞争优势的途径，所处行业具有可以相对分离的各种经营活动；而且行业中存在着许多竞争者，但存在着一个处于主导地位的竞争者。处在这样行业中的企业业务最适宜的战略应该是专门化生产，或者采取差异化战略。

　　分散化经营单位的竞争优势较弱，但是能够获得竞争优势的途径很多。一般地，这样的业务所处的行业不存在规模经济，行业的进入和退出障碍较低；在产品/市场中存在很多可区分的活动。根据这一特点，最适宜于这样的业务的经营战略就是集中化战略。

　　死胡同经营单位既无强的竞争优势，也缺乏实现竞争优势的途径。这些行业具有的特点是：行业中有许多竞争者进行竞争；进入行业的障碍低，但退出行业的障碍高；所有企业的盈利性都很差。处于这种行业的业务的经营战略应该是实现公司战略转变，逐步使企业摆脱困境。

第五节　会展企业战略的实施和控制

一、会展企业战略实施

战略实施即战略执行，是把企业战略付诸实践的过程。再好的战略，如果不付诸实践，那也不过是水中月、镜中花。战略只有付诸实施，才能实现既定的战略目标。制定了战略只是完成了任务的5%，95%以上的工作都需要具体去执行，因此战略实施比战略制定更加重要。

（一）会展企业战略实施的内容

会展企业战略实施的主要内容包括：

(1) 根据既定企业战略的要求，建立与之相适应的组织结构，并通过合理分工的组织结构来执行与战略要求相一致的各种短期计划。

(2) 按照既定企业战略的要求，进行合理的资源分配，使企业能将有限的资源集中用于战略实施上。

(3) 按照企业总体战略的要求，制定各职能领域的职能战略及具体的执行计划，并通过指标分解的方式将这种执行计划落实到各部门。

(4) 建立与战略相配套的报酬制度，从根本利益上促进战略的有效实施。

(5) 树立或调整企业文化，使之与战略的要求相适应，从而保证战略能在和谐有序的内部气氛中得到彻底的贯彻。

(6) 通过有激励性的领导，协调各职能领域的活动，促进战略的全面实施。

（二）会展企业战略实施的原则

企业在经营战略实施过程中，常常会遇到许多在制定战略时未估计到或者不可能完全估计到的问题。在战略实施中有三个基本原则，可以作为企业实施经营战略的基本依据。

1. 适度合理性原则

由于在制定经营目标和企业经营战略的过程中，受到信息、决策时限以及认识能力等因素的限制，对未来的预测不可能很准确，所制定的企业经营战略也不是最优的，而且在战略实施的过程中由于企业外部环境及内部条件的变化较大，情况比较复杂，因此只要在主要的战略目标上基本达到了战略预定的目标，就应当认为这一战略的制定及实施是成功的。在客观生活中不可能完全按照原先制定的战略计划行事，因此战略的实施过程不是一个简单机械的执行过程，而是一个需要执行人员大胆创造、大量革新的过程。因为新战略本身就是对旧战略以及旧战略相关的文化、价值观念的否定。没有创新精神，新战略就得不到贯彻实施。因此，战略实施过程也是对战略的创造过程。在战略实施中，战略的某些内容或特征有可能改变，但只要不妨碍总体目标及战略的实现，就是合理的。

此外，企业的经营目标和经营战略总是要通过一定的组织机构分工实施，也就是要把庞大而复杂的总体战略分解为具体的、较为简单的、能予以管理和控制的问题，由企业内部各部门以至部门各基层组织分工去贯彻和实施。组织机构是适应企业经营战略的需要而建立的，但组织机构一旦建立就不可避免地要形成自己所关注的问题和本位利益，这种本位利益在各组织之间以及企业整体利益之间会产生一些矛盾和冲突。为此，企业的高层管理者要做的工作是对这些矛盾和冲突进行协调，以寻求各方面都能接受的解决办法，而不可能离开客观条件去寻求所谓绝对的合理性。只要不损害总体目标和战略的实现，一些矛盾和冲突还是可以容忍的，即在战略实施中要遵循适度的合理性原则。

2. 统一领导、统一指挥原则

对企业经营战略了解最深刻的应当是企业的高层管理人员，一般来说，他们比企业中下层管理人员以及一般员工掌握的信息要多，对企业战略的各个方面的要求以及相互联系的关系了解得更全面，对战略意图体会最深，因此战略的实施应当在高层管理人员的统一领导和统一指挥下进行。只有这样，其资源的分配、组织机构的调整、企业文化的建设、信息的沟通及控制、激励制度的建立等各方面才能相互协调、平衡，才能使企业为实现战略目标而有效地运行。

在实际工作中，由于企业缺少自我控制及自我调节机制或这种机制不健全，因而工作中经常违背这一原则。

3. 权变原则

企业经营战略的制定是基于一定的环境条件基础之上的。在战略实施中，事情的发展与原先的预测有所偏离是不可避免的。战略实施过程本身就是解决问题的过程，但如果企业内外环境发生重大的变化，以致原定战略无法实现，显然这时需要对原定的战略进行重大的调整，这就是战略实施的权变问题。其关键就在于如何掌握和衡量企业环境变化的程度。如果当环境发生并不重要的变化时就修改原定的战略,这样容易造成人心浮动,带来消极后果,最终导致一事无成;但如果环境确实已经发生了很大的变化而仍然坚持实施既定的战略,最终也将导致失败。

权变的观念应当贯穿于战略实施的全过程,从战略制定到战略实施,权变的观念要求识别战略实施中的关键变量,并对它进行灵敏度分析,当这些关键变量的变化超过一定的范围时,原定的战略就应当调整,并准备相应的替代方案(即企业应该对可能发生的变化及其可能造成的后果)以及应变替代方案,以使企业有充分的应变能力。当然,在实际工作中,对关键变量的识别和启动机制的运行都是很不容易的。

(三) 会展企业战略实施的基本模式

在企业战略实施中,一般有五种不同的实施模式,即指挥型模式、变革型模式、合作型模式、文化型模式和增长型模式。

1. 指挥型模式

指挥型模式主要运用严密的逻辑分析方法,重点考虑战略制定的问题。通常认为指挥型模式是建立在下述基础上的:战略实施靠的是最佳战略和有权威的企业高层领导,具有极为正式的集中领导的倾向;它要求企业高层领导运用经济分析和竞争分析,制订一个能指导日常工作决策的战略执行计划,并靠其权威通过发布各种指令来推动战略的实施。这种模式是假定企业在采取行动之前就已经进行了大量的分析,高层领导拥有相当大的权力和近乎完美无缺的信息,能够较好地做出日常决策。

在运用指挥型模式时,要具有以下约束条件:

(1) 战略易于实施。由于战略制定者和战略实施者的目标较为一致,战略不构成对企业现行系统的威胁,现行系统不妨碍实施行动;现行系统为高度集权式体制,且能集中大量信息;企业环境稳定,资源宽松,多元化经营程度低,竞争力高。企业具备上述战略实施的充分条件,使得战略易于实施。

(2) 信息准确及时。企业建有管理信息系统,能大量收集准确的信息,并能及时汇总到高层经理手中;若企业环境变化快,虚假信息多,则会给这一模式的实施成效大打折扣。

(3) 规划人员客观。企业各单位往往出于自身利益的考虑,报给总部的战略计划常常影响、抵触企业总体目标,企业需要公正、客观的规划人员从中沟通、协调,达到各单位利益与企业整体利益的高度一致。

指挥型模式的最大问题是把战略规划者与战略执行者相分离,即企业高层领导制定战略,然后强制下层管理人员实施。这样就有可能产生下层执行者缺少实施战略的主动性和创造力，甚至抵制、拒绝在他们看来是不能接受的战略方案和具体措施。

2. 变革型模式

变革型模式是从指挥型模式转变来的，是指挥型模式的完善与补充。在这种模式下，企业高层领导重点研究如何在组织内实施战略，其主要任务是有效地实施战略，设计适当的组织管理系统。企业总经理不仅重视经济分析和制定好的战略执行计划，而且深入考虑如何运用组织结构、激励手段和控制系统来促进战略实施，用行为科学的方法把组织纳入战略规划的轨道，推动所属经营单位为实现战略目标而努力。

运用这种模式时，总经理往往采用下列三种方法，以增加战略实施成功的可能性：

（1）保证战略重点。利用组织机构和参谋人员向全体员工传递优先考虑的战略重点是什么，把企业的注意力集中于战略重点所涉及的领域。

（2）支持管理系统。建立战略规划系统和效益评价系统，制定激励补偿政策，以支持实施战略的行政管理系统。

（3）激发多方活力。充分调动企业内各单位和各方面的积极性，激发全体员工的活力和创造力。

在许多企业的实践中，变革型模式比指挥型模式更为有效，但变革型模式并没有解决指挥型模式中存在的如何获得准确信息的问题、各单位及个人利益对企业总体战略的影响问题等，而且还产生了新的问题，即在企业通过组织机构及行政管理系统来支持战略实施的同时，会使企业高层领导失去战略指挥的灵活性和快速性。

3. 合作型模式

合作型模式是建立在认为战略是集体协商基础上的产物，企业高层领导启发其他管理人员应用头脑风暴法去考虑战略制定与战略实施的问题，管理人员可以充分发表自己的意见，提出各种不同的方案，确保其他管理人员提出的意见都能够得到充分的讨论和调查研究。

协调管理人员的形式多种多样，例如，有的企业成立由企业高层领导、各职能部门主要领导参加的战略研究小组，专门收集在所确定的战略问题上的不同观点，并进行分析讨论，在统一认识的基础上制定出实施措施。在这种情况下，企业高层领导的工作重点是组织一支合格胜任的管理队伍，并使他们友好、愉快、成功地合作。

从总体上看，合作模式克服了指挥型模式和变革型模式中存在的两大局限性：一是企业高层领导接触了较多的管理人员，获得了大量权威、可靠的信息；二是战略建立在集体智慧的基础上，增加了战略成功实施的机会。

值得注意的是，合作型模式是具有不同观点、不同目的和利益的参与者相互协商的产物，可能会降低战略的经济合理性；而指挥型模式所确定的"理想"战略和变革型模式所采用的"理想"行政管理系统在技术、经济上可能是合理的。但是合作型模式仍然存在战略制定者和战略实施者的分离，还不能做到充分吸收全体员工的聪明才智。

4. 文化型模式

文化型模式是要在整个组织里灌输一种适当的文化，以使战略得到实施。它是把合作型模式的参与成分扩大到了较低的层次，打破谋略者与执行者之间的鸿沟，力图使整个组织都支持企业的目标和战略。

文化型模式的主要特点是：企业高层领导通过沟通和灌输企业使命来加强对企业战略实施的指导，并允许每个人参与设计与企业使命相吻合的自己的工作程序。战略执行计划形成后，总经理仅起指导作用，鼓励每个管理人员决定贯彻计划实施的具体细节。由于企业内各种组织和决策参与者是在共同目标下工作的，所以运用文化型模式就能使企业战略的实施迅速、风险减少，使企业能在较平稳的条件下发展。

但是，文化型模式也有其局限性，表现在以下几个方面：

（1）员工学识不够。这种模式假定企业员工具有较高学识和参与意识，实际中往往难以达到这一点。

（2）企业文化难以建设。构建企业文化是一项长期、艰巨、面广、量大的工作，既需要高层管理者的积极倡导和身体力行，还需要广大员工的认同和维护。

（3）实际作用虚有。如果企业高层管理者不愿放弃决策权、控制权，则会使广大员工参与战略制定及实施流于形式。

5. 增长型模式

增长型模式的基本特点是：激励管理人员的创造性，制定并实施完善的战略，使企业的能量得以发挥，使企业实力得到增长。采用这种模式的企业，其战略不是从最高层自上而下地推行，而是从基层经营单位自下而上地产生。它要求企业高层领导既能激发企业内部富有革新的锐气，又能具有在由基层提出的各种建议中淘汰不适当方案的勇气。

运用增长型模式要解决如下几个认识问题：

（1）创造宽松环境。企业高层领导不可能控制所有重大的机会和威胁，有必要给下层管理人员创造宽松的环境，激励他们相对独立地从事有利于企业长期利益的经营决策。

（2）尊重下属意见。企业高层领导的权力、经验和信息等总是有限的，不应该也不可能在任何时候、任何方面都把自己的愿望强加于下属及员工，应该也必须尊重下属的独立见解和意见。

（3）争取更多支持。企业高层领导只有在依赖下级的情况下，才能正确地制定和实施战略。因为一个稍逊色但得到人们支持的战略，要比那种"最佳"的但根本得不到人们热心支持的战略有价值得多。

（4）依靠集体智慧。企业高层领导要坚持发挥集体智慧，减少集体决策的各种不利因素。制定企业战略要依靠集体智慧和合成信息，仅依靠一个人则难有作为。

当然，集体决策也有局限性。为了减少集体决策的局限和风险，企业高层领导必须采取有针对性的措施。比如，强调某一主题或重点来指导战略决策的思路；规定一定的规划方法，使战略方案的评价有正确、规范的标准；设立专门的战略研究部门或小组等。

在20世纪60年代以前，企业界认为管理需要绝对的权威，在这种情况下，指挥型模式较为盛行。20世纪60年代，钱德勒指出为了有效地实施战略，需要调整企业组织结构，于是就流行变革型模式。合作型、文化型及增长型三种模式则出现较晚。这五种战略实施模式在制定和实施战略上有不同侧重。指挥型模式、变革型模式和合作型模式更侧重于战略的制定，而把战略实施作为事后行为；文化型模式和增长型模式则更多地考虑战略的实施问题，其中，文化型模式是在运用大量时间达成一致决策后迅速进入实施阶段，而增长型模式则是在各种战略方案被它们的拥护者提出来时，事实上已处在实施过程中。

二、会展企业战略控制

战略控制主要是指在企业战略实施的过程中，检查企业为达到目标所进行的各项活动的进展情况，评价实施企业战略后的企业绩效，把它与既定的战略目标和绩效标准相比较，发现战略差距，并分析原因、纠正偏差，使企业战略的实施更好地与企业当前所处的内外环境、企业目标协调一致，使企业战略得以实现。

（一）会展企业战略控制的类型

会展企业战略控制主要有四种类型，即回避控制问题、具体活动控制、绩效控制和人员控制。

1. 回避控制问题

在许多情况下，企业管理人员可以采取一些适当的手段，避免不合适的情况发生，从而达到控制的目的。具体的手段有：

（1）高效自动化。计算机等高效自动化手段通常可以按照企业预期的目标恰当地工作，保持工作的稳定性，使控制得到改善。

（2）管理集中化。管理集中化就是指把各个管理层次的权力集中在少数高层管理人员的手中，从而避免分层控制造成的矛盾。

（3）风险共担。这里的风险共担是指企业可以将内部的一些风险与企业外的一些组织共同分担，例如与保险公司签订协议等。

（4）转移或放弃某些经营活动。当企业的管理人员对于企业的某些生产经营活动感到难以控制时，可以考虑采取发包或完全放弃的方式来处理该项经营活动，从而将潜在的风险转移出去。

2. 具体活动控制

具体活动的控制是保证企业员工能够按照企业的预期进行活动的一种控制手段。其具体做法主要有以下三种方式：

（1）行为限制。这种方式可以通过两种途径来实现：一是利用物质性的器械或设施来限制员工的行为；二是利用行政管理上的限制，员工必须按照各自的职责进行工作。

（2）工作责任制。实行工作责任制一般要求确定企业允许的行为界限，让员工按照一定的规章制度工作；经常检查员工在实际工作中的行为；根据所定的标准惩罚或者奖励员工的行为。这种系统主要是为了检查与考核员工的行为，同时激励员工，充分发挥他们的积极性。

（3）事前审查。这种审查主要是指在员工工作完成前所做的审查，可以纠正潜在的有害行为，达到有效的控制。

3. 绩效控制

绩效控制以企业的绩效为中心，通过绩效责任制来达到有效的控制。绩效控制系统一般要求确定预期的绩效范围；根据绩效范围衡量效益；根据效益对那些实现绩效的人员给予奖励，对没有完成绩效的人员给予惩罚。

绩效责任制与工作责任制在某种程度上有一定的相似性，即都是面向企业的未来使员工的行为符合企业的预期。这种控制系统只有当员工充分认识到了它的好处时才会发挥更大的效应。

4. 人员控制

人员控制系统是指依靠涉及的人员为企业做出最大的贡献的系统。此外，人员控制系统还可以为某些人员提供一定的帮助。当该控制系统出现问题时，一般可以采用以下手段加以解决：

（1）实施员工训练计划，改善工作分配，提高关键岗位工作人员的能力。

（2）改进上下级的沟通，使企业员工更清楚地知道与理解自己的作用，将自己的工作与企业中其他群体的工作很好地加以协调。

（3）建立具有内在凝聚力的目标和高效协作的工作团队，促成同事间的互相控制。

（二）会展企业战略控制的原则

战略控制是一个复杂的系统工程，涉及会展企业战略实施过程中的许多方面。因此，战略控制必须遵循一定的原则，才能取得一定的效果。

1. 确保目标原则

战略目标必须为完成目标服务，如果偏离了目标，再严密的控制也无效。

2. 系统性原则

战略控制需要以系统的观点来实施。一个企业可以看作一个大系统，由各个子系统构成。子系统是指为实现某一重要的战略目标而相互作用的一组活动或决策。子系统既相互独立又相互依赖。高层经理的工作就是协调各个子系统的需求和进度，并加以调整和整合。同时，作为开放式系统，企业必须与外界高度适应、相互交流，并积极利用外界的信息和资源，提高战略控制的可靠性。

3. 适度、适时、适应性原则

战略控制必须适度，以免引起混乱和偏离目标。要适应外部环境的变化，选择适当的时机调整战略，既不急于求成，又不延误时机。战略控制应该能够反映不同经营业务的性质和控制需要，应视各部门的业务范围、工作性质、重要程度不同而制定相应的控制标准和方式。

4. 例外控制原则

战略控制应集中应对例外事件的发生，注意针对超出预先设想的事件采取控制行动。

5. 激励性原则

将控制标准和员工行为考核标准相结合，使员工的行为绩效与战略目标相匹配，从而使员工能够及时发现问题，进行自我控制。明确的绩效标准有利于激发员工的工作热情。

6. 信息反馈原则

及时的信息反馈不仅有利于对战略实施情况进行评估，还能反映环境与现行战略的适应性，为及时调整战略提供重要帮助。

（三）会展企业战略控制的过程

战略控制的目标就是使企业战略的实际实施效果尽量符合战略的预期目标。为了达到这一点，战略控制过程可以分为四个步骤，即制定效益标准、衡量实际效益、评价实际效益以及纠正措施和权变计划，如图 2-8 所示。

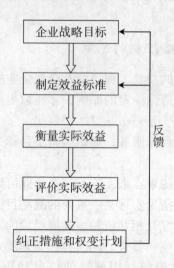

图 2-8　会展企业战略控制的过程

1. 制定效益标准

战略控制过程的第一个步骤就是根据预期的战略目标或计划制定出应当实现的战略效益及效益标准。在这之前，企业需要评价已定的计划，找出企业目前需要努力的方向，明确实现目标所需要完成的工作任务。这种评价的重点应放在那些可以确保战略成功实施的领域里，如组织结构、企业文化和控制系统等。经过一系列的评价，企业可以找出成功的关键因素，并据此作为企业实际效益的衡量标准。企业常用的衡量标准有销售额、销售增长率、净利润、资产、销售成本、市场占有率、价值增值、产品质量等。

2. 衡量实际效益

在战略控制的第二个步骤里，企业主要是判断和衡量实现企业效益的实际条件。管理人员需要收集和处理数据，进行具体的职能控制，并且监测外部环境和内部条件变化时所产生的信号。外部环境信号比较重要，但它们比较难于预测到，而且它们所产生的影响也比较难于确定。内部条件信号则比较容易控制，而且时间也较短。

3. 评价实际效益

在这一步骤里，企业要把实际效益与计划效益相比较，确定两者之间的差距，并尽量分析出形成差距的原因。

4. 纠正措施和权变计划

在战略控制的最后一个步骤里，企业应考虑采取纠正措施或实施权变计划。

在生产经营活动中，一旦企业判断出外部环境的机会或威胁可能造成的后果，则必须采取相应的纠正或补救措施。当然，当企业的实际效益与标准效益出现很大的差距时，也应及时采取纠正措施。企业在采取纠正措施时通常采取三种选择方式：①常规模式。企业按照常规的方式去解决所出现的差距。这种模型花费的时间较多。②专题解决模式。企业就目前所出现的问题进行专题重点解决，这种反应较快，节约时间。③预先计划模式。企业事先对可能出现的问题有所计划，从而减少反应的时间，增强处理战略意外事件的能力。

权变计划，是指企业在战略控制过程中，当发生重大意外情况时，企业必须采用的备用应变计划。这种计划也是一种及时的补救措施，能帮助企业管理人员处理不熟悉的情况。

本章小结

战略是对会展企业未来发展方向的长期性和全局性的谋划。战略管理是会展企业在日益复杂多变的环境中谋求生存和发展壮大的一种管理方式，是为获取战略竞争力而进行的投入、决策以及行动的一个完整过程。一个规范、全面的战略管理过程包括四个阶段：战略环境分析；战略目标的确定；战略制定、评价和选择；战略实施和控制。战略环境的分析是战略目标确定的基础；要确保战略目标的实现，必须制定和选择科学合理的战略并加以执行；在战略的实施过程中，要对企业的发展战略进行控制以便不偏离原定的战略目标，引领企业走向正确的发展道路。

本章关键词

战略管理　战略分析　战略制定　战略评价　战略选择　战略实施　战略控制

复习思考题

1. 会展企业实施战略管理面临的挑战是什么?
2. 什么是企业战略管理?战略管理有什么作用?
3. 会展企业的外部环境对其实施战略管理有什么影响?
4. 会展企业内部环境分析的主要内容是什么?
5. 会展企业战略管理过程包括哪几个主要环节?它们之间有何联系?

综合案例

米奥兰特:争做中国出国展第一品牌

米奥兰特国际会展公司创立于1994年,经过20多年的发展,由创立之初的5人团队发展成为拥有500余人、北京上海浙江均有分公司并在新三板成功上市的专业国际服务贸易集团公司。业务范围涵盖国际会展、电子商务、传媒报纸杂志、商务咨询、海外专业市场运营等服务产业,是国内目前为数不多的涉外服务贸易型企业集团。

在公司董事长潘建军先生的领导下,米奥兰特公司以全力"打造中国出展第一品牌"为孜孜以求的愿景,秉承"服务连五洲,贸易通四海"的经营理念,在中国与国际市场间,实施系列"走出去"和"请进来"的贸易促进服务,成为中国会展行业境外办展数量最多、规模最大的标杆企业。

强化核心业务,全力服务中国企业"走出去"

国际会展是米奥兰特公司的核心业务板块和传统优势部门。公司始终坚持出国组展、出国自办展两条腿走路,自2005年以来,就在上海、北京、浙江等主要经济区开设全资或合资的专营出国展览的专业公司,成为目前国内少数具备在海外自主办展能力的专业公司之一。

随着"一带一路"战略的实施,米奥兰特公司以全球化的视野和战略,关注"金砖国家"和"一带一路"等新兴市场的高速发展,搭建高质量平台,通过贸易配对,帮助企业在全球高增长的市场,精准定位买家,实现企业"走出去"战略。2015年,在波兰、土耳其、巴西、约旦、印度、阿联酋迪拜、哈萨克斯坦、埃及、南非合计9个新兴市场搭建商贸平台,通过多种形式,帮助中国企业开拓当地市场,促进当地经济商贸活动的互动和交流。

在提供专业出展服务的同时,米奥兰特国际会展还整合了集团内网络、报刊传媒服务的资源,开发了一系列的增值配套服务,将展会、网络、传媒三大渠道服务融为一体，真正为中国企业拓展海外市场提供解决方案。

到目前为止，米奥兰特国际会展业务无论在企业规模、经营规模和服务理念上在中国境内处于领先，当之无愧地成为"中国出展第一品牌"。

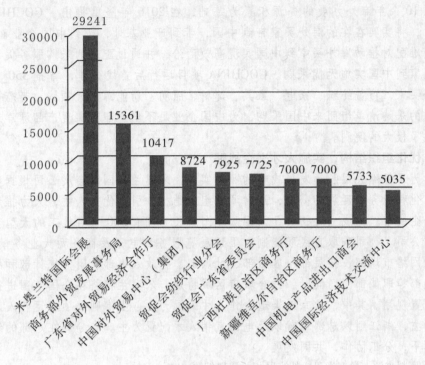

2013年中国境外自主办展总面积排序

实施数字化战略，打造全方位的商务服务平台

信息技术的快速发展，对传统的商业模式提出了严峻的挑战，米奥兰特公司未雨绸缪，在继续编辑出版如《中国商情》《中国商旅手册》《中国展览与市场》《东方商报》等纸质媒体外，还在业内率先启动了信息化建设，先后上马了OA办公自动化、CRM客户管理、展览业务管理系统等信息化项目。精心打造了Me360 Online作为公司的旗舰门户，2005年起就被各大网络媒体评为"全球顶级的B2B平台之一"，是一个专业为展商与国际采购商提供出展、国际贸易服务的综合服务平台，帮助中国外贸企业更加快捷、简单、方便地获得各类国际买家的信息和询盘。不仅如此，米奥兰特公司还设立了国内领先的展会B2C平台：全球订展在线。该平台由公司旗下国有控股上海国际广告展览有限公司全面运营，是上海市外经贸委指定的在线订展平台，涉及25个行业，遍布全球100多个国家，是全国为数不多的具备出国组展资质的平台之一。

针对以往我国企业拓展国际市场只是单项走出去的常规模式，米奥兰特公司以10余年海外办展的资源积累为基础，在2016年隆重推出"GOCHINA"项目，将实实在在的海外买家带到中国，带到产业基地，带到中国企业面前，以精准配对推动海外买家到中国实现高效商洽，并通过配套的采购服务促成海外买家到中国实施无忧采购。GOCHINA项目运行后首战告捷，首批350多名海外买家，覆盖纺织、家电、家具、建材、照明、新能源六大领域，带着3亿美元的采购清单组团来中国采购，为中国企业足不出户即可实现产品漂洋过海提供了极大的便利。

优化组织结构，实施人才兴企战略

为了保障公司长远发展战略的顺利实施，米奥兰特国际会展公司根据环境的变化和业务的延展的需要，适时调整组织结构，引进优秀人才，大力推动人才兴企战略。由成立之初的5人团队逐渐成长为拥有500余名员工的大型会展集团公司。公司采取直线职能制，下设展览服务和电子及商务两大业务模块，设立网络市场部、拓展部、客服部、计调部、行政人事部、财务统计部和战略发展部等职能部门。同时，结合城市区域特点，米奥兰特将在全国范围进行人才配置规划。其中，北京以渠道合作人才配置为主，上海则以项目运营人才配置为主，浙江则以总部运营以及电话直销人才配置为主。各分部在总部的统一指挥下，分工协作，共同发展。

（资料来源：根据米奥兰特官网相关资料编写，http://www.meorient.com）

■ **讨论题**

1. 米奥兰特国际会展公司为实现"中国出展第一品牌"采取哪些策略？
2. 米奥兰特国际会展公司的数字化战略对于我国会展企业有什么启示？

第三章 会展企业组织与制度管理

①了解会展企业组织的相关概念；②理解会展企业组织运行的特殊性；③熟悉会展企业组织结构设计的影响因素和会展企业常见的组织结构类型；④掌握会展企业的制度化管理。

第一节 会展企业组织

一、会展企业组织概述

组织的含义可以从不同角度去理解，古今中外的管理学家也对此做出了各种不同的解释。管理学家、社会系统学派创始人切斯特·巴纳德认为，"组织是两个或两个以上的人有意识的协作系统"，即当人们集合在一起并且为了达到共同的目的而一致努力时，组织就产生了。将组织作为一个系统来看时，组织的概念可界定为：根据组织目标和计划，执行计划的各种要素及其相互关系而进行配置、协调、组合，形成一个有机的组织结构，使整个组织协调地运转，保证计划任务得以全面落实的过程。

会展企业组织是指由人、职位、任务以及它们之间的特定网络关系所形成的组织结构，这一网络可以把分工的范围、程度、相互之间的协调配合关系、各自的任务和职责等用部门和层次的形式确定下来，从而形成组织的框架体系，以达到完成会展企业经营目的的过程。通过会展企业组织机构的建立，将会展企业生产经营活动的各个要素、各个环节，从时间和空间上有机地组织起来，领导会展企业员工协调一致地行动，从而产生有效的、大于个人和小集体功能简单加总的整体功能。

会展企业组织结构设计是会展企业管理者为实现企业的目标而对其组织任务和组织结构进行设计的活动，是在特定环境中，把组织的任务和组织的职能、职权进行有效的结构性配置的过程。其基本功能是协调组织内人员与任务之间的关系，使组织保持灵活性和适应性，从而有效地实现企业目标。会展企业的组织结构设计必须根据其组织的复杂性、规范性和集权程度，组织的目标和任务，以及根据组织的规律和组织内外环境因素的变化来构造组织机构。只有这样，组织结构的功能和协调才能达到最优化；否则，组织内的各级机构就无法有效运转，也就无法保证组织任务和目标的有效完成和实现。

二、会展企业组织运作特点

会展企业组织在运作过程中，表现出如下四个特点，即运作机制灵活、专业化程度高、经营开放性强、注重协同发展。

（一）运作机制灵活

从国际上看，特别是在欧美等会展业发达国家，组展商与参展商、采购商、会展场馆经营者等之间已经完全进入市场化运作模式，展览经济中企业各项资源的配置，如资本的融合、展览专业人才的融合、展览品牌的融合以及办展方式的融合等，都是通过市场调节来实现的。会展企业一般都拥有产权制度下的法人治理结构、较规范的经营责任制度以及较完善的激励和约束机制。在这种背景下，会展企业的经营机制更为灵活，企业经营者必须根据市场环境的变化、参展商和供应商的特征来及时对经营业务做出调整。从这个角度看，会展业的特殊性决定了会展企业在运作中要综合考虑各方面的因素，并适时做出调整，这就需要会展企业拥有灵活的运作机制。

（二）专业化程度高

一方面，会展产业本身是一项专业性很强的产业，展会的策划和举办是一项操作性极强的系统工程，从筹办到招商、展出，从设计、布展、服务到打造会展品牌，在时间、空间、人员、物流等方方面面要做到运筹帷幄；另外，就其专业要求而言，涉及会展科学、会展营销、会展广告、会展策划、管理模式、管理理念等诸多领域；同时，会展经营还是一项政策性很强的工作，需要熟知经济政策、法律法规，善于判断和把握政府的宏观经济政策走向。另一方面，随着社会经济的发展、会展市场的进一步成熟和细分化，专业展（行业展）已经成为全球会展业发展的主流趋势。而成功举办专业展的基本条件之一，即会展企业能否为参展商、采购商或经销商等提供专业的设施和服务，如展台布置、观众组织、活动安排、现场气氛营造、展后服务等，都需要会展企业具备较高的专业运营与管理水平。

（三）经营开放性强

在整个国民经济中，会展经济本身就是作为一种开放性的经济形态而存在的。它不是简单的个体经济行为，而是一种集体性的大规模物质、文化交流方式，会展经济的发展会引起社会资源和要素在全国乃至于全球范围内的流动。会展业是跨国度、跨地区的物流、资金流、信息流高度集聚的一个平台，是展示国家和地区经济发展水平的重要标准，是一个高度开放性的产业。会展产业的特性和内在运作规律决定了会展企业的经营必须对外开放，实行开放性、国际化运作。

（四）注重协同发展

会展企业的主要经营业务——展会，实现的是资源在短期内的集聚效应，因而对于会展企业而言，其目标市场往往是跨行业、跨地域的。一个展会的成功举办包括策划、组织、广告、物流、安全等多方面的实质性工作，对于规模有限的展览公司，仅靠自身的能力一般难以达到要求；而即便是规模较大的展览集团，也只是在营销网络、资金、人才及管理经验等方面拥有优势。要扩大规模、提高效益、增加内涵、打造品牌展会，会展企业还必须对展会举办地的市场有一定的把握，能够充分利用展会举办地的客户资源。因此，实现各个层面上的合作不仅是必要的而且是普遍的。一方面，会展企业间的合作可以通过多种方式开展。例如，可通过兼并与收购，形成新的会展品牌，或强化原有的品牌；也可以加强品牌合作，实现强强联合，扩大品牌影响；还可以组建股份制企业，通过合同明确合作各方的权限、责任和利益，实行合作经营。另一方面，会展业具有很强的关联效应和扩散效应，会展活动中不仅包含了会展企业的经营行为，旅游、保险、金融、住宿、餐饮、交通、通信等多种行业中的企业也有较高程度的参与，因此，注重与相关行业企业的互动合作、协同发展是会展企业经营管理的一大特点，也是其成功经营的重要因素之一。

第二节　会展企业组织结构设计

组织结构是组织中正式确定的使工作任务得以分解、组合和协调的框架体系，常见的组织结构类型包括直线制、职能制和事业部制。组织结构设计就是为实现组织目标而对组织结构进行的设计、发展和变革等一系列活动，其工作内容主要包括：确定组织中的各个构成要素并按一定原则对其进行排列、组合，明确管理层次，分清各构成要素的职责及相互间的协作关系等。良好的组织结构设计表现在企业高效运行、目标易于实现、部门协调配合、人员精简高效、信息通道顺畅、较少的信息传递失真等方面。

一、会展企业组织结构设计的特殊性

会展企业组织结构的设计具有它的特殊性。

（一）注重组织与经营规模及业务范围相适应

会展企业组织结构设计应当充分考虑到会展公司规模和经营范围的大小。规模大，则人员和部门就多；经营范围广泛，则对内部协调和协作的要求就高。因此，会展公司组织结构设计要根据经营规模和经营范围的大小，对某类部门职能和岗位职能适当进行合并或分拆，以满足公司发展的要求。

（二）组织设计与经营性质相适应

对于会展企业而言，服务是其主要的产品形式。服务质量的高低是会展公司的核心竞争力，是确保会展企业长久发展的根本。会展企业必须根据客户的需求及需求的变化做出迅速而灵敏的反应。因此，会展公司组织结构设计要考虑如何设置职能层级和工作流程，以解决客户信息的传递问题。

（三）组织设计与客户需求相适应

会展企业组织结构设计必须能够满足客户对会展服务的需求，这种服务包括技术、资金、人员等各个方面的服务。在会展企业组织结构设计时，满足客户需求是会展企业重点考虑的因素。

(四) 组织设计与外部环境相适应

会展企业的外部环境包括政府政策导向、会展业的发展水平、会展人才的供需状况等。脱离外部环境需求而设计的会展企业组织结构，在实际运行中必然会碰到这样或那样的问题，最终将影响企业发展目标的实现。有鉴于此，会展企业组织结构设计必须适应外部环境的发展变化。

(五) 组织设计与服务流程相适应

会展业是一个对于协作要求很高、时间性极强的行业，会展服务的流程繁杂，只要其中任何一个细微的环节出现问题，就会影响整个会展业务按时按质完成。因此，在组织结构设计时应详细了解各会展服务环节的具体目标和任务。

二、会展企业组织结构设计的原则

会展企业组织结构的设计必须遵循一定的原则。

(一) 目标一致原则

该原则要求会展企业的组织设计必须为实现会展企业的战略任务和经营目标服务。一方面，企业的任务和目标是企业组织设计的"出发点"，企业的组织体制和机构是一种手段，而企业的任务和目标则是采取这种手段的目的，两者是行为和目的的关系；在贯彻该原则时，应抛弃组织机构的上下对口和整齐划一，机构和岗位的设置不应因人设事，而应当因事设人，具体做到按任务设职务、按职务配干部。另一方面，企业的任务和目标也是组织设计的"归宿点"，即企业的组织设计是否符合企业的最终目标，能否促进企业任务和目标的更好实现。

(二) 精干高效原则

会展企业的精干高效原则要求企业的组织机构在完成任务目标的前提下，组织结构要达到最精干、人员最少、管理效率最高的目的。会展企业管理同小作坊式生产的经验管理不同。小规模作坊式生产主要依靠增加劳动力的数量和提高劳动强度来增加效益；会展企业管理主要是依靠先进的科学技术、合理的分工与协作。如果企业的机构臃肿，人浮于事，不仅降低经济效益，更重要的是造成程序繁复、办事效率低下、推诿拖拉，从而助长官僚主义。

（三）专业分工与协作原则

分工与协作是社会化大生产的客观要求，会展企业管理的工作量大且专业性强，因此须分别设置不同的专业科室，这样才有利于把管理工作做得更深更细，提高各项专业管理效率，迅速培养一批专业化管理人才。当然，分工也并非越细越好。现代组织理论认为，管理工作实行专业分工是必要的，但它同时也会带来问题和缺点，这是由于分工过细会引起办事程序和手续复杂化，增加各部门之间的协调工作量，助长专业管理人员的片面观念和本位主义，造成有些管理人员负荷过重引起不满等负面效应，这些问题将导致管理效率的下降。因此，专业分工不是越细越好，而是有个前提，即专业分工有利于提高工作效率。当分工未达到这个限度时，专业分工是利大弊小；反之，一旦超过这一限度，则是弊大于利，管理效率反而下降。判断企业管理中专业分工合理程度的主要标志，就是看企业实践中管理效率的高低。有分工，也就必然有协作。在分工的条件下，各项管理工作之间有紧密联系，但是伴随着专业分工，各专业管理部门之间会在管理目标、价值观念、工作导向等方面产生一系列的差别，因而必须在会展企业组织设计中重视部门间的协作配合，加强横向协调，提高管理效率，这样才能保证企业整体目标和任务的实现。

（四）统一指挥原则

统一指挥原则是指企业管理体制和机构的设置应当保证生产命令和生产经营指挥的集中统一，这是对现代化会展企业的客观要求。为了保证命令和指挥的统一，在会展企业组织结构设计上，可以实行以下制度和措施：一是实行首脑负责制。企业中的每一个管理层次都必须确定有一个人负总责并实行全权指挥，避免无人负责和多头指挥现象。二是实行正职领导副职。企业组织内的正职与副职的关系，不是共同分工负责的关系，而是上下级的领导关系，由正职确定副职分工管理的范围并授予必要的权责。三是实行一级管理一级，即"指挥链"原则，从而避免越级指挥。四是实行参谋职能制。企业管理人员可划分为两类。一类是直线指挥人员，他们有指挥权，可以直接向下级发号施令；另一类是参谋职能人员，他们是同级直线指挥人员的参谋和助手，没有对下级的指挥命令权，对下级只能实行业务指导和监督，对下级的命令必须通过同级的指挥人员下达，这样可以避免多头指挥。

（五）有效管理跨度原则

管理跨度是指一名上级领导者直接领导下级的人数。该原则基于人的有限能力原理，认为领导人受其精力、知识、经验等条件的限制，能够有效领导的下级人数是有限度的，超过一定限度，就不可能进行具体有效的领导。管理跨度与企业的管理层次成反比例关系。同样规模的企业，加大管理跨度，则管理层次将减少；反之，管理跨度减少，则层次可能要增加。随着信息时代的来临，信息对于会展企业而言越来越重要，企业为了避免信息失真，都倾向于尽量减少管理层次。然而，管理层次的减少要受到有效管理跨度的制约，必须以保证领导有效性为前提。因此，有效管理跨度，是决定企业层次的基本因素。有效管理跨度并不是一个固定的数值。不同企业、不同职位的领导人，其有效管理跨度大小不等，它受职务性质、管理人员素质、职能机构健全与否等条件的影响。如果是基层的管理工作、素质好的管理人员、职能机构健全的单位，它的有效管理跨度就可能大一些；反之，则可能小一些。

（六）集权与分权相结合原则

集权与分权是处理企业上下级分工关系的核心问题。该原则基于集权与分权辩证统一原理。企业的组织体制，既要有必要的权力集中，又要有必要的权力下放。集权是现代生产的客观要求。现代企业内部分工明确，协作紧密，生产经营活动的社会性强，这就要求在企业高层集中必要的权力，对企业生产经营活动实行集中统一的领导和管理。集权有利于贯彻企业整体经营战略和经营目标，有利于合理利用企业人力、物力、财力资源，提高企业经济效益；同时，现代企业管理认为，分权也与集权一样，也是现代企业所必需的，因为分权有利于一线员工根据实际情况特别是根据市场变化迅速而正确地做出反应、有利于调动下级人员和部门的生产积极性和主动性、有利于高层领导摆脱日常事务而集中精力处理重大经营问题。因此，集权与分权是相辅相成的两个方面，在会展企业组织结构设计中要根据企业的实际情况酌情进行集权和分权的合理配置。

（七）责、权、利相结合原则

法约尔很早就在其《工业管理与一般管理》一书中提出责任要同其权力相符的原则。法约尔对于责、权、利相结合原则的主要思想体现在以下几个方面：其一是建立岗位责任制，明确规定每一个管理层次、每一个管理岗位、每一名管理人员的责任和权力，以加强人员的责任感并建立和健全正常的管理秩序。其二是赋予管理人员的责任和权力要相匹配，有多大的责任，就应赋予多大的权力，然而满足这一要求必须避免有权无责和有责无权的情况出现。其三是责任制度的贯彻必须同相应的经济利益结合起来，为了调动管理人员尽责用权的积极性，还要实行必要的奖惩制度。工作有成绩的，应当给予必要的精神上和物质上的鼓励；反之，工作不好的，则要给予行政上和经济上的处罚，严重失职的要开除甚至追究其法律上的责任。在激励方式的选择上，经济利益是最基本的和主要的，只有把贯彻责任制度同必要的经济利益挂起钩来，企业管理人员才有尽责用权的动力，责任制度才能贯彻和持久。

（八）稳定性与适应性相结合原则

现代企业管理理论认为，企业的组织体制和机构必须具有一定的稳定性，即企业要有相对稳定的组织机构、权责关系和规章制度，以保证企业管理机构能够正常运转，这是企业能够正常地开展生产经营活动的前提条件；相反，如果企业管理机构朝令夕改，必然产生指挥失灵、职责不清、秩序混乱等现象。然而，绝对的稳定难以适应快速变化的外部环境，因而会展企业的组织体制和机构又必须有一定适应性。在市场经济条件下，企业的外部环境和内部条件会经常发生变化，这要求企业组织有良好的适应能力，克服僵化状态，能及时而有效地做出相应的改变，以适应内外环境的变化。管理组织的稳定性和适应性是对立统一的。正确的组织结构设计应当把二者的要求有机地结合起来，稳定性是基础，应当在保持稳定性的基础上适当加强和提高企业组织的适应性。

（九）执行和监督分设原则

执行和监督分设原则要求企业管理中的执行性机构同监督性机构应当分开设置。例如，企业中的质量监督、安全环保监督、财务审计等部门应当同生产执行部门分开，单独设置机构。只有分开设置，监督机构的监督作用才能得到有效的发挥。在现代企业管理中，监督机构分开设置后，又必须强调在执行监督职能的同时，加强对被监督部门的服务职能。如果单纯实行监督和制约，不利于搞好双方的关系，不利于监督性职能的履行。

三、会展企业组织结构设计的影响因素

会展企业组织结构设计受到外部环境、战略、技术、组织规模与生命周期等因素的影响。

（一）外部环境

任何组织作为社会的一个单位都存在于一定的环境中，组织外部的环境必

然会对组织内部的结构形式产生一定程度的影响。会展企业所处的外部环境包括区域会展业发展水平、政府扶持力度、城市综合环境等诸多因素。外部环境可以分为三大类：安定的环境、变化的环境和动荡的环境。在安定环境下，会展企业的目标顾客消费偏好相对固定，很少有新技术突破，企业组织结构相对固定，分工严密，权责分明，强调集权与控制，弹性变化小。在变化环境下，市场需求、竞争战略、广告宣传等发生改变，且这些改变有一定持续性，企业组织结构的设计稍加灵活即可。动荡环境是指由未能预期和预测的变动而形成的环境，如新竞争对手的出现、新竞争战略、新技术的突破等；动荡环境的不确定性和非经常性使组织的任务会经常变动，所以专业化分工不能太细，职员所承担的任务应有一定的跨度。

（二）战略

战略管理理论认为，组织结构必须服从组织所选择的战略需要。对于会展企业而言，拥有适应战略要求的组织结构是战略实施及组织目标实现的必要前提。钱德勒认为，新的组织结构如不因战略而异，就将丧失成效。为实现同一目标，组织可在多种战略中进行挑选。不同的战略要求不同的业务活动，从而影响管理职务的设计。战略重点的改变会引起组织的工作重点改变以及各部门与职务在组织中的重要程度的改变，因此，会展企业各管理职务以及部门之间的关系要依据战略的变化而做出相应的调整。

（三）技术

会展企业的活动需要以一定的技术和反映一定技术水平的物质手段为基础来进行。技术以及技术设备的水平不仅影响会展活动的效果和效率，而且会作用于会展企业组织活动的内容划分、职务的设置和工作人员的素质要求。随着技术复杂程度的提高，会展企业组织结构复杂程度也相应提高，管理层级数、管理人员同一般人员的比例以及高层管理者的控制幅度亦随之增加。因此，大批量生产组织通过严格的规范化管理可以有效地提高管理的效率；然而，权力过分集中和规范化对于小批量生产的会展企业或流程生产企业来说不大合适。不同的企业都有与之相对应的组织结构形式，成功的企业大多是那些能根据技术的要求而采取适合组织结构的企业。值得注意的是，随着计算机和信息技术的发展，会展企业进行生产的技术基础发生了质的改变，企业组织具有管理幅度较小、层级较少、专业化程度较低、高度分权的结构特点，容易实现理想中的规模经济和范围经济。

（四）组织规模与生命周期

组织规模是影响会展企业组织结构的一个重要组织因素，组织规模的扩大会提高组织的复杂程度，并连带提高专业化和规范化的程度。当组织业务呈现扩张趋势、组织员工增加、管理层次增多、组织专业化程度不断提高时，组织的复杂程度也会不断提高，这必然给会展企业的协调管理工作带来更大困难；而随着内外环境不确定性因素的增加，管理层也越来越难以把握实际变化的情况，并迅速做出正确决策，从而使组织进行分权式的变革成为必要。此外，会展企业组织的规模往往与组织的生命周期相联系。伴随着组织的发展，组织活动的内容会日趋复杂，人数会逐渐增多，活动的规模会越来越大，组织结构也须随之而经常调整。

（五）其他因素

除了上述因素外，会展企业的组织结构设计还会受到领导人风格、组织文化等方面因素的影响。

四、会展企业组织结构设计的任务

任何需要众多人员参与的工作和社会经济活动，必须在一定的结构和组织中才能完成，任何一种组织都必须进行一定的组织设计。组织设计在会展企业组织管理中具有基础地位并发挥关键性作用。会展企业组织结构设计就是管理者为了实现组织目标而对组织活动和组织结构进行设计的活动。如果说一般意义上的管理是对组织成员从事的工作进行计划、组织、控制、激励的话，那么组织结构设计主要是为组织内部管理人员完成上述活动提供一个合理的分工体系。组织结构合理与否，直接关系到组织活动的效率。组织结构设计为组织完成其使命、实现其战略目标提供制度安排。随着组织规模的扩大，组织结构也越来越复杂，组织结构设计在管理工作中的意义就越发重要。

会展企业组织结构设计的基本任务是：

(1) 建立组织职能分工的基本架构。
(2) 对组织必需的各项业务活动加以分解、分类和排列、组合。
(3) 决定组织内从事经营管理活动的各个成员的职能岗位及工作内容。
(4) 明确各职能岗位之间的相互关系，规定其任职资格和规章制度。
(5) 提供组织结构图表和模型，编制职位说明书和考核标准。

五、会展企业组织结构设计的内容

(一) 会展企业管理幅度设计

管理幅度是指一位管理者直接有效地管理和控制下属人员的数量,它是组织结构设计中必须考虑的职能部门的规模问题。管理幅度的大小实际意味着一位管理者直接管辖的部门或次级组织的数量,它能反映该管理者直接控制协调的业务活动的范围。大多数管理学者认为,管理幅度一般以6个为宜。在具体的管理幅度设计中应考虑以下几个方面的因素:

(1) 组织人数。组织下属的人数变化,必然影响管理幅度的变化。通常是,下属增多,则管理幅度自然扩大。

(2) 组织中人的工作能力和素质因素。管理者和下属的能力素质与其管理幅度成正比关系,即他们的能力素质越高,组织的管理幅度就越大;反之,则应缩小管理幅度。如下属经验丰富、能力较强、训练有素,管理幅度也可以扩大;反之,亦然。

(3) 工作内容和特性。组织中的工作内容和特性主要是从以下三个方面影响管理幅度的设计:①工作复杂、变化大,管理幅度的设计应该相应减小;②下属工作内容和性质的相似程度高,管理幅度的设计可以较大;③管理者需处理的非管理事务较多,管理幅度的设计需要相应缩小。

(4) 工作基础条件。一般来说,所设计的管理幅度大小与组织中的职能机构的设置及其工作效率状况、管理助手的配置及其工作效率状况、管理技术条件状况等因素成反比关系,机构健全、制度完善、效率较高,管理幅度可相应扩大。

(5) 组织环境和组织状况。如果组织环境简单而稳定,管理幅度的设计可以加大。如果组织规模较大,管理幅度就必须相应缩小;否则,难以控制组织整体活动。

(6) 信息沟通环境。信息通畅、交流方便,特别是在建立了组织内部信息管理系统或局域网的条件下,管理幅度可以扩大。

(二) 会展企业管理层次设计

管理层次是指组织纵向结构的等级,管理层次体现着组织的纵向分工和各个等级层次不同的管理职能。在会展企业中,进行管理层次设计要综合考虑管理幅度、组织的纵向职能和组织效率的要求。

1. 管理幅度

一般情况下,管理层次和管理幅度两者呈反比关系,即管理幅度越大,管理层次就越少;反之,亦然。两者关系的不同状况,使得组织的管理结构呈现两种基本形态:一是扁平结构,其特点是管理幅度较大、管理层次较少的组织结构形态;这种形态有利于信息的沟通及其真实性的保持,有利于不同层次人员的主动性和积极性的发挥,但管理者难以对每个下属人员和机构进行充分而有效的监督和控制。二是锥形结构,其特点是管理幅度较小、管理层次较多的组织形态,由于其呈上小下大的形状,故称锥形结构;它的利弊正好与扁平结构相反。在会展企业管理层次设计中,必须兼顾两种结构形态的长处,尽量避免其短处,采取管理幅度和管理层次适当的组织结构。

2. 组织的纵向职能

组织事务的抽象与具体、根本与非根本的区别,也会影响到管理层次的设计。在会展企业中,组织的纵向职能越复杂,则所需要的管理层次越多;反之,组织的纵向职能越简单、越具体,则所需的管理层次越少。

3. 组织效率的要求

管理层次的多与少对于管理效率和工作效率都具有正反两方面的影响。高效率的组织主要表现为:下属有明确而充分的职权,了解组织的目标,能够参与组织决策;有安全感和成就感,个人发展机会多;能依靠集体的力量,有效地完成任务。在社会生活中,一般管理层次较多的组织,领导岗位多,基层工作人员和管理人员晋升的机会就比较多,有利于激励组织成员;同时由于管理层次多,管理幅度就可以减小,组织成员之间沟通方便,交流机会多,容易达成共识,从而有利于提高组织效率。但是,管理层次多也会影响组织效率。例如,层次多,投入的管理人员会增多,管理成本会因此升高;层次多,信息容易失真,信息传递和管理意志的贯彻会受到阻碍,因而又会影响工作和管理效率。因此,一个组织到底设立多少个管理层次为宜,不能削足适履,而应因事制宜,关键是要服从组织效率的要求。此外,设计管理层次时还应遵循层次节制和分层管理的原则。层次节制就是次级层次必须服从上级层次的领导、指挥、制约和监督,只有这样,才能使组织保持整体统一性,保证管理的畅通。分层管理就是组织中一个层次只管理次级层次,一般不越级进行日常的管理,以利于充分发挥各管理层次的作用。

(三) 会展企业组织职能设计

组织职能设计是以对组织职能和职能之间关系的分析来确定组织的职能结构,进而确定组织的管理层次、部门、职位和岗位的设计工作。组织职能对组织结构构成具有基础性的意义,明确组织职能可以使组织目标和战略得到具体的落实;可以使组织分工明确、职能协调和管理统一;是组织结构设计的基本依据,为组织的层次、部门、职位和职权的设计提供了前提和依据。

组织职能设计的主要任务包括以下几个方面:一是根据组织的性质和目标战略,确定组织总体任务和职能的特性;二是进行组织职能分解,即组织的分工;三是确定组织的主要职能和辅助职能;四是明确各职能之间的关系。

会展企业的组织职能设计一般按照一定的步骤进行,如图3-1所示。

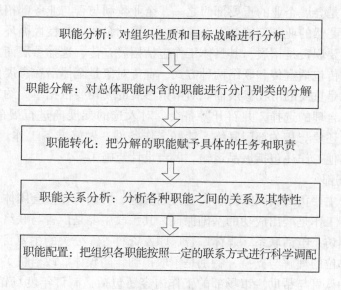

图3-1 会展企业组织职能设计步骤

(四)会展企业组织部门设计

会展企业组织部门设计是在分析和确定组织的职能分类与职能关系以后,从横向的角度把组织的具体任务和职责配置给特定的组织单位,使得组织职能落实到具体的运行单位的过程。它包括对组织各层次部门的设计和划分。部门设计的任务是确定和划分组织的不同部门,并规定这些部门之间的相互关系。会展企业划分和确定部门的标准有以下几个:一是按照职能设计组织的部门;二是按照区域设计组织的部门;三是按照行业和产品设计组织的部门;四是按照服务对象设计组织的部门。例如,依据参展商在展会期间的活动类型所做相应具体安排对会展企业进行部门划分。在充分考虑部门划分的科学性和会展服务的质量与效率的基础上,会展企业常见的几个主要职能部门有策划部、业务部、市场部、信息部、管理部和项目合作部。

1. 策划部

策划部是会展企业的基础部门，其主要工作是企业策划和展出策划两部分。企业策划主要是对整个会展企业形象的策划、组织的包装等。而展出策划则是指制定展览工作方案，主要是列明工作事项，安排人员的责任范围，安排工作进程、费用支出等。展览是一项复杂工程，详细而合理的展览策划工作是保证各方人员按时、按质、按量完成各项工作必不可少的环节之一。

2. 业务部

业务部是会展企业的重要部门之一，企业盈利与否与业务部招展业绩息息相关，成绩斐然的业务部能激发企业活力，推动企业进入良性循环。会展企业业务部的主要职责是招展，其具体工作包括招展宣传、选择参展商、组织展览团。招展宣传包括宣传和联络两种方式，宣传对象是全体潜在参展商，而联络的主要对象是重要的潜在参展商。对申请参展的公司要依据事先约定的参展标准进行公平合理的选择，并召开筹备会，对入选的参展商进行展前"培训"，签订合同；还要与相关部门联络，谈好合作条件，做好准备工作。除此之外，业务部的其他工作还包括展品运输、展台设计与施工等。

3. 市场部

市场部主要负责新闻宣传、广告策划实施、协调与各社会团体或政府的关系等。宣传工作是展出成功的基础保证，其手段主要是广告与联络，如查发信函、登门拜访、电话联系、媒体广告、印发资料等。公关的主要目的是争取与企业有关单位的理解与支持，特别是争取得到新闻媒体、政府机关等影响力较大的单位的认可与帮助。市场部的工作内容还包括：制订年度场馆销售计划；根据市场变化，对价格政策的制定和修正提出建议并报请企业领导批准后执行；审核参展单位的资质；负责场馆营销，签订场馆出租合同；执行合同收款；负责有关展览会的报批手续；等等。

4. 信息部

信息部负责展览会的通讯、网络数据的租赁业务，以及会展企业信息系统的规划、建设与维护，应用软件及办公电脑、耗材的采购与管理，同时还负责企业内部的通信系统以及网络的建设与保障工作等。

5. 管理部

管理部的工作包括对展台准备工作的管理、展台后续工作的管理以及展会整体评估工作管理等，某些企业称之为会务部。管理部与业务部都是实战工作部门。如果说业务部主要活动于展前的话，那么管理部则主要活动于展中与展后。鉴于管理部承担了整个会展最重要阶段的工作——展台工作的组织与安排工作，因此，管理部成为整个展览工作最重要、最关键的部门。

6. 项目合作部

项目合作部以合作方式与有关部门共同承担各类型展览会的组织和接待工作，承担单个国家（地区）展览会的接待工作以及承担国际性展览和会议展示会的组织工作，并通过对项目的再策划不断提高管理和服务水平，为参展企业和广大用户提供优质服务。

（五）会展企业组织职位设计

职位是指组织中的具体工作职务和职责。它以特定的职务作为外在标志。但是，职务是组织中岗位的标志，而不是承担这一岗位的具体人的附着物，因此职务是组织的元素，是组织中的角色结构和基本构成单位，而不属于某个担任该职位的人私有。组织职位设计就是按照组织职能、具体任务和职责要求进行设计。组织职位设计的基本条件和要求是：应该有明确的任务和职责；应该有合理的广度和深度；应该有特定的规范。组织职位设计的方法有：职位的分类设计、职位广度扩大设计、职位深度拓进设计、职位的工作团体设计等。

六、会展企业组织结构设计的步骤

会展企业组织结构的设计要按相应的步骤来进行。

（一）明确组织设计的基本方针和原则

根据企业的任务、目标以及企业的外部环境和内部条件，确定企业进行组织设计的基本思路，规定一些设计的主要原则和主要参数。例如，公司一级的管理跨度是宽些还是窄些、本企业要不要设置分公司、部门分工形式是采用职能制还是事业部制、是实行集中统一管理还是分级分权管理等都是进行组织设计的基本依据。

（二）进行职能分析和职能设计

确定为了完成企业任务、目标而需要设置的各项管理职能，明确其中的关键性职能；确定总的管理职能及其结构，并分解为各项具体的管理业务工作。在确定具体管理业务的同时，进行初步的管理流程总体设计，以优化流程，提高管理工作效率。

（三）设计组织结构的框架

设计承担这些管理职能和业务的各个管理层次、部门、岗位及其权责，这是组织设计的主体工作。框架设计可以有两种方法。一种是自下而上的设计方法。先确定企业运行所需的各个岗位和职务，然后按一定的要求，将某些岗位和职务组合成相互独立的管理部门，再根据部门的多少和设计管理跨度的要求，划分出各个管理层次。另一种是自上而下的设计方法。它的确定程序同自下而上的设计方法相反，首先根据企业各项基本职能及集权程度的设计原则，确定企业的管理层次，再进一步确定各管理层次应设置的部门，最后将每一个部门应承担的工作分解成各个管理职务和岗位。由于职务、部门、层次三者是相互联系、相互制约的，所以在具体的会展企业实践中，这两种方法一般是结合起来使用，相互修正，经过多次反复才能最后将框架设计确定下来。

（四）联系方式的设计

设计上下管理层次之间、平行管理部门之间的协调方式和控制手段。如果说，框架设计的重点在于把整个企业的经营管理活动分解成各个组成部分的话，那么，联系方式的设计就是要把各个组成部分联结成一个整体，使整个组织结构能够步调一致、有效地实现企业管理的整体功能。

（五）管理规范设计

在确定了组织结构的框架及联系方式的基础上，进一步确定各项管理业务的管理工作程度、管理工作应达到的要求和管理人员应采用的管理方法等。以上这些工作通过管理规范的形式表现出来，成为各管理层次、部门和人员的行为规范。这一步工作是组织结构设计的细化，它使设计出来的组织结构合法化和规范化，起到巩固和稳定组织结构的作用。

（六）人员配备和训练

完成上述任务后，组织结构本身的设计工作可以说已经完成。但是，组织结构的实施和运行要通过人来实现。所以，组织结构运行的一个重要问题是配备相应的人员。一般来说，进行组织结构设计时不考虑企业现有人员的具体情况，而是在设计实施时按设计要求的数量和质量来配备各类管理人员。

（七）组织运行制度的设计

组织结构的正常运行还需要有一套良好的运行制度来保证，所以这一步的工作包括管理部门与管理人员的绩效评价和考核制度以及管理人员的激励制度，例如管理人员的奖惩制度、工资以及人员补充和培训制度等。

（八）信息反馈与组织修正

完成上述任务后，组织设计的整个过程可以说已完成。但组织设计是一个动态的过程，在组织结构运行的过程中会逐渐发现不完善的地方，新的情况也会不断出现，这就要求对原设计做出必要的修改。因此，企业要将组织结构运行中的各种信息进行反馈，通过组织修正进一步完善组织结构，具体如图3-2所示。

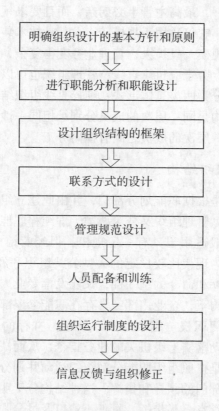

图3-2 会展企业组织结构设计流程

七、会展企业常见的组织结构类型

会展企业组织模式即组织的结构形式，随着会展活动深度和广度的发展变化而不断演变和丰富。会展实践活动的多样性和复杂性决定组织类型千差万别。在实体会展企业中，各种各样的组织可以被抽象为直线型、职能型、事业部型、矩阵型四种基本类型。

(一) 直线型组织结构

直线型组织结构是一种最简单的常见的组织结构形式。在这种结构中,组织职位按照垂直系统直线排列,各级主管对自己的下级拥有直接的一切职权,职权和命令从上而下直线纵向贯穿于组织之中。传统军队指挥系统的组织一般都属于这种类型。直线型组织结构的特点是:结构简单、沟通迅速、职权集中、指挥统一、垂直领导、责任分明。但是,由于没有职能部门,行政领导与业务管理职能合二为一,最高主管事必躬亲,而且要求领导是多面手,能通晓各项管理业务。因此,它仅适用于规模较小尤其是技术装备和业务领域相对比较简单的组织。组织规模一旦扩大,管理业务变得复杂,组织领导者就会力不从心,甚至顾此失彼,穷于应付。直线型管理组织也可以根据管理业务的复杂程度或难易程度,划分为两类具体形式:纯粹直线组织结构、部门直线组织结构。纯粹直线组织结构是同一层次的成员分别承担同一性质和内容的工作;部门直线组织结构是同一层次的成员之间有横向分工。

(二) 职能型组织结构

职能型组织结构是根据职能划分部门,并由此建立组织领导和指挥关系的组织结构形式。职能型管理组织又分为两类,即纯粹职能型与直线职能型两种模式。纯粹职能型一般适用于具有一定规模,但经营结构比较单一的工商企业。直线职能型已成为现代比较稳定的大型公共组织和经济组织的一般模式,这种结构既能保证指挥和命令的统一性,又能发挥专业人员和部门的职能。但是,在职能型组织结构下,企业内部经常存在职能参谋部门相互争权、两个系统职权不清、职能部门职权"越位"和"缺位"并存的可能性;同时,基层业务人员也经常因被动落实上级机关的业务指令,从而缺乏必要的自主性。

职能型组织结构是按照组织职能分解组织活动并划分不同的部门,作业人员同时接受若干职能部门的领导和指挥。这种结构分工明确,可发挥职能专业化优势;但是,它也存在多头指挥、责任不清以及过分强调本部门职能重要性而忽视组织整体要求的问题。职能型组织的最大优点是具有明确性和高度稳定性。每个组织成员都有自己的"家",每个成员都了解自己的工作。但是,这种明确性和稳定性的代价是:每个人,包括高层职能人员,很难理解组织的整体任务,很难把自己的工作同它联系起来。因此,这种组织结构虽然稳定,但太僵硬,不适合为未来的发展和创新工作。从经济性规范的角度说,职能型原则也各有优缺点。在最理想的情况下,职能型组织能高度经济地进行工作,只需很少的高层人员就可使组织运转起来。但是,在面临不理想的环境时,职能型组织常常容易产生摩擦和派系，它需要引入复杂、昂贵并且笨拙的管理手段，如协调者、委员会、会议、特派员等，采用这些手段不但浪费时间，而且通常对解决问题没有帮助。更重要的是，这种倾向不仅在各个不同的职能部门间流行，各大职能部门及其内部的各个下属单位之间也会遇到同样的问题。简而言之，当职能型组织设计能适应变化时，组织成员的心理需求就会减少，从而有较高的安全感；而当职能型组织设计面对较大规模或较为复杂的局面时，这种设计原则就会在组织成员情感上造成紧张、对立和不安，组织成员会感到自己和所在的部门被轻视、被包围、被攻击。在这种情况下，他们将认为自己的首要职责是捍卫自己的职能部门免受侵犯。由于在职能制设计中没有要求组织成员为组织的整体利益负责，所以，一个运行不佳或过度扩张的职能结构常常使组织成员感到不安，并使其视野狭小。职能型组织以鼓励组织成员努力工作为中心，这既是它的优点，也是它的缺点。因为，每个部门经理都认为自己的部门最重要，会导致大家过于重视技能和专业标准。每个管理者都想做好工作，而其代价可能就是希望提高每个职能部门的地位；因而，在职能制组织中，部门人员经常即便不把整个组织的利益从属于部门利益，至少也把其他部门的利益从属于自己部门的利益。对这个问题，目前还没有好的解决办法。

（三）事业部型组织结构

事业部型组织结构是一种分权制组织形式。它一般是在组织的总部下增设一层半独立经营的"事业部"，事业部长直接负责具体的组织工作，并设有相应的职能部门。事业部型组织一般是以产品、地域和服务对象等为基础，把组织划分为若干个事业部而组成的组织结构。事业部型管理体制通常是大型工商企业或社会组织采用的典型组织形式，如大部分跨国公司都是采取事业部型组织管理模式，建立地区事业部和海外事业部。事业部型组织结构最早是由美国通用汽车公司副总经理斯隆创立的，故又称为"斯隆模式"；在公共行政管理体系中，也称为"联邦分权化"模式。

事业部是一个分权化子系统，它分割了一定的直线管理权限，所划分的事业部具有较大的权力。组织最高领导除保留人事管理、财务控制、组织监督等权力外，其他权力都下放到事业部，管理上有相对独立的计划、组织、指挥、控制的自主权。例如，工商企业事业部有采购、加工、销售及资源调配的自主权，是有相对独立利益责任的单位，具有利益生产、利益核算、利益维护三种职能，有独立的市场和外部关系，是总部控制下的小中心。在我国，事业部还有"二级法人"之称；也有人把事业部比喻为中心城市的卫星城。事业部进行独立业务活动和独立核算时，可设有自己的职能部门。因此，它是最高权力下设置的具有半独立性质的管理部门。事业部型组织结构的优点是：可使最高管理部门摆脱日常的行政事务，集中精力于组织的战略问题和决策，可使事业部具有很大的自主性和积极性，有利于组织的专业化运行。事业部型组织结构的缺点是：可能造成组织整体性下降、事业部本位主义增强、管理部门增加、机构设置重复等。

（四）矩阵型组织结构

矩阵型组织结构又称为规划－目标结构型组织结构，是在职能组织基础上发展起来的。它是由两套以上职能组织部门联合构成的双重组织结构，其中一套是在组织职能基础上形成的部门，另一套是在组织特定业务项目基础上形成的部门，它们分别以纵横两个方向设置，构成了矩阵状态。纵横两个方向上的部门都由组织的最高领导指挥，而组织作业人员受到两个方向上的部门的双重领导和指挥。它相当于在传统的直线指挥和职能管理组织系统基础上，再增加一种横向的管理系统。这种组织模式最初是出现在20世纪50年代末期，由西方工业化国家的一些大型科技、工业企业，为完成某一项重大研制开发项目或海外市场开拓战略任务而建立的一种组织模式。例如，大型企业为开发一种新产品，需要研究、设计、试制、生产直至市场营销等有关职能部门都派人参加并组成一个专门小组。小组的成员既同原职能部门保持组织和业务联系，接受原部门主管的领导，又要参与项目小组的管理，并服从项目主管的领导。矩阵型组织结构的最大优点是：能打破传统的一个工作人员只接受一个部门领导的管理原则，使两个方向管理结合到一起，形成一种纵横结合的多接点组织结构，加强了各部门之间的分工协作，增强了组织的灵活性和协调性，而且使组织对专业人员的使用更富有弹性，有利于发挥专业人员的综合优势，提高组织整体工作效率。矩阵型组织结构的缺点是：由于组成成员的双重身份，可能在任务、部门界限、管理关系运行以及资源配置方面形成模糊状态，运行过程可能造成混乱；同时由于受两个部门的双重领导和指挥，有时作业人员无所适从，出现问题时又不易追究个人和领导的责任。

（五）会展企业组织结构类型比较分析

在现实中，会展企业的组织结构类型还不只是上述四种形式，或者是上述四种形式的混合体。受各方面因素的影响，会展企业的组织结构类型是复杂多样的，会展企业可以通过对不同组织结构类型的优缺点和各自适用范围的分析，并结合企业本身的实际情况来确定自己的组织类型。会展企业组织结构类型的比较分析如表3－1所示。

表 3-1　会展企业组织结构类型比较分析

组织类型	优　点	缺　点	适用范围
直线型	结构简单、沟通迅速、职权集中、指挥统一、垂直领导、责任分明	组织规模一旦扩大，管理业务变得复杂，组织领导者就会力不从心	适用于规模较小且业务领域相对比较简单的会展企业
职能型	分工明确，可发挥职能专业化优势	多头指挥、责任不清	适用于稳定的大中型会展企业
事业部型	可使最高管理部门摆脱日常的行政事务，集中精力于组织的战略问题和决策	可能造成组织整体性下降、事业部本位主义增强、管理部门增加、机构设置重复	适用于跨国、跨区域的大型会展企业
矩阵型	能打破传统的一个工作人员只接受一个部门领导的管理原则，使两个方向管理结合到一起	接受双重领导和指挥，员工无所适从，出现问题时又不易追究个人和领导的责任	适用于为完成某一项重大会展项目而组建的会展企业

第三节　会展企业制度管理

一、会展企业制度的定义

企业制度是一个内涵丰富、外延广泛的概念。从会展企业与社会的关系、系统论的角度来考察，会展企业制度指的是企业组织行为规范的一般模式。这些规范模式体现了会展企业组织在社会系统中所承诺的制度化的社会角色及其社会功能，为会展企业组织内部各构成要素之间的角色互动与功能整合提供了一种共享的行为规则。从根本上说，会展企业组织作为整个社会企业系统中的一个子系统，它所具体承担的社会角色和社会功能，是由社会系统的行动目标模式所决定的，是社会系统本身结构功能分化的结果。因此，会展企业组织的制度安排是与社会系统的宏观制度相联系的，它从不同的方面制约和规范着会展企业组织的行为，以促进和保证其在社会系统中所承诺的功能。会展企业是以盈利为目的的经济组织，因而会展企业制度属于经济方面的制度，它是基本经济制度的一个重要方面，是在一定的历史条件下形成的企业经济关系。会展企业制度还包括企业经济运行和发展的一些重要规定、规章和行为准则，这些也都属于经济方面的一般制度，它们所反映的也是经济关系。

综上所述，企业制度是关于企业组织、运营、管理等一系列行为的规范和模式。构成企业制度的基本内容有三个：一是企业的产权制度，是指界定和保护参与企业的个人或组织的财产权利的法律和规则；二是企业的组织制度（或组织形式），即企业组织形式的制度安排，规定着企业内部的分工协作、权责利的关系；三是企业的经营管理制度，是指企业在管理思想、管理组织、管理人才、管理方法、管理手段等方面的安排，是企业管理工作的依据。其中，产权制度是核心和基础，产权制度的变化引起企业组织形式等一系列的变化。反过来，这一系列变化又会促使产权形式发生变化，而所有这些变化又从根本上受生产力发展状况决定。所以，会展企业制度可界定为以产权制度为基础核心的企业组织和管理制度。

二、会展企业制度的特征

尽管会展企业制度基本继承和延续了现代企业制度，但在具体运作中，由于会展业的特殊性而与一般的现代企业制度仍存在差异。会展企业制度的这些特征主要表现在产权关系明晰、权责明确、管理科学三个方面。

（一）产权关系明晰

会展企业制度从产权制度看，一个主要特征是用法律来界定出资者和企业之间的关系，即产权关系，明确各自的权利、义务和责任。这种关系体现在会展企业所使用的现实资本独立化为法人财产，而与出资者享有的财产终极所有权相分离。会展企业财产的终极所有权在法律上归投资者所有。但这种终极所有权表现为企业财产所有权证书，作为终极财产所有权凭证和对财产使用收益的索取权及剩余财产的索取权凭证。会展企业的现实资本则独立化为法人产权归企业法人所有。企业对现实资本行使排他性的实际占有、使用、处置权力。这样，企业财产从原始的所有者手中流出以后，集中到企业法人手中，形成企业法人财产。终极所有者若要收回其资本投放，不能直接从法人企业手中收回，只能将所有权证书易手，寻找替代它的投资者充当终极所有者，除非企业解散。可见，会展企业产权制度在保持企业产权独立性的同时，有着明显的财产运营的独立性、连续性和稳定性，为企业自主经营、保值增值创造了条件，表现出会展企业产权制度的生命力。

(二) 权责明确

产权关系明晰之后，会展企业即获得法人财产权，依法独立享有民事权利，承担民事责任，依法自主经营、自负盈亏，并以经济效益最大化为主要目标，按照市场需求组织生产和从事经营。企业经营权不受所有权的直接约束，但同时企业要对出资者负责，承担自负盈亏和资产保值增值的责任。就出资者而言，他将资本使用权让渡委托后，以其投入企业的资本额享有股东权，包括资产收益索取权、股权转让权、剩余财产分配权等，还可以通过股东大会对企业重大决策和选择管理者产生影响，或者通过所有权转让实现间接的市场监督。另外，以其投入的资本额为限对公司负债承担有限责任。可见，不管是公司，还是其出资的股东，在公司设立之后，便享有一定的权利，承担相应的责任；而公司和其股东的权利责任的内容既互相关联又各自独立。

(三) 管理科学

会展企业以《中华人民共和国公司法》（以下简称"《公司法》"）为依据，实行公司治理结构，建立科学的企业组织管理机构。会展企业制度有一套完整的组织机构，它通过规范的组织制度，使企业的权力机构、监督机构、决策和执行机构之间职责明确、相互制约而又各司其职；建立科学的内部管理制度，形成合理的领导体制、科学民主的决策体制、员工参与民主管理的制度、严格的内部经济核算体系，以及体现效率和竞争的内部劳动、人事、分配制度等管理制度，通过这些调节所有者、经营者和员工之间的关系，形成激励和约束相结合的经营机制；建立企业规章，使运行机制规范化。这些科学规范的管理制度可以使企业内部行政协调、决策分工不断优化，使企业内部的行政协调管理成本低于独资或合伙企业条件下的市场协调成本，从而提高资源配置的效率。

三、会展企业制度的内容

如前所述，会展企业制度是一种产权明晰、权责明确、管理科学的企业制度，其主要内容包括企业法人制度、有限责任制和科学的组织管理制度。

(一) 企业法人制度

会展企业的企业法人制度在会展企业的运行中主要有四个方面的功能。一是界定功能，即界定投资者与企业之间的权利和义务。该功能明确地界定了企业和投资者的责权利关系,使企业具有独立的可以支配的法人财产,依法取得相关的收益,并承担出资者所要求的注入资本的保值增值责任。它使会展企业具有依法自主经营、自负盈亏、独立享有民事权利、承担民事义务的法人实体地位。二是激励功能,即因企业法人财产的确立而使企业主动去努力的行为,在产权关系明晰的情况下,企业可以利用法人财产使用权谋求自身的利益,且使这种利益不断内在化;否则,企业的积极性就会受影响。会展企业法人制度的这一激励功能是一种较强的利益激励功能,它不同于一时的经济利益激励,而可以使企业追逐持久的长远利益,克服短期行为,实现资产的保值增值。三是约束功能,即产权关系明晰后,会对企业行为产生约束力。产权明晰、权责清楚,必然会形成对企业的外在约束和内在约束,但更重要的是内在约束。随着企业法人财产权的确立,由于企业必须对出资者负责,义不容辞地承担起资产保值增值的责任,因而企业内在的责任风险也就相应确立了,从而形成其内部约束机制。四是交易功能,即企业一旦取得法人财产权,这种法人财产就必然会成为商品,企业为了实现其资产价值的最大化,便可以通过市场交易转移其使用价值,使企业产权的价值形态与使用形态相分离。会展企业制度产权的这一交易功能,对于促进资产的合理流动、调整经济结构、提高资产的运营效果、实现社会资源的优化配置等,有着极为重要的意义。

(二) 有限责任制

会展企业获得独立的法人财产权后,如何保障所有者权益不会受到企业在经营过程中的侵害,避免、减少、化解经营风险,有限责任制是其主要办法。有限责任制有两层意思:一是企业作为独立的法人主体以其全部财产为限,对其债务承担有限责任;二是企业因经营管理不善导致资不抵债时,应依法宣布破产,在实施破产清算时,出资者以投入企业的出资额为限,对企业债务承担有限责任,即出资者的其他财产不受影响。会展企业有限责任制对于快速聚集资本、加速资产流动、推动会展业快速发展以及保护生产力等方面都起了巨大的作用。有限责任制与无限责任制相比,在激烈的市场竞争环境中,还具有减少风险、分散风险、保护投资者利益、扩大企业经营权等作用。会展企业法人制度及其有限责任制的确立,使企业成为与出资人在法律上分开且仅以出资人的出资额为限独立承担亏损责任的民事权利和义务主体,这就大大降低了投资者的风险,能迅速集中资本开办企业。

(三) 科学的组织管理制度

管理科学是会展企业制度的重要内容,其目的是要通过科学的管理,充分发挥企业内部各种资源的最优配置效益，增强会展企业的活力和竞争力，提高经济效益。会展企业制度有一套完整的企业内部组织管理制度。这一制度最明显的特征在于，在规范的企业组织管理制度下，企业的所有者、经营者和生产者之间通过公司的权力机构、决策机构、执行机构以及监督机构形成相互独立、权责分明、相互制约的关系，并通过法律和公司章程得以确立。它既赋予经营者充分的自主权，又切实能保障所有者的权益，同时能够调动生产者的积极性，为公司在竞争激烈的市场经济中高效运行和快速发展提供组织保障。

四、会展企业制度的制定

（一）会展企业制度制定的原则

为了使企业制度的制定真正富有成效，必须坚持一些基本原则，包括服从于组织结构和规模的原则、系统化原则、简明化原则、一般和特殊相结合原则、刚柔相济原则、激励与约束相结合原则等。

1. 制度建设必须注意系统性和完整性，并突出重点

公司制度建设有一个完整的体系，每项制度又包含具体完整的内容，各制度起草小组在制定制度过程中，要根据公司管理需要和管理事项的轻重缓急突出各阶段的建设重点及制度本身的重点，注意制度与制度之间的系统性和关联性。比如，物品管理规定涉及办公用品、各类低值易耗品、各类办公家具、各类设备等资产的管理，其重点应该突出固定资产的管理，在制定时要注意与采购、预算管理、会计政策等制度相关联；车辆管理规定、计算机网络硬件管理规定等在制定时要与物品管理规定的相关内容统一。这方面可能存在的误区是：内容面面俱到，但重点不突出；制定时就制度而制度，孤立存在，不考虑关联制度，或矛盾或重复。

2. 制度应具可操作性，粗细适度，简单有效

制定的制度需要通过推行来规范管理，如果制度本身不具有可操作性，那么制度就仅仅成为摆设和累赘。制度的表述或表现形式与操作性有很大的关系，为了提高制度的适应性、灵活性和可操作性，制度的制定要有粗有细，粗的地方要符合原则性管理要求，细的地方则符合操作性管理要求。基本管理制度的条款尽量是原则性的；具体管理规定、办法、细则、流程等要细化到可具体操作。同一项制度的不同条款也可有粗有细，原则性条款尽量概括，操作性条款在不影响功能及操作情况下尽量精简。另外，一项具体制度是采用规定形式还是流程形式，或者两者兼有，或规定中附带流程，应该看哪个形式既便于执行，又简单有效。如果规定简单且可操作的，就不再制定另外的流程；如果规定不直观，可附带流程。如果流程本身很复杂且条件判断过多，可通过规定来明确；如果两者内容相差不多，只取其一。这方面可能存在的误区是：制度或条款过粗或过细；同一管理事项的规定与流程内容相差无几。

3. 制度建设要切合实际，适当超前

制定制度要从企业实际出发，要切合企业实际，切不可照搬或从网上下载后略改完事。这就需要事先进行周密调研，要考虑现有的做法和先进的管理理念，要宽严适度、逐步提高，并考虑信息化管理的要求和企业未来发展的需要，但不宜过度超前。如果制定制度有难度或不够成熟，可先试行，在实践中总结经验并不断完善。如果相关管理事项过于超前，没有相关制度或做法可借鉴，可在工作中一边总结，一边以备忘录形式记录有关做法，待条件成熟时再行制定。这方面可能存在的误区是：制度与现实脱节或过于超前，即使制定了，也得不到有效执行。

4. 要注重制度的推行、检查和评估

制度的制定过程本身是对管理过程的规范，由于一项制度从报批到批准有一个过程，建议在制度报批后，对新制度与原有制度或做法没有原则性冲突的，可按新报批的制度执行。待制度正式批准后再进行重点的落实和推进，并不定期地对执行情况进行检查和纠正，提醒员工违反制度的行为，逐步使员工对一项制度从最初发布时有抵触情绪变成自觉行为，形成独有的制度文化。同时，制度建设不是一劳永逸的，而是一个PDCA循环［PDCA是英语单词Plan（计划）、Do（执行）、Check（检查）和Action（行动）的第一个字母。PDCA循环又叫戴明质量环，是管理学中的一个通用模型］。制度执行一段较长时间后，相应职能部门和制度管理部门要定期检查其有效性，如不符合企业现有情况，应及时组织修订完善。这方面可能存在的误区是：对制度的推行、检查不够重视，认为制度报批后就万事大吉；或者制度失修，形同虚设。

（二）会展企业制度制定的步骤

1. 企业员工民主参与

现代企业是以民主管理为基础的，它强调全员管理，充分调动广大员工的积极性，从而提高内部管理水平，增强企业经营决策的准确性和透明度。而且，劳动规章制度只有在吸收和体现员工一方的意志，或者得到员工认同的情况下，才能确保很好地实施。但是，职工代表大会的通过不能作为劳动规章制度生效的要件，因为职工代表大会仅存在于全民所有制企业，而我国《公司法》只对国有股参股的公司要求有职工代表大会和职工股东、监事，而对非

国有股参股的公司却没有相应规定。

按照我国《中华人民共和国劳动合同法》（以下简称"《劳动合同法》"）和有关法律、法规及最高法院司法解释的规定，制定企业规章制度应通过以下程序：①召开职工大会或者职工代表大会通过；②由企业工会参与制定；③如果既未召开职工大会或者职工代表大会，也未设立工会，则应通过适当方式，在制定规章制度的过程中使员工有提出意见和建议的权利，并且员工的意见和建议应充分反映在规章制度的制定过程中。值得注意的是，企业在采取上述方式制定规章制度的过程中，应注意保留职工大会、工会或者员工参与制定规章制度的证据。

2. **规章制度的公示**

企业内部规章制度的适用对象是本企业的全体员工和本企业行政的各个组成部分，所以它必须为企业的所有成员所知悉。我国《劳动合同法》对此已有明确规定；《最高人民法院关于审理劳动争议案件适用法律若干问题的解释》第十九条也有明确规定；我国《中华人民共和国劳动法》（以下简称"《劳动法》"）第四条规定："通过民主程序制定的规章制度，不违反国家法律、行政法规及政策规定，并已向劳动者公示的，可以作为人民法院审理案件的依据。"目前，在我国的一些企业中，仅将劳动规章制度写在员工手册里就作为正式公布，这是不妥当的，此种方式仅是使劳动规章制度的内容为员工所知晓，而不是对劳动规章制度的正式公布。企业对规章制度进行公示的时候，要注意保留已经公示的证据。通常，采用以下方法可以达到这样的效果：①将规章制度交由每个员工阅读，并且在阅读后签字确认。阅读规章制度的签字确认，可以通过制作表格进行登记，也可以制作单页的声明由员工签字，内容包括员工确认"已经阅读"并且承诺"遵守"；②在公司内将规章制度内容进行公告，并且将公告现场用拍照、录像等方式进行记录备案，并可由厂区的治安、物业管理等人员见证；③召开职工大会公示，并以适当方式保留证据；④委托工会公示，并保留证据。

3. **向劳动行政部门报送备案**

用人单位劳动规章制度的内容体现了国家法律、法规、劳动政策的执行，因此各国立法都将劳动规章制度的制定置于国家的监督之下。在我国，因为不能将职工代表大会的通过作为用人单位劳动规章制度的生效要件，所以，报送备案就显得更为重要。报送备案的环节能够及时发现和解决用人单位在制定劳动规章制度的过程中可能存在的问题，预防违法行为的发生，以此保障劳动规章制度内容的合法性，保护全体员工的利益。企业在向劳动行政部门报送的过程中，要注意以下两点：一是企业规章制度生效及生效时间，应以是否符合规章制度生效要件为准；是否送交劳动行政部门审查备案，并不影响规章制度的效力。二是遇到劳动纠纷需要适用企业规章制度时，如果证明规章制度生效的三个要件存在一定困难，那么，经过劳动行政部门审查和备案的程序在一定程度上能够起到证明和使规章制度合法化的作用。

五、会展企业制度化管理

（一）会展企业制度化管理的含义

经济学家道格拉斯·诺斯在《经济史上的结构和变革》一书中认为，制度是"一系列被制定出来的规则、服从程序和道德、伦理的行为规范，其作用是提供人类在其相互影响中的框架，使协作和竞争的关系得以确定，从而构成一个社会特别是构成了一种经济秩序"。这意味着，对企业来说，制度是通过一系列政策法规、规章条例等法律关系，同时结合人的心理因素，构建一种企业制度化管理氛围，以此推动企业目标的落实和实现。制度化管理，简单地说，就是以企业制度为标准，把制度看成是企业的法律法规，在日常的工作当中，企业处处以制度为准绳，使工作流程化、标准化、透明化，促进员工不断提高工作效率。

（二）会展企业制度化管理的实施

会展企业要实施制度化管理，就要从制度建设、管理者、制度执行等方面去严格落实。

1. 制度建设要切合企业实际

管理制度是企业管理发展的基石，一个规范、公平、合理的制度是企业赢得人才争夺战的最为有力的武器。但是任何完美的制度如果不能适应企业的发展需要，将有碍于企业发展，对企业自身而言就不是合理的制度。会展企业在建立制度的时候，一方面，要充分考虑企业的实际情况和传统，必须保证制度能获得大多数员工的认同和支持，以便于制度的顺利推行与实施；另一方面，企业的制度并不是越多越好，也不是越严越好，关键在于制度是否具有可行性和较好的可操作性，否则企业制度不但不能给企业带来管理的改进和效益的提高，反而会给企业带来管理上的混乱，进而对企业造成负面的影响。

2. 管理者要以身作则

按企业制度办事是企业制度化管理的根本宗旨。企业各级管理者不仅要组织制定好企业的管理制度，还要成为执行制度、遵守制度、维护制度的模范带头者。要谨记严下先严上的道理。管理者本身的榜样作用就是对员工的激励和约束，我国40%以上中小型企业由于存在着家族基因，老板以及核心管理人员没有外在的监督和约束机制，其行动游离在法制之外，也构成了制度执行中的难点问题。因此，不断提高企业各级管理员工的执法水平对我国中小型企业加强企业制度化管理显得特别重要。

3. 企业要加强制度宣传教育

企业制度如同国家法律一样，一旦制定并发生法律效力后就应像普法工作那样，向全体员工进行宣传和教育，让企业员工知晓，使员工做到令行禁止。无论是企业的管理者，还是企业的一般员工，都应当从思想上树立起法制意识。中小型企业由于其规模以及员工素养的局限性，要让员工从思想上树立起法制意识，企业必须加强人文和法制培训，加大各种制度的宣传力度，更要有针对性地向员工进行宣传、解释，不断提高员工对制度的知晓度。企业员工只有树立了法律意识，当制度的内涵被员工从心理上接受并自觉遵守与维护而形成习惯时，制度才能固化为一种文化，进而达到自觉、自发、自动按照制度要求规范其行为，完成从他律到自律的转化，形成良好的守法氛围。

4. 企业制度要严格执行

贯彻制度是规范制度的核心，也是制度保持权威性、强制性的根本保证。在执行制度时，管理者要经常向下属进行规章制度教育，以警告或规劝其不要触犯。任何人包括管理者，只要触犯规章制度，就一定会受到惩处。对违反一般管理制度的行为，应以教育为主，惩罚为辅；但对触犯天条式管理制度的行为，以及触及企业核心价值的任何小奸小恶，都必须从严处置，决不能心慈手软。

本章小结

组织是人们为了实现共同的目的而集合在一起并一致努力的群体结构，对群体结构的职位、职责、任务以及它们之间的特定网络关系进行分解、组合、设计和安排，就形成了组织的框架体系。常见的组织结构类型有直线型、职能型、事业部型和矩阵型四种，每个企业可以根据自身的情况选择适合企业发展的类型。组织的建立和维护，必须依靠制度的约束和制度化的管理才能有效运转，否则再大的组织也是"一盘散沙"，不能形成集体的合力。

本章关键词

组织　组织结构　管理幅度　管理层次　直线型组织　职能型组织　矩阵

型组织　事业部制　会展企业制度　制度化管理

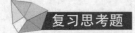 复习思考题

1. 会展企业组织运行与其他企业组织运行有哪些不同之处？
2. 影响会展企业组织结构的因素有哪些？
3. 常见的会展企业组织形式有哪几种，各自的适用条件是什么？
4. 会展企业制度化管理所要注意的问题有哪些？

 综合案例

远大国际展览有限公司及其组织架构

远大国际展览有限公司成立于1999年（前身为1995年成立的中国远大集团公司展览广告部），是国内领先提供海内外全方位展览服务的专业展览公司，拥有丰富的行业经验，高品质的服务团队。近二十年的发展，远大国际展览有限公司不仅拥有辐射国内外展览市场的优秀品牌项目，而且行业覆盖全面，参展企业客户众多。远大国际展览有限公司是中国国际商会常务理事单位、中国国际商会会展委员会副主席单位，并凭借着规范的管理和优质的服务，连续多年荣获中国会展业"全国出国经贸展览优秀组展单位"。

公司主营海内外展览业务，海外展览年组织项目近百个，涵盖消费品及家庭用品、礼品、电力、照明、电子与家电、五金、汽配、建材卫浴、工程机械、花园工具、户外及体育用品、制冷空调、劳保安防、新能源、玩具、文具、家纺服装、鞋类、美容美发、乐器及灯光音响等众多行业展会，并已形成专业展览的全球系列化。公司出展规模，包括出展项目数量、参展公司数量和展出面积一直位居全国同行业前列。公司的展会项目已经覆盖到美国、德国、法国、英国、意大利、荷兰、西班牙、波兰、俄罗斯、阿联酋、日本、泰国、印尼、南非、巴西、阿根廷、墨西哥等数十个国家和地区，并同众多国际知名展览会机构建立了密切合作关系。

近十年来，远大国际展览有限公司带领数千家中国的外贸企业与生产厂家走遍了世界近50多个国家和地区的100多座城市，参加了世界上著名展（博）览会800多次，展会成交额达70多亿美元。

在组织海外展览业务中，远大国际展览有限公司始终坚持将国外最优秀的展览会推介给国内的生产商和贸易商，以帮助企业开拓国际市场，并提供全方位的出国展览服务，包括海外市场营销、参展咨询、展会资讯、展位设计、搭

位装修、境外商旅服务、商务考察、签证培训、展品运输、出入境手续以及代理申请相关政策性补贴等,以满足不同客户的专属需求。

凭借着近20年从事海外展览的丰富经验,公司拥有了一支责任心强、综合素质高、业务能力强、热情向上、团结协作的员工队伍,并以精良的展会项目和高品质的专业服务赢得了国内外合作伙伴和客户的广泛赞誉和信赖,"远大展览"已经成为国内会展行业的知名品牌。

作为专业展览服务的延伸,远大国际展览有限公司的展览展示工程与设计业务以其高品位的设计和高效的施工服务,赢得了广大参展企业的认同和好评。目前展览工程业务市场辐射美洲、欧洲、亚洲等主要展览国家以及国内主要省市,在业界特别是美国展示设计搭建领域成为佼佼者。

与此同时,多年来远大国际展览有限公司先后与各级政府、国际组织、专业协会、学会合作,承办了各类展览、国际会议及大型活动,为主办单位提供从会展市场调研、项目策划、组织实施到展览展示设计、制作和施工搭建等全方位专业服务,并以自身的专业优势和踏实的工作作风赢得了广泛赞誉和信任。

远大国际展览有限公司一直秉承"专业服务、优质高效、双赢发展"的经营理念,本着"以客户为本,为企业服务"的经营宗旨,致力于"打造中国展览行业卓越品牌",为中国企业开拓国内外市场提供优质而专业的服务,奉献真挚的爱心和热情。

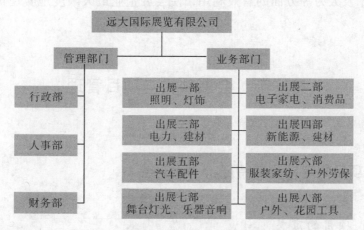

(资料来源:http://www.chinagrandex.com/about.php?cid=3)

■讨论题

远大展览公司组织机构设置的出发点是什么?采用的组织结构模式是什么?

第四章　会展项目管理

①了解会展项目和会展项目管理的含义以及特点；②掌握会展项目管理的主要内容；③理解会展项目评估的主要内容及其步骤。

在现代市场经济中，项目已经成为组织经营活动的一种很常见的形式，项目管理工作在全球得到了广泛的重视和应用。会展业以会议、展览和节事活动为中心展开各项工作。由于会展活动的时效性，要求会展企业在有限的时间里做好展会的组织工作。在这一过程中，如果企业以项目来经营，能更好地实现时间、技术及人力等方面的有效利用，使会展企业最大限度地实现预定战略目标。

第一节　会展项目与项目管理

一、项目的定义及其特征

（一）项目的定义

人类的社会经济活动大体上可以分为两类。一类是重复性、持续性的活动，如固定航线的航班飞行、产品生产线的运行以及人类的吃、住、行等常规性的活动；另一类是独特性、一次性的活动，如工程建设、新产品研发与投产、某次会议的召开等。后一类活动由于带有较多的创新性和不重复性，因此可以称之为项目。这里所谓的项目，是指一项独特的主题性工作，即遵照某种规范及应用标准导入或生产某种新产品或新服务。这种工作应在限定的时间、成本费用、人力资源等各项参数的预算内完成。

对于项目的定义，目前国内外有各种各样的定义。德国的 Martino 认为，"项目是一个具有规定开始和结束时间的任务，它需要使用一种或多种资源，具有许多个为完成该任务（项目）所必须完成的互相独立、互相联系、互相依赖的活动"。德国国家标准 DIN 69901 将项目定义为，"项目是指在总体上符合如下条件的具有唯一性的任务（计划）：具有预定的目标，具有时间、财务、人力和其他限制条件，具有专门的组织"。我国学者杨顺勇等人认为，"项目是指某种一次性的任务。它具有一个明确的目标，包括数量、功能和质量标准；要求其执行者按照限定的时间和财务预算完成任务所规定的目标"。

综合上述定义，我们可以把项目定义为，项目是指为了完成特定的目标，在一定的资源约束下，有组织地开展一系列非重复性的活动。

（二）项目的特征

从项目的定义中可以看出，项目具有如下主要特征：

（1）一次性。又称为单次性，是指项目有明确的开始时间和明确的结束时间，在这个时间段内由专门组织起来的人员来完成某一项任务，该项任务完成以后，不会再有与此完全相同的另一项目任务，所以没有完全照搬的经验可利用。一次性是项目的最主要特征。

（2）独特性。独特性是指项目所创造的产品或服务与所有的其他产品或服务相比较，在有些方面仍然有明显的差别。

（3）整体性。一个项目就是由各个子系统所组成的一个完整的系统，在配置生产要素时必须以总体效益的提高为标准，做到数量、质量和结构的总体优化。同时，内外环境的复杂多变，要求管理和生产要素的配置必须保持动态性。

（4）目标明确性。每一个项目都有明确的目标，包括数量、功能和质量标准，以及明确要求执行者按照限定的时间和财务预算完成任务所规定的目标，这些目标概括起来就是成果性目标和约束性目标两类。成果性目标是项目的功能性要求，约束性目标是指限定性的条件。无论项目大小，都会有明确的目标要求。

（5）生命周期性。项目的生命周期是指项目从开始到结束所经历的时间。一般来说，项目的生命周期包括决策、规划设计、实施和投产使用四个阶段。

在社会经济生活中，工程项目是最为普遍也是最为重要的项目类型。不同类型的项目对项目管理提出了不同的要求。

二、项目管理的定义、特征及其发展历程

（一）项目管理的定义

项目管理的实践活动自古以来就有，但作为管理学的重要分支，项目管理最早出现于 20 世纪 30 年代的美国，是伴随着一些大型建设工程的需要逐渐发展起来的。经过近 80 年的发展，项目管理已经被世界各国的各行各业广泛采用，成为一个热门的行业和职业。

对于项目管理，有各种各样的定义。美国项目管理协会（PMI）把项目管理界定为，"把各种知识、技能、手段和技术运用于项目中，以达到人们的需要和期望"的管理活动。英国建造学会编写的《项目管理实施规则》对项目管理的定义是，"为一个建设项目从概念到完成的全方位的计划、控制与协调，以满足委托人的要求，使项目得以在所要求的质量标准的基础上，在规定的时间内，在批准的费用预算内完成"。

综合上述定义，可以把项目管理界定为综合运用各种知识、技能、手段和技术，在资源约束条件下，寻求最佳实现预定目标的组织安排和管理方法。

（二）项目管理的特点

一个完整的项目管理过程，通常包括启动、规划、执行和结束四个阶段。具体来说，项目管理具有综合性、复杂性、创新性、项目经理的核心地位等主要特点。

1. 综合性

项目管理涉及人、财、物等方方面面的内容，主要包括整体管理、范围管理、时间管理、费用管理、质量管理、人力资源管理、沟通与信息管理、风险管理和采购管理。其中最主要的部分是时间管理（进度管理）、费用管理（成本管理）和质量管理。上述九个方面的管理构成了完整的项目管理系统。

2. 复杂性

项目管理一般由多个部分组成，工作跨越多个组织，需要运用多种学科的知识来解决问题；项目工作通常没有或很少有以往的经验可以借鉴，执行中有许多未知因素，每个因素又常常带有不确定性；还需要将具有不同经历、来自不同组织的人员有机地组织在一个临时性的组织内，在技术性能、成本、进度等较为严格的约束条件下实现项目目标；等等。这些因素都决定了项目管理是

一项很复杂的工作，而且复杂性与一般的生产管理有很大不同。

3. 创新性

由于项目具有一次性的特点，因而既要承担风险又必须发挥创造性。这也是项目管理与一般重复性管理的主要区别。创造总是带有探索性的，会有较高的失败概率。有时为了加快进度和提高成功的概率，需要有多个试验方案并进。例如，在新产品、新技术开发项目中，为了提高新产品、新技术的质量和水平，希望新构思越多越好，然后再严格地审查、筛选和淘汰，以确保最终产品和技术的优良性能或质量。而筛选淘汰下来的方案也并不完全是没用的，它们可以成为企业内部的技术储备，这种储备越多，企业应付外界条件变化的应变能力就越强。

4. 项目经理的核心地位

项目管理的主要原理之一是把一个时间有限和预算有限的任务委托给一个人，即项目经理，他有权独立进行计划、资源分配、指挥和控制。项目经理的位置是由特殊需要形成的，因为他行使着大部分传统职能组织以外的职能。项目经理必须能够了解、利用和管理项目的技术逻辑方面的复杂性，必须能够综合各种不同专业观点来考虑问题。但只有这些技术知识和专业知识仍是不够的，成功的管理还取决于预测和控制人的行为的能力。因此，项目经理还必须通过人的因素来熟练地运用技术因素，以达到项目预定的目标。也就是说，项目经理必须使其组织的成员成为一支真正的队伍，一个配合默契、具有积极性和责任心的高效率群体。

（三）现代项目管理的发展历程

尽管人类的项目实践可以追溯到几千年前，但是将项目管理作为一门科学来进行分析研究，其历史不足100年。迄今为止，项目管理大体经历了三个发展阶段。

1. 开始阶段（1930—1960年）

一般认为，项目管理作为管理学的重要分支，最早出现于20世纪30年代的美国。项目管理是伴随着一些大型建设工程的需要逐渐发展起来的。第二次世界大战期间，项目管理已经开始运用到一些军事工程、规划工程、航空航天、科学研究等大型项目当中。这一阶段表现出来的特点是，按计划进行管理，主要关注工期、成本，在一些非传统的项目环境下应用。

2. 发展阶段（1960—1985年）

20世纪60年代中后期，美国登月工程阿波罗计划通过应用项目管理方法，证明了项目管理的科学性和使用价值，同时也使项目管理通过不断实践获得了很大发展，初步确立其科学地位。

20世纪80年代，我国开始提出项目管理知识体系。在这期间，项目管理开始从一些大型工业工程管理及军事方面的应用向民营企业转移并推广，应用范围逐步扩大。与此同时，项目管理在世界上也越来越受到重视。

在此阶段，项目管理主要运用于军事、航天和建筑施工项目的管理，出现了大量优化技术的应用，并开始关注组织和质量问题。

3. 兴盛并持续发展阶段（1985年至今）

20世纪90年代以后，科学技术飞速发展，在整个管理科学界内部出现了知识结构重组和一些新的内部核心领域，项目管理也以全新的面貌出现。很多企业政府部门以及各级组织都认为，项目管理是一门新的管理科学、一种新的管理模式。项目管理越来越多地被各行各业广泛采用，项目管理也成为一个热门的行业和职业。

进入21世纪以来，随着知识经济的兴起，项目管理在非传统环境下取得了巨大成功，各种企业和组织纷纷采用项目管理模式。

在此阶段，项目管理突破了人们传统概念上对项目的理解，开始进入普及并全面发展的新阶段。

三、会展项目的定义、特征及其类型

（一）会展项目的定义及其特征

会展业是新兴的第三产业，具有污染少、效益好、涉及面广、关联度大的显著特点。会展项目既具有一般项目的普遍性，又有其自身特定的内涵。会展项目，是指以会议、展览和大型节事活动为管理对象的新型项目形式。与其他项目相比，会展项目具有服务目标性、项目关联性、客户广泛性、收益整体性等特征。

1. 服务目标性

会展项目是以提供让客户（包括参展商、观众、会议参与者等）满意的服务为目标的。会展业是服务业的重要产业部门，会展业的从业人员必须围绕客户来工作，以市场需求为导向；通过提供高质量的服务使顾客满意，是会展企业始终坚持不渝的终极目标。因此，从目标来看，会展企业引进项目管理的运作方式，能使企业最大限度地实现会展项目的目的，服务好参展商、观众及会议参与者。

2. 项目关联性

一个会展项目通常涉及交通、餐饮、住宿、通讯、建筑、装饰、物流等各个产业部门，通过客流、物流、信息流和资金流的交互扩散，能直接或间接地带动相关产业的发展。因此，会展项目的顺利开展能极大地促进所在城市的经济发展，推动城市建设的全面展开，提高城市的综合竞争力。

3. 客户广泛性

会展项目主要以客户群体为服务对象。会展项目的策划与启动，必须以充分的市场调查为基础，在认真分析市场需求的基础上，通过高水平的营销和高质量的服务才能满足客户的需求，实现企业和客户的双赢。成功的会展项目往往把会议、展览和文化、旅游等活动有机地结合起来，既能吸引大量的参展商、会议参与者，丰富会议和展览的内容，又能增强对观众的吸引力，扩大展会规模。

4. 收益整体性

投资发展会展项目，效益不仅巨大，而且综合性强。会展项目在获得显著经济效益的同时，也获得了巨大的社会效益。与此同时，会展项目关联度大的特点，也决定了会展项目的效益具有整体性特点，是高利润、高收益、高回报的"三高"项目。

（二）会展项目的类型

会展活动是各种类型的会议、展览（包括交易会和博览会）、体育赛事、节庆等的总称。根据不同的标准，会展项目可以分成不同的类型，而不同类型的会展项目又具有不同的特征。

1. 展览项目类型

根据展览项目的目的，展览项目可划分为展示类项目和交易类项目。展示类项目是指以物品或者商品的展示为主要目的的展览会，而交易类项目是指以商品交易为主要目的的展览会。

根据展览项目的性质，展览项目可划分为贸易类展览项目、消费类展览项目和科技类展览项目。贸易类展览项目是为制造业、商业等各类行业举办的展览活动，展出者和参观者主体都是商人，十分注重参展商和观众的质量；消费类展览项目是为社会大众举办的展览活动，展出内容以消费品为主，观众主要是消费者，非常重视观众的数量；科技类展览项目主要是以科技和技术成果为展出内容，科技含量高，专业性强，适合专业参展商和专业观众参加。

根据展览项目的内容，展览项目可划分为综合类展览项目和专业类展览项目。综合类展览是指包括全行业或数个行业的展览会，又称为横向性展览会，如重工业展、轻工业展;专业类展览是指展示某一行业甚至某一项产品的展览会,如通信技术展、钟表展。

2. 会议项目类型

会议的分类主要是根据会议的目的来划分,可以分为以专项研究为主要目的的会议和以产品发布为主要目的的会议。以专项研究为主要目的的会议是指以某一个或几个议题为主题的会议,主要有国际组织、政府和行业协会所组织的会议,如联合国大会、APEC(Asia-Pacific Economic Cooperation,亚洲太平洋经济合作组织)会议、达沃斯论坛、博鳌亚洲论坛等;以产品发布为主要目的的会议,主要由企业组织和参加,旨在向外发布有关企业新产品等信息,以达到迅速推广到市场的目的。

四、会展项目管理的定义、过程及其发展趋势

(一)会展项目管理的定义和内容

会展项目管理是指按照会展项目运营规律的要求,会展项目管理者运用系统的观点、理论和方法,对会展项目各阶段工作进行计划、组织、指挥和控制,以实现其目标的各种活动的总称。一般来说,会展项目管理也具有服务目标性、客户广泛性、项目关联性和收益整体性的特点。

会展项目管理是一个系统工程,包含的内容十分广泛,主要有会展项目的计划管理、会展项目的进度管理、会展项目的质量管理、会展项目的财务管理、会展项目的人力资源管理和会展项目的信息与风险防范管理等。每一项内容对于整个会展项目的顺利运行都至关重要,缺一不可。

(二)会展项目管理的过程

一个完整的会展项目管理过程,从其立项到结束的各个阶段,无论在运行的具体内容上,还是在管理的方法和技术手段上,都有特定的要求。总体而言,会展项目管理的基本过程包括启动、规划、执行、结束四个阶段,每一个阶段都是前一个阶段的终点,同时又预示下一个阶段的开始,有条不紊,直至项目的完成。各个阶段的主要工作内容既各有侧重、互有交叉,又相辅相成。

(1)启动阶段。主要是确定一个项目或者下一个阶段应当开始并付诸实施。

(2)规划阶段。主要为实现启动过程所提出的目标而制订计划。

(3)执行阶段。主要为计划的实施所需执行的各项工作,包括对人员和

其他资源进行组织、协调、指挥和控制，以确保启动阶段所提出的目标得以实现。

（4）结束阶段。主要是通过对项目或项目阶段成果的正式验收，以使从启动阶段开始到结束的生命周期能够顺利地结束。

每个会展项目都要经历上述四个阶段的管理过程。当然，这些并非独立的一次性事件是按一定的顺序发生的，工作强度有差异，彼此之间也存在相互联系，不能绝对地加以孤立。

（三）会展项目管理发展趋势

会展业正以前所未有的速度蓬勃向前发展，全球经济一体化对会展项目管理提出了全新的要求。会展项目管理的发展表现出规范化管理、网络化管理、人性化管理等趋势。

1. 规范化管理

随着会展业逐步与国际化接轨，项目管理作为一种新的管理领域正朝着规范化或标准化发展。这是会展项目管理适应新形势、新发展的客观要求和必然结果。

（1）项目设计规范化。会展项目实施前的规划设计应全面、合理、专业，宏观总体的规划在相关专家的指导下完成，既要有一定的前瞻性，又要有较强的实操性，同时符合会展项目管理国际化行业标准，并参照和借鉴同类项目管理的先进经验进行科学、合理的设计。

（2）项目实施规范化。在会展项目的实施过程中，以追求项目效益最大化为前提，引入新型、灵活的管理机制，注意吸收国外先进的会展项目管理经验；在实施过程中同时注意人力资源的合理开发和利用，充分调动各利益相关者的积极性和创造性，使实施的流程、手段和方法等符合国际化、标准化水平。

2. 网络化管理

信息时代的到来为会展项目管理发展提供了新方向。会展业是服务性产业，人与人之间的沟通十分重要，而互联网具有信息传输迅速、空间范围广泛等优点，恰好能满足会展项目管理过程中的需求。

（1）沟通方式网络化。互联网的引入突破了传统的面对面沟通方式，会展企业在进行展会管理过程中，内部员工之间、员工与客户之间、客户与客户之间以及企业与政府、行业组织等机构之间的沟通都可以通过网络来进行。

（2）宣传方式网络化。随着信息技术的飞速发展和迅速普及，会展组织者在项目实施之前就可以通过互联网进行一系列的宣传工作，这需要专业人员进行卓有成效的管理；同时会展企业对外宣传企业整体形象，也可以通过互联网发布相关信息，以便客户更好地了解企业，达到宣传的目的。

3. 人性化管理

会展企业之间的竞争归根结底是人才的竞争，人才是企业生存和发展壮大的根本之所在。在管理过程中，尊重人的价值和尊严，调动、发挥人的积极性和创造性，实行人性化管理，是会展企业有效开展项目管理的必由之路。

（1）内部员工人性化管理。在充分了解企业员工个性的基础上，遵循"先动之以情，后晓之以理，情和理都讲不清时，再绳之以法"的原则，把握原则实施的度及灵活机制的运用，调动员工的积极性、创造性和潜在能力，以便能完成会展企业所必需的专业性服务接待工作。

（2）外部客户人性化服务。会展企业不仅要加强与承办方的沟通，采取谦虚谨慎的态度，还要以完成委托任务为宗旨，重视并关注承办方的有关建议和意见，了解客户需求，加强合作。同时，还要对分包商实施有效管理，注意发挥他们的主观能动性，尊重其劳动成果，在平等、互利、互惠、互助的基础上，保持并加强与他们的长期友好的合作关系，以便取得合作双赢的效果。

第二节 会展项目管理的实施

一个完整的会展项目实施周期通常包括启动、规划、执行和结束四个阶段，会展项目管理的实施过程就是这四个阶段的总和。如图4-1所示。

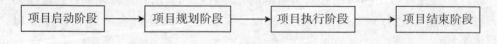

图4-1 会展项目管理实施周期

一、会展项目启动

会展项目的启动阶段主要包括市场调研、项目策划、项目立项等方面的内容。

（一）会展项目市场调研

需求是项目产生的基本前提。会展项目之所以会产生，就是由于国家、市场、社会和公众等存在着会展的需求，而要满足这些需求，为社会创造价值，就必须对会展项目需求进行调研，以便根据市场需求确定会展项目的主题。

会展项目市场调研主要围绕国家或地区、社会对会展的需求，消费群体、会展项目组织者对会展的需求以及其他各项需求来进行。

1. 国家或地区的会展需求

一般来说，国家或地区的社会经济越发达，对会展的需求越大。对国家或地区会展需求的分析是会展项目需求调研中最基本也是最重要的内容，直接决定了会展项目能否顺利举办。

2. 社会的会展需求

会展项目的举办既要考虑会展项目的经济效益，也要考虑社会效益。会展项目的社会需求调研主要包括社会经济发展、社会人文环境、自然生态环境以及可持续发展等内容。

3. 消费群体的会展需求

会展项目的市场调研不仅要调研国家或地区以及社会等宏观层面的会展需求，更要研究会展消费群体的需求，因为正是有目标消费群体会展需求的存在，才使得会展项目最终能够由构思变成现实。会展项目消费群体的调研主要有会展项目市场对象研究、会展项目需求量研究、需求价格研究和产品的需求规律研究等内容。

4. 会展项目组织者的会展需求

会展项目的组织者在筹建一个会展项目时，除了要考虑国家和社会效益外，关键的是要考虑会展企业的长远规划和眼前的经济利益。会展项目的组织者在项目选择上的利益权衡会决定会展项目的取舍。

5. 其他需求

会展项目的实施，需要各方面的积极参与和配合，包括场馆、技术设备、人才、资金等等。对这些需求进行认真分析，将有利于会展项目实施的顺利进行。

（二）会展项目策划

会展项目的策划又称为会展项目的创意，是在市场需求调研基础上，根据调研结果进行科学分析和准确判断，以确定会展项目的主题，并对该主题项目的投资目标、功能、范围以及各主要相关因素进行初步界定。

1. 确定会展项目主题

这是会展项目策划的首要步骤，也是会展项目取得成功的前提条件。一个主题鲜明、构思新颖、富有吸引力的展会是会展项目取得成功的关键因素。因此，会展项目组织者应在识别市场需求的基础上，根据调研结果，确定会展项目的主题。

2. 构思相关项目内容

在确定会展项目主题之后，就要对项目的具体内容进行规划和安排。这些具体内容包括：项目投资的目标、背景及意义；项目投资的功能及价值；项目实施面临的环境和配套设施条件；项目的成本及资源约束；项目的资金筹措及调配计划；项目投资的风险及化解方法；项目的实施与管理；项目实施后预期的整体效益；等等。

3. 开展项目可行性研究

会展项目可行性研究是指在会展投资决策之前，对拟办项目进行全面的技术经济分析论证，并对其做出可行或不可行明确评价的一种科学方法。对会展项目进行可行性研究的主要任务是通过对拟办项目进行投资方案规划、工程技术论证、经济效益的预测和分析，经过多个方案的比较和评价，为会展项目决策提供可靠的依据和可行的建议，明确回答该项目是否应该投资和怎么样投资。可行性研究主要包括三个方面的内容：第一，从市场的角度，分析该主题的会展项目是否拥有广阔的市场前景；第二，从技术、设计的角度，分析评价现有的硬件与软件基础以及评估组办该会展项目是否可行；第三，从经济的角度，分析企业对该项目投资是否合理。

会展项目可行性研究是保证会展项目以一定的投资取得最佳经济效果的科学手段。通过会展项目的可行性研究，可以避免和减少会展项目投资决策的失误，强化会展投资决策的科学性和客观性，从而提高会展项目的综合效益。

（三）会展项目立项

会展项目的立项是指会展活动组织者以书面报告形式向相关行政主管部门进行项目申请，并最终取得批准或承认的过程。根据我国现有的政策法规，一个主题会展项目在经过可行性论证之后，一般需要申报到相关行政主管部门进行核准后才能启动。会展项目的正式立项，表明会展项目启动过程的终结。

1. 会展项目立项的内容

会展项目立项的主要内容包括：会展项目的名称，会展项目的举办地点，会展项目的举办时间，会展项目的举办机构，会展项目的定位，会展项目的范围和规模，会展项目举办的频率，参加会展活动的价格及举办会展的财务预算，人力资源的分配，招展招商和宣传推广计划，会展进度计划，现场管理计划，相关活动计划，等等。

2. 会展项目立项书的撰写

会展项目立项书又称会展项目立项报告，是会展项目承办单位或会展项目组织者根据市场情况或社会某一重大问题等提出的某一具体会展活动的建议文件，是对拟举办会展活动提出的框架性总体设想。一份完整的立项书应包括的内容主要有：举办该会展项目的市场环境分析，项目名称、时间、地点、机构组成等基本框架，会展价格及初步预算方案，工作人员分工，招展计划，招商计划，宣传推广计划，筹备进度计划，服务商安排计划，开闭幕和现场管理计划，会展期间举办的相关活动计划，会展的结算计划，等等。

3. 会展项目的报批

会展项目立项书撰写完毕后，必须以书面形式向相关主管部门申请批准，以获得该会展项目的举办。

会展项目的报批需经过相关主管部门申报立项和向会展举办地工商行政、税务、公安消防等机关申报登记两个步骤。

二、会展项目规划

会展项目规划是引导项目管理工作向组织会展目标方向发展的总体设想。这一阶段的工作主要包括制订会展项目计划和实施项目分解设计两个方面。

（一）制订会展项目管理计划

制订项目计划首先要预先立项，这是会展项目规划工作的起点，即项目组织者根据项目的目标，对执行项目中的各项工作任务做出周密安排。

1. 明确目标

这是制订项目管理计划的第一步，目标明确将使会展项目计划顺利实施。会展项目的实施是一个达到目标的动态过程。一个明确、具体、切实可行的目标应该具有如下特点：

（1）系统性。即项目设定的目标不能仅仅满足某一方的要求，而且需要满足会展企业、参展商、与会者和观众的需求，从而构成一个全方位的目标体系。

（2）优先性。即对会展企业而言，在项目成本、时间和技术技能等基本目标构成的目标体系中，需要确定一个优先达到的目标，以便各个目标在发生冲突时有所比较和综合权衡。

（3）层次性。即会展项目的目标要具有从抽象到具体、从宏观到微观的相应层次，并随着会展项目的逐层分解不断地加以细化，最终将项目的总体目标落实到具体的各个实施环节中。

2. 确定范围

会展企业应根据项目目标,在计划中明确达到目标的项目范围或工作任务。确定会展项目范围主要包括以下三个方面的内容:

(1) 参展商和与会者规模,即确定会展项目的招展范围,参展商和与会者的类型、层次、规模等,以便形成与会展项目目标相适应的参展和会议规模,满足参展商和与会者的需求。

(2) 界定观展商范围,即确定专业观众的类别、消费水平、消费数量等,以确保会展项目的交易额和综合收益达到预期水平,满足参展商的需要。

(3) 确定服务范围,即确定会展企业应该向参展商、专业观众和与会者分别提供哪些服务才能满足他们的需要。

3. 预估时间

为了保证会展项目能按照合理的进度顺利进行,使会展企业、参展商、专业观众和与会者在预定的成本约束下达到最佳的效果,会展企业需要科学估算承办会展项目可能需要的时间,这是会展项目规划中必备的内容。对会展项目时间的估算主要包括以下两个方面的内容:

(1) 初步估算每项活动或工作从开始到完成所需要的时间,如项目前期筹备工作所需的时间、会展项目实施过程中客户交易所需的时间、项目结束后从撤展到项目所需的时间等。这种估算不仅要考虑项目团队成员的平均工作能力,而且要考虑参展商在相关问题上处理问题和配合的能力。

(2) 估算会展项目的总体进度,也就是说,要估算如期完成预定的会展项目需花费多长的时间才能最终实现;当然,这不是每项活动所需时间的简单叠加,而是需要综合考虑各项活动之间的时间衔接、时间重叠等以及意外事故发生的可能等各种因素。

4. 编制预算

预算是实现会展项目目标所需要的资金计划,是针对预测结果而采用的一种预先的风险补救及防御系统。一旦确定了项目的预算开支,就需要从企业内部、企业外部和客户三个方面来寻找支持预算的财源。为了确保会展项目在经济上的可行性,可以通过寻求赞助等方式来寻找财源。在会展项目中,怎样计算赞助商的投资回报并对赞助商的赞助行为进行激励十分重要,关系到会展项目能否实现预定的目标。编制预算的工作主要围绕以下三个方面来展开:

(1) 收入预算。销售收入是企业现金流入的主要来源,也是实现利润的基本前提。一个大型会展活动的收入主要有广告收入、优惠销售收入、捐款、投资利息收入、注册费收入、商业销售收入、门票收入、经销商佣金收入等。会展企业通过出租摊位、设备租赁、寻求赞助费和代办费等方式取得销售收入。收入预算实质上主要是销售预算，即通过分析会展项目过去的销售状况、目前和未来的市场需求特点即发展趋势，比较竞争对手和本企业的经营实力，确定会展项目在未来时期内为了实现目标利润必须达到的销售水平。

（2）支出预算。会展企业为实现销售收入预算必须支付日常管理费、印刷费、邮资、交通费、保险费等相关费用。一般来说，一个大型会展活动的支出预算主要包括会计、市场营销、日常管理、职员/志愿者、劳务、租赁、运输、评估和注册等费用。这些费用有些是固定支出，有些随着会展项目的规模和数量而发生变化，在预算时要加以注意，尽量细化预算方案。

（3）现金预算。现金预算是财务预算的重要内容，是对会展项目在未来特定时间内现金流入和流出所做的预计，一般包括现金收入、现金支出、现金余缺和现金融通四个部分。通过现金预算的编制，可以使财务人员了解企业现金需求，以便更好地筹措资金，控制现金的流转。企业可以按照会展项目的周期编制现金流量预算，也可以按月编制现金流量预算，时间越短，编制的现金预算准确性越高。

（二）实施项目分解设计

所谓项目分解（Work Breakdown Structure，简称 WBS），就是把一个会展项目整体分解成易于管理和控制的若干个子项目或工作任务，其目的是为了准确地预计完成每项任务的时间和成本。项目分解是项目管理中最具有价值的工具，是制订项目进度计划、项目成本计划等多个计划的基础。一般来说，一个会展项目可以分解为招展项目、组展项目和服务项目，这一阶段的任务就是分别对三个子项目进行设计。

1. 招展项目设计

招展是会展项目中的一个重要子项目，会展项目成功与否在很大程度上取决于参展商的数量和质量。不同类型与规模的展会对参展商的档次要求不同，因此会展企业在招展项目的设计与策划上也应该有所侧重。例如，按照国际博览会的要求，外商比例应超过展位的 20%，因此要加强企业在海外的宣传。在专业会展中，招展项目更多地体现为团队形式，即通过国内外的政府驻外使、领馆或各类协会，集体组织参展。这种形式能有效增强展会的可信程度，提高招展效率，因而这种方式被广泛采用。

2. 观展项目设计

会展活动不仅需要参展商的参与，而且还需要一大批高质量的观展商和贸易商，才能形成较大的交易量，达到会展的基本目标。观展项目设计主要涉及对观展者的组织与促销计划。不同类型的展会，在观众组织上所采取的策略不尽相同。例如，非专业展会尤其是与日常生活有较大关联的行业展览，应采取灵活的组织方式组织观展者。这类展会由于专业性不强，因此在设计时应想方设法积极鼓励普通观众参与，并且免费参加，同时在展会期间穿插节目表演和抽奖等活动，以吸引观众观展。此外，也可以考虑在展馆内开展低价促销活动，扩大交易额。而对于专业性很强的展会，可以考虑主要以专业人士参加为主，以避免"热闹有余，收获不大"现象的出现。

3. 服务项目设计

服务项目设计的原则是急参展商之所急，想观展商之所想，提供完善的服务。一个国际性会展项目的配套服务设计，不仅包括展会的常规性服务，还包括一些个性化的服务。例如，举办者向参展商推荐运输商、站台搭建商；在会展的中心地带，设参展商休息室，提供不同口味的茶点，并在午间安排餐点；现场设有商务中心及新闻中心，提供电话、传真及其他相关服务；在会展举办地所在的同一楼层设有银行或 ATM 柜员机，随时提供金融服务；委托专业会议服务公司，提供参展商及特邀专家的住宿及旅行安排；等等。

三、会展项目执行

会展项目规划完毕之后，会展项目管理就正式进入了项目执行阶段。会展项目执行是指在既定的时间和预算约束下使会展项目得以顺利实施。这一阶段的主要工作包括会展项目控制和会展项目调整两项内容。

（一）会展项目控制

会展项目控制是对会展项目管理活动及其效果进行衡量、监督和校正的持续性过程，目的是为了规范项目运行，确保项目计划按照既定的目标和预算得以顺利实施。一般来说，会展项目控制主要包括任务监控和成本控制两项内容。

1. 任务监控

为了确保会展项目的顺利实施，首先应该对会展项目涉及的各项工作任务进行实时监控，及时发现问题、寻找差距，以便及时调整，保证项目按既定计划执行。会展项目无论大小，都应该监控当前项目计划的完成情况、已完成任务的复杂程度和所占比例、已完成工作任务的质量、项目团队成员之间的沟通和协作水平、会展场馆和相关设施的使用情况等。

2. 成本控制

项目成本控制是会展项目控制的核心内容，成本一旦失控，该项目就难以在预算内完成。因此，会展项目应该建立相应的财务制度，在项目执行过程中进行核算和成本控制。会展项目成本控制的关键在于经常及时地分析成本绩效,即把实际已完成的工作任务和花费相同数量成本计划完成的工作任务相比较,尽早发现实际成本和预算成本之间的差异。成本控制是一个持续性的动态过程。

(二) 会展项目调整

会展项目始终处于动态环境之中,通过项目控制会发现项目的实际执行过程与计划任务之间不可避免地存在偏差,这就需要对会展项目实施调整。项目调整包括人员调整、预算调整和目标调整。

1. 人员调整

会展企业或项目组织的变化以及项目组成人员的个人原因等都会引起项目团队人员的变更,如领导职务的变动、新增人手、员工病假等,此时需要对会展项目人员进行调整。争取项目人员主要有三条渠道:一是与项目组织的主管上级沟通,从会展企业内部重新获得一批精兵强将;二是与参展客户沟通,他们可能会推荐一批人才;三是与同一项目团队人员交流,挖掘一批新的骨干。

2. 预算调整

如果展会规模没有达到预期的估算,可能会导致会展项目预算出现较大偏差,并会造成对人、财、物等资源的配置不合理,此时就需要对会展项目预算进行调整。项目预算的调整同样应从人、财、物三个方面展开,关键在于要寻求使收益最大化而成本又最小化的方法。在进行预算调整时,要避免因调整造成项目执行的资金瓶颈,还应该注意稳定项目团队人员的情绪。

3. 目标调整

随着会展项目的不断推进,会展客户(包括参展商和观展商)越来越清楚地认识到一些在项目初期未能认识到的问题,因而不断产生一些新的需求,这时会展企业需要及时调整预定的项目目标,尽可能多地满足会展客户的这些新需求。调整项目目标要注意两点:一是同客户积极地沟通、协调,及时把握新的需求动向,并在目标上达成一致;二是充分考虑项目成本预算,尽可能在成本控制下完成项目目标的调整。

四、会展项目结束

项目执行阶段的结束并不意味着会展项目管理活动的终结,还需要进一步进行评估和总结,因此还要经历一个项目结束的阶段。这一阶段的主要工作内容包括结束总结、效益评估和信息反馈三项。

1. 结束总结

在项目执行工作完成以后，会展企业需要进行项目执行情况报告、项目团队人员绩效评估以及项目成功的经验总结或失败原因分析，以便不断总结经验，吸取教训，为以后的项目管理工作提供参考和借鉴。

2. 效益评估

会展效益包括直接和间接的经济效益与社会效益。直接的经济效益是指会议和展览所成交的金额，如参展商的订单收益等；间接的经济效益是指会展所带来的门票收入、广告收入，以及餐饮、交通、住宿等方面的收益；社会效益是指会展活动的举办以及会展举办地获得的社会影响力和示范效应。

3. 信息反馈

会展现场的活动结束后，会展企业项目管理还有一个重要环节就是与参展商进行信息的双向沟通和交流。会展企业需要请专业人士对参展的观众情况进行分析，并将由专业信息处理公司计算出的有关数据以及效益评估结果及时传达给各参展商，同时收集反馈意见和建议，以便于今后进一步提高项目管理的质量。

第三节 会展项目评估

一、会展项目评估的定义、目的和特点

（一）会展项目评估的定义

会展项目评估是会展工作的重要组成部分，是整个会展项目管理的最后一个环节，对评价和判断会展组织与管理工作的效果和效率将起到积极的作用，也为进一步办好会展项目提供依据和经验。

评估是指按照某种目标、标准、技术或手段，依据一定的程序对收到的信息进行分析研究，以判断其效果和价值的一种活动；也就是说，评估是对某一事物的价值或状态进行定性、定量的分析说明和评价的过程。评估报告则是在此基础上形成的书面材料。评估的结论是对评估对象的价值或所处状态的一种意见和判断。这种意见和判断是建立在对评估对象的技术可能性、经济合理性进行充分、客观和科学的分析基础上的，因而能为相关部门或单位提供可靠的

参考依据。

会展项目评估是指对会展活动的目的、实施过程、展会环境、工作效率等方面，运用科学合理的技术手段，进行系统、客观、真实、深入的分析和评价，并做出其价值和效果的判断。会展项目评估是会展活动系统管理中的一个重要环节，为主办方、参展商、会展主管部门提供有价值的信息，以利于总结经验，修正不足，提升水平，同时也为观众提供相关信息。

（二）会展项目评估的目的

对会展项目进行评估，主要目的有：

（1）对所开展会展项目的运作质量，通过数据采集、整理、分析后做出客观真实的评价，向会展项目主办方提供客观公正的评估报告。

（2）客观分析所采集样本数据，通过对参展商、观众特别是专业观众的调查，对会展项目的优势和不足，做出定量与定性分析，为会展项目的健康稳定发展提供支撑。

（3）进行纵、横向分析，跟踪对比情况，及时发现规律性的特点，有利于不断提高项目运作水平，建设和发展品牌会展项目。

（4）评估报告不仅有利于主办方和承办方不断创新发展项目，而且还可以达到传播和宣传的目的。

（三）会展项目评估的特点

会展项目评估具有如下几个特点：

1. **现实性**

会展项目的评估是以所开展的会展实际活动为评估主体，以所发生的基本情况和产生的实际数据为基础进行的科学评价，因此具有很强的现实性。

2. **客观性**

实施会展项目评估，所有数据的采集均来自项目第一线，在样本符合统计方法所要求的基础上，采用数量分析统计方法得出的结论是相对客观的。

3. **公正性**

会展项目评估的过程与结果必须保证公正性。评估的实施者应该是除主办方和参展商以外的第三方。第三方应本着实事求是、负责和遵守职业道德规范的原则，客观公正地对项目进行分析和评价。公正性标志着评估方的信誉，必须贯穿于会展项目评估的全过程。

4. **全面性**

会展项目评估是对会展项目活动开展的全方位评价与考察，包括会展项目主题的设立、各项活动的策划、参展商的邀请与组织、项目现场管理水平、观众尤其是专业观众的组织、项目服务质量、项目的满意度和忠诚度、项目的社会效益及经济效益、项目可持续发展等，涉及项目的各个阶段及方方面面。因此，会展项目评估是一个系统和全面的技术经济活动。

5. 针对性

会展项目的评估除常规性评估外，还要针对需求方做出有针对性的评估，如针对观众组织工作的评价、展会中各项活动内容设立的效果评价等。

二、会展项目评估的内容

会展项目主要包括会议、展览和大型活动三种形式，这三种会展形式各有特点，因此采用的评估指标体系及评估内容也就存在一定的差异。

（一）展览会项目评估

一个完整的展览会包含主办者（或博览公司）、参展商和参观者三个要素及其相互之间的关系，因此展览项目的评估内容包括了对这三个要素的评估。展览会项目的评估包括展览工作评估和展览质量评估两项内容。

1. 展览工作评估

展览项目的评估内容比较广泛，包括前期的筹备工作和展览工作两个方面；既有定性评估，又有定量评估。展览工作评估的目的在于了解展览工作的质量、效率和成本效益。展览工作的评估主要包括如下内容：

（1）展览目标评估。根据展览会的总体情况，评估目标是否适宜。

（2）展览效率评估。展览效率是展览整体管理工作的评估指标，评估的方法有两种：①展览人员实际接待参观者的数量占参观人员总数的百分比；②接触潜在客户的平均成本，即参展总开支与实际接待的参观客户数之比。只要有充裕的开支，就能够接触到所有的潜在客户。这是一个非常有价值的评估指标，而且可以用货币值直接表示，如接待一个潜在客户的支出为100元。

（3）展览人员评估。在项目实施过程中，判断展览服务与质量可以直接根据参展人员的工作表现，包括工作态度、工作效果、团队精神等方面来进行。测评时采取调查问卷，即观众对展览人员的评价，一般在设定该选项时划分为优秀、良好、一般和差四个评判等级。如果数据显示表现差的比率大于6%，则通常是公司人员出现"危险"的信号，需要加强对展览人员的培训。此外，还可以采取数量计算办法，即计算出展览人员每小时接待观众的平均人数。

(4) 设计工作评估。对项目设计工作的评估有定性和定量两个方面。定性的评估主要考察公司形象设计、展台突出程度、展会资料制作水平等；定量评估主要考察展台的成本效率、展览和设施的功能效率等。

(5) 展品工作评估。展品评估的主要内容有：展品选择如何、市场效果如何、展品运输是否顺畅、展品是否增加或减少等。通过展品工作的评估，将发挥产品宣传和产品市场调研的功效，及时地了解某一产品的关注度，对发掘潜在市场需求起到积极的作用。

(6) 宣传工作评估。会展项目运作成功与否与宣传工作密不可分，因此对项目宣传工作的评估主要看对项目宣传的效率和效果、项目宣传所产生的比竞争对手更大的吸引力、资料散发数量和覆盖范围、媒体对项目的反应及关注度、媒体对项目的报道效果等。

(7) 管理工作评估。管理工作评估主要评估展览筹备工作和展览管理的质量及效率、工作流程是否顺畅及是否存在疏漏。

(8) 展览费用评估。展览费用评估是展览工作评估必不可少的内容，是参展企业市场营销过程的一个重要环节，评估的目的是为计算参展成本奠定基础。

(9) 展览记忆率评估。展览记忆率是反映参展效果的专业评估指数，该指数所反映的是参观者在参观某一展览 8～10 周后，仍能记住展览情况者所占的比例。展览记忆率与展出效率成正比，反映出参展企业留给参观者的印象和影响。一般来说，记忆率高，表明展览由于出色的组织和管理等原因给参观者留下了深刻印象；记忆率低，则表明展览工作的实施尚有待改进。

2. 展览质量评估

展览项目质量评估主要包括展览有形质量评估和展览无形质量评估两个方面的内容。展览有形质量评估主要有参展企业数量、参展企业质量、总展出面积、平均参观时间、观众和专业观众的数量与质量等。展览无形质量评估主要是对展览服务质量的评估，可以借用展览服务质量控制的综合性工具——"展览晴雨表"来测量参展商和参观者满意度及其决定因素和效果的完整性。一般来说，展览质量评估通常由一个中立机构（第三方）来实施，目的在于使展览成果可控并不断提升。

（二）会议项目评估

会议项目的评估涉及内容比较多，伦纳德·纳德勒和泽克·纳德勒在《成功的会议管理：从策划到评估》一书中，提出了开展会议评估所包含的 21 项要素。

（1）承办者。评估承办者是否达到会议的要求、是否发挥了领导作用、与其他项目关系人的合作情况如何等。

（2）策划委员会。评估策划委员会是否清楚自己的职能、是否有效地发挥作用、工作的结果是否令人满意。

（3）指导委员会。评估指导委员会是否清楚自己的职责、与承办者合作情况如何等。

（4）秘书处。评估的重点是考察整个团队的表现，看他们是否安排足够的工作人员、哪些需求未被满足、所提供的服务是否齐全等。

（5）主题相关性。评估会议主题是否和与会者紧密相关、会议主题在会议策划中是如何体现的等。

（6）目标明确性。评估与会者对会议的理解程度、会议目的向与会者传达得如何等。

（7）整体策划。评估策划方案中所涉及的会议举办时间是否适宜、会议长短是否合适、会议流程是否合理等。

（8）相关活动。评估相关活动安排的合理性及适宜性。

（9）会议地点。评估会议地点选择是否恰当、会议地点的住宿条件和餐饮水平、会议地点工作人员对与会人员是否有所帮助、会议地点是否适宜开展旅游活动等。

（10）市场宣传。评估与会者的数量、宣传材料的质量和效果等。

（11）公共关系。评估媒体人员是否参加会议、媒体对会议的接受程度、公关活动中是否有发言人和与会者参加等。

（12）预算。评估实际支出与预算间的差距、预算编制的完整性等。

（13）发言人。评估发言人是否由与会者在会议结束后进行。

（14）交通。评估会议往返的交通便利及会务所提供的服务情况，包括会议的交通安排是否合适、交通服务安排与会议议程是否紧密衔接、短途交通服务等交通服务质量是否令与会者满意等。

（15）展览。对以会带展的展览，评估展览主题是否符合会议主题、展览的时间地点安排是否合理、展览与会议的整体策划联系程度、与会者对展览的关注度和参与度等。

（16）注册。评估注册报到的时间、地点选择是否合理，报到注册程序是否有序、简化、快捷等。

（17）与会者手册。评估手册信息的完整性和手册质量等。

（18）娱乐活动。主要看安排的内容是否适宜、次数是否得当等。

（19）休息。评估休息的时间、次数是否适宜，提供的茶点是否令与会者满意。

（20）招待会。主要评估招待会的时间、地点是否有效地通知到与会者，招待会的效果和作用如何等。

（21）陪同人员。主要看陪同人员所提供的安排是否周到。

（三）大型活动项目评估

大型活动又称为节事活动，是会展活动的重要组成部分。澳大利亚学者约翰·艾伦在《大型活动项目管理》一书中，列出了评估的21项内容，包括活动的时间选择、会议地点、票务和入场、筹备、性能标准、工作人员水平和职务表现、人群控制、安全、通信、信息和信号、运输、停车、饮食设施、旅馆、急救、小孩失踪、感谢资助者、集会安排、广告宣传、媒体联络等。

一般来说，大型活动往往人员众多，因此在评估时要特别注意对安全、急救方面的评估，以及对应急事件的快速反应和处理紧急事件的能力的评估。

三、会展项目评估的程序

会展项目的评估程序主要包括前期工作、实施和后期工作三个阶段。

（一）前期工作阶段

在会展项目评估的前期工作阶段，主要的工作有：

（1）洽谈会展项目评估事宜，接受委托方的委托。明确项目评估的目的，确定评估的范围、内容和评估的对象，确定评估实施的时间、范围以及开展评估的能力评价。

（2）签订合同。合同中要确定会展项目的委托与受托关系，确定评估的范围、时间、实施步骤和评估方法，明确委托方和受托方的权利和义务，提交评估报告的时间与相关要求，以及评估的费用与付款方式，并经由双方代表签字、盖章。

（3）做好实施评估的人员培训以及相关数据的收集工作。通过培训使相关人员了解委托方的目的，掌握进行数据采集和调研的基本方法和手段，以求高质量完成数据采集这一重要的基础工作，确保问卷的回收率和有效率。

（二）实施阶段

这是会展项目评估的关键阶段，评估报告的质量如何完全取决于该阶段工作的质量。本阶段的主要工作有：

（1）调研人员的岗位分配。会展活动是一项繁杂和细致的活动，大多数会展项目评估是全方位的，因此要收集所有方面的数据就必须进行严密的人员组织安排，确保每一个环节都能做到落实到位。

（2）现场数据采集。通常采用观察法、访谈法和问卷调查法来收集第一手数据资料。会展经济是体验经济，大量数据来自活动现场，因此问卷的设计是至关重要的，要通过调查问卷收集到足够多的信息，同时为保证数据的科学合理和真实有效，样本数量要有充分的保证。

（3）将现场收集的大量数据录入系统，根据目标要求进行统计分析，得出反映客观现实的结果，为撰写评估报告奠定坚实的基础。

（三）后期工作阶段

该阶段的主要工作内容是：

（1）以调查数据为基础，结合专家访谈、文献资料及媒体信息，汇总分析，撰写评估报告初稿。

（2）项目评估负责人对评估报告进行统审，并与委托方反复沟通交流，以达到双方约定的目标要求。

（3）向委托方交付会展项目评估报告，完成委托任务。

（四）会展项目评估报告的编写

1. 编写要求

会展项目评估报告是开展评估的最终成果，受托方要能够拿出一份高质量的评估报告，客观揭示所评估会展项目的现状，评判项目的价值，为受托方提出项目可持续发展的对策建议。评估报告的编写应遵循如下基本要求：①结构清晰完整；②数据准确客观；③充分显示调查的客观公正；④对存在问题的分析客观透彻；⑤结论建议合理可行。

2. 主要内容

（1）概要。主要描述项目的背景，包括项目评估的主要目标、委托方和受托方、评估计划的实施过程、调研和调查问卷的发放及回收情况等。

（2）项目效果评价。通过充分的数据分析，对会展项目的实施结果进行评价。如果评估对象涵盖的内容比较多，应该显示分项评估的结果。项目的效果评估是报告的核心部分。

（3）结论与建议及对策。在调查分析的基础上，得出本次评估的结论，以便为委托方决策提供参考和借鉴。

本章小结

项目是现代市场经济中组织经营活动的一种非常常见而且普遍的形式。一次展览、会议和大型活动对于会展企业来说，就是一个项目。对会展活动进行项目管理，有助于实现时间、技术及人力等方面的有效利用，使会展企业最大限度地实现战略目标。会展企业的项目管理包括项目启动、项目规划、项目执行和项目结束四个阶段，每个阶段的工作任务和工作内容各有不同和侧重，但中心的目标是为了项目的顺利完成。会展项目的实施还要求对项目进行评估，以便为主办方、参展商、主管部门提供有价值的信息，以利于会展企业总结经验、修正不足、提升水平。

 本章关键词

会展项目　会展项目管理　会展项目生命周期　会展项目规划　会展项目控制　会展项目评估

 **复习思考题**

1. 简述会展项目的定义、特征及其类型。
2. 简述会展项目管理的定义及其发展趋势。
3. 会展项目管理包括哪些阶段？各阶段的主要工作是什么？
4. 为什么要开展会展项目的可行性研究？会展项目的可行性研究包括哪些内容？
5. 简述会展项目评估的定义及其特点。
6. 展览评估的主要内容有哪些？选择其中的五个方面进行分析。
7. 会议评估的主要内容有哪些？
8. 会展项目评估的基本程序有哪些？

 **综合案例**

展览会项目创新的三个层次：行业性、地域性、主办方

展览会项目的创意来源于人们对于社会经济信息的感知，而人们将感知的信息转化为具体的展览会项目创意，在思维上是有方法可循的。也就是说，从感知到的信息转化成具体的展览会项目创意，对于具有展览从业经历且展览会

项目策划经验的人来讲，其构思的创意不会是漫无边际的，通常是会依循一定的规律。

为方便讨论展览会项目创意产生的方法，我们将讨论对象集中于展览会新项目。这样做的理由是：在绝大多数展业从业者看来，展览会的项目创意主要是针对新项目的。对于学习者而言，新项目从创意到立项操作可以形成一个相对完整的过程，了解这个过程有利于全面掌握展览会策划工作的流程及相关知识和技能。

什么是展览会的新项目？答案是以前没有、现在才有的展览会，即前所未有的展览会。

但前所未有的展览会不能一概而论，可以分为三个层次加以区别，即：

（1）展览业前所未有的项目，属于行业性创新项目。

（2）某地展览业前所未有的项目，属于地域性创新项目。

（3）展览会主办方前所未有的项目；属于主办方的创新项目。

以下我们分别了解这三个层次的展览会项目创新：

1. 行业性的创新项目

展览业的新项目是指全行业首创的项目。一般认为，在国际展览市场比较成熟的今天，在展览业创立前所未有的展览会项目的市场空间十分有限。但由于社会进步和经济发展，总会产生新的领域适合展览业进入。展览业进入这些新领域就有可能创立前所未有的展览会项目。如：阿里巴巴公司创办于2009年的"网货交易展览会"，中国商务部和北京市政府联合创办于2012年的"中国（北京）国际服务贸易交易会"（简称"京交会"），均属国际展览业首创。前者具体为在"淘宝""天猫"电子商务网路平台上快消品经销商（即网商）及其供货商提供服务，是电子商务行业发展的产物，后者为中外服务贸易的供应商和需求者提供服务，是服务贸易行业发展的产物。

2. 地域性的创新项目

由于国际和国内展览市场发展的不平衡，展览会项目的地域性创新仍然具有较大的市场空间。从国际看，欧美展览市场发育充分，展览会项目资源几近发掘殆尽，新项目难以创立；而新兴经济体和发展中国家的展览市场发育水平相对偏低，有市场空间可以容纳新的展览会项目。如，"马业与马术运动用品展览会"在德国、美国、澳大利亚已办多年，是成熟展会项目，但在中国前所未有。好博塔苏斯展览公司于2007年创办于上海的"中国马展"（2010年移址北京），就是填补中国展览市场空白的新项目。

从国内看，东部地区尤其是北京、上海、广州（以下简称"北上广"）三大城市展览市场的发育比较充分，展览会项目资源渐呈稀缺态势，创立新项目已经越来越困难；而东部地区其他大中城市和中西部地区展览市场发育滞后，新的展览会项目仍有较大的市场空间可以发展。通常的情况是，某主题的展览会在"北上广"成为气候的三五年后，往往会在其他大城市陆续出现。如，"医疗器械展览会"于1995—2000年期间在"北上广"形成影响，2000年前后同题材展览会在其他省会城市纷纷举办。到2010年，全国"医疗器械展览会"数量达70个以上，多数分布在"北上广"以外的城市。

3. 主办方的创新项目

主办方的创新是行业性或地域性展览会创新的动力与基础。没有主办方的创新，就不可能有行业性或地域性展览会的新项目。换言之，任何行业性或地域性展览会新项目的创立并经营成功，都是主办方苦心创意策划、精心组织实施的结果。

然而，主办方较为多见的创新还有一种情况：主办方为争夺市场而创立的新项目。这种新创的项目对于主办方自身而言，只是某种意义上的前所未有。如，"礼品展览会"在上海有两个展览会（举办展馆不在一起），分别由上海雅辉展览有限公司（与中国日用小商品协会联手于2002年创办）和上海世界贸易商城公司（与全国工商联礼品业商会联手于2007年创办）举办多年。但2011年中英合资的励展华博展览公司在上海又办了一个"礼品展览会"。请注意，励展华博展览公司是中国最大规模"礼品展览会"（展览面积达10万平方米）的主办方，其在深圳创办"礼品展览会"已逾20年。该公司将"礼品展览会"复制到上海（同时复制地方的还有成都），是其充分利用客户资源的地域创新项目。但对于上海雅辉展览有限公司和上海世界贸易商城公司来讲，这将是同题材展览会在上海市场展开的新一轮竞争（竞争对手原来只有两家，2011年起就成了三家）。

主办方为争夺市场而创立展览会新项目，有时可能是多个主办方各自在不同的区域市场上创立题材相同的展览会新项目，如2005年前后，北京雅森国际展览公司、广州九州传媒广告公司和郑州宏达集团公司分别在北京、广州和郑州三地各自创办"汽车用品展览会"（也有称"汽车后市场展览会"）。由于三个展览会不在同一城市举办，且举办时间彼此间隔在三个月以上，所以相互之间虽有竞争但并不激烈。

（资料来源：根据张凡博客编写，http://blog.sina.com.cn/s/blog_61666d1001017xa6.html）

■讨论题

会展企业如何根据产业的发展变化来进行项目的创新？

第五章　会展企业营销与策划管理

学习目标

①了解会展企业营销信息的定义和系统构建；②了解会展企业营销调研的内容和程序；③熟悉会展企业细分市场的方法和标准；④掌握会展企业目标市场的选择和市场定位的方法；⑤熟悉会展企业营销组合策略；⑥了解会展企业策划的定义、特点和原则；⑦掌握会展企业策划的内容和程序。

第一节　会展企业营销信息与调研

市场信息瞬息变化，如何及时、准确地抓住与会展企业营销相关的信息，并构建企业的营销信息系统，是目前会展企业营销管理者们探讨的热点问题。而营销调研工作是对相关营销信息进行收集、分析的过程，其调研结论将会对营销管理决策者提供一定的帮助。

一、会展企业营销的定义

"营销"一词译自"Marketing"，美国著名营销学专家菲利普·科特勒将市场营销定义为："市场营销是一个社会管理过程，在这个过程中，个人和群体通过创造、提供、与他人交换有价值的产品而满足自身的需求和需要。"从此，市场营销理论开始广泛运用于社会各行业及企业中。会展业是以提供服务为主的现代服务业，会展项目是一种服务产品，在时空上具有特殊性，在性质上体现为无形性、生产与消费的同一性和不可储存性等。因此，会展企业市场营销虽是市场营销学的分支，是市场营销理论在会展业的具体运用，但会展企业的市场营销行为不仅要遵循市场营销的客观规律和一般原理，而且要符合会展业的经营特点和实际情况，要灵活运用、开拓创新。简言之，会展企业营销是指会展企业通过市场分析与调研，对会展产品的设计、定价、促销和分销制订计划并给予执行，以满足会展客户需求和实现企业的经营目标。会展企业市场营销可以从以下几个方面来理解：

（1）会展企业营销以客户需求为导向，同时需要客户的参与。会展企业虽然策划并操作会展项目，但由于营销对象涉及各个行业，营销者对各行业的认知有一定的限度，因此，在营销过程中须认真考虑客户意见，以使营销内容能更好地满足消费者的需求。

（2）会展企业营销是一个连续的、循序渐进的过程。在这期间，会展企业为客户提供规划、调研、实施、控制及评价方案，并不断调整以最终满足客户需求，实现企业经营目标。

（3）会展企业营销活动应使会展企业、参展商、采购商、与会者以及各利益相关方之间，企业内部资源、外部资源和企业目标之间实现动态平衡。

二、会展企业营销信息系统

（一）会展企业营销信息的定义

当今社会正处于信息爆炸时代，信息是会展市场变化的外在表现，如何在竞争日趋激烈的会展市场占有一席之地，及时、准确地掌握营销信息是关键。目前，会展企业在进行营销活动时也发现了对营销信息的需要比以往任何时候都更为强烈，意识到营销信息的地位比以往任何时候都更为突出。

会展企业营销信息是指与营销活动有关的内外部环境以及营销管理过程中的各种相关信息、资料、数据和发展变化情况等。外部环境是会展企业不可控制的各类因素的综合，可以从宏观和微观两个方面来考虑；其中，宏观环境涵括自然环境、政治法律、经济发展、社会文化和科学技术等；而微观环境包括所属行业部门、竞争对手、供应商等。内部环境是会展企业可以自己控制的各类因素的综合，主要包括会展企业人力资源信息、会展企业管理水平、会展服务设备设施配备情况、会展产品和服务的成本以及效益等各种信息。

（二）会展企业营销信息系统的构建

会展企业的营销信息包含的内容较广，既有宏观信息，又有微观信息和内部信息，而且这些信息大都是动态的，需要不断地更新。如何收集到各方面信息,并将其整理、保存,再通过分析使之发挥最大效应,是营销部门应首先考虑的问题。会展企业营销信息系统,即企业内部营销人员、信息处理设备、运作程序构成的相互影响的系统,可以通过人机合作方式共同来实现这个过程。该系统主要是为营销决策者收集、选择、分析、评估和分配其所需要的及时的和准确的信息。会展企业营销信息系统由内部报告系统、营销情报系统、营销调研系统、营销决策支持系统四个子系统构成。

1. 会展企业内部报告系统

会展企业内部报告系统是营销系统中最基本的子系统。它提供由内部收集的信息,用于评价营销业绩,发现营销所存在的问题和面临的机会。一般而言,会展企业的营销部门会定期收到各部门的相关经营信息,如营业收入、设施设备出租率、利润率、促销费用等方面的报告。内部报告信息应保证及时、全面和准确,以便于营销经理通过分析内部信息,能发现重要的营销机会和可能存在的问题;同时也应注意避免提供重复信息,那样会造成营销成本上升和相关人员陷入烦琐的销售资料堆中,应及时对各类信息进行整理、归纳,剔除无效信息,保证系统的有效性。

2. 会展企业营销情报系统

会展企业营销情报系统是提供企业营销环境发展变化信息的来源,往往通过各级营销人员、中间商以及专职的营销信息收集人员完成。一般而言,内部报告系统向营销决策者提供的是实际数据信息,而营销情报系统提供的是偶发事件的信息。营销情报系统的信息范围广,包括政治法律、社会经济、文化、科学技术、自然等方面的资料,并且需要及时更新,所以成为大部分会展企业比较棘手的问题。一些会展企业通过培训自己内部的各级销售人员,从而建立专门的情报收集系统,主要是因为他们在工作中直接接触外部环境和顾客,掌握最新、最为准确的信息资料,如果能及时将他们掌握的信息输入企业系统,将为营销决策者带来最为直观的效果。同时,会展企业也可以借助其他方式来对营销情报系统进行一定的补充,例如通过中间商间接了解顾客需求变化和环境变化信息,或者通过网络、书刊、报纸、商业出版物、政府出版物等方式取得信息资料。此外,一些有经验的会展企业也雇佣商业情报员收集信息,或者向情报商购买信息。

3. 会展企业营销调研系统

会展企业营销调研系统是对企业所面临的特定营销环境的有关资料及研究结果做系统的设计、收集、分析和报告的活动。在营销环境变化多端的情况下,该系统能随时为企业由于特定问题需要做出正确的、经常性的决策服务。例如,会展企业要拓展新市场领域,就需要调查当地可能客户的消费能力、居民的收入水平、市场容量大小,掌握分销渠道的有关情况,等等,这就需要借助于营销调研系统。很多大的会展企业都有自己的营销调研系统,也有些大的会展企业和一般的中小会展企业聘请独立的营销机构为其服务。

4. 会展企业营销决策支持系统

会展企业营销决策支持系统是对营销调研所获取的大量信息进行分析,使信息资料数据化和模型化,采用统计工具对会展企业中的重大问题和机会进行定量分析,做出更为可靠的结论。一般来讲,营销决策支持系统有两个重要组成部分,即统计库和模型库。统计库用于收集各种统计分析方法,如回归分析法、相关分析法、因素分析法等,可以对有关营销资料进行统计分析;模型库用于收集各种模型,如时间序列模型、因果关系模型等,可以帮助营销管理者预测市场销售情况,制订营销计划,做出最佳营销决策。

三、会展企业营销调研

在市场经济条件下,企业若想把自己的产品在市场上成功地销售出去,首先必须了解市场(即顾客)需求和各种市场信息,并且要根据市场的需求情况来组织和开展各项经营活动,这样才能获得经营的成功;而信息获取的最佳方式就是市场调研。会展企业在经营管理过程中,由于其客户主体的复杂性,使其不仅要考虑会展组织者利益,还要考虑参展商和观展商利益,因此其提供的产品是比较庞大且复杂的组合,这就更需要企业进行详细的市场调查,以便及时了解市场运行情况以及顾客的需求情况,从而更好地协调三者之间的相互关系,以达到双赢的局面。

会展企业营销调研是指系统地收集、整理、分析企业的各种营销信息,为营销决策者提供解决特定营销问题依据的过程。营销调研是会展企业经营过程中的重要环节,其涉及的调研内容很广泛,部分企业选择委托第三方来完成,但是不管其是由会展企业自己的内部营销部门来进行,还是借助企业营销机构,都要遵循一定的程序要求。

(一) 会展企业营销调研的内容

一般来说,会展企业营销调研主要包括营销环境调研、会展主体调研、竞争者调研和企业营销能力调研四个方面的内容。

1. 营销环境调研

营销环境对会展企业营销过程存在一定的客观影响,但在及时掌握的前提下,会展企业可以通过自身经营活动的调整,减少负面影响或者扩大有利因素。同时,在会展期间,周边环境和城市也会受到一定的影响,例如,大型展览期间,交通工具、流动人口暴增以及宣传制品散发、噪音污染等等都会造成环境污染或卫生清洁压力。因此,会展企业应事先做好市场调查,对可能带来的影响进行预计并制定相应的缓解方案。由于会展企业营销环境涉及面较广,包括宏观环境和微观环境、外部环境和内部环境,企业可根据自身实际情况,选择与营销密切相关的情况进行调查,提高调研效率。

2. 会展主体调研

会展主体比较复杂,主要有会展组织者、参展商与观展商,会展企业在做市场调研过程中应都予以重视。会展企业通过对会展组织者的调查,可以大致了解组织者的需求信息,如展会主题的选择、预算要求、招商对象、场地设计等,从而根据组织者们的基本构想设计产品。参展商是参加展会展出产品或服务的企业或公司,在会展企业市场调研过程中,对参展商的调查主要包括调查与会展主题相关的参展企业的基本情况、运营情况、参展历史信息、产品特色、价格等信息。会展观众是会展主题的一个重要组成部分,按照会展观众的身份、目的的不同,可以把会展观众分为专业观众和一般观众两类。专业观众是直接与参展者利益相关,为会展市场中关键要素的观众群体;一般观众是出于兴趣和爱好来了解会展情况的群体。会展企业在调研过程中应了解观众的地区分布情况、消费水平、收入水平、专业层级、数量规模等基本信息。

3. 竞争者调研

市场就是战场,就是竞争的场所,也是竞争双方实力与竞争技巧相结合的竞技场。随着会展经济在我国迅速发展,会展企业竞争也将愈加激烈,大多数会展企业,每时每刻都在考虑如何在竞争中获取更多的客源,如何比竞争对手更能满足顾客的需求,如何在竞争中立于不败之地。古语说"知己知彼,方能百战不殆",只有正确认识、了解、分析竞争者,熟悉双方的优劣势,扬长避短,才能在激烈的竞争市场中占有一席之地。因此,对竞争对手的调研是会展企业调研过程中不可忽视的一个部分,主要包括:竞争对手的类型和数量;竞争者的规模、实力及分布;潜在的竞争威胁;竞争者的竞争战略、竞争优势与劣势、竞争焦点;竞争者的营销策略与营销能力、服务质量、对营销活动的影响;竞争者的市场形象、企业文化和公众关系;主要竞争对手的主要客源构成、市场定位及目标市场动态;等等。

4. 企业营销能力调研

会展企业在策划、执行市场营销过程之前,应先对自己的营销能力有详细的了解,只有正确认识、分析了自己,才能更加有把握应付市场变化,才能根据自身特点有针对性地提出营销方案。一个对自己内部环境都不能清楚了解的企业，对竞争者和市场情况掌握得再清楚，也无法制定出优秀的营销方案并执行到位。因此，会展企业对自身营销能力的调研是营销的基础，一般包括：对会展企业内部资源状况、组织结构及效率、管理水平等的了解；对会展企业产品、价格、促销状况的了解；对企业市场以往销售情况的清楚掌握；等等。

（二）会展企业营销调研的程序

会展企业营销调研程序是从明确营销活动中面临的问题到完成调研任务，提供调研报告所经过的各个环节。一般来说，会展企业营销调研可以分为三个阶段，即准备调研阶段、正式调研阶段和分析处理阶段。

1. 准备调研阶段

准备调研阶段主要是进行调研工作开展前的一些准备工作，主要包括确定调研问题和目标、制订调研计划。

（1）确定调研问题和目标。会展企业营销调研首先要求营销管理者和调研人员明确地界定需要调查的问题，并且以这个问题为中心确定调研的目标。对任何问题都可以做多方面的调研，如果不能对问题做出清楚的定义，那么有可能调研范围涉及面过宽，营销人员将有可能因未找到中心问题而耗费额外的时间和精力，且调研成本也可能大大超过调研结论的价值。在会展企业实际经营中，部分企业正是因为对调研问题的描述不是过宽就是过窄，甚至部分企业知道出了问题，但始终不知道确切的原因是什么，结果导致有些管理者得到许多不需要的信息，而实际需要的信息却得不到。因此，只有当找到了需要调研的主要问题，清楚如何着手开始调查工作，并确定合适的目标，才能将人力、物力等资源发挥到最大效用，以保证调研工作的顺利进行。

（2）制订调研计划。会展企业在调研准备阶段的第二项任务是需要制订一份详细的调研计划，它也是准备阶段的中心工作，关系到调研的成败与否。会展企业在确定了调研问题与目标之后，应对信息资料来源、调查方法、调查工具、抽样计划等做出明确规定。

1）资料收集。资料收集是调研计划制订前的一项重要工作，它对调研工作的正式开展起到一定的指导作用。根据资料来源，可以把资料分为原始资料和二手资料。原始资料是指为当前的特定目标而专门收集的资料，二手资料是已经存在的为其他目标而收集的资料。调研通常以二手资料作为提出结论的重要依据，但也必须有原始资料加以证明结论的正确性，所以两类资料都是不可或缺的，而原始资料的真实可靠性也愈加显得重要。二手资料一般可以通过多种途径收集，如各类出版物、电视、广告、互联网等等。

2）调查方法。原始资料的收集相对比较困难，一般采用以下三种方式：

一是观察法。即指调查人员对调查对象的行为反应进行观察，从中获取调查资料的一种方法。该方法主要用于获取探索性信息，例如获取人们不愿或不能提供的信息，调查者根据其观察对现象加以综合分析再获得结论。二是询问法。即调研人员按照事先拟定的问题，对被调查人员提出询问，并要求其做出回答，且记录答复的一种调查方法。按照调研过程中调研人员和被调研对象的不同接触方式，询问法可分为面谈法、电话询问法、信函询问法、网络询问法和留置问卷法五种。三是实验法。其通常在会展企业研究广告效果和选择广告媒体时采用。但实验法费时较多、费用较大，需要经验丰富的营销调研人员才能得出正确结论。

3）调查工具。调研人员在收集原始资料时，在采用以上三种调查方法的基础上，主要有调查表和机械装置两种调查工具选择。调查表是具有悠久历史的调查工具，迄今为止也是最常用的调查工具；它是系统地记载需要调查的问题和调查项目的表式，反映调查的具体内容，通常由被调查者和调查人员填写。调查表的设计和制作必须非常认真仔细，并且在大规模使用之前应做测试和调整，这样既可以判断调研计划的合适程度，又可以进一步确定调研的范围和深度，为正式调研奠定基础。机械装置则主要采用某一机械对消费人次、消费时间等信息进行一定的统计。

4）抽样计划。在调研过程中，因时间、经费等各方面的原因，会展企业调研人员没有必要也不可能调查整个目标市场，因此必须从调研对象总体中抽取一部分样本进行研究，然后根据样本特征推断出总体特征的结论。这样，样本的选择应具有一定的代表性，对样本抽样的范围、样本的数量及抽样的方法选择应慎重考虑和预先计划。

2. 正式调研阶段

当会展企业将调研问题和目标确定，且其他相关调研计划和准备工作准备妥当后，下一步是组织企业相关营销调研人员将营销计划付诸实施，正式开展调研工作。在这一阶段，首要工作就是收集信息，不管是由会展企业内部调研人员承担，还是委托他人承担，这项工作都是需要较大花费的，也是最容易出错的。因此，会展企业应对营销调研人员进行一定的挑选、培训和管理，以使这些工作能细致地完成，保证收集信息的可靠性和有效性。同时，也可以通过比较调研人员之间的调查结果以及聘请相关问题专家对调查结果进行判断，加强收集信息的可靠性和有效性，确保调研结论不出现较大偏差。

3. 分析处理阶段

这一阶段的主要工作是将调研过程中收集来的信息进行编辑、整理、分类和统计工作，并对调研资料进行认真的分析，撰写调研报告。例如，在调研过程中，若选择调查表工具收集资料，应对收集回来的调查问卷做进一步审核，剔除不合格问卷，如空白、未填完整、无效答案的问卷，对合格问卷进行编号、分类，并输入计算机。这些工作完成后，才可以进入营销决策支持系统，运用统计分析方法进行统计分析。会展企业营销调研人员最后在统计分析结果和收集资料进行综合分析的基础上，将此次调查背景情况、人员基本情况、分析方法和过程等情况撰写为调研报告，并得出更全面、更可靠的结论，提供给会展企业营销管理者。

第二节　会展企业营销战略

　　会展企业营销环境分析和营销调研工作是会展企业营销的前期工作，接下来会展企业应根据前期工作结果制定营销战略，即在对会展市场需求和预测的基础上，进行会展市场细分、目标市场选择、市场定位，即实行"STP"营销，这是决定营销成败的关键。

一、会展市场细分

　　会展市场是会展活动的平台。广义的会展市场是指会展的供给市场和需求市场，包括展会的组织者、服务者和消费者。狭义的会展市场是指展会的参加者，即参展商、观众等。虽然会展市场的范围很广，但是，会展企业营销工作的重点是如何协助会展组织者开展经营活动，怎样有效、及时地将产品和服务送达参展商和观众，因此会展企业营销是从供给的角度研究需求者的行为。正因为需求者在欲望、支付能力、购买时间和方式等方面存在差异，会展企业资源的有限性决定了不能同时满足所有购买者的需求。这就需要会展企业将整个市场进行一定的划分，从而找到适合自己的目标市场并开展一系列的营销活动。会展市场细分是指根据市场需求的差异，将一个错综复杂的会展异质市场划分为若干个具有相同需求的同质市场，从而使会展企业有效利用和分配有限的资源，进行各种营销活动。

（一）会展市场细分的意义

　　进行会展市场细分，对于会展企业而言具有重要的意义。

1. 有利于会展企业发现会展营销机会

通过市场细分，会展企业可以发现需求饱和的、未饱和的和有发展潜力的市场，然后根据企业自身资源情况和各细分市场的发展情况选择、发掘合适的市场。会展市场是随着经济发展和环境变化而不断发展的，因此会展企业应适时掌握市场发展趋势和消费者心理变化趋势，对会展市场细分方案进行适当的调整，以便找到更适合的目标市场，从而发现更好的营销机会。

2. 有利于会展企业集中利用现有资源，获取竞争优势

会展企业在市场细分过程中，根据自身经营特点选定了目标市场之后，可以集中企业的人力、物力、财力等各种现有资源，对选定的一个或几个细分市场，进行有针对性的营销策划活动，这样就能更好地满足目标市场消费者需求，使自己的会展产品和服务成为他们的首选，形成一定的竞争优势。

3. 有利于会展企业制定和调整营销策略组合

市场营销策略有效地实施得益于目标的确定。通过市场细分，选择合适的目标市场，可以集中获取目标市场消费者的需求和消费者的行为特点，有利于会展企业确定最佳的营销策略组合，以达到"具体问题具体分析"的效果；同时，因为对目标市场关注较多，对于目标市场的变化情况也就能及时、准确地掌握，且能根据目标市场的反应，对会展企业的营销策略组合进行调整，这将对市场营销效果有着直接的影响。

（二）会展市场细分的标准

通过市场细分，可将会展市场分成很多不同类别的细分市场，但并非每一种划分方法都有效。因此，会展企业在选择市场细分标准之前，应遵循可衡量性、可进入性、可盈利性、可实现性的原则，才能使会展市场细分产生实际的意义。一般来说，会展市场涉及参展商市场、专业观众市场和一般观众市场三个方面。本部分内容主要从参展商和专业观众角度讨论其细分标准，可以从地理细分因素、购买行为细分因素、人文或企业细分因素等几个方面进行，每一个方面都有一些标准可供选择，因而可将会展市场划分为各类各具特点的细分市场。

1. 地理细分因素

地理细分是指按照消费者所在的地理位置和自然环境进行市场细分，可以考虑地理区域、城市大小、人口密度等因素。不同地理位置的消费者由于受不同的经济发展水平、文化等因素的影响，会形成不同的认购习惯和偏好，即会对会展企业的产品和服务产生不同的需求和偏好。例如，因为参展企业来自不同国家或地区，或者来自不同规模的城市或农村，会显示出对展会举办地点、举办时间及展会提供的场馆服务需求的差异性；会展专业观众也可能因为来自不同经济发展区域，其专业认知水平、购买习惯存在差异，从而对参展商品的需求也会存在差异。因此，会展企业可以根据这一细分因素选择目标顾客，并根据其特点提供差异化的针对性服务，提高消费者满意度。

2. 购买行为细分因素

消费者行为直接导致消费的最终实现与否，更能反映消费者的需求差异，因而成为会展细分市场的关键点。购买行为细分变量包括购买目的、偏好和追求利益等因素。

消费者在购买行为过程中，首先要明确自己的消费目的，才能根据目的清楚自己需要的产品、服务类型和相关要求；企业也只有充分了解消费者的消费目的，才能有针对性地提供产品以更好地满足其需求。例如，在会展市场中，参展商的展出目标为展出工作提供方向指导，因参展目标不同，对展会提出的产品和服务的数量及质量的要求也各不相同。参展企业的参展目标是多种多样的，例如，德国展览协会（AUMA）根据市场营销理论将展出目标归纳为五类，哈佛大学商学院教授根据营销学理论将展出目标分为销售类和非销售类，等等。同时，前来消费的专业观众和一般观众其消费目的也有所不同，有的可能是仅仅想来了解行业现状，有的是为了发现新产品、纯属观赏目的，等等。因此，会展企业的营销人员应当事先了解参展企业展出目标和观众消费目的，并以此为依据，为顾客提供咨询和其他针对性的服务。偏好程度是指消费者对某种品牌的企业产品的喜爱程度。例如，在会展市场中，参展商可能因某个国家或者某一地区的经济发展水平、环境特色等方面与自身产品特色不匹配或者市场容量有限，而影响其购买行为；观众也可能会因为对其关注行业中某些品牌的忠诚度而影响其观展行为。利益细分需要确定消费者在产品中所追求的主要利益，一旦确定了追求不同利益的各消费群体，企业就可以为他们提供不同利益的产品，并且还可以寻找新的利益细分市场，推出适合这些细分市场的新品牌。

3. 人文或企业细分因素

由于会展市场涉及参展商市场、专业观众市场和一般观众市场三个方面，因此，会展企业在对市场进行细分的过程中，既要考虑参展企业的基本情况，也要考虑观众的年龄、职业、受教育程度等因素。其中，会展企业可以根据参展企业的不同成长阶段、生产的不同产品和不同规模以及参展企业实力划分参展商市场。不同成长阶段的参展企业，由于在企业发展战略、市场策略、知名度等方面存在较大的差异，对展会提供的产品和服务会产生不同的需求；生产的产品和规模不同，会形成各种各样的同类产品主题展览会，其对场馆、专业观众队伍、广告宣传等方面存在差异。同时，观众的年龄、职业、受教育程度等不同，其对会展产品的需求也将不同，例如，年轻观众可能对会展的布置方面要求色彩丰富、富有活力，而年龄较大的观众可能希望会展场地交通便利、环境布置稳重。

（三）会展市场细分的方法

会展企业采取什么方法进行会展市场细分将从根本上决定市场细分的有效性，并且不管采用什么方法都要求严格遵循市场细分的原则。

1. 单一因素细分法

会展企业营销人员采用一个影响参展商和观众需求的因素作为细分标准，进行市场细分时只要选取的细分因素是有效的，即所选择的因素对需求影响最大，就能得到满意的结果。例如，按地理区域的不同，可把会展市场划分为日本市场、美国市场、欧洲市场；按参展企业类型的不同，可把会展市场分为装饰品展市场、建筑品展市场等。单一因素细分法简单易行，是会展企业可以常用的细分方法。

2. 交叉因素细分法

交叉因素细分法即根据影响会展企业消费者需求的两个或两个以上的因素进行市场细分。采用这种细分方法可以使市场细分更精确，所细分的市场需求特点更明显，有利于开展针对性的市场营销活动。例如，按参展企业所在地区、类型和参展观众的性别三个因素进行细分，会展市场可以分为华南地区女性酒店展参展商市场、西南地区化妆品展女性参展商市场等。会展企业在选择此类细分方法，特别是选用比较多的细分因素进行交叉细分时，应充分考虑市场容量、发展潜力等因素，以防会展企业进入市场后发展空间较小，不能满足企业的经营发展要求。

3. 完全细分法

完全细分法就是把会展市场上每一个顾客都作为一个单独的细分市场。这种细分方法通常只有理论意义，在实际的市场细分工作中不予采用。若每一个顾客都是一个细分市场，那么其市场的购买量就小，市场容量不足，不符合市场细分的可进入性原则，会展企业也将不愿意花费大量时间和精力涉足。当然，在会展业发达的国家和地区，一些会展企业为了能够建立自己的长期客户，可采用个性化服务策略，对一些VIP客户提供特色产品和服务，这其实也可以看作是每一个消费者就是一个细分市场。在考虑这种方法时，会展企业应将是否能获取较大的盈利空间和发展机会作为衡量标准。

二、选择目标市场

市场细分揭示了会展企业所面临的各种可供选择的细分市场，会展企业接下来要做的是对各个细分市场进行评估，决定将哪些细分市场作为目标市场。会展企业目标市场是会展企业决定要进入的市场，是会展产品和服务的销售市场，也是会展企业营销活动为具有特定需要的顾客提供产品和服务的市场。

（一）评价细分市场

会展企业通过市场细分后，并不是将自己的资源投放到所有细分市场中，而是根据自身实力和市场特征选择要进入的细分市场。在评估不同的细分市场时，主要考虑以下几个方面的因素：细分市场的容量和发展潜力；细分市场竞争情况；会展企业自身目标和资源现状。

1. 细分市场的容量和发展潜力

市场具有一定的容量是企业进入该市场的基本条件，若该细分市场容量太小，会展企业产品无法得到充分销售，无法获取满意的利润，那么会展企业耗费的人力、物力、财力等资源将大大超过其取得的盈利，企业也就无法继续维持经营。当然，也并不是选择的细分市场容量越大越好，市场容量越大，会展企业面临的竞争越激烈，消费者的需求和要求也越高，对会展企业自身的资源情况也要求较高，因此，选择具有合适的市场容量的细分市场是会展企业的最佳选择。细分市场具有一定的发展潜力，是指会展企业通过一系列营销活动、管理改进等措施可以扩大销售量和增加利润。这样，即使会展企业最初选择的细分市场容量相对较小，但在发展潜力较大的情况下，其进入该细分市场的前景还是比较好的。因此，会展企业应结合细分市场的容量和发展潜力两个方面来综合考虑。

2. 细分市场竞争情况

一个市场容量较大、发展潜力较好的细分市场并不一定是会展企业的最终选择，还应考虑现有的细分市场竞争情况如何。一个细分市场如果现有竞争很激烈，各会展企业之间为了能在市场上占据一席之地，不惜采取降低产品价格、增加服务附加值等手段，从而使自己的生产成本大幅度提升，利润下降，那么会展企业进入该市场的意义也就不存在了，与其与众企业搏杀，还不如开辟一个新的市场。或者该市场进入壁垒较低，存在产品替代品威胁，潜在竞争对手较多，那么该细分市场的购买力就存在转移的风险，替代产品就会限制现有产品价格，从而影响从该市场所能得到的利润，这个细分市场也就失去了一定的吸引力。

3. 会展企业自身目标和资源现状

即使某个细分市场具有合适的容量和发展潜力，也不存在很强的市场竞争情况，会展企业仍需要考虑其目标和资源是否与该市场相匹配。有些颇有吸引力的细分市场，由于与会展企业长期目标不吻合，可以马上排除。尽管这些细分市场本身很有诱惑力，但它们很可能将会展企业的注意力和精力引导到背离会展企业主要目标的轨道上。如果一个细分市场符合会展企业目标，会展企业接下来就必须确定其是否拥有足以使自己在该市场获得成功的资源和能力。只有选择那些会展企业有条件进入且能充分发挥其能力和资源优势的细分市场作为目标市场，才是明智之举。另外，会展企业还必须考虑其自身的能力和资源能否确保它在这一细分市场形成竞争优势。只有当会展企业在某个细分市场上能够提供超过竞争者所提供的价值并有种种优势，它才能进入该市场。

（二）目标市场营销策略的选择

会展企业在市场细分的基础上，如何决定和选择目标市场一般可以有三种策略，即无差异性营销策略、差异性营销策略和集中性营销策略。

1. 无差异性营销策略

无差异性营销策略是指会展企业将整个会展市场作为目标市场，以一种营销因素组合，向所有消费者提供产品和服务。一般在以下两种情况下，会展企业会采用无差异性营销策略：一是企业面对的市场是同质市场；二是企业把整个市场看成是一个无差异的整体，认定所有消费者对某种需求基本上是一样的。会展企业采用无差异性营销策略时，实际上忽略了消费者需求之间存在的不明显的微小差异，或者会展企业认为没有必要进行细分。因此，会展企业只向市场投放单一的商品，设计一套营销组合策略，开展无差异性的营销活动。采用无差异性营销策略的最大优点是成本的经济性。大批量的生产销售，必然降低单位产品成本；无差异的广告宣传可以减少促销费用；不进行市场细分，相应减少了市场调研、产品研制与开发，以及制定多种市场营销战略、战术方案等带来的成本开支。但是，无差异营销策略对市场上大多数产品都是不适宜的，面对日趋激烈的市场竞争，竞争对手不断推陈出新，如果产品仍然保持一成不变将有可能被市场淘汰；同时，消费者的需求也是千变万化的，以一种产品是无法满足所有消费者的需求的，因而总会丢失部分消费者。

2. 差异性营销策略

采用差异性营销策略的会展企业按照对消费者需求差异的调查分析，将总体市场分割为若干分市场，从中选择几个细分市场作为自己的目标市场，并针对不同的细分市场，有选择性地提供不同的会展产品，制定不同的市场营销组合，分别进行有针对性的营销活动，以满足不同细分市场的不同需求。采用差异性营销策略最大的优点是可以有针对性地满足不同特征顾客群的需求，提高产品的竞争能力。但是，由于会展产品品种、销售渠道、广告宣传的扩大化与多样化，市场营销费用也会大幅度增加。所以，无差异性营销策略的优势也基本上会成为差异性营销策略的劣势。

3. 集中性营销策略

集中性营销又称"密集性营销"，是指会展企业在市场细分的基础上，选择一个或几个很相似的细分市场作为目标市场，制定一套营销组合方案，实行专业化经营，进行密集性开发，集中力量争取在这些分市场上占有大量份额，而不是在整个市场上占有一席之地。例如，一些会展企业只将婚庆市场作为自己的目标市场，针对不同婚庆消费者的需求布置婚礼场所、策划整个婚礼流程。

三、会展市场定位

（一）会展市场定位的定义

当会展企业选定某一或某几个细分市场后，便应考虑为本企业的产品在该目标市场上进行有效定位的问题。如何让目标市场消费者更加熟悉自己的产品，如何在消费者心中树立良好的企业形象，如何凸显本企业产品优于竞争对手，将是会展企业在市场定位过程中必须考虑的问题。会展市场定位是指会展企业在对目标市场调研的基础上，通过与竞争者产品相比较，力争在消费者心中树立良好的企业形象和品牌意识的过程。因此，市场定位的实质就是要使自己的产品给消费者留下与众不同的印象，以便于更好地满足消费者的需求和欲望。

（二）会展市场定位的过程

1. 识别会展企业竞争对手

会展市场定位的核心理念是"区别于竞争者和满足顾客需求"，识别会展企业竞争对手也就理所当然成了首要工作。会展企业的竞争对手也就是本企业产品的替代者，包括企业面对的现实竞争对手和潜在竞争对手。一般来讲，会展企业在识别竞争对手时，主要从以下几个方面考虑：地理位置相近且会展产品相似，目标市场一致或部分相同，同类型企业且产品价格相差较小。

2. 分析比较，确定自身竞争优势

识别竞争对手后，会展企业必须在对竞争对手进行详细调查的基础上，全面掌握竞争对手的经营目标、营销策略、优势与劣势，并一一对应地与自身企业加以比较分析，寻找出与竞争对手之间的差异，通过选择消费者重视的属性，确定自身竞争优势，以此作为市场定位的中心。

3. 传达信息，树立市场形象

会展企业在确定如何进行市场定位之后，还必须采取一系列的营销活动，及时、准确地把这种定位信息传达给目标市场。营销人员应与消费者进行积极、主动、经常而又巧妙的沟通，以引起消费者的注意和兴趣，使消费者了解本企业的市场定位，并且产生认同感和偏爱感，最终建立与市场定位一致的市场形象。

4. 巩固市场形象

顾客对会展企业的认知并不是一成不变的，由于竞争者的干扰，或者由于企业与顾客之间沟通不畅，都可能会导致市场形象模糊、顾客对本企业的理解出现偏差或态度发生反转等。所以，建立市场形象之后，会展企业还要经过精心设计的营销组合，强化目标顾客对企业的形象，保持他们对企业及其市场定位的了解，及时矫正与市场定位不一致的行为，以巩固企业市场形象。

第三节　会展企业营销策略

会展企业营销不仅是一门科学，也是一门艺术。企业管理者不仅要站在某一个角度考虑营销问题，还要将这些单方面分析的结果纳入企业整体营销系统中，通过磨合、调整，在实现既定的战略目标指导下，将各种营销要素实现优化组合与配置，这一系列工作，就是确定会展企业市场营销组合策略的过程。

一、会展企业产品策略

会展企业产品策略是会展营销组合策略的基础，如果会展企业不清楚为目标顾客提供什么样的产品，也就不会涉及后面的定价、分销和促销等方面的决策。因此，制定合理、有效的会展产品策略，直接决定着价格策略、销售策略和促销策略，也就是说，会展产品策略是会展企业开始经济活动的出发点。

（一）会展产品概念

产品作为一种载体，能够满足消费者的需要和欲望。根据经济学的观点，产品不仅有价值，而且有使用价值，价值是产品交换的依据和标准，使用价值是产品交换的前提。市场营销者看中的是产品的使用价值，对于顾客来讲，购买不能使用的产品是没有任何意义的。对于会展业目标顾客来讲，其购买的产品的使用价值主要体现在服务方面，因为会展在国际贸易中属于服务贸易范畴，它提供的核心产品也是服务，即会展企业凭借一定的场地和设施，向参展商、观众、新闻媒体等参加会展的人员提供的满足其参会和参展所需要的有形商品和无形劳务。由此可见，会展产品是一个整体概念，是宣传、会议、陈列、商品交易、物流、饮食、住宿、交通、游览、售后服务等一系列有形产品和无形劳务的综合。在会展业竞争趋势日益激烈的大环境下，会展企业需要在各个环节强化服务意识，增加服务项目，提高服务水平，才能使自己的产品与众不同，在顾客心目中留下深刻印象。

会展服务根据经营阶段划分，可以分为售前服务、售中服务和售后服务三部分。售前服务即会展活动前的准备性服务，如宣传、咨询、商品运输、参加会展人员的旅游线路设计、代办保险等服务。售中服务即在展会期间的服务，主要是提供展览、交易、交通、餐饮、住宿、娱乐、宣传、旅游等方面的便利性服务。售后服务是在展会结束后，提供物品托运、离境、其他委托代办的事项以及参展组织和人员的信息跟踪服务。

（二）会展新产品开发

会展新产品开发是指生产与市场上已有产品有一定区别或完全不同的产品。从经营者角度来看，会展新产品是指本会展企业以前从未生产和销售过的产品；从消费者角度来看，顾客认为只要会展产品与现有产品不同，那么这样的产品便是新产品。因此，会展企业可以从两个方面来开发会展新产品：改良现有会展产品和开发全新会展产品。

1. 改良现有会展产品

由于会展需求的拉动和市场的不断完善，会展市场竞争不断加剧，使会展企业产品开发面临严峻的考验。会展全新产品的开发需要投入大量的人力、物力和财力资源，如何在现有资源有限的情况下，延长会展产品的生命周期，以满足会展消费者不断变化的市场需求，成为会展营销人员经常思考的问题。因此，在原有会展产品基础上进行一定的改良、使其升级为新产品成为解决这个问题的常用方法，即对原有会展产品进行局部改变，如增加会展服务项目或者延长会后服务时间等。一般来说，会展企业可以通过提升会展产品形象、改善会展产品质量、提高会展产品高新技术含量等方法来改良现有会展产品。会展产品形象影响会展消费者对其的心理认同程度，进而影响消费者的购买行为，而会展产品质量直接会影响消费者现在及今后的购买偏好。因此，会展企业在经营过程中，应经常就目标顾客对自身产品的满意度、形象感知度进行市场调查，了解目标顾客对自身产品和产品形象的认知，分析其问题所在，从而不断改进会展产品的生产设计和管理，丰富原有会展产品的内容，提升会展产品质量。同时，及时纠正目标顾客对产品形象的错误认识或者适时地重新定位产品，提升产品形象。另外，自会展业在我国迅速发展以来，会展产品的开发与设计还大部分停留在初级会展产品的层次上。同时，企业创新意识较差，大多数人认为会展产品没有什么高新技术可言，因此会展产品技术含量低，仿制产品充斥市场，导致会展市场难以推出具有竞争力的会展产品，这对于会展企业来说是亟待解决的难题。

2. 开发全新会展产品

全新会展产品是会展企业以前从未设计和生产的会展产品，一般是为了满足部分目标顾客需求或者开发全新市场而推出的新产品。会展企业在以自身会展资源为依托的前提下，不断更新资源，充分利用、挖掘其资源优势，推动会展全新产品的开发。会展全新产品的开发要能够激发参展企业的参展动机、观众的观展动机或创造会展需求。因此，会展全新产品的开发是以会展市场的深入调查和会展消费者行为过程全面分析为基础，及时设计和调整会展产品生产观念，生产出满足甚至引导消费者会展需求的全新产品，具有很强的灵活性。例如，每年几次的图书交易会，在逐渐增强吸引力之后，切合出版商图书积压的现实困难，如果在原有客户的基础上，推出以版权交易为主题的图书交易会，将会受到参展企业的喜爱。会展企业在根据市场需求开发全新会展产品的同时，不能只一味地追求产品新颖，还应考虑能否与同行合作，资源共享，从而提升会展经济效益。目前，我国的会展项目呈现日益专业化趋势，会展越专业化，实际上相应的观众数量就越少。如果能在强化会展专业化的同时，注意各专业会展间内在的联系，将相关主题的会展进行整合，将是各方都受益的事情。

（三）会展产品品牌

随着会展业竞争不断加剧，在市场上有众多的同类会展产品供消费者选择。会展企业如果不能成功引导消费者将自己产品与竞争对手区分开来，将无法在消费者心中树立一定的品牌形象，势必会给企业营销活动带来很大的困难。会展企业要培育自己的品牌，首先，要树立牢固的品牌观念，认识到走品牌现代化的发展道路才是中国会展业持续健康发展的唯一途径，并从场馆的设计、主题的选择、会展的规划、会展的组织与管理等具体方面来实施会展业的品牌化发展。其次，从展会的硬件和软件两个方面入手提升会展产品品牌质量。会展的硬件设施是影响会展产品品牌质量的一个重要因素，国际上著名的品牌展览会中所使用的设备也往往是最先进的。因此，要实现会展品牌质的飞跃，则要求会展公司加大投入，不失时机地更新展会的硬件设备。会展的软件服务方面，会展企业要加大专业人才的引进力度，积极加入国际性的会展组织，实现展会服务与国际接轨。最后，还应拓展品牌的影响力。会展品牌应从时间、空间、价值三个方面拓展其影响力。时间是指品牌的影响力随着时间的延续而不断扩张。一般来说，会展延续时间越长，则参展商与参观商之间的交流就越充分，会展的效果就越显著。国外的会展延续时间大约为10天，而我国的展会往往只有三五天时间，这对于会展品牌影响力的拓展是远远不够的。空间是指品牌在地域上的扩张。德国汉诺威展览公司就通过在上海举办的汉诺威办公自动化展（CeBLL），成功地迈出了世界性扩张的第一步。价值则指品牌作为会展企业的无形资产，其经济价值的含量是可以增加的，品牌价值的提升实际上也是为会展业品牌在时间上和空间上的拓展创造条件。

二、会展企业产品定价策略

会展企业产品价格是营销策略组合中最直观的因素，具有数量化特性，容易识别，易于比较，因此，会展产品定价是否恰当，很大程度上决定会展企业的产品是否被消费者接受，并直接影响会展企业在市场上的竞争地位和占有率。因此，价格是会展企业重要的竞争手段，是影响会展消费者购买决策的主要因素，在会展企业营销活动中占有重要的地位。科学的定价态度、合理的价格目标设定、正确的价格策略与方法是在制定会展产品价格过程中必须高度重视的因素。

（一）影响会展产品定价的基本因素

会展产品价格是市场营销组合中最活跃的因素，也是会展企业可控因素中最难以确定的因素。影响会展产品定价的因素有很多，主要可以从内部因素和外部因素两个方面来分析。

1. 内部因素

影响会展企业定价的内部因素包括以下几个方面：

（1）产品成本。会展产品成本是由会展产品在生产和流通过程中所花费的物质消耗和支付的劳动报酬所形成的，它是构成会展产品价值和价格的主要组成部分。任何企业要保证生产经营活动，就必须通过市场销售收回成本，并在此基础上形成盈利。会展产品成本是制定价格时的最低界限，即所谓成本价格。低于成本出售产品，会展企业不可避免地要产生亏损，时间一长，企业的营销就难以为继。在市场竞争中，产品成本低的会展企业拥有制定价格和调整价格的主动权和较好的经济效益；反之，就会在市场竞争中处于不利地位。

（2）企业营销目标。会展企业在市场营销中总是根据不断变化的会展市场需求和自身实力状况，并出于短期或长期的发展考虑，来确定会展企业的营销目标和会展产品的价格。如果会展企业为了尽早收回投资成本，则往往把获取利润作为营销的首要目标，因而所确定的会展产品价格就远远高于成本；如果会展企业为了战胜竞争对手，则往往以竞争对手定价为基准来确定自己产品的价格。

（3）产品差异性。会展产品本身也是影响定价的一个重要因素，主要体现在其产品的差异性，即拥有竞争者产品不具备的优点。产品差异性不仅指实体本身，而且包括会展产品设计、会展提供的服务项目及服务质量等。拥有差异性的产品，其定价灵活性较大，可以使会展企业在行业中获得较高的利润。

2. 外部因素

影响会展产品定价的外部因素也是会展企业不能控制的因素，主要包括以下几个方面：

（1）市场需求。会展企业营销活动是以了解目标市场需求为出发点展开的，作为营销活动中最活跃的价格因素，在制定过程中必须考虑到目标市场的需求状况及支付能力。若会展产品定价太高，则使会展消费者认为价格与会展企业所提供的会展项目价值不相匹配而失去顾客，进而使会展企业失去盈利的机会，限制了会展企业的发展空间；若会展产品定价太低，又不足以补偿会展经营中的成本及费用开支。因此，会展企业应在制定价格之前对目标市场的需求情况了解透彻。

（2）市场竞争状况。会展企业所面临的目标市场的竞争状况对会展产品定价有一定的影响。在会展市场经济中，竞争日趋激烈，竞争方式多种多样。加之会展业技术含量较低，行业进入壁垒也较低，因而会展企业在价格方面的竞争特别激烈。价格竞争的结果可能是整个行业平均利润率降低。尽管如此，处于竞争优势的企业往往拥有较大的定价自由，而处于竞争劣势的企业则更多地采用追随性价格政策。所以，会展企业产品的定价无时不受到其竞争者定价行为的影响和约束。

（3）政府管制。政府对会展产品价格的管理，主要通过行政、法律等手段进行调节。为维护会展市场秩序、规范会展市场行为、限制会展企业之间的不正当竞争和牟取暴利行为，政府通常以行政、法律手段制定会展产品的最高价格和最低价格来维护会展企业和会展消费者的利益。

（二）会展产品定价策略

1. 新产品价格策略

会展新产品定价是会展产品定价策略中一个非常重要的问题，它关系到该新产品能否顺利地进入会展目标市场，并为以后占领会展目标市场打下基础。会展新产品定价策略主要包括以下三种策略：

（1）撇脂定价策略。撇脂定价策略是会展企业在开发一项会展新项目并投入会展市场之初，将会展产品价格定得较高的一种定价策略。该定价策略的主要特点是，能够在短期内收回投资并赚取丰厚利润，便于建立会展企业品牌市场形象，但也会由此迅速吸引竞争者，加剧市场竞争。

（2）渗透定价策略。渗透定价策略则与撇脂定价策略相反，是以低价为特征的定价策略。会展企业在开发会展新项目时，制定较低的价格，使会展项目迅速被参展企业和观众所接受，从而能迅速打开和扩大市场，以便于占领市场份额。但是，这种策略使得会展企业投资回收期较长，并且会展企业在市场竞争中价格的回旋余地也不大。

（3）满意定价策略。满意定价策略则是会展企业在制定产品价格时，将价格定位于"撇脂"和"渗透"两种定价策略之间的中间价位。由于撇脂定价使会展企业获取较高利润的同时易引发较多竞争者，而渗透定价能使会展企业市场占有率提高但投资回收期变长，因此，会展企业可以考虑将这两种定价折中，这样既能使新产品被目标市场迅速接受，又能实现理想的盈利目标。

2. 心理定价策略

会展企业在制定会展产品与服务价格时，利用会展消费者的购买心理，如根据会展消费者对其会展产品的主观评价、个人情感等心理因素来制定价格的策略，称为心理定价策略。心理定价策略主要包括以下三种策略：

（1）声望定价。所谓声望定价，是指会展企业利用会展消费者对会展企业品牌认知的心理来制定价格。会展企业采用声望定价不仅能使会展企业获得最高的单位利润，而且有利于提高会展产品的形象，从而进一步提高会展企业的声望；同时也能满足会展消费者通过购买会展产品来显示自己的地位和声望。

（2）尾数定价。即会展企业给会展产品制定一个以零头数结尾的非整数价格，从而使会展消费者产生经过精确计算后制定的最低价格的认同心理；同时，会展消费者也会觉得会展企业定价认真、对消费者负责，并进而对会展企业及其产品产生信赖或好感。

(3) 招徕定价。利用部分顾客求廉的心理，特意在某段时间内将会展产品价格定得较低以吸引顾客。

3. 折扣价格策略

会展企业为达到鼓励消费者增加消费数量和消费额的经营目标，可以采用折扣折让定价法。一般是当消费者的消费达到一定数量或金额之后给予其折扣优惠。消费量越大、金额越多，折扣比率也就越高。会展企业采用折扣折让定价的适用情况通常有以下几种：

(1) 累积型数量折扣。即当参展企业在一定时间或一次性认购达到一定数额的展位，则给予折扣优惠。例如，一次性认购5个展位，享受八折优惠；或参展次数达5次，给予贵宾待遇，享受八折优惠；等等。采用这种方式的主要目的在于鼓励参展企业长期参加本会展项目。

(2) 非累积型数量折扣。即当每多认购一个展位都给予折扣优待。采用这种方式的目的在于鼓励参展企业一次性大量认购，从而有利于降低企业的经营成本，加速资金的回收及周转，增加盈利水平。

(3) 团体消费折扣。为促进会展项目的消费量，会展企业常常对大批量进行会展消费的参展企业给予相应的优惠价格。

(4) 消费时段折扣。会展企业通常在周末或晚间达到营业高峰。为鼓励清淡时段消费者前来消费，通常在清淡时段内给予价格折扣。

三、会展企业营销渠道策略

会展企业将产品传递给消费者是通过一定的分销渠道实现的，即使会展产品和服务更方便地在适当时间、适当地点、以适当的方式提供给目标市场消费者，从而满足消费者的需求，实现会展企业的营销目标。会展企业营销渠道是指会展产品从会展企业向目标顾客转移过程中各个环节连接起来而形成的通道。会展产品分销渠道的起点是会展企业，终点是会展消费者，中间环节包括各类中间商。

(一) 会展企业营销渠道模式

在会展企业营销活动中，由于地理、会展市场等方面因素的影响，会展产品传递到消费者手中的途径多种多样。一般来讲，会展企业营销渠道模式可分为直接营销渠道和间接营销渠道。

1. 直接营销渠道

直接营销渠道是指会展企业不借助任何中间环节，直接将会展产品卖给最终会展消费者。会展企业主要通过邮寄名单、电话、人员或各种媒体直接和目标市场中的潜在消费者进行沟通。这种营销渠道能够得到及时、真实的反馈信息；可以了解市场需求及变化趋势；可以降低流通费用，提高利润水平。但是，采用这种营销渠道，会使会展产品的销售覆盖面不够广。

2. 间接营销渠道

间接营销渠道是指会展企业借助中间企业或机构将会展产品销售给消费者，可分为长渠道和短渠道。渠道的长短取决于中间企业或机构层次的多少，渠道的宽窄则取决于每个层次中间机构数目的多少。例如，会展企业可以通过与会展所涉及的行业协会，如汽车工业协会、旅游协会等合作，利用他们的组织体系和关系网络来拓展会展营销工作；这样做针对性强，能取得直接的效果。又如，会展企业也可以选择代理和中介机构来开展营销活动；代理和中介结构既是提供者又是购买者的不同组织，代表他们的客户行使购买职能，起着中介人的作用，通过协议来帮助策划和运作会展活动。

（二）会展企业营销渠道的选择策略

1. 会展企业营销渠道长度选择策略

会展企业选择中间机构越多，产品经过的中间环节越多，则分销渠道就越长。会展企业在选择渠道长度策略时，不仅要考虑会展产品、市场及供给者本身等因素，还应从经济效益上对渠道的长短进行比较。一般来讲，若会展企业有较强的营销能力和经济能力、有控制渠道的较强愿望、地理位置较好、营销实力较强、推销经验丰富或找不到适当的中间机构时，就有必要减少营销渠道环节，采用短营销渠道策略。相反，若会展企业地理位置较好、市场广阔且分散，就应该增加营销渠道环节，采用长渠道策略。

2. 会展企业营销渠道宽度选择策略

会展产品分销渠道的宽度是指会展产品分销渠道的每一层次利用相同类型的中间机构的数目多少。会展企业在决定营销渠道宽度时，由于会展目标市场情况不同，有多种分销渠道形式可以选择，主要有以下三种：

（1）广泛性营销渠道策略。广泛性营销渠道策略是指会展企业在一定的客源市场范围内，广泛地通过许多中间机构来销售产品，扩大会展产品与会展市场的接触面。会展企业可以与有合作销售意愿的中间机构建立合作关系，拓展会展产品的销售面。这种营销渠道策略比较适合于会展企业规模比较大、会展产品大众化的情况。例如，会展企业可以通过代理商、中介机构、行业协会、目的地营销组织等大量中间组织共同拓展会展产品销售。当然，这种策略也有一定的缺点，会展企业因此付给中间机构的相关销售费用比较大。

（2）选择性营销渠道策略。选择性营销渠道策略是指会展企业在诸多会展企业中间机构中挑选若干个较为满意的中间组织来建立销售业务关系。对于会展企业来讲，满意的意思就是会展企业从中间机构的经济实力、销售经验以及服务质量等方面来对中间机构进行考察，选择符合会展企业营销要求的中间组织建立营销合作关系。这种策略既保持了会展企业与中间机构的联系，有利于扩大产品销售；又对中间组织进行了严格、认真的挑选，保证了中间机构的经营素质和良好声誉，这对树立会展企业的形象也有很大的帮助。

（3）单一营销渠道策略。单一营销策略是指会展企业在一定时间、一定地区之内只选择一个中间组织将产品传递给消费者，这是最窄的分销渠道形式。因此，会展企业在选择单一营销渠道时，对中间机构的考察就显得至关重要。这种策略使得双方利益关系比较紧密，同时解除了经营中竞争对手的后顾之忧。例如，有的会展企业只选择设置门店来进行会展产品的销售。

四、会展企业促销策略

会展企业促销策略是指企业向目标顾客宣传介绍会展产品、服务项目及其配套的服务设施，以吸引消费者前来购买，促进会展产品销售的活动。会展企业通常采用的促销方式有人员推销、广告、公共关系等。

（一）人员推销

由于具有当面交流、便于建立关系和直接成交等优点，人员推销成为会展促销中最常用的一种手段。一般来说，人员推销的步骤包括：

（1）寻找或识别顾客。人员推销不仅要提供产品，满足顾客需求，更重要的是在市场中寻找机会，挖掘和发现潜在顾客，开拓新的市场，创造新的需求。寻找顾客有很多种办法，可以电话访问当地政府机构和企业，也可以查找电话名录。

（2）推销准备。为了顺利完成推销任务，推销人员应首先具备一定的会展产品知识、本企业知识、竞争者知识、消费者心理知识等。推销人员应知道所推销会展产品的特点、服务项目等，还要掌握本企业产品价格、同类竞争产品价格及特点等；要熟悉自己企业的历史和现状；了解消费者购买过程中的心理特点，及时调整推销策略，实现销售目标。

(3) 约见并接近顾客。推销人员应该在事先征得顾客同意接见的情况下，访问顾客。一般来说，顾客都不大欢迎推销人员来访。

（二）广告

在会展企业开展营销活动过程中，广告是将会展信息传递给消费者的主要途径。通过广告，可以帮助消费者了解会展企业的产品和服务，刺激消费者需求，引导消费者购买决策；可以通过与消费者接触改善服务水平；还可以为会展企业建立信誉，树立企业形象。会展企业在选择广告媒体之前，应先确定会展企业广告目标并制订广告预算计划。广告目标应服从选择的目标市场、市场定位以及营销组合策略，从宣传性、说服性、揭示性广告中选择广告类型；预算计划也应根据会展企业的实力情况、需求估计和比例协调的原则来制订。会展企业根据广告目标、预算计划选择广告媒体。广告媒体的选择主要看媒体的对象是否合理，如果媒体的对象正好是展出者的目标观众，那就是合适的媒体。所以，在选择广告媒体时，首先要了解目标顾客接受各类媒体的特点。通常，会展企业可选择的媒体有以下几种：传统大众媒体（电视、电台、报纸和各类杂志），专业刊物（专业报刊、内部刊物、展会专业杂志），户外广告（海报、广告牌、广告条幅）以及网络。广告媒体确定后，会展企业需制作相关会展宣传资料。会展的宣传材料包括不同类型，其中最主要的是展会宣传手册、宣传光盘等，此外，还包括为宣传展会而设计的各种赠送材料等，它们对于展会的宣传及指导具有非常重要的作用，特别是展会参展手册的设计，更体现了展会管理水平的高低。

（三）公共关系

会展企业的公共关系策略主要是指会展企业以社会公众的利益为出发点，通过现代传播媒介在社会公众中树立良好的形象和信誉，以增进企业内部员工及外部社会公众的信任与支持，为会展企业发展创造最佳的社会环境，实现会展企业经营目标。公共关系营销策略对于塑造会展企业良好的公众形象、提高知名度与美誉度、增强企业竞争力具有重要作用。同时，正因为公共关系具有可信度高、持久性较强、新颖和独特等特性，一个成功的会展企业营销管理者非常注重与企业有关的关键公共关系。一般来讲，会展企业会努力通过以下几种方式展开公共关系营销策略：会议和展览相结合，展览期间举办相关专家会议；策划文艺表演，吸引目标顾客；创造和利用新闻，扩大影响，提高知名度；积极参加公益活动，赢得社会公众口碑；发表公共演说，展示企业形象。

第四节 会展策划

策划是人们为实现预定的目标,对与目标有关系的信息资源进行深入分析,并综合运用广告创意、管理、营销和财务等方法,进一步发挥创造性思维,事先谋划、构思和设计有关问题和解决策略,形成最佳行动指导方案的过程。随着中国会展业的迅猛发展尤其是产业规模的持续扩张,会展企业对会展策划技能型人才需求也日益扩大,并逐渐发展成为会展企业管理中的重要内容。

一、会展策划的定义、特点和原则

(一)会展策划的定义

有关策划的定义目前主要借鉴"哈佛管理丛书"中的《企业管理百科全书》的定义,即:"策划是一种程序,在本质上是一种运用脑力的理性行为。基本上,所有的策划都是关乎未来的事物,也就是说,策划是针对未来要发生的事情做当前的决策。换言之,策划是找出事物的因果关系,衡度未来可采取之途径,以目前决策作为依据。亦即预先决策做什么、何时做、如何做、谁来做。"

会展策划是会展企业为会展活动的顺利进行和会展目标的顺利实现,利用营销调研信息,对会展立项、会展招商和招展、会展预算与运营管理等各个环节的总体部署实施做预先的考虑和设想。

成功的会展活动源于成功的会展策划,成功的会展策划源于对社会资源的有效整合。会展策划是对相关社会资源进行整合的过程,是一个系统工程。因此,用系统的观念去认识资源,用系统的方法去分析整合资源,用系统的功能去实现资源的优化是会展成功策划的创造性思维原理之一。从会展策划系统看,一般而言,会展策划系统包括策划者、策划对象、策划依据、策划方案和策划效果评估等要素。

(二)会展策划的特点

会展活动的策划工作是一项系统的综合工程,为了使其能成功地开展,在会展策划制定过程中应对该行业的特殊性加以考虑,因而会展策划具有它自身的特点即目的性、前瞻性、动态性和可行性。

1. **目的性**

会展策划是一种目的性很强的活动。在进行会展策划时，要根据市场调查结果准确地找出市场存在的问题，明确会展活动应达到什么目的，从而找到解决问题的具体途径。例如，有的会展活动以特定消费群体的生活方式为依据，具有鲜明的主题，这就要求在进行策划时必须围绕主题开展活动；有的会展活动专业性很强，往往要求策划人员具有深厚的专业素养，进行专业的市场细分，才能顺利进行策划。

2. **前瞻性**

"慧者所虑，虑于未萌；达者所则，规于未势。"这种先知先觉、超前思谋，正是会展策划的主要本性，是对现实的各种信息进行抽象思维，通过一定的逻辑推理和创意，形成对未来的预测，使创意的构想在实施中得以实现。从会展的确立、策划到会展正式举办可能需要很长一段时间，这就需要会展策划人员考虑问题具有一定的预见性，对会展市场发展趋势、消费者的需求变化趋势以及其他会展企业的经营走向都要有一定的预测能力，这样才能在会展举办期间，不会滞后于竞争者，不会处于相关行业或领域的较低水平，同时也能更好地引导消费者的需求方向，为会展企业自身创造更大的发展空间。

3. **动态性**

无论处于哪个行业的企业，都要面临市场的千变万化，会展企业也是如此，加上国际会展经济迅速发展对我国会展市场的极力推动作用，我国会展企业在今后的发展过程中将面临更为多变的市场环境。因此，会展策划必须充分考虑到会展市场的变化，并能根据变化趋势及时地调整会展策划方案，以防出现被市场淘汰的局面。同时，任何的策划活动都不是静态的，而是一个动态的发展过程。策划的动态性主要表现在两个方面：一方面，在策划之初，就要考虑未来形势的变化，并做一定的预测，使方案具有灵活性、可控性，以备将来适应环境变化之需；另一方面，策划方案在执行过程中，根据市场的变动和市场的反馈及时修改方案的欠缺之处，让方案更好地适应变化了的市场，更融合市场。

4. **可行性**

可行性是指会展策划方案在现实操作中的切实可行，它也是会展策划方案成功必须具备的一个要素。没有可行性的策划方案，写得再美也只是纸上谈兵，无法将其落实产生效用。会展策划方案必须围绕策划目标定位、实施方案、经济效益等方面论证其切实可行才能实施。这要求策划者对在会展执行过程中可能遇到的问题和障碍要有充分的考虑，设计应对的策略，并且对会展企业自身的实力情况、企业外部情况要进行充分的了解和理智的分析。因此，会展策划方案的可行性分析是至关重要的。

（三）会展策划的原则

会展企业在进行项目策划时要遵循市场经济运行的客观规律和会展活动的基本原则。会展策划的基本原则有利益主导原则、系统性原则、可操作性原则、创新性原则和整合性原则。

1. 利益主导原则

对于每一个会展项目来说，会展企业都需要在人、财、物、时间等方面进行投入，任何的投入都希望获得回报。任何会展策划都是从企业的利益出发而开展的，策划任何项目都在考虑使企业尽量实现"投入－产出"最大化的基础上进行，能否保证会展企业自身利益的实现是衡量一项策划是否成功的主要指标。企业的利益包括长期利益和短期利益，在策划时应合理协调好长期利益和短期利益的关系，保证企业健康持续发展。会展企业在保障自身利益的同时，更重要的是要考虑目标客户的利益，为客户实现其价值，企业自身的利益才能获得实现。因此，在进行会展项目策划时，要充分考虑客户希望获得哪些利益，并为实现客户的利益进行合理的设计安排。比如，一项展览策划，就是要通过策划，为参展企业提供使其在参展中获益的方案，包括展位的设计、展品的摆放、广告的投放、专业观众的来源、参展商的贸易机会等。一项理想的会展策划应该是一项实现客户和企业自身利益双赢的策划。

2. 系统性原则

会展项目策划是一项综合性工程，它需要将与会展项目相关联的信息资源联系起来进行整合，并围绕企业的整体目标展开。成功的会展策划方案，无论是会展前期的准备工作，还是会展期间为参展商提供的场地安排、食宿安排、组织与管理安排等都是围绕会展项目目标来系统进行的，争取在有效的时间内用最有效的方式进行计划和协调。因此，在进行会展策划过程中，应注重各个环节的相互衔接情况，使各个环节紧密相扣且始终围绕会展中心思想，保持其整体性和系统性。

3. 可操作性原则

会展项目策划不但要为会展活动提供策略指导，而且要为会展活动提供具体的行动计划，使会展活动能够在总体策略的指导下顺利进行。会展活动的顺利开展是会展项目策划的最终目的，因此，会展策划应能够给会展活动各个环节部分提供可操作性的指导，若缺乏可操作性，会展策划也就失去了意义。会展项目策划的操作性原则要求在做项目策划案时，要结合市场的客观实际情况，以及企业、会展公司的具体情况和实施能力来进行策划。

4. 创新性原则

未来学家托夫勒曾预言："资本时代已过去，创意时代在来临，谁占领了创意的制高点，谁就能控制全球！主宰21世纪商业命脉的将是创意！"一个懂得不断创新的企业才能在变幻莫测的市场上站稳脚跟，而固执保守、不肯接受新思想的企业迟早会在激烈的市场竞争中被淘汰。当今的世界正迅速走向知识经济，创造性的活动正在逐渐取代重复性的非创造性活动。创新是当代社会发展的需要，在全球经济一体化和竞争激烈的信息社会里，不创新就会落后，就会走向衰亡。创新更是会展企业发展的需要，一个现代会展企业唯有锐意进取，不断创新，才能使会展产品一代一代更新，使会展企业充满活力，在激烈的市场竞争中稳操胜券。

5. 整合性原则

整合，就是将相关联或不相关联的事物联系起来，创造出新的价值绩效。会展策划是一项系统工程，不是一个人能够完成的，也不是一件单独的事情，在这个时候就需要整合。随着社会化大生产的形成，社会活动日益复杂多样，活动规模和层面越来越大，相关事项也越来越多，策划活动所处理的数据资料也更多、更复杂。而会展策划活动的影响也越来越大，许多策划不是一个人、一个单位能够独立完成的，需要集中集体智慧或请各方面的专家参与才能完成，参加单位也不是一个、两个，需要组合好几个单位才能完成。这时，整合本身就变成了一个策划，怎样整合这些资源，怎样进行最佳搭配和组合，这本身就需要策划。

二、会展策划的内容和程序

关于会展策划到底涵盖哪些内容，目前无论是会展举办公司还是有关专家，观点都各不相同，有的侧重策划本身的定义来探讨会展策划的内容，有的借鉴项目管理的理论来分析。同时，会展策划过程也应遵循一定的程序，这样才能使策划有条不紊地进行，从而保证会展活动的顺利开展。

（一）会展策划的内容

会展策划是一项综合性工程，虽然会展的成败在会展举办的短短几天就能得到验证，但是会展企业为顺利举办会展在人力、物力等资源投入上所做的准备和后期工作是需要较长时间来完成的。因此，会展策划是一个会展项目的核心架构，所有工作都要围绕会展策划方案来拓展和运作，其主要内容包括：会展项目策划、会展服务策划、会展营销策划、会展品牌策划。

1. 会展项目策划

会展项目策划包括会展立项策划、会展主题策划和会展项目活动管理策划。会展立项策划，是会展企业策划举办大型会展的第一步，主要是在进行广泛市场调查的基础上，充分掌握各种市场信息和相关产业信息，为将要举办的会展建立起基本框架而做准备。会展立项策划主要分为两个步骤，即市场信息的收集和会展项目可行性分析。市场信息的收集是会展立项策划工作中最基础的工作，即围绕调查中心问题，结合多种调查方法收集、整理与会展行业相关的市场信息和资料，进而进行市场分析，为会展企业进行科学决策提供依据。会展企业收集的市场信息主要涉及四个方面：会展产业、会展市场、法律和其他与会展相关的信息。会展企业策划人员根据收集的相关市场信息和资料，加以整理、分析，确定项目的可行性问题，制定会展项目执行方案和项目进度，进行项目预算、风险预测以及经济、社会效益分析。

在会展项目正式立项后，会展举办目标与主题的确定是策划举办会展必不可少的环节。所谓会展目标，是指会展企业根据营销战略、市场条件和会展情况制定明确、具体的会展目的，期望通过会展达到企业策划的目的。会展主题是贯穿于整个会展所反映的社会生活内容的中心思想，也可以称为会展的主题思想。会展主题的确定应从会展行业全景、从实际出发，根据城市自身的特点明确宗旨，选准主题，进而使会展的相关信息在参观者和参展商的脑海里留下深刻的印象。

2. 会展服务策划

在会展项目正式立项之后，会展企业应对会展活动过程中的具体安排及服务进行策划。会展服务策划包括对会展期间的接待服务、交通服务、商务服务、安保清洁服务等一系列服务的策划。无论对于会展主办方还是参展商来说，会展服务策划都是不可或缺、非常重要的环节，因为会展企业所提供的产品是以服务产品为主的。会展接待服务策划是指会展企业如何为会展对象在会展期间的接、送、吃、住、行、游、乐等方面提供更好的服务，其策划要点是根据参展商或观众的要求拟定接待方案，并加以落实。会展商务服务策划则是围绕会展活动项目现场所涉及的会场租赁、广告、保安、清洁、仓储等相关行业的配套商务服务。会展交通服务策划主要是对参展商或观众在会展期间的交通路线和接送车辆安排等做具体的计划。

3. 会展营销策划

会展营销策划是会展企业为了能更好地吸引展览企业参展和专业观众参加而做的计划和安排，其中包括各种会展营销方法和营销渠道的采用、分析和组合。通过会展营销策划，会展企业可以更好地对会展活动展开推广，同时也能塑造企业自身的品牌和市场形象。由于会展的新兴行业性特点，它决定了现代会展营销将在营销的理念、主体、手段以及内容上都具有创新性，这也就要求在进行会展营销项目策划过程中要能把握不断变化的营销环境，积极运用各种新技术和新理论研究成果，创造性地运用会展营销的手段，提倡个性化服务，进而达到预期的营销目的。一般来讲，会展企业在策划会展市场营销时，需要从会展营销调研、会展营销的目标市场定位、营销计划制订、营销计划实施以及营销效果评估等方面进行。

4. 会展品牌策划

会展品牌的打造是推进会展企业发展的重要支撑点，品牌意味着会展企业的声誉和信誉、意味着会展企业的无形资产、意味着会展企业发展的无限生机和希望。会展策划是会展企业将社会资源有效整合的系统工程；会展品牌策划即是将之前有效整合的结果传达给现有客户和潜在客户的过程中，如何在客户心目中树立良好的产品形象和企业形象，获取客户的长久信任的系统工程。因此，会展品牌策划工作是一项长期性、系统性工作，必须具备整合传播的思路，同时要以实现长期效益为出发点。会展品牌策划根据会展活动档次、目的、主题的不同，其策划内容也有所不同；但其主要目的大体上是一致的，即通过对会展进行品牌化经营来提高会展企业的影响力和市场占有率，并努力使本会展企业在该题材的会展市场上形成一种相对垄断的局面。因此，在会展宣传推广过程中应突出品牌策划在行业或领域中的不可替代性。

（二）会展策划的程序

在会展策划活动过程中，按照策划运作的先后顺序和内在规律，将其划分为若干相对独立又前后衔接的阶段和步骤进行运作，即会展策划程序。会展策划程序包括为会展活动顺利开展而进行谋划、构思设计的创造性活动的全过程，成为会展项目实际运作的指导，是会展企业管理决策效能化、科学化的前提依据和程序保证。会展策划按照科学、合理的步骤进行，不仅可以为会展策划人员指明方向，更能为会展企业发展打下基础。

1. 会展市场调研

会展策划工作开展之前，对会展市场及相关会展信息的调查、分析是至关重要的第一步，没有客观市场情况作为依据，也就失去了策划的基本意义，策划只是一纸空谈。在会展业发展历程中，有不少会展活动的策划因为脱离了市场，忽视了客户需求而使会展活动策划陷入了不切实际的空想之中，以致无法顺利执行。会展企业应针对所要开展的会展活动的中心问题，有针对性地收集本项目的各种资料，包括文字、图片，或者直接通过问卷调查形式获取最客观的信息资料，并对收集的资料进行分类、编排，结集归档。

2. 确定展会目标与主题

会展市场调研工作是为确定会展活动的目标与主题服务的。在会展市场调研过程中，会展策划人员经过仔细分析、合理的逻辑推理，找出解决问题的关键，这也是策划工作的生命和灵魂。具体来讲，根据市场调查的结果来判断会展企业的有利因素和不利因素，明确会展企业可能存在的机会和威胁，并找出其面临的主要问题及解决方案，即明确会展目标，同时还必须明确把策划做到何种程度以及最终达到何种目的。然后，再在会展开展目标的基础上，对会展活动主要内容进行总结，提出会展的主题。

3. 制定详细完整的策划方案

经过会展市场调查与会展活动目标的确定，会展策划一般可以形成多种概要性方案框架，在此基础上，会展策划人员应根据会展企业实际运营情况和组织方的具体要求，选择其中一种框架，并加以充实，制定出详细完整的策划方案。首先需确定会展总体规划，再进行各环节的细节补充。一般来讲，一个完整的策划方案应对确保会展活动顺利开展的各个环节进行计划和预测。主要包括：确定会展的目标市场、会展的规模、展品的选择，评估观众数量的多少和展览面积的大小以及参展的费用预算，等等。

4. 策划方案评估与调整

会展策划方案制定好之后，还应从可行性、经济、效率等方面对其进行全面评估，并对不合理之处进行一定的调整，以确保会展活动顺利进行的同时，还能为会展企业带来合适的利润和一定的品牌效应。在这个过程中，主要注重两个方面的评估：一是会展活动总体规划的合理性，包括目标的确定、会展活动的进度安排、资金预算等；二是会展策划方案实施环节中细节的实施可行性，细节的策划应具体到各个环节且应具有具体的操作程序，笼统、抽象的安排只会让策划方案无法落实。同时，在对会展策划方案评估之后，应制定一定的调整方案，及时地纠正方案中不合理之处或者及时补充方案中漏缺的部分，以使会展策划方案更加详细、合理。

本章小结

成功的展会是高水平营销和策划的杰作，市场营销和策划在会展企业管理中占有十分重要的地位。会展企业的市场营销首先从调查和研究市场需求开始，只有在对市场充分了解的基础上，才能准确地细分市场并选择企业的目标市场。针对目标市场的需求，会展企业灵活运用产品、价格、渠道、促销等策略并加以组合才能取得良好的效果，为招商招展创造有利的条件。会展策划是一个会展项目的核心架构，所有工作都要围绕会展策划方案来拓展和运作。在市场调研和深入研究的基础上，通过创造性的思维，提出切实可行的行动方案并贯彻落实到具体的展会运营中才能实现会展企业、参展商和观展商三赢的局面。

会展企业营销　会展企业营销信息　会展企业营销调研　会展市场细分　会展目标市场　会展市场定位　会展产品　会展营销渠道策略　会展促销策略　会展策划

1. 简述会展市场营销调研的定义。
2. 简述会展营销信息系统的组成部分。
3. 简述会展市场细分标准。
4. 简述会展营销策略。
5. 简述会展策划的定义和原则。
6. 简述会展策划的主要内容和程序。

综合案例

会展营销六要素及营销创新策略

在贸易全球化、经济新常态背景下，现代会展业给团体或个人提供了交流的良好机会，蓬勃发展的会展业已经成为世界经济活动的重要组成部分，成为全球经济增长的一个亮点，人们越来越需要专业化的会展，会展营销成为是我国接轨全球经济市场，实现贸易全球化赢得经济效益和国民社会效益的必须可少的途径。把握好会展营销六要素，利用好每个环节，将其价值最大化，让会展经济真正成为国民经济的"晴雨表"和"加速剂"。

会展营销六要素是指会议与展览过程中的主要参与者，这些参与者往往是会展的利益主体，每一个利益主体就是一个营销主体，包括会展组织者、会展参与者、会展中心、专业观众、会展所在地、相关媒体，六者相辅相成，共同构架成了会展。

1. 会展组织者

会展组织者是会展活动的发起者，会展的诸多事宜的执行者和监督者，以及活动后期的处理者，在整个会展营销环节，占据绝对的主导者地位角色。会展组织者通常包括主办方、承办方和代理商三类。

主办方是指展会和会议的组织者。从当前的我国会展活动的情形来看，会展的主办方包括：各级政府部门、各级贸易促进组织机构、各类行业协会、商会、联盟和部门大型规模的会展专业公司。

承办方一般是指对会议和会展活动的直接操控、运行的会展策划公司。会展的承办方主要负责展会的具体运作过程。目前，我国对于展会的承办方施行严格的资格审定制度，一般都需要获得政府有关部门的批准获取办展资格方可。

代理商是参与会展招商、招展的分销商角色。在实际运作过程中，往往是一场大型展会中十分活跃的协办单位，从侧面角度也可以把代理商定性成为会展组织者必须可少的组成部分。代理商可以丰盈主办方的业务网络，扩大规模，从物质、资金流等方面提高会展水平。

2. 会展参与者

会展参与者主要包括参会者和参展商。

参会者是指参加会展活动的代表。其目的是以会展活动为平台，发布信息、交流资源、商洽事宜、获取潜在市场。会展活动能否成功，关键就在看有没有能吸引参会者的"卖点"。"卖点"我们可以理解成为：活动的主题、议程、举办地、活动中心、嘉宾构成等创意设计。

参展商是指参加展会的有目的性地展出商品或者服务的企业或者机构组织。参展商一般是受到会展组织者的邀请，通过相应的协议或者合同，在特定的时间和地点展示自身产品或者服务的主体。参展商是一场展会的绝对重要组成成分；而同样，对于参展商而言，参加展会活动是其营销活动的重要组成，通过参展的形式，可以集中地宣传新产品、新技术，找寻潜在客户，并了解行业领域内最新的动态或者客户需求。

参展商是展会服务的主要"付费"购买者，也是展会承办方主要营销服务的对象。作为参展商，往往要十分认真地考虑参展的目标、条件、效益等一系列因素，谨慎做出决定、决策。会展业发展到今天，会展承办方与会展参与者已不再是一种简单的传统形式下的交易关系，而是一种长期的稳定的合作关系。会展承办方希望通过办会展活动能够获得经济利益上的回报，而会展参与者需要通过参加会展活动达到集中宣传品牌，获取潜在市场的目的。

因此，会展承办方只有提供更加令人满意的服务，参展商才会觉得参加的展会活动是值得的，才愿意为其买单，最终实现双赢。

3. 会展中心

会展中心主要包括展览中心和会议中心两部分。它们是会展营销活动的重要开展主题，也是会展主办方举行会展活动的一个落地空间承载体，是影响会展参与者进行决策的一个大比重参考条件。

展览中心，通俗理解其实就是展览场馆，会展场地，可以将其理解成由硬件设置和软件配置两部分组成。展览中心自身的级别不同，软硬件的配置是最直观的表现，例如，地理位置、周边建设、交通环境、展厅设备配置、内部装修等等。

会议中心主要是指为不同规模的会议提供专门的场地、设备和服务的场所。

4. 专业观众

专业观众是和普通观众是对应的，专业观众一般是指从事专业性会展所展示产品的设计、开发、生产、销售、服务等不同环节的观众，其很可能是参展商的潜在目标客户群体。

通常情况下，如果会展主办方或者承办方不进行刻意控制，一个展览会除了拥有专业的观众外，是同时会有一定数量的普通观众的，这主要取决于展览会的性质和定位，而对会展活动本身，普通观众的价值往往体现在人气以及口碑传播的价值上。因为普通观众观展一般不以达成交易为目的，而是出于兴趣和爱好而来了解下展品情况，导致参展商通畅都不太重视普通观众，只有在类似消费类产品或者服务型的展会上，普通观众才会得到重视。因此专业性或者品牌性的展会活动，专业观众的群体所在比例，将直接影响着会展活动的招商工作开展顺畅与否，以及参展商的质量。

5. 会展所在地

会展所在地包括：国家、城市、地区、酒店、宾馆等，它是会展营销活动中的利益主体之一。会展所在地，上到一个国家，下到一家酒店或者宾馆，对于参展商来说都有十分重要的意义。会展所在地的地理位置、交通环境、知名度、综合环境构成等因素，往往都是吸引参展商参加展会或会议的主要条件之一。

众所周知的一个例子就是在2000年的时候，宣布亚洲论坛今后要设在博鳌开展的消息后，15年过去了，今天的博鳌已经家喻户晓，当地的旅游业、海洋产业、加工生产业、其他服务型产业都得到了难以估计的经济增长。亚洲论坛给博鳌带来的是一座难以估价的金矿，由此可见，会展的所在地是会展营销活动的利益主体，也是关系到参展商是否决定参展的主要条件。

6. 相关媒体

相关媒体是指与会展组织者或者参展企业机构等有关利益体有着千丝万缕利益关系的宣传媒介，其价值在于帮助实现了提高企业形象、会展产品以及展会的知名度。

会展组织者必须高度重视与各类媒体的合作，充分整合和利用媒体资源。合作不仅仅是宣传，还包括联合举办各类活动，扩大影响力，以便促进招商。

一次展会的成功与否，关键不是看来了多少人，因为多方因素所限，能够实际到场的人数毕竟有限，我们要看的是媒体对这次展会的报道有多么充分。这充分说明了会展营销过程中媒体资源的重要性。

随着经济转型、产业升级和需求换代的加速推进，信息技术的快速发展及其在会展业的普遍应用，会展企业面临着越来越严峻的局势，只有顺应时代潮流，加速进行营销创新才能在竞争激烈的环境中取得良好的业绩，实现可持续发展。营销创新就是根据营销环境的改变，结合企业自身的资源条件和经营特色，寻求营销要素某一面或某一系列的变革或突破，且这些变革和突破是竞争者从未使用过的或在特定市场中是崭新的。能否最终实现营销目标是衡量会展营销创新成功与否的标准。

1. 营销理念创新

没有创新理念的指导，营销活动就可能仍然追求传统的、不适应新的环境的模式。展览企业只有把营销创新提上日程，才能使企业在变化中成长。

（1）从服务参展商到服务观众。展览会存在的意义是为参展商和专业观众创造一个良好的交流平台，因此，能否同时为参展商和买家提供优质服务决定了一个展览会是否可取得成功。然而长期以来，展览公司都只把服务好参展商视为头等大事，而对那些专业观众就不太重视。但事实上，参展商的参展目的就是把自己的产品拿出来给观众，并在展览会上找到合适的买家，但如果专业观众因对服务质量不满意不来参展，就可能会出现整个场馆只有参展商的现象。

（2）从国内营销到全球营销。目前，国内的许多展览会存在这种情况：海外参展商不少，甚至不乏国际巨头参展，但绝大部分的观众仍来自本地和国内。国内展览公司在营销过程中，往往把找来国内观者作为目标且已经形成了固定的思维模式，从而忽略了国际专业买家的巨大空间。因此，国内展览企业必须树立全球营销的理念，把自己成熟的展会品牌拿到世界上专业观众更多的地方举办，以开拓新的市场。但要做到这一点，国内展览公司还有很长的路要走。

(3) 从大众营销到品牌营销。长期以来，国内大多数展览公司追求的是单纯的人气，而忽视了品牌所蕴含的巨大宣传效应。这种理念在营销活动中的表现就是广告宣传没有明确的营销对象，不管专业买家有多少、质量如何，来的人越多就越好，展览会现场越热闹就越好。因此，在营销过程中，展览公司必须注重展览会品牌所代表的主题和特色，以品牌为指向，招徕特定的参展商和专业买家。换句话说，展览公司的营销目标是招徕更多的参展商和专业观众，而不是简单地招徕更多的人。

2. 营销主体创新

随着中国展览市场的逐步放开，国内展览企业将面临巨大的威胁。从营销主体的角度来看，创新主要体现在三个方面。

(1) 随着世界展览业竞争的日益加剧，各个国家和地区特别是展览业落后的国家和地区将出现更多专门的展览营销组织或推广机构，这些机构可采取紧密型的董事会形式或采取松散型的联合形式。

(2) 大力宣传自身的办展环境，从而吸引更多的国际会议或展览会，城市甚至全国性的展览整体营销活动将大量涌现。

(3) 在营销观念上，人们对展览营销主体的认识将更加深入，即除了传统意义的会议或展览会外，还包括展览城市、展览企业整体和专业媒体等。

3. 营销手段创新

在各种营销要素中，最富活力的莫过于营销手段了，它不仅具有很强的灵活性，而且对具体营销活动的成败起着决定性的作用。只有不断创新，采取一些新颖的营销方法，才能吸引那些早已对常见的营销手段司空见惯的受众。为此，展览营销主体可以从两个方面去努力。

(1) 要积极运用各种新技术和新的理论研究成果，如网络营销、目的地营销、整合营销、一对一营销、微信营销等。其中，网络营销将在信息时代的展览营销活动中占有主导地位，互联网将被各种展览营销主体广泛应用。

(2) 要创造性地运用常见的营销手段。例如，展览公司招徕观众的常用办法是发邀请函给相关专业领域内的人士，或刊登广告吸引普通观众。但是要有所创新，展览公司不妨和旅行社、体育场等合作，以商务旅游作为卖点，在邀请函中附加特别内容，以求抵消远途劳顿的负面效应，从而达到提高观众前来观展的兴趣。

4. 营销内容创新

与灵活多样的营销手段相比，营销内容显得更为实在。实施营销内容创新，展览营销主体可考虑从以下三个方面入手。

（1）强调服务。对于会议和展览会而言，一个定位明确的主题固然重要，但其根本仍然是完善且富有人性化的配套服务。服务是展览会的主要竞争力要素之一，它直接影响着参展商和专业观众对展览会的印象，并决定了一个展览会是否能发展成为世界知名的品牌展。

（2）主题创新。这一点是针对具体的会议或展览会而言的。从总体上看，中国展览业刚步入发展阶段，还存在着许多有待改进的地方。只有策划和宣传鲜明的主题并提供个性化的服务，才能吸引某一类观众的眼球，进而达到预期的营销目的。

（3）产品创新。产品是市场营销的核心要素。展览公司的产品是会议或展览会，而要想新办一个会议或展览会，就必须紧跟市场需求。因此，展览企业必须精心策划并适时推出新的产品和服务，这是营销成功的基本前提。事实证明，创新并关注市场需要的展览会永远都是受欢迎的。

广告大师奥格威曾经说过："没有营销效应的广告不能称之为优秀的广告。"同样，可以这样理解，没有营销效应的会展不能算是成功优秀的会展。会展业的发展可以毫不夸张地说是随着人类社会经济的发展而发展的。而会展营销就是随着会展业的发展应运而生。时至今日，我们的会展营销越发地需要策略创新，来应对时代大潮，迎接全球经济的新挑战。

（资料来源：根据会点网相关内容编写，http://www.hui.net/news/show/2256）

■讨论题

移动互联时代，会展企业怎样运用自媒体进行营销创新？

第六章 会展企业信息管理

①了解信息的概念、特征和分类;②掌握会展信息的概念与内容;③了解会展信息管理的概念与有效途径;④理解会展管理信息系统的作用与功能结构;⑤熟悉会展现场信息化管理系统的结构。

第一节 会展企业信息管理概述

一、信息的概念与特征

(一) 信息的概念

作为日常用语,"信息"经常指"音讯、消息"的意思。信息(Information)是会展管理过程中一个最重要的工具和载体。信息这一概念随着科技与经济的发展,人们对其认识也在不断提高,不同的学者从不同的研究视角,对信息有不同的定义。

从信息科学角度看,信息是物质的普遍属性,是一种客观存在的物质运动形式。1948年,美国数学家、信息论的创始人仙农(C. E. Shannon)指出,信息是用来消除随即不定性的东西。同年,美国著名数学家、控制论的创始人维纳则认为,信息就是信息,既非物质,也非能量,信息是我们用于适应外部世界,并且在使这种适应外部世界所感知的过程中,同外部世界进行交流的内容的名称。

从计算机科学角度看，信息是经过加工的数据，是对人们的社会实践、生产、经营活动产生决策影响的数据。其中，数据（Data）是一种记录客观事物的物理符号系列，以文字、数字、图像、声音等方式对客观事物的特定属性的反映，是事物发生的记录。有时候数据与信息可以通用，比如数据处理有时候也可以称为信息处理。

从哲学角度看，信息可以从本体论和认识论两个层面进行定义：从本体论看，信息是"事物存在的方式和运动状态的表现形式"；从认识论看，信息是"主体所感知或表述的事物存在的方式和运动状态"。认识论的视角会考虑到信息的产生、认识、获取和利用都离不开主体——人，即从人的主体立场来定义信息，其信息范畴即指社会信息。在这里，我们也可以从认识论层次上来看待会展管理中的信息，是指在会展活动中的有人类主体介入的各种信息，即在会展经营、管理等活动中产生、传递、交流并应用于会展管理领域的信息。

（二）信息的特征

信息具有以下基本特征：

（1）真伪性。信息的真伪性体现在信息能否客观、真实地反映现实世界。例如，参展商的信息是否真实，是会展企业信息管理中必须要核实的。

（2）可识别性。信息是可以识别的，识别又分为直接识别和间接识别。直接识别是指通过感官的识别，如专业观众的身高、性别等。间接识别是指通过各种测试手段的识别，如参展商的参展动机等。不同的信息源有不同的识别方法。

（3）可存储性。信息可以用不同的方式存储在不同的介质上。

（4）可传递性。信息具有可传递的特性使得信息能够在人类社会里迅速传播。信息的传递一般是与物质和能量的传递同时进行的。语言、表情、动作、报刊、书籍、广播、电视、互联网等都是常用的信息传递方式。

（5）可转换性。信息可以由一种形态转换成另一种形态。

（6）可扩充性。信息可以随着时间的变化而进行扩充。

（7）可压缩性。人们对信息进行加工、整理、概括、归纳就可以使之精炼，从而浓缩。

（8）共享性。同一信源可以供给多个信宿，因此信息是可以被多人共享的。这是信息不同于物质的一个显著特征。信息可以进行无限复制，且不会因为共享的人数和使用的次数增多而消耗信息的内容。

（9）时效性。信息在一定的时间内是有效信息，在此时间之外可能就是无效信息。在人们利用信息时，信息提供和利用的时间越早，一般来说信息的价值就越大。

（10）可验证性。信息可以通过检验来确定其是否真实、准确，即通过事实检验或通过不同途径获得同一信息后，来验证信息的真实或可靠程度。

（三）信息的分类

按照不同的标准和不同的需要，信息可分为不同的类别。如按照信息的时态可分为动态信息、历史信息和预测信息；按照信息对管理的作用大小可分为战略信息、控制信息和运行信息等。下面还有一些常见的信息类型：

（1）按信息加工深度划分，信息可以分为一次信息、二次信息和三次信息。一次信息是对客观事物的原始记录，它可能是口头的、图片的或数字的，也可由表格、清单、公式等组成；原始信息是大量的、零星的、分散的、无规则的，如新闻报道与广播，或某个人的心得、谈话片段等。二次信息是对一次信息的加工。典型的二次文献信息是文献处理后形成的期刊、文摘、索引期刊和简报等；二次信息是有序的、有规律的。三次信息是对二次信息的再加工、分析、综合研究甚至推理形成的信息，如文献综述、调研报告、词典、年鉴等。

（2）按信息的表现形式划分，信息可以分为文献型信息、档案型信息、统计型信息、图像型信息和动态型信息等。文献型信息以文字为主，有明确的专业或学术领域，主要包括各种论文、研究报告、资料、刊物、书籍、汇编等。档案型信息也以文字为主，内容结构比较清晰；档案型信息是经过整理的生命周期相对稳定的信息，未经整理归档的资料不算档案型信息。统计型信息往往以数据、图表的形式出现，是反映大量现象的特征和规律性的数字资料。图像型信息往往以照片、遥测遥感图像、电影、电视、录像等图像信息出现，它所传递的信息量远远大于文字所传递的信息量，是一种十分有效的记录信息的方式。动态型信息主要是行情、商情、战况等瞬息万变情况的反映，它的特点是生命周期短，强调时效性；特别是对会展企业而言，往往需要动态型信息来及时制定决策，完成自己的目标。

（3）按使用领域划分，信息可以分为经济信息、管理信息、科技信息、政务信息、文教信息、军事信息等。此处不多赘言。

当然，各种类型的信息往往是相互联系的。在会展企业进行决策时，需要从整体上对各类信息进行把握，用系统的思想指导信息管理工作，以便做出合理的具有全局性的战略决策。

二、会展信息的概念与内容

(一) 会展信息的概念

会展业是一个信息密集型行业,会展活动最基础的价值就是信息传播与交流。会展信息是会展企业待开发的重要资源,而信息资源和信息活动是会展企业的财富和核心。

从管理学角度界定,会展信息就是有关会展行业的各种信息、资讯、情报,是经过加工后的行业相关数据,对会展行业决策或行为具有现实或潜在价值,是展览馆、服务商、参展商、专业观众等会展行业信息的集合。

(二) 会展信息的内容

会展信息的内容主要包括:

(1) 会展行业信息。包括国内外会展场馆的信息、专业展览、会议信息、参展商和采购商信息、会议与会者信息以及会展服务商的信息等。

(2) 会展企业业务部门/管理部门的业务信息和管理信息。包括主办方对会展场地租赁的需求、参展商或会议主办方的服务需求、观众或与会者网上报名等数据。

(3) 综合评估数据。包括展会评估报告、分析报告、组展商、参展商、与会者、观众满意度等调查报告。

(4) 会展企业内部公文数据和办公数据。

三、信息管理与会展信息管理

(一) 信息管理的概念

信息管理(Information Management)从根本上说是管理活动的一种,管理的基本职能"计划、组织、领导、协调、控制"仍然是信息管理活动的基本职能,只不过信息管理的职能更有针对性。一般来说,信息管理是人们为了有效地开发和利用信息资源,以现代信息技术为手段,对信息资源进行计划、组织、领导、协调和控制的社会活动。信息管理的过程包括信息收集、信息传输、信息加工和信息储存等。信息管理的对象是信息资源和信息活动。

(二) 会展信息管理的概念

会展信息是会展活动能够成功举办的重要源泉，会展各种竞争策略的制定、会展活动的策划和筹备等都离不开会展信息的支持。这些信息必须得到及时准确的处理，因此信息管理成为会展企业管理过程中至关重要的一个环节。

会展信息管理是会展企业管理者为了实现企业目标而对会展信息及其信息活动进行管理的过程。具体来说，会展信息管理是指会展企业以先进的信息技术为手段，对信息进行采集、整理、加工、传播、存储和利用的过程，并且对会展的信息活动过程进行战略规划，以及对信息活动过程中的要素进行计划、组织、领导、协调和控制的决策过程。在会展企业信息管理中，会展信息资源和信息活动是会展企业信息管理的主要对象。通过信息管理，会展企业力求实现资源得到有效配置、共享管理、协调运行，以最少的消耗创造最大的价值。

(三) 会展信息管理的有效途径

(1) 信息管理的标准化。信息管理的标准化是指提高信息管理水平，建立计算机关系信息系统的前提条件，主要包括原始数据收集制度化、信息载体规范化、信息加工程序化和信息传递工艺化等方面。

(2) 信息管理的高效化。信息管理的高效化是指信息管理的各个环节做到及时、准确、适用和经济四个方面。高效率的信息管理既是信息管理工作的目标，也是贯穿于信息管理全过程的工作标准。

(3) 信息管理的现代化。进行现代化的信息管理，需要做到人才建设和机构建设的完善、技术全面、硬件过硬，同时要树立现代化的管理理念。

第二节 会展企业管理信息系统

一、会展管理信息系统概述

(一) 管理信息系统的概念

管理信息系统（Management Information Systems，简称MIS）是一个由人、计算机及其他外围设备等组成的能进行信息的收集、传递、存贮、加工、维护和使用的系统。信息管理由信息的采集、传递、储存、加工、维护和使用五个方面组成。有管理就需要信息，当很多信息出现，为了更有效地管理、分析信息资料就有了 MIS。

（二）管理信息系统的功能

管理信息系统除了加工处理并编制成各种信息资料及时提供给管理人员外，还具备预测、计划、控制和辅助决策特有功能。企业通过信息管理系统所获得信息资料必将大大提升个人的工作效率与所得信息资料的准确性，势必为企业带来巨大的经济效益和社会效益，企业的办公及管理都会朝着高效、快速、无纸化的方向发展。其功能包括：

（1）数据处理功能。包括数据收集和输入、数据传输、数据存储、数据加工和输出。

（2）预测功能。运用现代数学方法、统计方法和模拟方法，根据过去的数据预测未来的情况。

（3）计划功能。根据企业提供的约束条件，合理地安排各职能部门的计划，按照不同的管理层，提供相应的计划报告。

（4）控制功能。根据各职能部门提供的数据，对计划的执行情况进行检测，比较执行与计划的差异，对差异情况分析其原因。

（5）辅助决策功能。采用各种数学模型和所存储的大量数据，及时推导出有关问题的最优解或满意解，辅助各级管理人员进行决策，以期合理利用人、财、物和信息资源，取得最大的经济效益。

（三）会展管理信息系统的概念

会展活动从本质上说是一种服务，数量众多的步骤与环节参与构成会展活动，每个环节与步骤中都牵涉海量的信息交换与管理。会展企业在会展活动中主要着力解决的一项重要问题就是如何高效率地有序地处理和使用会展活动所产生的各类各项海量信息，以达到会展的主旨，实现利益最大化。

由于会展本身是很大的概念集合，因此，在目前市场上还不存在一个能满足全行业的各种需求的会展管理信息系统。有学者认为，会展管理系统是指利用信息技术管理会议和展览会的各个环节，为会展信息化的实施，为主办方、参展商和专业观众提供信息交换和互动的系统。这一定义从会展活动主体角度突出会展信息系统的功能，强调了展会活动中最重要的三方，但是这一概念实际上是以展览企业涵盖了整个会展企业，难免造成以偏概全的误解。

因此又有学者从系统结构、环节与功能角度将会展管理信息系统定义为："会展管理信息系统是一个以人为主导，利用计算机硬件、软件、网络通信设备以及其他办公设备，进行信息收集、加工、传输、存储、更新和维护，以凸显会展企业战略竞争优势、提高会展经济效益和效率为目的，支持会展企业的高层决策、中层控制、基层动作的集成化人机系统"。这是一个相对完整全面的概念界定。

（四）会展管理信息系统的意义

会展管理信息系统，就是为适应会展活动，根据会展活动参与各方的需求而发展起来的。会展管理信息系统充分运用到现代化的科技手段采集、加工、存储、处理会展过程中的海量信息，导入管理系统，并使海量的信息在整个业务流程中能够实现标准化、规范化，流畅地传输与处理，为会展活动相关各层次对象提供坚实可靠的信息化保证。

会展活动相关各层次对象利用会展信息管理系统对会展活动进行有效的管理与服务，按各自的需求与定位参与到会展全过程，并扮演好相应的角色。总的来说，会展管理信息系统是会展活动相关各层次对象参与到会展业务活动，有利于会展客户关系管理的支持系统，更是会展企业战略系统的重要组成部分。会展管理信息系统建设好坏直接影响到会展产业信息化，既是衡量我国会展业与国际是否接轨的一个重要标准，也是我国会展业发展的必然。

二、会展管理信息系统的组成和作用

（一）会展管理信息系统的组成

会展管理信息系统，根据其服务的对象及技术要求的不同，一般可分成两大部分：一是前台部分，与会展信息直接相关并呈现在用户面前；二是后台部分，则设计会展企业内部的管理运作，与会展信息没有很直接的关系。在会展信息管理系统中，前台部分应包括会展策划、会展准备、现场服务、会展后服务的信息处理系统。后台部分是会展企业内部的管理信息系统，也是会展信息管理系统的基础。这一部分主要在于构建一个企业管理平台，包括人力资源管理系统、会计电算化系统、办公信息化系统、总经理查询系统。这是一个相对简单的划分。事实上，会展管理信息的一些子系统是互相紧密联系的，有的功能模块很难完全区分到底是前台的还是后台的。

（二）会展管理信息系统的作用

（1）实现体制创新。会展管理信息系统不仅仅是一个信息技术的推广与应用，更重要的是在这里面蕴含着一种高效率的管理机制，它能帮助传统企业提升管理水平，提高管理理念，甚至可以帮助企业建立一种新的管理制度，克服人工管理上的各种弊病与缺陷，提高企业的工作效率。

（2）智能辅助决策。会展管理信息系统提供的大量、准确、组织化的信息，可以帮助企业决策者进行决策，对于会展企业管理者，可以据此监测到企业各项工作的运行状况，从数量上宏观把握参展商与客户的整体状况，监控财务状况，可以及时发现问题，迅速做出决策，尽早解决问题。会展管理信息系统可以把数据转化为知识，促使知识转化为行动，并使行动获得成功。

（3）业务流程自动化。会展管理信息系统的应用，有利于会展企业把业务流程自动化，使得各项工作更加规范、科学、合理，便于监控，有利于考核，消除了一些人为干扰和差错，减少了中间环节，避免了时间延误，最终提高整个系统的运行效率。

（4）整合企业内外资源。会展信息管理系统可以把原先较为零散分布的信息资源进行汇总整合，分析处理，可以发现各种新的商业机会。同时，在信息了解充分后，可以进行合理调度，全面整合企业内外资源，优化企业的业务流、信息流、资金流。加上互联网技术的应用，可以把相关的社会资源也整合进来，促使企业的资源得到有效利用，实现更大的经济效益。

（5）降低信息安全风险。会展管理信息系统可以在一定程度上降低企业信息安全的风险。在会展活动中的各类信息资源进行集中管理后，可以避免因为人员流失造成的信息流失。

三、会展管理信息系统的功能模块与结构

（一）会展管理信息系统的功能模块

从管理职能的角度看，管理信息系统主要涉及对企业的人、财、物、信息资源的管理和对生产、供应和销售过程的管理。任何一种管理信息系统，从信息管理的角度考虑，都应当有信息的输入、处理和输出的功能，而针对不同信息管理的功能设计，又必须包括对信息的存储、传输、更新、维护和检索的功能。

会展管理信息系统也至少要由信息的收集、传输、储存、加工、更新、维

护和使用等多个方面组成，同时也要包括会展企业的各个业务领域，比如展馆、会务、观众、财务等。在这样的一个基本前提下，会展管理信息系统在功能设计上，可以依照开发系统的企业的实际需求进行设计开发。一个会展管理信息系统针对它所服务的展馆、展会、主办方、参展商和用户，具有不同的功能结构。

例如，可以以会展信息活动所涉及的若干重要环节为子系统进行建构，如表6-1所示。这一会展管理信息系统划分为展览馆运营管理信息系统、主办商管理信息系统、展览会现场信息管理系统三大模块，通过功能接口系统，共建互联网网络信息平台，实现三个模块的连接与整合，将各项业务相互衔接成为一个整体，并实现会展业务的信息管理无缝对接，促进各子系统功能的融合与全系统信息资源的共享。

表6-1 会展管理信息系统的功能结构

模块	展览馆运营管理信息系统	主办商管理信息系统	展览会现场信息管理系统
具体子系统模块	领导信息查询系统 场馆经营信息管理系统 展会运营信息管理系统 展会服务信息管理系统 职能部门信息管理系统 客户关系信息管理系统 财务信息管理系统	客户关系管理系统 联络信息管理系统 展位信息管理系统 招商代理信息管理系统 财务信息管理系统 观众信息管理系统	观众信息采集中心系统 门禁信息管理系统 参展商信息查询系统 服务终端管理系统

资料来源：马勇、梁圣蓉：《会展概论》，重庆大学出版社，2007年。

这只是一种功能模块的结构，在这一会展管理信息系统设计中，存在着一定的功能交叉重合现象，有可能会给系统的使用者带来一些困扰，使用者仅从字面上还很难获知其真正能实现的功能是什么。当然，这只是一个简单的理论架构，还不是一个成熟的商业性的会展管理信息系统。

下面给出一个简化了的适用于展会主办企业的某商业性会展管理信息系统的功能模块架构表（参见表6-2），从中可以看出其管理的各类信息及功能实现的情况。其由一些功能模块组成，在每一个功能模块下，又可以设计出若干具体的功能菜单以及更深一层的功能菜单，以完成各项信息管理的业务要求。会展管理信息系统在会展企业中的作用在于，它能有效地实现各种业务功能，在这个系统中除了文件与系统是与会展管理信息系统本身相关的模块外，其他的五个大模块是会展业务中的核心部分。

表6-2 会展管理信息系统的功能模块架构示意表

模块	文件	业务	会务	财务	观众	行政	系统
具体功能菜单实现	新建文件 打开文件 保存文件 关闭文件 修改密码 选择展会 注销	展馆管理 展位管理 租赁管理 展商管理 业务报表 展位合同 同类展会	订房管理 鲜花预定 会议室预订 租车服务 礼仪小姐 开幕嘉宾	收款管理 展商款项 展商广告 展商活动 展商运输 展商租赁 宾馆住宿	观众清单 预登记观众 未审核观众 观众回收站 错误列表	档案管理 公文 音像 总务管理 车辆 资产 通讯 企业管理 人力资源	数据备份 账号及权限 待审核观众 合同变更记录 系统日志

资料来源：邵培仁：《会展管理》，上海人民出版社，2011年。

四、会展管理信息系统的评价

为保证企业所收集、存储的数据的使用价值、可用性和安全性，会展企业需要对其管理信息系统进行一下三个方面的评价。

（1）在经济效益方面，评价内容主要是会展管理信息系统的成本与收益。会展管理信息系统的成本主要有设备成本、开发成本和运行、维护成本。设备成本是指购买软件、对设备的调试、购买基础设备等成本。开发成本是对系统进行设计、分析、编码、测试以及管理人员的培训等成本。运行、维护成本包括系统、软件的维护和更新、设备的维护等管理费用。

会展管理信息系统的效益主要有直接效益和间接效益两个方面。直接效益是指通过一定方法可以用金钱来衡量信息系统所产生的效益，如有序、集中的信息管理可提高工作效率、减少人工成本、增加销售利润、节约处理时间等。间接效益是指协助做出正确的决策、提高工作质量、提升企业形象、增加客户满意度等等。

会展企业在应用管理信息系统前，要充分考虑企业自身的规模与运营状况，衡量管理信息系统未来所能给企业带来的成本与收益，谨慎选择。

（2）在技术方面，评价内容主要是会展管理信息系统的性能是否优越，是否能够满足会展企业包括管理层对信息的需求。具体衡量标准主要有以下几个方面：系统文件是否能够得到有效维护，保证其系统文件及系统的安全与保密性；信息资源利用的有效性，如是否能够对信息资源进行有效分类、加工、存储以及随时调用，以帮助管理层有效做出决策；系统功能与层次，如根据不同管理层次，对信息的级别设计出与其权限对应的信息接触面；信息系统的总体水平，包括系统的总体结构设计、地域与网络的规模、所采用技术的先进性等。没有最好的管理信息系统，只有最合适的。

（3）在管理方面，主要看该系统是否能够优化会展企业管理流程，提高决策效率，提升会展企业管理水平，建立完善的管理制度。

第三节 会展企业信息化管理

一、信息化与信息化管理

（一）信息化概述

信息化是指信息的开发、生产、传播、利用等信息活动在国家社会生活各方面的导向作用与信息技术倍增作用不断增强的过程，是从工业经济向信息经济、从工业社会向信息社会演进的动态过程。

信息化既是中国会展企业与国际接轨的一个重要衡量标准，也是会展企业发展的必然趋势。

（二）会展信息化内涵

会展信息化是指利用信息化技术管理会展运营的各个环节，通过对会展企业的内部资源和外部资源整合，及对城市、区域、行业、产业等资源的整合，通过信息化管理建立一个基于行业、基于企业业务发展的信息化模块，为企业及机构等提供全面信息数据支持，为主办方、参展商和观众提供信息交换和互动的平台。它应该包含：办公室信息化（包括 ERP 模块、OA 模块、CRM 模块等）；现场管理信息化（包括观众登记、门禁、发证、收款等模块）；网上信息化（包括在线登记、信息发布、在线展会等模块）。办公室信息化是会展企业信息化建设的基础工程，现场信息化是会展企业信息化的形象工程，网上信息化是会展企业信息化的窗口工程。三者数据应能完全匹配共享。

二、会展现场信息化管理

衡量会展企业能否办好一个展会的标准不仅在展会的收益上,更在于展会招展服务的水平上,而在展会现场表现得最为直接和明确,现场信息化管理不仅能更好地为展会参与者服务,提升展会信息化水平和展会形象,更能由此获得宝贵的展会信息资源并加以挖掘利用。

(一) 会展现场信息化管理系统的结构

会展现场管理信息系统(如 Eastfair)主要包括以下功能模块(如图 6-1 所示):

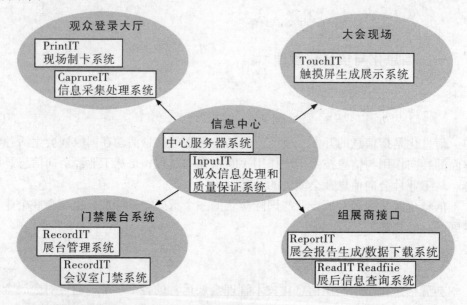

图 6-1 会展现场信息管理系统结构

1. 数据库管理系统

(1) 中心服务器系统:系统数据、应用程序管理中心,也是大量的展会相关信息数据的集中存放中心。

(2) 观众信息处理和质量保证系统:对登录大厅采集系统提交的名片电子图像做集中处理,并采用多重质量校验方法保证信息质量。

2. 观众登录系统

(1) 观众信息采集系统:对观众信息进行采集,实现从纸质到电子文档的转换。

（2）现场制卡系统：为需要现场制卡的观众和参展商提供高速条码卡打印工具。

3. 门禁系统

（1）展会入口门禁系统：实现对观众进出馆权限的控制和对观众行为信息的采集。

（2）研讨会门禁系统：对进出研讨会的观众进行扫描，以实现会后对参会人员的信息分析。

4. 组展商接口系统

现场信息处理完成后，系统需要对信息进行进一步加工，才能满足会展主办商的要求。

（1）观众信息处理/下载系统：观众归一化管理、观众信息质量整理、所在城市自动生成、观众信息查询处理、观众信息下载。

（2）展览会报告生成：根据收集到的各种信息，进行分析统计，得到切实有用的分析结果；观众职位、部门、地区、省份分析；观众调查表分析；观众行为信息处理。

（3）展后信息查询系统：观众基本信息查询；观众调查表查询分析管理；观众行为信息查询分析；观众数据对比校对；观众数据导出。（如图6-2所示）

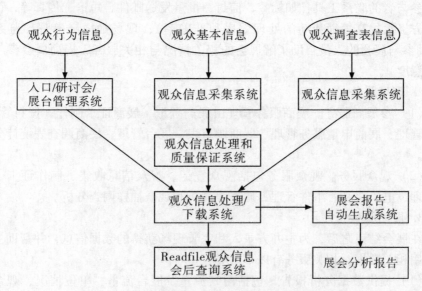

图6-2 会展现场管理信息系统展会报告生成流程

5. 客户终端系统

随着科技水平的发展，展会服务也随之有了新的内容，现在已经广泛使用触摸屏技术建设"人性化"客户终端。从技术层面来说，触摸屏系统由两部分组成：①触摸屏信息生成系统：根据参展商的展台、名称、类别等信息生成展台触摸屏系统；②触摸屏演示系统：根据触摸屏生成系统生成的数据显示相应展会信息。

（二）会展现场信息服务

每个展会的现场信息化管理都有它的个性，但通常会展信息服务包括展前准备、现场服务、展后服务。

1. 展前准备

在展会开幕之前，主办方要围绕展会参与者处理很多细节工作，在短时间内集中处理这些琐碎事项绝非易事，但这些琐碎事项又很重要，细节工作直接关系到展会的效果，关系到展会参与者对主办方的印象。会展现场信息服务系统可以帮助主办方从繁杂的事物中解脱出来，达到事半功倍的效果。展会准备服务包括：参展商预制卡（应用参展商数据提供批量制卡的服务，可制作个性化或通用证卡，在展会举办前寄送到参展商手中）；专业观众预制卡（对于预登记的专业观众提供批量制卡服务，可制作个性化或通用证卡，在展会举办前寄送或在现场直接领取）；批处理联系工具（帮助主办方在展前批量制作与展会参与者的联系工具，如标签、信封、批量发送邮件、短信、传真等，帮助主办方极大提高烦琐劳动的处理效率和准确率）；现场触摸屏参观导览系统（帮助参与展会的人员自助了解展会的相关情况与相关服务，提高展会参与者的满意度）。

2. 现场服务

（1）参展商服务。展商服务管理由展商登记、展商证卡制作、资料管理、欠费管理、展商申请服务管理、展商调查表、展台管理、展商调查表统计分析组成。

（2）观众服务。观众服务包括观众登记、观众信息收集、制作证卡、门禁管理、电子会刊、事件管理、调查表分析和观众抽样调查分析。

3. 展后服务

在展会结束之后，为主办方录入和完善现场获得的数据信息，并帮助主办方利用相关数据。相关服务有以下两类：

（1）提供数据分析报告，包括门禁流量、展台流量、单位情况、观众情况、观众调查表、服务事件、收支等项目的统计分析。

(2) 提供分析软件，方便主办方对数据的查询、检索、分类和统计。

三、会展办公信息化管理

会展办公信息化管理系统在于构建一个以展会服务为核心业务为主导的企业管理平台，其中涉及客户关系管理（CRM）、企业资源计划（ERP）、协作办公自动化（OA）、服务供应链管理（SCM）、工作流管理（Work Flow）等子系统。

（一）客户关系管理（CRM）

会展企业的客户资源主要有与公司发生现实交易的参展商、有可能发生业务往来的潜在展商、被公司组团外出参展的展商、参加公司组织展会的观众、展馆提供者、宾馆和相关服务商，而核心业务客户是参展商和专业观众。

在 CRM 的理念指导下，公司的客户资源及面向客户的口径得到统一，部门之间的工作按照客户工作的基本流程进行，部门协调工作将按照流程而不是部门进行，通过一个供各部门共享的客户数据库及交流平台，统一与客户进行交易及沟通，使客户的满意度提高。系统中与客户关系管理相关的模块包括：展商管理模块、专业观众管理模块、潜在客户管理模块、相关服务商管理模块、嘉宾管理模块、媒体资源管理模块和客户积分系统。

（二）销售、财务等业务管理

销售管理用于集中管理企业的销售行为，包括客户跟踪、联系日志、合同签订与变更、合同注销、应收款、收款管理、票据管理等诸方面。销售管理的目标是：全程跟踪销售进程；量化的业务部门考核；及时准确的应收应付款管理；全面的销售日志，有效分析销售中存在的问题；销售行为由个人行为转化为企业行为；全面的财务监管；电子化的销售流程，管理层对销售行为全面而及时的分析并决策。系统中与销售管理线骨感的模块包括：应收款管理、应付款管理、合同管理、招商进度、客户资源分配、产品（展位）资源分配管理、销售业绩测评、销售日志管理、票据管理。

（三）协作办公自动化（OA）

办公自动化是随着企业的办公要求越来越高，对办公效率和信息处理要求越来越严格而产生的需求。办公自动化管理信息系统有助于提高企业办公效率；集中管理办公数据；扩大办公范围，允许远程办公和远程监控；集中管理企业内部资源，提高利用效率；保留办公痕迹，集中办公管理。系统中与办公自动化相关的模块包括：公文管理模块、合同档案模块、音像档案模块、车辆管理模块、资产管理模块、邮件/快递件管理模块、电话/传真管理模块、资料管理模块、公司组织机构模块、规章制度模块、行政企业管理模块、员工管理模块、薪酬管理模块、绩效考核管理模块和培训/开发管理模块。

四、会展网上信息化管理

现代会展业是一个开放的、竞争激烈的行业。会展组织者在思考自身综合竞争力的同时，要意识到互联网科技的进步给会展业带来的深刻影响，一个功能完备的会展网上信息化管理平台，不仅代表着会展企业的品牌形象和管理需求，更是代表着会展综合竞争力和以客户为中心的服务水平。会展网上信息化在会展市场推广、销售管理、客户服务、数据采集和管理、决策支持等方面的应用，将会最大限度地提升会展业的综合竞争力。

会展网上信息化系统支持多个展会在同一个平台上有序管理，除了功能强大的信息发布系统外，更能实现"虚拟会展"，同时事先展位在线销售、展商和观众在线预约登记、表单下载等在线自助服务功能，帮助会展企业把服务平台的空间从企业内部写作拓展到互联网领域，突破服务时间和空间的局限性，主张客户应用自助服务系统，一方面保证服务需求及时传达至企业内部业务系统，同时也能减轻内部员工的工作量，通过内部业务系统处理来自互联网的需求，从而大大拓展客户来源和提高客户参与度与满意度。

会展网上信息化功能为客户提供在线自助服务，系统可将部分内容集成到会展企业网站，让会展客户或潜在客户在登录网站时，自助递交商务需求，可以提供全天候、全球服务入口；同时，会展企业通过网站的文章发布系统将展会相关信息及时准确地在互联网上发布，使得浏览者全面了解展会概况和展会动向，通过互联网下载相关的表单资源，实现客户、企业、供应商等实时顺畅的沟通。

本章小结

会展业是一个信息密集型行业，会展活动最基础的价值就是信息传播与交流。会展信息是会展企业待开发的重要资源，而信息资源和信息活动是会展企业的财富和核心。在会展企业信息管理中，会展信息资源和信息活动是会展企业信息管理的主要对象。会展管理信息系统因其具有实现体制创新、智能辅助决策、业务流程自动化、整合企业内外资源、降低信息安全风险等作用，在会展企业中得到广泛应用，成为会展企业信息化管理的重要手段。

本章关键词

会展信息　信息管理　会展信息管理系统　会展信息化

复习思考题

1. 简述会展信息的内容。
2. 简述会展信息管理的有效途径。
3. 简述会展管理信息系统的作用与功能结构。
4. 结合我国会展业未来信息化管理趋势，谈谈你的看法。
5. 根据你所熟悉的会展企业，分析其管理信息系统的功能模块与运作流程。

综合案例

杭州佳德展览有限公司的信息化管理

以信息技术推进展览行业的发展这个理念已被越来越多的展览企业接受，信息技术将帮助中国会展业实现跨越式发展，信息技术将给中国展览业的加速发展安装一个有力的引擎。2011年1月13日至14日，在杭州举行的"第十二届中国国际展览和会议展示会"，我们欣喜地看到会展行业信息化已经被越来越多的展览企业所接受，更多的会展企业希望通过信息化技术提升企业的竞争力，提高办展水平。

但是我们也应该认识到我国展览业信息化还处于较低的水平，一些企业仍然在使用文字处理软件如Word、Excel等来保存客户资料及其他资料，普遍存在信息的共享程度低、使用不方便、易丢失等问题；未来发展形势必使用专门的会展企业管理软件，其具有功能完善、涵盖整个会展业务过程、信息的共享程度高、使用方便等优点，必将帮助企业的管理提升到较高的层次。

杭州佳德展览有限公司是一家民营的展览公司，拥有自己的品牌展，许多重要项目都由该公司承担组织招展。但由于项目比较多，招商、客户联络、寻找赞助商，繁杂的日常工作使他们感到迫切需要一个信息化的平台来提升管理与运营效率，进一步加强同外界的沟通和联系。但是仅靠自身力量搭建信息化平台，存在着投资成本大、研发周期长、维护困难等问题。而与万泰技术有限公司的合作，实施"万泰会展管理软件"（以下简称 WIT-EIS）解决了困扰企业管理方面的问题。

在实施信息化建设之前，企业被以下问题所困扰：

1. 客户数据凌乱，缺乏管理

展商数据管理凌乱，客户资料以文本或 Excel 表、Word 文档的形式存放在每个业务员的电脑中，各个展会项目部之间客户信息缺乏有效的整合与共享，客户资料的完整性和保密性受到员工离职等的影响。

2. 业务联系复杂，大量耗费精力

招展事务纷繁芜杂，招展人员大量的精力耗费在打电话、发传真 Email、应付资料收发等事务上，难以脱身对招展做更高层面上的管理。

3. 财务管理混乱，管理层对财务状况难以把握

财务管理难度很大，存在较大比例的收款问题，应收应付账款不清，管理人员对展会财务状况难以把握。

4. 缺乏分析，无法对各届展会、展商的情况做出精确的评价

缺乏有效的客户、财务状况统计分析，对于每一届展会展商情况与展会组办质量无法给出清晰的评价。

通过 WIT-EIS 的实施，佳德解决了以下几点困扰管理的问题：

1. 有效的客户数据库管理，实现客户信息共享

WIT-EIS 具有强大的数据库管理功能，在佳德公司内部建立起所有客户的数据库，使得展商、媒体、观众以及场馆等全部客户信息得到有序安全的存储和管理，实现了客户信息在全公司的分角色共享，避免了佳德公司因人员流动等意外原因造成的客户流失等现象。

2. 规范工作流程，明确员工工作职责

WIT-EIS 系统实现了科学、合理、规范的招展业务流程，员工必须按照该工作流程操作系统，保证了操作的安全性，避免了因员工错误操作所带来的损失。明确权责，责任到人，对每一位员工都有自己对应的账号和密码，员工根据自己的权责通过自己的账号登录操作系统来完成其工作，系统对于其的关键操作都作记录，避免了不必要的纠纷和麻烦。

3. 更直观醒目的会展场馆及现场管理

WIT-EIS 将 GIS 功能引入会展软件的开发中，实现会展现场及场馆、展位的图形化管理，更加直观、醒目。

4. 规范合同管理，提高财务管理水平

系统中将每一个参展商对应的参展合同放置对应的合同目录下，以方便任

何有权限操作使用的人进行信息查看。在财务管理中也方便了财务人员对参展商账款进行管理和监督跟进。解决了佳德公司以往遇到的财务信息跟踪困难，以及由此引起的欠账等现象的发生。

5. 强大的决策分析能力

强大的决策分析能力，利用强大的数据管理能力和对数据的统计、分析、类比能力，帮助公司了解现存工作的成绩和不足，全程监控分析展商状况、业务员招展情况等，从而进一步提高展会的整体质量和效益。

6. 人性化、具体化的展后管理

WIT-EIS围绕如何更为有效地服务于参展商，将CRM先进的客户关怀与满意度调查等功能引入会展管理软件中，通过有效的管理，提高了佳德公司的知名度和行业认同水平。

通过WIT-EIS在佳德的实施，解决了信息化建设以来企业经营中遇到的困难，节约了人力，提高了工作效率和服务水平，为企业参与竞争提供了助力。

在佳德实施信息化的过程中，我们认识到，展览企业的信息化必须注意以下几点：

1. 企业定位策略

尽管在企业制度、管理模式、经营规模等方面具有共性的企业，可以相互借鉴信息化建设的经验教训，但是从来不存在完全相同的企业，因此也就没有可以完全照抄照搬的企业信息化模式。在规划和建设信息化之前，企业高层决策机构首先应当借助外部的第三方信息化咨询机构，从经营战略、体制、技术、管理、企业文化、人力资源、行业环境和竞争地位等方面，对企业进行全面的自我诊断和准确定位甚至重新定位，在此基础上确定本企业信息化建设的关键需求、方针、范围、阶段、力度和深度，才能既不脱离企业自身特点、基础和条件，又能很好地服从服务于企业未来经营发展和增强核心竞争力的需要。

2. 全员培训与促进策略

信息化项目启动前，借助第三方咨询机构，对上至董事长、总经理，下至普通员工就信息化意义、必要性、基本知识技能、预期效果等进行全员培训，不同于软件和解决方案提供商、实施商对系统和终端用户进行的应用操作技能的培训。它不仅有助于尽快形成全体员工对信息化建设总体思路、步骤等的共识，明确自己所应担当的角色和发挥的作用，增强员工参与度和积极性、创造性，减少障碍，克服阻力，提高项目成功率，而且更重要的是，它有助于"擦亮用户的眼睛"，培养和提高企业管理层特别是高层决策者对信息技术、软件和解决方案提供商的认识和判断力，以便正确地选择适用的技术、解决方案及其供应商、实施商，降低选型风险，防止决策失误。

3. 维护扩展策略

对展览企业而言，会展管理软件系统的安装实施，意味着一切才刚刚开始。企业与咨询机构和软件供应商应该建立长期的战略合作关系。咨询机构或软件供应商可以帮助企业进行阶段性信息化项目完成后的维护、管理与升级工作，紧紧围绕用户应用系统升级、扩展的要求，跟踪研究信息技术及其应用的发展趋势，继续为用户企业提供富有前瞻性、战略性和针对性的服务。同时，帮助用户企业建立IT供应商信用记录数据库及其根据用户系统维护、扩展需要做出快速响应、提供后续服务与支持的机制。

我们应该认识到，展览企业的信息化工作是一个延续和发展的工作，我们的企业应该避免盲目追风，应该根据企业的实际情况，有选择地与一些会展企业软件提供商进行合作，对其企业规模、人员数量、招商运作方式等进行调研，然后有选择地提供一些软件模块以切实符合企业要求。

（资料来源：http://www.doc88.com/p-576886579649.html）

■讨论题

结合实际情况，你认为会展企业信息化管理还有哪些需要改进和加强的地方？

第七章　会展企业客户关系管理

学习目标

①了解会展企业客户的类型；②了解会展企业客户关系管理概念；③熟悉会展企业客户关系管理的目标和功能；④掌握会展企业客户关系管理的内容、方法和策略；⑤掌握会展企业客户关系管理系统的实施。

第一节　会展企业客户关系管理概述

在日益激烈的市场竞争环境下，企业仅靠产品的质量已经很难再留住客户，服务成为企业竞争制胜的另一张王牌。会展企业提供的产品以服务为主，因此很多会展企业都主要在服务方面下足功夫。信息技术的迅速发展，使会展企业开始将其引入企业管理理念中，并建立自己的客户关系系统。但是也有些会展企业由于缺乏对客户关系管理的正确认知，没有更好地与客户沟通，忽视信息时代客户对互动性与个性化的需求，导致了客户资源的逐步流失。因此，会展企业如何利用信息技术，通过对客户的追踪、管理和服务，建立自己的忠诚客户群，吸引新客户的加入，并针对每个客户的不同需求，提供更为人性化、个性化的系列服务，已成为会展企业需要高度重视的问题。

一、会展企业客户的类型

客户关系管理的核心是"客户"，而不同的类型的企业有不同的客户，它们的客户关系管理也有很大差异。要了解会展企业的客户关系管理，首先要对会展企业客户的类型或范畴有一个全面的认识，否则企业所制定的会展企业客

户关系管理计划必然是不全面和不完整的，必然会疏漏一部分客户的需求，这将严重影响会展企业与客户的关系，也将影响会展企业的长远发展。

会展企业客户一般有狭义和广义之分。狭义的会展企业客户是指会展活动中的服务对象，会展活动的类型不同，其服务对象也不一样，如展览会的客户主要是参展商和观众，而会议的服务对象则主要是正式注册的会议代表。广义的会展企业客户除了会展活动组织者在会展活动中的直接服务对象外，还包括会展活动的合作机构、展台搭建商、展品运输商、赞助商等会展服务商。

（一）参展商

参展商包括现有参展商和目标参展商。现有参展商是已经参加展会的参展商；目标参展商是因种种原因目前还未参加展会，但会展企业认为他们将来有可能参加的那些目标客户，他们是会展企业扩大规模、提高品牌影响力的重要客户来源。因此，在进行会展企业客户关系管理时，潜在的参展商是不可忽视的重要客户群体之一。

参展商在会展企业客户群体中处于核心地位，是会展经济效益的主要来源，因而参展商是会展企业客户关系管理的中心环节。

（二）观众

展会观众包括专业观众和普通观众。专业观众又称为采购商，他们是参展商的潜在客户，很可能在展会的平台上变为现实客户。普通观众，包括一些媒体，不一定带有商业目的，但在会展企业客户关系管理时也是不能缺少的。

观众对于会展企业的意义在于，一方面，观众是参展商参展的目标群体和动力之源，因而对于会展企业来说，吸引并服务好展会观众，有利于满足参展商需求，提高参展商满意度；另一方面，观众的参与也会给展会带来一定的社会效应，扩大展会品牌影响力，同时，这一客户群也有可能在未来转变为会展企业的现实参展商。因此，观众也是会展企业客户关系管理中的重要一环。

（三）会展服务商

会展服务商是指展会的配套服务公司，如展台搭建公司、广告公司、运输代理公司、银行、旅游代理公司和酒店等服务机构。会展服务商可以代理完成展会的某一专门事项，会展服务商往往会代表会展企业去和参展商、观众打交道，可以说，会展服务商服务水平的高低直接影响到展会的形象，也会影响到会展企业的声誉。所以，从会展组织者角度来看，会展服务商也是非常重要的客户。

二、会展企业客户关系管理的内涵

(一) 客户关系管理概述

客户关系管理（Customer Relationship Management，简称 CRM）起源于美国，它是为企业提供全方位的管理视角，赋予企业更完善的客户交流能力，使客户的收益率最大化。可以从以下几个方面来理解客户关系管理的内涵：

(1) 客户关系管理是一个管理思想和 IT 技术相结合的整体系统和技术。客户关系管理是一种经营理念，也是一套管理软件系统和技术。目前，很多人对客户关系管理有误解，认为客户关系管理仅仅是一个信息系统或是一套计算机软件，企业只要按转了这套软件就可以进行客户关系管理了。客户关系管理其实是一种以客户为导向的企业营销管理的系统工程。所以企业要想实现客户关系管理，首先要引入客户关系管理的经营理念，然后借助于计算机等手段，才能达到目的。

(2) 客户关系管理的核心思想是"以客户为导向"。客户关系管理思想视客户为企业最重要的资产，将"以产品为导向"的营销模式转化为"以客户为导向"，这在客户关系管理中处处得以体现，不管是在市场营销和销售实现，还是在客户服务与支持等业务流程上，客户关系管理都把客户作为价值链中与自身同样重要的环节。

(3) 客户关系管理通过最有效的客户关系管理来提高企业的核心竞争力。企业通过经营每一个环节来提高客户满意度，增强客户对企业的忠诚度，从而实现企业的最佳客户管理，最终提高企业的核心竞争力。

(二) 会展企业客户关系管理的定义

由客户关系管理的概念可以推知，会展企业客户关系管理就是为会展活动组织者提供全方位的客户视角，赋予它更完善的客户交流能力和最大化的客户收益率所采取的方法。

具体来说，会展企业客户关系管理是指会展活动组织者通过收集客户资料，在分析客户需求和行为偏好的基础上积累和共享客户信息，并有针对性地对不同客户提供个性化的会展专业服务，以此来培养客户对会展企业的忠诚度和实现会展企业与客户的合作共赢的一种管理策略和业务运作模式。

(1) 会展企业客户关系管理是以客户为资产的管理理念。资产在传统管理理念以及现行的财务制度中，仅指厂房、设备、现金、股票、债券等。随着科技的发展，虽然企业开始把技术、人才等也视为资产，然而这种划分资产的理念依旧是闭环式，而不是开放式的。因为无论是传统的固定资产和流动资产，还是新出现的人才和技术资产，都只是产品价值得以实现的部分条件，而不是完全条件，其缺少的部分即是产品价值实现的最后阶段，也是最重要的阶段，这个阶段的主导者就是客户。会展企业作为非物质性生产型的服务性企业，更需要视客户为企业的资产。

（2）会展企业客户关系管理是以更广泛内容为对象的营销整合。与其他物质性生产相比，会展企业面对的客户不再是用实物产品就能够满足的客户，而是那些想通过展会提供的服务获得更多市场份额的参展商和采购商，两种需求有较大差别，会展企业满足客户期望的难度更大，因而会展企业客户关系管理是对更广泛对象的整合，主要包括了参展商和大量的采购商。此外，从营销角度来看，会展企业客户关系管理打破了传统的以4Ps为核心的营销方式，将营销重点从客户需求进一步转移到了客户保持上，保证会展企业把有限的时间、人力、资金等资源直接集中在这个关键任务上，实现对客户的整体营销。

三、会展企业客户关系管理的目标和作用

（一）会展企业客户关系管理的目标

会展企业实施客户关系管理的目标，就是实现企业与客户之间的合作，共赢共荣。对会展企业来说，实施客户关系管理不仅可以识别出新的客户关系细分群体，赢得新客户，吸引流失的客户回归，从而增加企业拥有的客户数量；而且可以通过培育客户对展会的忠诚度，挽留和发展有价值的客户，开展与客户的长期合作关系；还可以通过有针对性的个性化服务来提高现有的购买数量，扩大会展企业的展位销售，增加观众数量。对于客户来说，会展企业的各种个性化服务手段可以满足自己的特殊需求，提升自己的参展（观展）效果，实现自己参展（观展）的具体目标。

（二）会展企业客户关系管理的作用

客户关系管理是一个将客户信息转化为积极的客户关系的循环往复的过程。对于会展活动的组织者来说，会展企业客户关系管理能起到提高服务质量、增加销售量、降低销售成本、提高客户满意度等作用。

（1）提高服务质量，增加销售量。会展企业客户关系管理是一种以客户为导向的服务管理模式，在信息技术的支持下，通过分析客户的不同需求，制

订有针对性的服务营销计划,为客户提供个性化服务。这样不仅有助于提高会展企业服务质量,而且可以增加展位销售数量。

(2) 降低销售成本。有研究表明,开发一个新客户的成本比保留一个现有客户的成本要高出 5 倍。有效的会展企业客户关系管理,一方面可以留住更多老客户;另一方面可以减少开发新市场的成本,从而可以降低销售成本。在开发新市场的时候,通过客户关系管理系统提供的信息资料进行分析、整理,有利于市场开发人员识别有价值的潜在客户,避免盲目性,节约开支。

(3) 保留会展企业重要客户。参展商与观众参加展会的主要动机和需求可以通过客户关系管理系统提供的信息进行分析而获得。展会组织者以个性化的服务手段来满足不同客户的需求,提升客户参展(观展)效果,达到客户预期的参展(观展)目标,从而提高客户满意度,实现企业与客户之间的双赢。这样,会展企业与客户之间的合作关系才能更加牢固,展会才能长盛不衰。

四、会展企业客户关系管理的技术支持

会展企业客户关系管理的技术支持来自三个方面:会展经营管理战略支持、会展营销战略支持和 CRM 应用软件系统支持。

(一) 会展经营管理战略支持

要做好会展企业客户关系管理工作,需要会展企业经营管理者提高认识,从战略高度予以支持。要让所有员工都树立客户关系管理理念,制定相关的行为准则,在业务流程、具体操作和管理控制方面能有效执行。

(二) 会展营销战略支持

会展企业客户关系管理需要融合到会展营销的战略中去,并在具体执行时贯彻执行。从会展营销的角度来看,企业与客户之间有效的沟通,只有通过各种营销手段并为客户提供个性化服务,才能赢得客户的信任。因而,会展企业客户关系管理需要会展营销战略的支持。

(三) CRM 应用软件系统支持

要实施客户关系管理,会展企业也需要借助于计算机手段,即需要有一套符合单位实际的 CRM 应用软件系统。从技术角度来看,CRM 是一个管理信息系统,它以客户中心理念为基础,支持企业实现客户导向的管理模式。

第二节　会展企业客户关系管理的内容、流程和策略

近年来，随着我国会展业的快速发展，各类展会以及参展商、观众的数量都在大幅度增长，但由于会展企业缺乏对客户关系管理的认知，企业在与客户的沟通和对客户关系科学管理方面依然存在许多问题。因此，在经济全球化与产业信息化进程日益加快之际，提高对客户关系管理的认识并实施客户关系管理策略，已经成为新时期我国会展企业持续发展的必然途径。

一、会展企业客户关系管理的内容

一般来说，会展企业客户关系管理主要包含三个方面的内容：客户信息数据库的建立、客户关系的建立与维护以及与客户的信息交流。

（一）客户信息数据库的建立

会展企业客户关系管理首先要明确服务管理的对象，会展企业的客户主要是参展商、观众和会展服务商，而核心业务客户是参展商和专业观众。要为客户服务，进行客户关系管理，必须要收集关于他们的完整信息与资料，即建立客户信息数据库。

（1）参展商信息数据。参展商的信息数据包括企业信息、人员信息以及展出信息等。参展商的有关信息可以通过行业企业名录、商会和行业协会、政府主管部门、专业报刊、同类展会、专业网站以及电话黄页等途径进行收集，参展商的信息数据除了要收集他们的名称、地址、联系方式、联系人等基本信息外，还要收集关于他们的产品种类、目标市场、企业规模等信息。收集到这些信息数据后，借助计算机和网络技术，就可以建立参展商的数据库了。

（2）专业观众信息数据。专业观众的信息数据主要途径是通过现场报到处和观众注册登记表来完成。当然，也可以通过专业机构对现场采购商进行调研，了解他们的动机与需求。同时，可以利用现代化信息技术手段，记录观众在展会现场进出各展馆、访问各展台、参加有关会议和活动等行为信息。

建立客户信息数据库需要注意的一点是，要有科学的数据分类标准并按照标准对数据进行分类，易于查找与检索，同时要确保这些信息准确真实、更新及时。

(二）客户关系的建立与维护

制定具体的管理策略来推进客户关系发展，与有潜力的客户建立互相信任的合作关系，这是会展企业进行客户关系管理的根本出发点与最终落脚点。客户信息数据库建立后，会展企业进行客户关系管理的重要内容就是根据所收集的客户信息，区分客户类别，针对不同的客户类型，投入不同数量的资源，采取不同的管理措施。

（三）与客户的信息交流

实现有效的信息交流是建立与保持会展企业与客户之间良好关系的途径。会展企业与客户信息沟通的主要内容有两个方面：一是会展企业充分利用现代化信息技术手段及时将企业的产品与服务信息提供给参展商、观众以及会展服务商，并给予这些客户以技术支持和良好的售后服务；二是会展企业要从客户那里收集到关于客户对会展活动的评价与建议等重要信息。客户所反馈的信息，既是衡量会展企业承诺实现程度的重要依据，又是会展企业及时发现会展活动举办过程中出现相关问题的重要途径。如何处理好客户的投诉，满足客户的需求，维护客户的利益，赢得客户的信任，对于会展企业来说非常重要。

二、会展客户关系管理的流程

客户关系管理是一个通过积极使用信息和不断从信息中学习，从而将客户信息转化为客户关系的循环过程（如图7-1所示）。会展企业客户关系管理的流程主要包括收集客户信息、制定客户方案、实施互动反馈和评估活动绩效四个环节。这一流程从建立客户知识开始，直到形成高影响的客户互动。期间需要会展企业采用各种策略，建立并保持与客户的关系，进而形成客户忠诚。

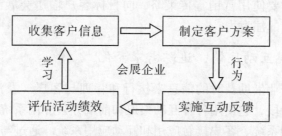

图7-1　会展企业客户关系管理流程示意

（一）收集客户信息，发现市场机遇

会展企业客户关系管理流程的第一步就是分析会展市场客户信息以识别市场机遇和制定投资策略。它通过客户识别、客户细分和客户预测来完成。

（1）会展客户识别。会展企业所面对的客户市场是一个广泛复杂的群体，不同的客户有着不同的参展动机和需求。会展客户识别即在广泛的客户群体中，通过各种客户互动途经收集详细的数据，包括客户资料、消费偏好以及交易历史资料等，储存到客户数据库中，然后将不同部门、不同对象的客户数据库整合成为单一的客户数据库。同时把它们转化成为管理层和计划人员可以使用的知识和信息，使其从中识别出有参展需求的客户。

（2）会展客户细分。通过集中有参展需求的客户信息，会展企业可以对所有不同需求信息之间的复杂关系进行分析，按照需求差异进行客户市场细分并描述每一类客户的行为模式。会展企业从而可以根据展会的主题定位，从中选择某些客户需求群体进行专门的市场营销举措。

（3）会展客户预测。会展客户预测是通过分析目标客户的历史信息和客户特征，预测客户在本次会展活动以及在各种市场变化与营销活动情况下，可能的服务期望和参展行为的细微变化，以及以此作为客户管理决策的依据。

（二）制定客户方案，实施定制服务

制定客户方案即为针对客户类别，设计适合客户的服务与市场营销活动。现实中企业对于各类客户通常是一视同仁的，而且定期进行客户活动。但是用客户关系管理的观念来看，这样做显然不合算，它要求会展企业在全面收集客户信息的基础上，针对项目客户，预先确定专门的会展活动，制订服务计划。这就加强了会展企业营销人员以及会展服务团队在会展活动前的有效准备和活动期间的针对性服务，提高了会展企业在客户互动中的投资机会。在这一流程中会展企业通常要使用营销宣传策略，向目标客户输送会展活动各项服务信息，以吸引客户的注意力。

（三）实现互动反馈，追踪需求变化

这是会展企业借助及时的信息来执行和管理与客户（及潜在客户）沟通的关键性活动阶段，它使用各种互动渠道和前端办公应用系统，包括客户跟踪系统、销售应用系统、客户接触应用和互动应用系统。通过与客户的互动，会展企业可以随时追踪有关参展商的需求变化及参展后的有关评价，并不断修改客户方案。以往市场营销活动一经推出，通常无法及时监控活动带来的反应，效果如何最后以销售成绩来判定。客户关系管理系统却可以对过去市场营销活动的资料进行相关分析，并且通过客户服务中心及时地进行互动反馈，实时调整进一步的营销活动。

（四）评估活动绩效，改善客户关系

这是会展企业客户关系管理的一个循环过程即将结束时，对所实施的方案计划进行绩效分析和考核的阶段。客户关系管理通过各种市场活动、销售与客户资料的综合分析，将建立一套标准化的考核模式，考核施行成效；并通过捕捉和分析来自于互动反馈中的数据，理解客户对企业各项营销活动所产生的具体反应，为下一个客户关系管理循环提出新的建议，以此不断改善会展企业的客户关系。

三、会展客户关系管理的策略

会展企业通过各种营销渠道获取客户，并与客户建立稳定联系，然后就是客户关系维护，并想方设法将客户发展成为企业的忠诚客户。因此，会展企业在客户获取、客户维护和客户忠诚三个阶段可以采取不同的策略，以便于会展企业能更好地实施客户关系管理。

（一）客户获取策略

会展企业要生存首先要有客户支持，因此客户关系管理的第一步是获取客户，即建立客户关系。关系是双方的，企业要与客户建立关系，一方面企业要寻找目标客户；另一方面，要让客户了解企业。只有双方都可以从对方的交换中获取合理的利益时，这种关系才可能达成。因此，建立客户关系的首要原则是"公平合理"。对一次会展活动而言，这种公平合理体现在：客户的参展可以为会展企业带来可观的经济和社会效益，并为展会带来适当水平和档次的产品，保证展会质量，提高企业美誉度；同时，会展企业为参展客户提供一个展示自己产品的平台，在专业技术和服务的包装下，达到拓展销路的市场的目的。这种互利是双方建立关系的前提。具体措施主要包括：

（1）加强展会宣传力度，形成对客户的吸引力。会展企业某次会展项目主题一经确定，首先要加强对外宣传，让更多的客户了解进而产生参展愿望。大多数参展商表示对展会的规格、知名度、同类参展商、主办者的名头、会展企业的资质等要素十分在意。因此，针对目标客户的需求，会展企业需要通过各种有效的传播手段向客户报道有关信息，阐述会展项目与相关服务措施。将

这些信息迅速、准确地输送给客户，争取客户的支持与信任，把他们吸引到自己的活动中来。

（2）提高管理与服务水平，建立良好第一印象。企业通过宣传将客户吸引到会展活动中来，还需要通过高效、完备、便捷、优质的服务，建立良好的第一印象，赢得客户信任，进一步留住客户。这就要求会展企业按照国际惯例办事，按照国家标准为客户提供现代化、个性化、人性化的服务。

（二）客户保留策略

作为组展机构，会展企业长期的工作目标就是要加深、牢固与客户的关系，尽可能留住客户，建立客户忠诚。具体而言，会展企业需要做到以下几点：不断寻求增进关系的方法；理解、满足甚至超越参展客户的期望；预计参展客户可能出现的问题，尽所能去解决。这就要求会展企业对参展客户的需求变化充分把握，同时了解客户参展的业务与参展目的，帮助他们增加利润。

（1）追踪与满足客户的服务需求。只有不断满足客户的需要，才能取得他们的长期信任。会展客户的需要因人而异，需要有针对性地予以满足。最有效地了解参展客户需要的方法就是直截了当地发问，而座谈会、调查表和电话访问都是捕捉客户信息的常规方法。参展商的需求在不断变化，因此这些调查也是长期需要做的。然而捕捉信息只是第一步，要建立长期相互信任的关系，关键还在于会展企业要倾听和付诸行动。参展客户都希望组展机构关心他们，真正为他们的成功而努力。

（2）关注与提高客户的参展交易额。客户参展的直接目的是想通过展会拓展销路和市场，达成产品交易，从中获利。如果参与购买的客户少或质量不高，参展商不能取得预期收益，他们与组展机构的关系就很难保持，会展企业的市场就会逐步萎缩。因此，会展企业要想从根本上留住客户，就需要关注客户在展会上的交易情况，有效组织贸易商，增加参展商的交易额，提高其参展效益。会展企业要增加目标观众，必须制定渠道策略，建立高效畅通的会展渠道。

（三）客户忠诚策略

客户忠诚既可以界定为一种行为，也可以界定为一种心态，一系列态度、信念、愿望等，是一个综合体。它的某些组成因素对企业而言确实非常琐碎，但对客户而言并非如此。会展企业得益于客户的忠诚行为，而这种行为源于他们的心态。忠诚也是一种相对而言的心态，它排除对其他一些会展组织者的忠诚，但并不是排斥所有其他组织者，比如一名客户可以对一个以上、但彼此相竞争的供应商保持忠诚。同时，我们反对单纯提高客户忠诚度的说法，而提倡会展企业与参展客户彼此忠诚，两者之间建立平等对待、彼此尊重的忠诚关系。因此，保持客户忠诚关键的一点就是，组展机构应主动开展显示企业忠诚的工作和态度。忠诚的客户希望得到比不忠诚的客户更好的关系，期望从企业这里得到忠诚，无论它以何种形式提供。

（1）实施促销激励。实施促销激励是企业奖励忠诚客户的最常用方式，如价格折扣、免费或低成本地促销产品和服务等，这种现象在会展活动中很常见。

（2）加强彼此联系。参展客户参加完展会并不代表会展企业和他们的合作关系就到此为止了。为了维持长期的合作关系，会展企业可以通过一定的途经，向参展客户无偿提供一系列会展方面的信息，为重点参展客户提供会展知识服务以及优先保证他们参加会展企业组织的各种培训、讲座等。

第三节 会展企业客户关系管理系统的实施

一、会展企业客户关系管理系统的功能

客户关系管理系统是企业进行客户关系管理的重要手段，客户关系管理工程的技术核心是利用现代科学技术有效地分析和建立客户数据集成及互动的信息沟通系统，利用相配套的软件为客户提供在线或24小时的有效服务。在我国，进入21世纪以来，一些银行、保险、通讯、旅游、民航等行业率先开始导入客户关系管理系统，利用专业化的呼叫中心为客户提供免费咨询服务，以此提高企业的服务质量，强化专业化的售后与咨询服务，吸引并留住客户，提升客户对品牌的忠诚度。

具体到国内会展企业来说，客户关系管理系统的功能突出体现在提高客户管理功能、客户渠道管理功能和决策支持功能三个方面。

（一）客户管理功能

在国内大多数会展企业内部，客户管理工作一直以来都是各部门各负己责，没有一个部门可以完全掌握客户信息。例如，营销部门只掌握客户的档案信息和销售信息，财务部门只掌握资金信息和财务状况信息，售后部门只负责

对企业产品进行维护和更新。这些部门从表面上看十分重视客户关系管理工作，但实际上各部门信息不能有效沟通和协调，给客户管理带来很多不便。而客户关系管理则打破各部门信息的封锁壁垒，整合了原本属于各部门分散管理的客户信息，极大地提高了客户管理的能力。

（二）客户渠道管理功能

现今客户与会展企业交流的渠道越来越多。过去，会展企业往往是通过上门推销、电话咨询来获得客户信息。现在，客户可以进行电话订货和网上订货，会展企业可以通过互联网、自动语言系统、呼叫中心服务等多种渠道和客户进行交流。这些互动渠道使得企业与客户的信息交流效率得到很大提高，会展企业能够利用这些渠道对客户做出即时反应，提高企业对交流渠道的管理能力。

（三）决策支持功能

完整的客户关系管理系统强调客户信息的完整性。会展企业客户关系管理系统利用数据库将客户信息系统地存储与管理，通过对大量客户信息的对比分析，最终将宝贵的客户信息转变为客户知识，实现对客户的分级分类管理，针对不同的客户开展个性化的服务与管理。同时也可以采用数据挖掘技术和数据库技术对客户信息进行更深入的分析。

二、会展企业客户关系管理系统总体框架

会展企业客户关系管理涉及企业经营管理的各个环节，但主要是营销、销售、售后服务等与客户关系密切的部门。在会展企业中，客户关系管理系统处于业务的中心地位，它主要起着信息采集、转换、集成、交互、分析和反馈的作用。通过客户关系管理系统统一的业务平台，会展企业能将各部门的信息有机地集成起来，实现信息共享，并在此基础上加快各部门对客户需求的响应速度，帮助企业提高工作效率、改善服务质量。

会展企业客户关系管理系统主要由市场分析、市场营销、会展服务、客户信息四个子系统组成。只有各子系统协同工作，才能保证信息流在系统间循环流转，使会展企业在对客户详细资料进行深入分析的基础上，采取相应的客户管理措施，提高客户满意度。会展企业客户关系管理系统的总体框架如图7－2所示。

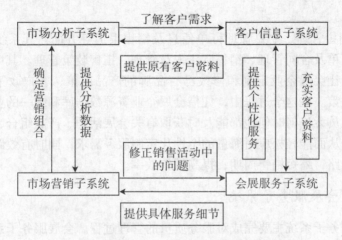

图7-2 会展企业客户关系管理系统总体框架

（一）市场分析子系统

会展企业客户关系管理系统的市场分析子系统具有强大的市场分析功能，它以大量的会展消费数据为基础，科学地进行电子化的客户分析和市场研究，其最终目标是帮助企业明确市场定位，实现效益最大化和客户关系最优化。该系统的客户消费行为分析在于及时掌握客户的动态信息和消费习惯，为客户提供全面、满意的服务，尽可能延长客户关系生命周期。同时，通过对客户消费行为的分析，实现对客户消费趋势的预测，为企业决策提供重要参考依据。客户消费行为包括客户细分、客户消费特征分析、客户对比分析、客户消费行为影响因素分析和客户异常情况分析等内容。市场分析子系统主要回答这样几个问题：谁是我们的客户？我们的客户有哪些类型？每一类客户有什么样的消费特征？客户群体在空间上如何流动？等等。

（二）市场营销子系统

市场营销子系统根据市场分析结果和客户具体情况，为会展企业管理层提供会展营销策划和计划实施的依据。该系统的主要功能如下：

（1）营销策略制定。主要解决电子商务环境下需要采用什么样的营销策略的问题。具体来讲，会展企业通过对会展客户和市场的分析，结合与客户交流的过程，找准客户看中的会展产品的重要属性，并选取合适的促销手段向客户传递会展产品信息。

（2）市场竞争战略制定。主要是对行业竞争者分析，包括了解竞争对手的优势和不足，评估竞争对手的未来目标和战略部署，这有助于企业深入了解竞争对手。

（3）销售管理。主要管理订单信息及销售渠道等方面，其系统功能主要包括销售订单及合同管理、销售队伍人员管理、销售政策管理。其中，销售政策管理可以让会展企业定制和修改已有品牌的产品政策、客户政策、佣金政策、渠道政策。在这个过程中，凭借会展企业资源数据库和统一的业务操作平台，销售人员无论何时何地都能及时获取有关会展活动、产品组合、定价等方面的信息，从而能轻松应对海量的个性化定制服务需求，同时有效跟踪众多复杂的销售线路，缩短销售周期，提高销售效率。

（三）会展服务子系统

会展服务子系统主要完成对服务质量的管理过程。会展服务子系统可以提高客户服务代表的服务质量，增强服务能力，从而更加有效追踪服务中出现的问题，并迅速准确地根据客户需求为客户提供个性化服务，从而延长客户关系生命周期。会展企业可以通过了解客户需求，向客户建议其他的产品或服务，来提高企业的经济效益。

（四）客户信息子系统

客户信息子系统是详细记录会展活动前期、中期、后期三个阶段会展企业客户的详细资料的模块，主要包括客户基础数据库和客户评价模块两个方面。

（1）会展客户基础数据库。它是客户关系管理系统的信息心脏，是客户信息集成和企业借以决策和快速反应的依据。会展企业客户基础数据库一般包括客户的基本信息、联系人信息和产品信息等，这些信息都是会展企业在与客户认识、交流过程中逐步建立起来的信息库。

（2）客户评价模块。该模块通过与营销信息和企业其他客户接触部门的数据连接，完成客户信息查询，以便于会展企业其他员工在与客户再接触时能改善服务质量，同时也能调整一定的营销策略，并且进一步通过该模块的客户交易管理功能实现对客户信息的收集，真实地评估客户的价值，从而确立企业的忠诚客户群。

三、会展企业实施客户关系管理系统应该注意的问题

（一）树立"以客户为中心"的服务理念

会展客户关系管理需要"以客户为中心"理念作为行动的指导思想。目

前许多会展企业各部门仍然分头行动，并没有有效地转变观念。没有建立起"成果共享"的团队意识，同时，会展企业"以客户为中心"的客户关系管理理念是否真正贯彻到了工作流程中，又是否真正提高了用户满意度，还有待进一步确定。比如，销售人员往往从完成销售额的角度出发进行推销，客户在购买之后才发现服务和产品性能并不像当初销售人员所描述的那样，因而感到不满。这些常见的问题都是由于公司的运作流程没有按照"以客户为中心"的宗旨去设计实施，而是各部门从自身利益出发，各自为战、多头出击的结果，在短期内即使可以赢得订单，但却损害了与客户的长期合作关系。

（二）应用之前应实行系统可行性分析

会展企业实行客户关系管理系统的可行性评估不只是一种技术评估，更是一种文化评估。从其他企业实施客户关系管理的经验来看，成败的关键主要在于企业文化的变革上面。需要实施客户关系管理的会展企业，其首要问题不是去购买软件，而是应该聘请有丰富经验的专业咨询管理公司对企业进行诊断，明确问题的所在：哪些问题可以通过技术解决；哪些问题需要通过战略调整解决；哪些问题需要通过观念转变、文化重造解决。只有这些看似"软件"方面的问题解决了，会展企业实施客户关系管理系统才能水到渠成。经过可行性评估之后，可能得出以下几个结论：企业不必实施客户关系管理系统；企业不适宜实施客户关系管理系统；企业宜暂缓实施客户关系管理系统；企业亟须实施客户关系管理系统；等等。会展企业应根据评估结果正确地对待客户关系管理系统，明白并不是所有问题都可以通过客户关系管理系统来解决，也并不是所有会展企业都适宜实施客户关系管理系统，只有企业实际情况与客户关系管理系统相匹配时才能发挥它最大的功能。

（三）明确客户关系管理战略目标

会展企业在实施客户关系管理系统之前，首先应明确目标，其次应规划好目标，因为实施客户关系管理系统的真正目标应该是通过客户建立适当的关系，整合会展企业和社会的优势资源，提高企业竞争力，从而提高会展企业效益。在真正明确实施客户关系管理系统的目标之前，会展企业应与专家顾问认真研究，提出会展企业短期、中期、远期的目标和直接、根本目标，目标的不确定会导致客户关系管理系统实施的失败。另外，目标也不应定得太高，因为目标越高，工程越大，不确定性因素越多；同时，会展企业客户关系管理系统现在也还处于开发阶段，技术还有待完善。

本章小结

会展企业的客户主要包括参展商、观众和会展服务商。会展企业客户关系管理就是会展活动组织者通过收集客户资料，在分析客户需求和行为偏好的基础上积累和共享客户信息，并有针对性地对不同客户提供个性化的会展专业服务，以此来培养客户对会展企业的忠诚度和实现会展企业与客户的合作共赢的一种管理策略和业务运作模式。客户关系管理的核心思想是"以客户为导向"。

 本章关键词

客户关系管理　会展企业客户关系管理

 复习思考题

1. 简述会展企业客户关系管理的含义。
2. 简述会展企业的客户类型。
3. 简述会展企业客户关系管理的策略。
4. 简述会展企业客户关系管理的目标。

 综合案例

爱奇会展签约8Manage　开启展览服务信息化管理

IDG爱奇会展有限公司（以下简称"爱奇会展"）是美国国际数据集团（IDG）在中国的分支机构。公司致力于专业的展览及会议的组织工作，凭借自身的行业优势和丰富的专业经验，每年在中国主办20多个国际展览会及专业会议。核心主题包括IT、通讯、消费电子产品、环保、风险投资、文化与艺术等。

会展行业是一个依靠服务竞争的行业，客户服务在整个会展管理中占据至关重要的位置。随着企业会展规模的逐渐扩大，爱奇会展拥有的客户数量越来越多，客户类型也越来越复杂，如何对繁杂的客户信息进行系统管理，确保客户信息实时跟进，成为爱奇会展亟须解决的问题；同时，由于会展项目众多，企业需要一个现代化的管理系统，来跟进客户沟通直至交易达成，提高销售效率。最后，爱奇会展希望借助信息化系统，进行精准的客户营销分析，提高市场推广活动的效益。

针对企业的信息化管理需求，爱奇会展希望尽快上线一套客户关系管理系统，进行高效的客户信息管理和展览服务管理，实现以下方面的提升：

（1）客户信息实时跟进，全程记录客户跟进和沟通过程，并支持灵活的客户信息查询。

（2）业务全流程管理，从展览项目规划、宣传、销售跟进到交易达成，管理层可以通过系统实时查看业务人员的跟进状态，进行资源调配和任务指派。

（3）精准的客户营销分析。通过嵌入式商业智能分析系统快速收集、统计和分析市场营销数据，并形成可视化的信息报表，为企业决策提供数据支持。

（4）系统还支持移动 APP 功能，业务人员即便身边没有电脑，也可以随时随地查询客户信息、跟进客户沟通。

在选型过程中，经过多方对比，爱奇会展了解到 8Manage CRM 在功能上完全满足他们的上述需求，具有极高的匹配度。同时，8Manage 丰富的信息化管理项目实施经验也深深地吸引着爱奇会展。于是，双方很快确定了合作意向，共同为爱奇会展开展企业管理信息化项目。

8Manage CRM 是一个先进的业务解决方案，它采用了先进的网络技术，并嵌入了企业管理行之有效的方法，不但能满足企业的期望，提供一个高品质 CRM 解决方案所应有的全部功能；更超越期望，使这些功能通过嵌入式工作流、提示、提醒和通知完美地协同工作，从而使 8Manage 的操作成为一个简易而又有收获的体验。

一、销售团队自动化

1. 提高销售团队效率

（1）充分利用您的客户和联系人信息。

（2）充分利用您的潜在客户。

（3）机会管理与收入预测。

（4）报价单与交易管理。

2. 销售绩效评估与销售报表

8Manage CRM 提供了个性化的实时销售概览和销售 KPI，帮助您有效地进行销售绩效评估和快速地掌握销售概况。销售经理和销售人员可根据需要设置不同的信息筛选条件，以查看其关注的销售报表及销售绩效。并且，8Manage CRM 提供了多种可自定义的即装即用销售绩效报表格式，方便您根据需要快速创建各种销售管理报表。

（1）跟踪各个销售阶段的销售绩效。

（2）销售收入与销售配额管理。

（3）销售收入预计与报表。

二、客户信息管理

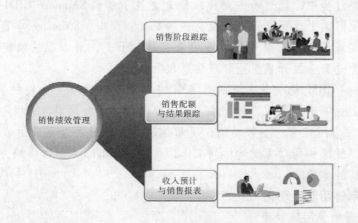

1. 客户信息管理

8ManageCRM 提供了功能强大、操作简便的客户信息管理库，帮助您有效地获取、更新和管理客户和联系人信息。这些信息包括：

（1）客户基本信息。

（2）公司的组织架构。

（3）客户的法律状况及其作为一个客户对我们的价值。

（4）客户的财务状况与信用状况。

（5）客户的联系人信息。

（6）客户的个人信息。

（7）客户的兴趣爱好与消费行为信息。

（8）客户沟通与行动记录。

（9）机会信息。

（10）客户与收入绩效。

(11) 合约与订单信息。
(12) 客户咨询单信息。

2. 客户信息库兼具广度和深度，是面向未来型的信息库

8Manage CRM 对客户信息的存储和管理既有广度也有深度，帮助您在同一平台集中管理所有客户信息。同时，为您提供灵活的自定义机制，让您无须进行编程即可根据业务需要定义所需的字段，适应业务的快速发展。

3. 客户细分与分析

8Manage CRM 提供嵌入式商业智能技术，可帮助企业轻松地获取、细分和分析客户以及客户联系人的信息。通过不同渠道获取的客户消费行为数据可用于生成标准分析报告，也可通过 8Manage CRM 搜索引擎的查询，生成自定义的市场细分报告。

三、市场营销管理

1. 通过电子邮件营销渠道发送市场营销信息

8Manage CRM 的电子邮件营销功能嵌入了商业智能技术，能够有效地帮助您设计个性化电子邮件，安排邮件的发送，实时跟踪电子邮件营销活动的进展。并且，8Manage CRM 还能够自动评估电子邮件营销活动的成果与投资回报率。

8Manage 嵌入式商业智能技术（这一技术可通过客户消费行为信息数据库的高级搜索功能对电子邮件收件人进行分析与选择）。

(1) 电子邮件内容管理。

(2) 电子邮件个性化执行。

(3) 营销结果与投资回报跟踪。

2. 市场营销费用管理与绩效跟踪

8Manage CRM 提供了灵活的机制，帮助您管理市场营销费用和实时跟踪市场营销的绩效。它支持单个营销活动和整个企业所有营销活动的费用预算编制和实际支出的实时跟踪，并能生成实际费用使用报表。

(1) 市场营销部的预算编制与费用实际支出跟踪。

(2) 单个营销活动的预算编制与费用实际支出跟踪。

3. 潜在客户管理

8ManageCRM 能够帮助您有效地获取潜在客户，自动为潜在客户指派合适的客户经理，并实时跟踪潜在客户的进展状况，确保客户经理已采取适当的行动。

(1) 潜在客户的获取与分配。

(2) 潜在客户的资格审核。

(3) 潜在客户的阶段转化。

四、会员管理

使用 8Manage CRM 的会员管理功能，您可以设计自己的会员及其忠诚度计划来留住客户和促成其他的交易。8Manage CRM 会员管理可以帮助您更接近高价值的客户，并更有效地影响他们的选择和行为。

8Manage CRM 会员管理允许您设计不同的会员类型和特权，系统可以自动执行不同级别的客户关怀，记录会员积分，并通知会员相关的特殊活动、赠品和折扣。8Manage CRM 会员管理也允许您为分布在不同地理位置的不同类型的会员设定促销规则，并管理与会员相关的赠品、优惠券和折扣。此外，8Manage CRM 会员管理还提供网络会员自助服务，允许会员查看他们的交易记录和所累积的积分，并用积分去兑换他们想要的奖品。

五、客户服务管理

1. 提供优质的客户管理

8Manage CRM 提供了丰富多样的客户服务支持，您可以选择不同的服务支持，搭配出最佳的服务组合，从而为客户提供及时、优质、高效的服务。标准化服务支持客户以"外部用户"身份登录系统直接联系其客服代表。

2. 支持客服代表的最佳工具

8Manage CRM 提供实时、全面且易于访问和使用的信息，帮助客服代表高效地开展工作。

(1) 客户资料。

(2) 客户运作信息、客户沟通与行动信息。
(3) 在线产品与服务目录。
(4) 在线知识库。

3. 客户服务绩效管理

8Manage CRM 帮助您实时跟踪和评估客服代表的服务水平，让您及时发现问题，解决问题，不断地提高客户服务质量与客户满意度。
(1) 实时的客户服务绩效报表。
(2) 客户咨询单上报报表。
(3) 客户满意度调查。

（资料来源：http：//www.xuanruanjian.com/art/123973.phtml）

■讨论题

爱奇会展实施客户关系管理对中小型会展企业有何启示？

第八章　会展企业财务管理

学习目标

①了解会展企业财务管理的概念、内容和目标；②理解会展企业财务管理所要遵循的原则；③掌握会展企业财务管理中的预算管理、风险防范和融资方式；④熟练运用财务报表来分析会展企业的财务状况。

会展经济是以会展企业为主体的充满活力和竞争力的市场，需要具备充满活力与竞争力的企业。进入 21 世纪以来，我国会展经济持续保持高速增长，市场竞争日益加剧，如何提升会展企业的活力与竞争力，已成为每一个会展企业亟待解决的问题。尤其在世界经济一体化影响下，我国许多会展企业开始参与世界市场竞争，会展企业经营管理日益复杂化，要求会展企业管理必须做到规范化、科学化、现代化，这一过程中会展企业财务管理往往处于会展企业管理的核心地位。会展企业在日常经营活动中，往往面临这样一些决策，例如如何筹措资金、如何使用和控制资金、如何使资金增值、如何合理分配等，这就是会展企业财务管理所要解决的问题。

第一节　会展企业财务管理概述

一、会展企业财务管理的定义

不同的学者对财务管理有不同的理解，目前主要有这样几种观点：美国学者认为，财务管理是在一定的整体目标下，关于资产的购置、融资和管理；企

业财务管理与经济价值或财富的保值增值有关,是有关创造财富的决策。我国学者余绪缨认为,企业理财是一种开放性、动态性和综合性的管理,就是围绕资金运动而展开的;王庆成、王化成则认为,财务管理是对企业的资金进行规划和控制的一项管理活动。此外,还有部分学者认为,财务管理是有关资金的获得和有效使用的管理工作。

综合上述观点并结合会展企业的实际情况,会展企业财务管理主要是对会展企业的资金及其运作过程进行规划和控制,是研究会展企业资金的融通与管理,也就是研究会展企业资金的筹集、计划、使用和分配,同时处理与以上资金活动有关的企业经济关系。因此,会展企业财务是指企业再生产过程中客观存在的资金运作及其体现的经济关系。会展企业财务管理就是企业再生产过程中组织各项财务活动,处理与各方财务关系的经济管理活动。简而言之,会展企业财务管理就是组织会展企业财务活动,处理会展企业财务关系。

二、会展企业财务管理的内容

会展企业财务活动是指资金的筹集、投放、使用、收回及分配等一系列行为。依据会展企业的财务活动过程及范围,会展企业财务管理的基本内容具体可以分为筹资活动、投资活动、资金营运活动和分配活动。

(一) 会展企业筹资管理

会展企业筹资管理的目标主要是从理清和权衡不同筹资渠道所体现的不同权益关系入手,采取适当的筹资方式,进行筹资决策,以尽可能低的资金成本和财务风险,筹集会展企业正常经营和投资所需要的资金。会展企业筹资管理的内容主要是筹资规模及其具体数量的确定、筹资渠道和筹资方式的选择、优化资本结构的决策与运筹等。具体来讲,会展企业筹资管理是指会展企业为了满足投资和用资的需要而进行筹资的一种行为。会展企业筹集资金即筹措和集中所需资金是企业资金运动的起点。在筹资过程中,会展企业一方面要确定筹资的总规模,以保证投资所需要的资金;另一方面要选择筹资渠道、筹资方式或工具,确定合理的筹资结构,以降低资金成本和筹资风险。

会展企业所筹资金形成两种性质的资金来源。一种是由所有者提供的,由所有者提供的资金是由债权人提供的,是企业的债务资金,是企业通过向银行借款、发行债券、融资租赁、利用商业信用等方式取得的资金。另一种是企业的自有资金,是企业通过吸收直接投资、发行股票、企业内部留存收益等方式取得的资金,其投资者包括国家、法人、个人等。企业筹集资金,表现为企业资金的流入；企业偿还借款、支付利息、股利以及付出各种筹资费用，表现为企业资金的流出。这种因为资金筹集而产生的资金收支，便是由企业筹资而引起的财务活动。

（二）会展企业投资管理

会展企业投资管理的目标是以投资风险－收益对称为原则，正确选择投资方向和投资项目，合理配置资金，优化资产结构和有效运用资产，以获得最大投资收益。会展企业投资管理的内容主要是流动资产管理、项目投资管理和资产结构优化管理等。具体而言，会展企业投资管理是指会展企业取得资金后，就要将资金投入使用，以获取最大的经济效益；否则，筹资就失去了目的和效用。

会展企业在投资过程中，必须考虑投资的规模，在确定的投资规模下，谋求企业最佳经济效益；企业还必须通过投资方向和投资方式的选择，确定合理的投资结构，以提高投资效率与效果、降低投资风险。会展企业投资可以分为广义投资和狭义投资两种。广义的投资是指会展企业将筹集的资金投入使用的过程，包括对内投资和对外投资两种投资方式。对内投资是企业内部使用资金的过程，如形成流动资产、购置固定资产及无形资产等；对外投资是对外投放资金的过程，如投资购买其他企业的股票、债券或与其他企业联营等。狭义的投资仅指对外投资。总之，无论狭义的投资还是广义的投资，都需要企业支付资金，而当企业投资变现时，则会产生资金的收入，这种因企业投资而引起的资金的收付，便是由投资活动产生的财务活动。

（三）会展企业资金收入与分配活动的管理

会展企业通过对内投资和对外投资取得收入。这种收入，首先要弥补生产经营耗费、缴纳、转税，差额部分为企业的营业利润；营业利润和投资净收益、营业外收支净额等构成企业的利润总额。利润总额在缴纳所得税前可以弥补前五个纳税年度内发生的亏损，当然实际弥补的亏损额是经主管税务机关按照税法规定核实调整后的数额。税前补亏后的利润总额余额按国家规定缴纳所得税形成净利润。净利润要提取公积金和公益金，分别用于扩大积累、弥补亏损和改善员工集体福利设施，其余利润进行投资者的收益分配或暂时留存企业作为投资者的追加投资。在会展企业财务管理中，必须注意的是，会展企业筹集的资金归结为所有者权益和负债两个方面，在对这两种资金分配报酬时，前者是通过利润分配的形式进行的，属于税后利润分配；后者是通过将利息等计入成本费用的形式进行分配的，属于税前分配。因此，企业的资金分配也有广义和狭义之分。广义的资金分配是指对企业各种收入进行分割和分派的过程；而狭义的资金分配是指对净利润的分配。随着分配过程的进行，资金退出或者留存企业，它必然会影响会展企业的资金运动，这不仅表现在资金运动的规模上，而且表现在资金运动的结构上，如筹资结构。因此，应依据一定的法律原则，合理确定分配规模和分配方式，以使企业的长期利益最大。收益分配管理的目标是从有效组织收入和控制费用入手，正确处理和落实企业与国家、投资者、债权人以及员工之间的经济利益关系，执行正确的股利政策和其他利益分配原则，合理进行收益与利润的分配。收益分配管理的内容主要是收益管理、费用管理、利润管理等。

（四）会展企业资金营运活动

会展企业在日常生产经营过程中使用资金，首先，要采购材料或商品，以便从事生产和销售活动，同时，还要支付工资和其他营业费用；其次，当企业把产品或商品售出后，便可取得收入，收回资金；最后，如果企业现有资金不能满足企业经营的需要，还要采取短期借款方式筹集所需资金。上述各方面都会产生企业资金的收付。这种因企业经营而引起的资金收支活动，就称为资金营运活动。会展企业的营运资金，主要是为满足会展企业日常营业活动的需要而垫支的资金，营运资金的周转与生产经营周期具有一致性。在一定时期内资金周转越快，就越是可以利用相同数量的资金生产出更多的产品，取得更多的收入，获得更多的报酬。因此，在使用资金过程中，应加速资金周转，提高资金利用效果。

总之，会展企业财务管理的各个方面，不是相互割裂、互不相关的，而是相互联系、相互依存的。正是上述互相联系又有一定区别的四个方面，构成了完整的企业财务活动。

三、会展企业财务关系

会展企业财务关系是指会展企业在组织财务活动过程中与有关各方面发生的经济利益关系。会展企业的财务活动表面上看是钱和物的增减变动，其实，钱与物的增减变动离不开人与人之间的经济利益关系，这就是会展企业的财务关系。会展企业财务关系体现着财务活动的本质特征，并影响着财务活动的规模和速度。会展企业财务关系包括会展企业与政府、投资者、受资者之间的财务关系，以及会展企业内部各单位之间的财务关系。

（一）会展企业与政府之间的财务关系

政府作为社会管理者，担负着维护社会正常秩序、保卫国家安全、组织和管理社会活动等任务，为会展企业生产经营活动提供公平竞争的经营环境和公共设施等条件，同时对企业所发生的行为进行监督，为此所引发的"社会费用"，须从受益企业的生产费用中扣除，从而形成具有强制性的纳税义务。因此，政府代表国家以收缴各种税费的形式，与会展企业之间产生财务关系，会展企业应照章纳税，这是一种强制性分配关系，同时也是监督与被监督的关系。

（二）会展企业与投资者之间的财务关系

会展企业与投资者之间的财务关系体现在企业的筹资环节，是指投资者向企业投入资金，企业向其支付报酬所形成的经济关系。从投资者性质划分，可以分为所有者权益投资与债务投资两种财务关系。会展企业的所有者要按照投资合同、协议、章程的约定履行出资义务，以便及时形成企业的资本，同时，拥有参与或监督企业经营、参与企业剩余权益分配的权力，并承担一定的风险；企业管理者利用资本进行营运，对投资者有承担资本保值、增值的责任，实现利润后，应该按照出资比例或合同、章程的规定，向其所有者支付报酬。一般而言，所有者的出资不同，他们各自对企业承担的责任也不同，相应的对企业享有的权力和利益也不相同。因此，会展企业与所有者之间的关系是风险与收益共存和以资本保值、增值为核心的剩余权益分配关系，体现着一种经营权与所有权的关系；企业管理者与投资者体现着受托与委托关系或代理契约关系。因此，会展企业与债权人之间的财务关系是指企业向债权人借入资金，并按借款合同的规定按时支付利息和归还本金所形成的经济关系。企业除利用资本进行经营活动外，还要借入一定数量的资金，以便降低企业资金成本，扩大企业经营规模。企业利用债权人的资金，要按约定的利息率及时向债权人支付利息；债务到期时，要合理调度资金，按时向债权人归还本金。因此，企业与债权人之间的关系是建立在契约之上的债务与债权关系。

（三）会展企业与受资者之间的财务关系

会展企业与受资者之间的财务关系体现在企业的对外投资环节，是指企业以购买股票或直接投资的形式向其他企业投资形成的经济利益关系。会展企业作为所有者，要按照投资合同、协议、章程的约定履行出资义务，以便及时形成企业的资本，同时，拥有参与或监督企业经营、参与企业剩余权益分配的权力，并承担一定的风险；会展企业作为受资者，利用资本进行营运，对企业有承担资本保值、增值的责任，实现利润后，应该按照出资比例或合同、章程的规定，向企业支付报酬。会展企业根据其出资的多少，承担相应的责任。因此，企业与受资者之间的关系是风险与共、以资本保值增值为核心的剩余权益分配关系，体现所有权性质的投资与受资的关系。

（四）会展企业内部各单位之间的财务关系

会展企业内部各单位之间的财务关系是指企业内部各单位之间在生产经营各环节中相互提供产品或劳务所形成的经济利益关系。在实行内部经济核算制和企业内部经营责任制的条件下，会展企业供、产、销各个部门以及各个生产单位之间，相互提供劳务和产品要计价结算。这种在会展企业内部资金使用中的权责关系、利益分配关系和内部结算关系，体现了会展企业内部各单位之间的经济利益关系。

四、会展企业财务管理的目标及其原则

会展企业财务管理目标，是指会展企业组织财务活动、处理财务关系所要达到的最终目的。它是会展企业财务管理的出发点和归宿，是评价会展企业财务管理活动是否合理的基本标准，也是企业目标的具体化。会展企业财务目标的选择体现了财务人员的工作立场。会展企业财务管理的目标与会展企业目标是分不开的。不同企业组织的管理目标有不同的要求，但其基本要求是一致的，即生存、发展、获利。会展企业要实现其基本目标，就必须搞好财务管理，处理好资金与经营、资金与各方财务利害关系人之间的关系。也可以说，会展企业目标是通过其财务管理目标来实现的。

在具体的生产经营环境下，会展企业财务管理要达到与企业目标相一致的财务目标，就必须要以一定的财务管理原则为依据。一般来说，会展企业财务管理所要遵循的基本原则有资源合理配置原则、收支平衡原则、成本效益原则、风险与效益均衡原则、分级分权管理原则和利益关系协调原则。

（一）资源合理配置原则

这里所说的资源，并不是普通意义上的资源，这里的资源通常特指经济资源。会展企业为过去的交易或事项形成的为企业所拥有的或控制的，将来会带来经济利益的各种经济资源，即通常所说的企业的资产。会展企业资产的主要功能是带来经济利益，但并不意味着拥有资产就一定会取得经济利益，更不意

味着取得最佳效益。资产所带来的经济利益的大小,在很大程度上取决于经济资源配置的合理与否。经济资源合理配置原则的核心是要求会展企业的各个相关财务项目必须在数额上和结构上相互匹配与协调,以保证人尽其才、物尽其用,从而获得较为满意的经济效益。资源合理配置原则也是处于市场经济条件下的会展企业财务管理所应遵循的一项重要原则。

(二) 收支平衡原则

会展企业财务管理的收支平衡是指资金收入与支出在一定时期内和一定时点上的协调平衡。会展企业资金的收支是资金周转的纽带,会展企业取得资金收入,意味着一次资金循环的终结,而当其发生支出,则意味着另一次资金循环的开始。要保证资金周转能顺利进行,就要求资金收支平衡。收不抵支,必然导致资金周转的中断或停滞;如果一定时期的收支总额达到平衡,但是支出在前,收入在后,也会妨碍资金的顺利周转。会展企业资金收支平衡取决于供、产、销的平衡,在实际的操作中,会展企业要坚持生产和流通的统一,使企业的供、产、销三个环节相互衔接,保持平衡。收支平衡,一方面,要开源节流,增收节支,量入为出;另一方面,要通过短期融资和对外投资来调剂资金的余缺,量出为入。

(三) 成本效益原则

会展企业的成本效益原则是市场经济条件下管理范畴的一项基本原则,因而也是我国市场经济条件下会展企业财务管理应遵循的基本原则之一。会展企业成本效益原则中的效益是指收益,成本是指与效益相关的各种耗费和价值牺牲。就处于市场经济条件下的会展企业而言,如果成本发生以后未取得效益,或者发生的成本大于所取得的效益,则出现亏损,就谈不上经济效益。成本效益原则是投入产出原则的价值体现,是会展企业再生产活动得以延续和发展的基本要求。就会展企业成本效益的关系来说,成本的耗费是效益取得的前提条件,而取得一定的效益则是成本耗费的直接目的,成本与效益是一对既对立又统一的矛盾。在会展企业财务管理中,成本效益原则的核心是要求会展企业在成本一定的条件下应取得尽可能大的效益,或是在效益一定的条件下应最大限度地降低成本。

(四) 风险与效益均衡原则

获取收益是市场经济条件下会展企业经营的基本出发点,而风险则是由未来情况的不确定性和不可预测性所引起的,是与收益的获取相伴随的一种客观现象。随着市场经济的发展和竞争的日趋加剧,会展企业在获取收益的同时会伴随较大的风险。在会展企业的经营管理中,风险与收益均衡原则的核心是要求会展企业不能承担超过收益限度的风险,风险与收益达到平衡,高风险必须有高收益,在收益既定的条件下,应最大限度地降低风险。从本质上讲,风险本身也是一种成本,若收益既定,承担较大的风险会直接导致效益的降低,承担超过收益限度的风险,会带来负效益。上述两种情况的出现都会对会展企业整体目标的实现产生不利影响,从而也会危及会展企业的发展甚至生存。有基于此,风险与收益均衡原则也是会展企业财务管理必须遵循的一项基本原则。

(五) 分级分权管理原则

会展企业财务管理的分级分权管理原则,就是在会展企业决策层的统一领导下,合理安排各级单位和各级职能部门的权责关系,充分调动各级各部门的积极性。在财务管理上实行统一领导、分级分权归口管理。会展企业财务管理的分级分权管理原则就是要按照管理责任与管理权限相结合的要求,将会展企业经营目标和财务目标按照各级各部门职权的大小,合理地分解到各级各部门,合理安排企业内部各单位在资金、成本、收入等管理上的权责关系。会展企业财务管理的主要权力集中在决策层的同时,要对基层管理等单位给予一定的财务权限,建立财务分级管理责任制。会展企业的各项财务指标逐级分解落实到各级单位,各单位要核算具体直接费用、资金占用等财务指标,定期进行考核,对经济效益好的单位给予奖励。会展企业财务部门是组织和推动其财务管理运作的主管部门,供、产、销等部门则直接负责组织各项生产经营活动,使用各项资金和物资,发生各项生产耗费,参与创造和实现生产成果。要在加强财务部门集中管理的同时,实行各级职能部门的分权管理,依据其业务范围规定财务管理的职责和权限,规定指标,定期进行考核。在会展企业财务管理中,统一领导下的财务分级分权管理是要求在会展企业财务管理中实行民主管理,包括专业管理和群众管理相结合。会展企业财务部门是专职财务管理部门,而供、产、销等部门的管理则带有群众管理的性质。

(六) 利益关系协调原则

会展企业与内外部当事人之间的关系,包括会展企业与投资人、债权人和内部员工等之间的关系,说到底是一种经济利益关系。会展企业与内外部当事人之间的利益关系,会因为种种原因而经常出现不协调甚至矛盾的情况,这种不协调如果不能得到及时解决,轻则影响各方的积极性,导致会展企业财务状况恶化和财务能力弱化;重则对效益产生不利影响,甚至引发社会问题。有鉴于此，会展企业财务管理必须把协调内外部当事人的利益关系问题作为一个极严肃的问题来对待。在会展企业财务管理中，利益关系协调原则的核心要求会展企业在收益分配中，包括税金的缴纳、股利的发放、利息的支付、工薪的计算等方面，既要保证国家的利益，也要保证自身和员工的利益；既要保证投资人的利益，也要保证债权人的利益；既要保证所有者的利益，也要保证经营者的利益。只有这样，才能不断改善财务状况，增强财务能力，为提高效益创造条件。由此可见，在市场经济条件下，会展企业财务管理遵循利益关系协调原则具有特别重要的意义。

五、会展企业财务管理的方法

为了实现会展企业财务管理目标，充分发挥财务管理职能，会展企业财务管理需要借助于一系列技术和方法进行管理。具体的会展企业财务管理方法包括财务预测、财务决策、财务计划、财务控制和财务分析。

（一）会展企业财务预测

会展企业财务预测是指利用会展企业过去和现在的财务活动资料，结合当前的变化情况，对会展企业未来财务活动的发展趋势做出科学的推测与估计。通过财务预测，可以明确会展企业未来发展方向，为会展企业决策提供依据。会展企业财务预测的目的是：通过对会展企业财务活动数据指标的预测，为会展企业决策提供科学依据；通过对会展企业财务收支变动情况的预测，确定会展企业未来的经营目标；通过测算各项定额和标准，为编制计划、分解计划指标提供依据。会展企业财务预测的内容涉及企业经营活动的全过程，一般包括生产预测、资金需要预测、成本费用预测、销售收入预测、利润总额与分配预测等。

会展企业财务预测的一般程序是：

（1）明确预测目标。会展企业应当根据决策的需要，针对不同的预测对象，明确财务预测的目标。

（2）收集整理资料。根据预测目标和预测对象，有针对性地收集有关资料，财务预测资料必须做到充分适当、完整可靠；同时，财务预测资料总是要针对一般事项来收集的，应当排除偶发因素对资料的影响；资料收集完毕后，还需要对各项资料进行必要的归类、汇总和整理，使资料符合预测需要。

（3）建立预测模型。按照预测的对象，找出影响预测对象的一般因素及其相互关系，建立相应的预测模型，对预测对象的发展趋势和水平进行定量的描述，以此获得预测结果。

(4) 评价预测结果。为了使预测结果符合预期要求，在定量分析的基础上，还需要对定量预测的结果进行必要的定性分析，做出必要的调整，这样就可以获得精确度较高的预测资料，为决策提供依据。

会展企业财务预测的方法包括定性预测和定量预测两种方法。定性预测是由熟悉会展企业情况和业务的专职人员或专家，根据过去的经验和专业知识，各自进行分析、判断，提出初步预测意见，然后通过一定的形式（如座谈会、讨论会、咨询调查、征求意见等）进行综合，作为预测未来的依据；定量预测主要是依据历史的和现实的资料，建立数学模型，进行定量预测。值得注意的是，以上两类预测法并不是相互排斥的，在会展企业财务预测的实际运作中，应当将它们结合起来，相辅相成，以便提高预测的准确性。

（二）会展企业财务决策

会展企业财务决策是指财务人员根据会展企业财务目标的要求，运用一定的方法，从各种备选方案中选择最优方案的过程。会展企业财务决策是在财务预测基础上进行的，它既是财务预测的继续，又是财务计划的前提。根据会展企业实际工作情况，会展企业财务决策的内容通常包括筹资决策、投资决策、股利决策和其他决策。其中，筹资决策主要解决如何以最小的资金成本取得企业所需要的资金，并保持合理的资本结构，包括确定筹资渠道和方式、筹资数量和时间、筹资结构比例关系等；投资决策主要解决投资对象、投资数量、投资时间、投资方式和投资结构的优化选择问题；股利决策主要解决股利的合理分配问题，包括确定股利支付比率、支付时间、支付数额等；其他决策包括企业兼并与收购决策、企业破产与重组决策等。

会展企业财务决策的基本程序是：

(1) 确定决策目标。根据会展企业实际经营需要，以预测数据为基础，从会展企业实际出发，确定决策期内会展企业需要实现的财务目标。

(2) 提出实施方案。根据确定的会展企业财务目标及收集到的会展企业内外有关财务和其他经济活动资料以及调查研究材料，结合市场变化的情况，设计出为实现会展企业财务目标的各种实施备选方案。

(3) 评价备选方案。通过对各种备选方案的分析论证、对比研究，主要是对方案的可行性及其经济效益进行分析研究，运用适当的决策方法，做出最优财务决策。

在具体的会展企业财务管理中，常用的决策方法有确定型决策、不确定型决策和风险决策三种。确定型决策是指那些状态空间唯一确定的决策；不确定型决策是指那些状态空间不唯一，决策者知道所采取的几种行动方案在不同状态下的收益指但不知道各状态出现概率的决策;风险决策又叫概率决策,指决策者知道各自然状态出现的概率以及各方案在各状态下的收益的决策。其中风险决策是比较常见一类决策,如决策树法。

(三) 会展企业财务计划

会展企业财务计划是采用一定的技术与方法对会展企业未来的财务活动做出适当的、合理的安排,是组织企业财务活动的纲领。编制会展企业财务计划就是将决策提供的目标和选定的方案形成各种计划指标,拟订保证计划指标完成的具体措施,协调各项计划指标之间的相互关系的过程。会展企业财务计划也是落实企业经营目标的重要措施。会展企业编制的财务计划主要包括筹资计划、生产经营计划、成本费用计划、利润和分配计划、对外投资计划等。会展企业财务计划的编制要做到科学性、先进性,力求反映企业的实际情况,满足客观经济规律的要求。

会展企业财务计划的一般程序是:

(1) 制订计划指标。按照会展企业实际情况及其生产经营条件和生产能力,运用科学方法,对选定的方案进行因素分析,确定对其有影响的多种因素,按照成本-效益原则,制定出系列主要计划指标。

(2) 提出保证措施。结合会展企业实际情况,做到合理安排企业人力、物力、财力,使之与会展企业经营目标的要求相适应。

(3) 具体编制计划。以会展企业经营目标为核心,以会展企业生产经营定额为基础,计算出会展企业计划期内资金占用、成本费用、收入利润等各项指标,并检查各项计划指标是否相互衔接、协调和平衡。

在会展企业财务计划的编制过程中,最常用的方法主要有平衡法、余额法、限额法等。然而,应当注意的是,在会展企业的具体经济活动中会展企业财务计划常常以财务预算的形式表现出来。会展企业财务预算是一系列专门反映会展企业在未来一定预算期内预计财务状况、经营成果以及现金收支等价值指标的各种预算的总称;会展企业财务预算是企业全面预算体系的重要组成部分。会展企业全面预算体系包括专门支出预算、业务预算和财务预算三大类。会展企业专门支出预算是专门针对企业某项投资或某类大额支出做出的专门安排,如资本支出预算、税金支出预算等;会展企业业务预算是与企业日常经营业务直接相关的预算,如销售预算、生产预算、直接材料预算、直接人工预算、制造费用预算、产品生产成本预算、销售及管理费用预算等;会展企业财务预算是以价值形式综合反映企业专门支出预算和业务预算的结果,也称为总预算,包括现金预算、预计资产负债表、预计损益表、预计现金流量表。

(四) 会展企业财务控制

会展企业财务控制就是依据会展企业财务计划目标，按照一定的程序和方式，来防止、发现与纠正财务计划执行的偏差，确保会展企业及其内部机构和人员全面实现财务计划目标的过程。在会展企业经济控制系统中，财务控制是一种连续性、系统性和综合性最强的措施，也是会展企业财务管理经常进行的工作。

一般而言，从不同的角度出发，会展企业财务控制可以分为以下四类：

(1) 按控制的时间，会展企业财务控制可分为事前控制、事中控制和事后控制。事前控制是指在会展企业财务活动尚未发生前所进行的控制，如事前的申报审批制度；事中控制是指在财务活动过程中所进行的控制，如按财务计划的要求监督计划的执行过程；事后控制是指对财务活动过程的结果进行考核和奖惩。

(2) 按控制的依据，会展企业财务控制可分为预算控制和制度控制。预算控制是以财务预算为依据对预算执行主体的财务收支活动所进行的控制；制度控制是以企业内部规章制度为依据进行的控制。前者具有激励性，后者具有防护性。

(3) 按控制的对象，会展企业财务控制可分为收支控制和现金控制。收支控制是对企业和各责任单位的财务收支活动所进行的控制，控制的目的是增加收入，降低成本，实现利润最大化；现金控制是对企业和各责任单位的现金流入和现金流出活动所进行的控制。由于会计采用权责发生制，导致利润不等于现金净流入，所以有必要对现金进行单独控制。

(4) 按控制的手段，会展企业财务控制可分为绝对数控制和相对数控制。采用绝对数控制时，对激励性指标规定最低控制标准，对约束性指标规定最高控制限额；采用相对数控制时，要求做到投入与产出对比、开源与节流并重。

一般来说，会展企业财务控制的步骤包括以下四个部分：

(1) 确定控制目标。财务控制目标一般可以按财务计划指标确定，对于一些综合性的财务控制目标，应当按照责任单位或个人进行分解，使之能够成为可以具体掌握的可控目标。

(2) 建立控制系统。即按照责任制度的要求，落实财务控制目标的责任单位和个人，形成从上到下、从左到右的纵横交叉的控制组织。

(3) 信息传递和反馈。这是一个双向流动的信息系统，它不仅能够自下而上地反馈财务计划的执行情况，也能够自上而下地传递、输送调整财务计划偏差的要求，做到上情下达、下情上报。

(4) 纠正实际偏差。即根据信息反馈，及时发现实际脱离计划的情况，分析原因，采取措施加以纠正，以保证财务计划的完成。

（五）会展企业财务分析

会展企业财务分析是以会展企业财务报告为基础，运用专门的分析方法，对会展企业的财务状况和经营成果进行解释和评价，为企业的投资者、债权人、管理者以及其他经济利害关系人进行经济决策提供依据。不同财务分析的主体，有不同的分析目的。会展企业债权人主要关心会展企业的资产负债水平和偿债能力；会展企业投资者主要关心会展企业的盈利能力和资本保值增值能力；会展企业管理者主要关注会展企业经营活动和财务活动的一切方面。在实际经济运行中，通过财务分析，可以了解会展企业运转是否正常，会展企业经营前景如何，会展企业有无资本潜力可挖，据以做出是否借款、是否投资、是否扩大生产经营规模以及是否调整企业经营战略等决策。政府相关部门主要关注会展企业的贡献水平。通过分析，可以了解企业对国家和社会的贡献水平，如会展企业上缴税金的情况、社会积累的情况，据以制定宏观经济调控政策，保持国民经济的良性运行。会展企业财务分析主要是分析会展企业的偿债能力和营运能力。在具体的会展企业财务分析中，主要运用对比分析法、因素分析法、比率分析法和趋势分析法来对会展企业财务状况进行分析。对比分析法是指将会展企业相关的财务指标进行对比，计算出财务指标变动的绝对数和相对数，并分析变动差异的一种方法；因素分析法是一种根据分析影响对象的主要因素，通过分析各因素变动对分析对象的影响程度的方法；比率分析法是指在同一财务报表的不同项目之间，或在不同报表的有关项目之间进行比较，计算出财务比率，反映各项目之间的相互关系，据以评价企业的财务状况和经营成果；趋势分析法就是将两个或两个以上连续的财务指标或比率进行对比，计算出增减变动的方向、数额和幅度，据以预测财务指标变动趋势的一种方法。会展企业财务分析依据的资料主要是企业编制的财务报告。同时，结合企业的日常核算资料、计划资料、行业先进企业的资料以及调查研究资料对会展企业财务状况进行分析。

第二节 会展企业财务预算管理

会展企业的年度财务预算，其框架结构一般由项目预算、部门预算、预计会计报表及相关附表三部分组成。其中，项目预算是会展企业财务预算的基础，应按各个项目单独编制，项目预算一般由项目经理或项目责任人编制；部门预算分为业务部门预算和管理部门预算，部门预算由业务部门和各职能部门编制，并上报企业财务部门汇总；预计会计报表及相关附表由财务部门负责编制、平衡和上报。

一、会展企业项目预算

（一）编制会展企业项目预算的方法

会展企业在编制从未运作过的新项目预算时，一是采用零基预算方法来编制，二是参考近期类同的项目决算来进行编制。在编制会展企业曾经运作过的老项目预算时，主要依据最近一次的项目预算，同时根据预计的业务量增减变动和现行价格进行调整与替代。

会展企业编制项目预算的具体方法如下：

（1）报账法。根据项目具体内容逐项编制，一般用于编制项目明细预算。

（2）目标毛利（成本）法。在对项目进行总体规划时可用此方法，以确定目标毛利或成本。

（3）本量利法。本量利法主要用于盈亏测算，在编制预算时可以利用本量利法的一些特性为项目预算服务，以此进行项目保本点和盈亏平衡点分析。同时，也可为进行敏感性分析提供数据资料。

（4）敏感性分析法。敏感性分析法是根据项目的销售量、单价、变动成本和固定成本的增减变动对项目盈利的影响程度，用最大最小方法进行测算的方法。

（二）编制会展企业项目预算应注意的事项

编制会展企业项目预算应注意以下事项：

（1）由于项目预算是会展企业财务预算的基础，会展企业盈利来源于各项目的毛利，全部项目毛利减去各项费用等于利润总额，所以要求业务部门经理、项目经理、业务员都要重视项目预算工作。

（2）编制项目预算在思想上不应有顾虑。项目预算是努力目标，并不一定是最终结果。一般而言，在编制预算前会对项目做一个预测，假定和规划一个框架，设立一些前提条件。在设定的框架和条件下，预测项目收入、成本和毛利。预算与实绩存在差异应是正常现象。

（3）要重视项目决算工作，认真做好差异分析。项目决算是项目总结的主要组成部分，是反映项目盈亏的数据资料，更是进行差异分析的重要依据。做好预决算差异的分析不仅能提供产生差异的原因，也为以后编制项目预算打下良好的基础，同时还能反映出项目的前景，为今后项目决策提供依据。

（4）通过事先编制项目预算能清晰反映各项目盈亏情况，便于对项目进行筛选，或寻找重点发展方向，及时调整企业经营活动。另外，项目预算还可以应对项目运作过程中发生的变动情况，以减少对项目盈利的影响程度。

（5）在编制项目预算时应做到能细则细，遵循稳健原则，统一规范。应根据已知数量及单价准确地计算出每项预算内容的金额。在编制项目收入时，必须考虑流转税、折扣、折让和佣金等因素。在编制项目支出时要适当留有余地，除了十分确定的内容外，其他应要留有5%～10%的不可预计费用。企业可制定统一税率（流转税）、费率（服务费率、人工费率）和利率（毛利率），以统一规范项目预算编制工作。

（6）编制项目预算能提高企业会计核算的准确性，体现收入成本匹配原则，有利于正确归集项目收入、成本和项目毛利的核算。在项目实施过程中，业务与财务应保持沟通，及时掌握预算进度，了解实绩与预算差异，便于及时调整业务。

（7）在编制出国项目预算时，应做好外汇的平衡。由于我国目前仍对外汇进出实行限制，对出国配汇还有控制标准等，故编制预算时应充分考虑到这些制约条件，以确保预算能得到顺利实施。

二、会展企业部门预算

在具体的会展企业运行中，会展企业部门预算主要包括业务部门预算和管理部门预算两个方面。

（一）会展企业业务部门预算

会展企业业务部门预算主要包括项目预算汇总和部门费用预算。其中，项目预算汇总主要是将部门各项目预算进行汇总，以整体反映部门年度项目总收入、成本和毛利；部门费用预算主要是预算部门年度产生的不能计入具体项目的费用，如通讯费、交通差旅费、业务招待费等费用。

（二）会展企业管理部门预算

会展企业管理部门预算主要包括管理费用预算、人力资源费用预算和财务费用预算三个方面。其中，管理费用预算主要是预算年度企业运行所必然发生的如办公房租金、水电费、日常管理费和办公费等费用,包括固定资产折旧和报废、低耗物品摊销等;人力资源费用预算主要是预算年度企业运行发生的人员工资奖金、计提奖金、员工福利和培训费等费用;财务费用预算主要包括利息净额、银行手续费、汇兑损益等。

三、会展企业财务预算的执行与控制

会展企业的财务预算一经批复下达,各预算执行单位就必须认真组织实施,将财务预算指标层层分解,从横向和纵向落实到各部门、各项目和各岗位,形成全方位的财务预算执行责任体系。企业应当将财务预算作为预算期内组织、协调各项经营活动的基本依据,并结合各会展企业展览周期的实际情况,将年度预算细分为月预算和季度预算,以分期预算控制来确保年度财务预算目标的实现。企业应当强化现金流量的预算管理,按时组织预算资金的收入,严格控制预算资金的支付,调节资金收付平衡,控制支付风险。企业和部门应当严格执行项目和费用预算,努力完成利润指标。在日常控制中,应当及时记录项目收入、支出和费用开支情况,与预算进行对比分析,加强适时的监控。对预算执行中出现的异常情况,有关部门和领导应及时查明原因,提出解决办法。企业应当建立财务预算报告制度,要求各预算执行单位定期报告财务预算的执行情况。对于财务预算执行中发生的新情况、新问题及出现偏差较大的重大项目,企业财务管理部门以及财务预算委员会应当责成有关预算执行单位查找原因,提出改进经营管理的措施和建议。会展企业财务管理部门应当利用财务报表监控财务预算的执行情况,及时向预算执行单位、企业财务预算委员会以至董事会或经理办公室提供财务预算的执行进度、执行差异及其对企业财务预算目标的影响等财务信息,促进企业又好又快地完成财务预算目标。

第三节 会展企业财务风险与防范

近年来,会展业行业总规模以年均20%的增长速度迅速增长,各类专业展览公司不断涌现,市场竞争日益加剧,客观地存在于会展企业经营活动中的财务风险也日渐增长。财务风险是经营风险发生的前兆与货币化的集中体现,一旦爆发会使企业经济损失严重,甚至导致企业经营失败。因此,会展企业经营管理者对此应予以充分重视,在了解财务风险表现的基础上,建立有效的风

险防范机制，以保障企业的健康发展。

一、会展企业财务风险的表现

财务风险是指企业在整个财务活动过程中，由于各种不确定性因素的影响所导致企业蒙受经济损失的机会和可能。按照资金运转过程，财务风险可分为筹资风险、投资风险、资金回收风险和收益分配风险。由于会展企业以经营展会及会议项目为主，该类项目的资金运转具有前期投入数量大、时间长，后期回收时间集中、风险较高的特点，因此其财务风险与其他企业相比表现不同。会展企业财务风险主要表现在筹资风险、投资风险、资金回收风险和收益分配风险四个方面。

（一）筹资风险

筹资风险是指由于负债筹资而引发的会展企业到期不能偿还债务的可能性，风险的高低取决于企业筹资方式、筹资期限、筹资数量及资金的运用与管理。会展企业一般依据所经营展会项目的大小及性质决定其筹资方式。目前，会展企业常用的筹资方式主要有：自有资金、政府资助、单位赞助和银行借款。一般中小型展会项目，前期要求资金投入较少，企业一般采用自有资金投入为主、政府资助为辅的筹款方式，很少运用借入资金方式，因此筹资风险几乎为零。规模大、周期长的展会项目，由于前期需要大量的资金投入，虽然有政府资助资金的进入，但也是杯水车薪，所以负债筹资就成了此类项目的必选方式；筹资风险便随之而来，其风险的高低受举债规模大小与所借资金运用管理好坏的影响较大。例如，企业举债规模过大，资金使用管理不善，将引发筹资成本过高、现金流入的期间结构与债务的期限结构不相匹配、现金支付困难等财务风险的发生。近年来，随着会展市场化、集约化的不断推进，负债办展渐渐成为众多会展企业追捧的方式，由此所带来的筹资风险正在逐渐增大。

（二）投资风险

会展企业投资风险是指会展企业投资不能达到预期效益及遭受损失的可能性。投资风险源于会展企业组织、决策与管理不力及外部突发因素的影响。例如，会展企业在组织展会项目招商前一般需要提前几个月甚至一年预订展览馆，为此企业要预付一笔可观的定金，如果企业决策错误，展会选题不当，招商将不尽如人意，甚至展览会将无法如期举办，就会给企业带来所付定金无法收回、前期投入高额成本无法得到补偿等投资风险。即使企业改变展会选题，延期执行展会项目,前期所有的投入也必须重新实施,双倍的资金投入,会使企业陷入入不敷出的财务困境。另外,自然灾害、宏观政策调整、流行病、突发性事件等因素的出现也会引发投资风险。例如,2005年"卡特里娜"飓风袭击美国南部沿海,新奥尔良地区100多万平方米的展览场地成了一片汪洋,众多展会不得不宣布取消或延期,许多展览公司不仅为此损失上亿美元的前期投入,还因无法如期取得收入以补偿支出而陷入财务困境。

(三) 资金回收风险

资金回收风险是指会展企业提供产品和劳务后,无法以展位费、门票、会务费、赞助费、设备出租费等形式收回全部资金,而引发损失的可能性。会展企业的运营资金一般在展会项目运行的中、后期逐步收回,由于极易受内外不利因素的影响,所以会展企业资金收回的风险性高于其他企业。例如,天气不好,参观人数大量减少,门票收入将会大幅下降;再如,违法侵权事件发生,导致参展企业撤展,诉求退回展位费、索取赔偿费。如此种种问题的出现,都将严重影响企业的获利能力和收益质量,从而引发资金回收风险。

(四) 收益分配风险

收益分配风险是指由于收益分配可能给会展企业今后的经营活动带来不利影响的可能性。这种风险有两个来源:一方面是收益确认风险,即由于会计处理方法使用不当,造成虚增当期收入与利润,导致提前缴纳大量税款而引起的资金周转困难、现金断流等财务风险。另一方面是对投资者分配收益的形式、时间和金额把握不当的风险。对会展企业而言,过多以货币资金形式分配收益,会降低企业的偿债能力及未来经营能力,但是如果投资者得不到一定的投资回报,又会挫伤他们的积极性。因此,会展企业无论是否进行收益分配,不论在什么时间、以什么方式进行都具有一定的风险。

综上所述,财务风险客观地存在于会展企业筹资、投资、资金回收及收益分配等各项财务活动及经营管理活动中,一旦爆发,将使企业经济利益遭受巨大损失。会展企业无法回避或消除财务风险的存在,只能利用其可预测的特性,建立有效的防范机制,来预测它的爆发,控制它的危害。

二、会展企业财务风险的防范与控制

针对财务风险的特性与表现,会展企业应本着成本-效益原则,预先确定一系列的政策和措施,采用一些合理有效的防范措施,将可能使财务风险爆发的因素降到最低点,把财务风险控制在一个合理的、可接受的范围之内。

(一)树立正确的财务风险意识

由于会展业属于高速发展的新兴服务业,多数企业起步晚、规模较小,人员素质较低,其经营管理人员对财务风险的本质及危害基本没有认识,他们普遍认为目前会展企业盈利状况较好,不会存在财务风险,这种缺乏财务风险意识的现状持续下去,必将导致会展企业财务风险的爆发。会展企业经营管理者应充分认识到问题的严重性,利用各种渠道开展宣传教育,帮助经营管理人员了解财务风险方面的知识,树立正确的财务风险意识,将财务风险防范贯穿于经营管理工作的始终,把财务风险降到最低点。

(二)设立相关的财务风险管理岗位

随着市场竞争的加剧,财务风险对企业的破坏力越来越强,许多企业设立财务风险管理岗位对财务风险进行全面的控制,实践证明效果良好。会展企业应借鉴经验,在大型展会项目中设立相关岗位对客观存在于展会项目中的财务风险实施有效的监督和控制。针对大型会展项目的特点,财务风险管理岗位的具体职责应包括:制定财务风险管理制度,认真分析展会项目理财环境及影响因素,监督项目预算的执行,准确预测财务风险,协调内部各部门共同控制财务风险的发生,降低财务风险的危害。

(三)加强借入资金管理和防范筹资风险

筹资活动是会展企业经营活动的起点,其风险主要来自举债筹资,因此应加强借入资金的管理,以有效防范筹资风险的发生。具体可从以下几个方面入手:一是科学地预测资金需要量,确定合理的筹资规模;二是依据筹资规模,选择正确的筹资渠道,一般应先自有、后资助、不足选借入;三是设计合理的筹资计划,应慎重考虑利息成本、利率波动、资金借入时间等问题;四是实施筹资计划,保证资金按时足额到位;五是加强借入资金的使用管理,控制引发筹资风险不利因素的出现。

(四)慎重选择展会项目以防范投资风险

会展企业筹资活动取得的资金,绝大部分将投入展会项目的前期运作,如果展会项目选择不当,可能导致展会不能如期举办或收入状况不好,使企业整体盈利能力和偿债能力大幅下降,引发投资风险。展会项目的选择是会展企业投资成功的保障,会展企业应在充分考虑自身资源和所面临外部环境的基础上，做好市场调查分析，对展会项目的收益性与风险性进行科学预测，以保证决策的正确。另外，应建立展会项目运营环境监控机制，及早发现、控制内外部环境中存在的各种不利因素，提高展会项目的盈利能力。

（五）设立风险准备金以防范资金回收风险

会展企业资金回收风险主要来自应收账款的管理与突发事件的影响。虽然利用应收账款可以增加企业当期收益，但是不能增加现金流入量，如果管理不善，极易引发入不敷出等财务风险。对此，应加强以下几方面的管理：一是建立稳定的信用政策；二是确定合理的应收账款比例；三是建立销售追账责任制。相对于应收账款管理，突发事件所引发的资金回收风险常常会给会展企业带来致命的打击，对此，企业可采取以下措施：第一，在国家允许的范围内提取风险准备金；第二，对突发性事件可能引起展会项目中断或收益下降的问题，选择一些保险项目向保险公司投保；第三，建立突发性事件应急机制，及时控制事态的恶化。

（六）控制收益分配风险

收益分配风险主要来自收益确认与分配两个方面。一方面，应全面考虑收益确认、现金流入量与税款缴纳之间的关系，控制好收益确认时间、现金流入时间及数量，避免提前缴纳大量税款，引发现金支付困难等财务风险的发生；另一方面，应充分认识收益分配中留存收益和分配股利之间的联系与矛盾，从企业长远发展角度出发，处理好企业增资发展与股东利益分配的关系，设计合理的收益分配方案，避免收益分配风险的发生。

（七）建立以现金预算为核心的预算体系

现金流是会展企业生存及顺利开展展会项目的生命线。建立以现金预算为主体的预算体系，可以有效地控制现金的流入、流出数量，预防财务风险的发生。具体可采取以下措施：一是确立以现金预算为主体的财务预算体系，该体系还应包括筹资、收入、支出、利润等预算；二是全面收集预算资料与信息，确立编制方法，编制各项预算；三是定期检查预算执行情况，对差异进行全面分析，尤其要关注现金预算与实际执行之间的差异，找出原因，及时解决。

（八）构建会展企业财务风险预警指标体系

会展企业财务风险由萌生到爆发，一般要经历一个渐进、积累、转化的过程。在这个过程中，各种风险因素都将直接或间接地通过一些敏感性财务指标及相关数值反映出来,这些指标及相关数值的集合就是财务风险预警指标体系。管理者可以将实际测算出的财务指标数值与之对比,对会展企业将要面临的财务风险进行及时、有效的预测和控制。会展企业财务风险预警指标体系主要应由现金状况、盈利状况、负债状况预警指标及预警标准值组成。其中,现金状况预警指标包括:现金流量指数、营业现金流量指数、营业现金流量纳税保障率、营业现金净流量偿债贡献率、自由营业现金流量比率等;盈利状况预警指标包括:营业收入净利润率与毛利率、资产净利润率、成本费用利润率、营业收入现金率、资产现金率等;偿债状况预警指标包括:短期偿债指标和长期偿债指标,短期偿债指标主要包括流动比率、速动比率、应收账款周转率,长期偿债指标主要包括资产负债率、本息偿付倍率等。在具体操作中,应将展会项目预算差异计算与预警计算指标相结合,利用趋势分析法,长期跟踪比率的变化趋势,及早发出财务风险预警信号,有效地防范财务风险的发生。财务风险控制与防范是关系到会展企业生存与发展的一项复杂的系统工程,其理论研究与实践操作均处于起步阶段,许多问题还有待于我们进行更深入的研究与实践,以帮助会展企业建立更为完善的财务风险防控机制,使会展企业得以健康发展。

第四节　会展企业融资管理

有着经济"助推器"之称的会展业,近年来其总体规模增长率保持在20%左右。作为"一组契约的联结"的会展企业,面临着企业全球化和世界经济一体化的发展趋势,面临着激烈的国际化会展业竞争,如何塑造会展企业营销品牌,把握发展机遇,进而做大做强我国的会展企业,融资问题尤为重要,因为资金是会展公司的血脉,也是公司竞争战略的推动力。会展公司应该以其竞争战略目标作为财务资源筹集导向,充分分析不同融资渠道的可利用程度以及融资风险水平,进而选择相应的融资方式,才能保证其产品竞争战略目标的顺利实现。

一、会展企业的融资方式

会展企业主要有内源融资和外源融资两种渠道。内源融资主要包括折旧和留存收益两种方式;外源融资是指从企业的外部获得资金,按其性质不同分为股权融资和负债融资。

（一）内源融资

由于资金来源于企业内部不会发生融资费用，使得内源融资的成本要远远低于外源融资。因此，内源融资应该是企业首选的一种融资方式。企业内源融资能力的大小取决于企业的利润水平、净资产规模和投资者预期等因素，只有当内源融资仍无法满足企业资金需要时，企业才会转向外源融资。实际上，一部分表外筹资也属于内源融资。表外筹资是企业在资产负债表中未予以反映的筹资行为。企业利用表外筹资，可以调整资金结构、开辟筹资渠道、掩盖投资规模、虚增利润、加大财务杠杆的作用。

（二）外源融资

在我国，企业外源融资中存在股权融资偏好。因为股权资金使用成本低，上市公司股利分配时比较随意；而且相对于负债融资，股权资金使用风险小，在股市上"圈钱"，可长期使用，并且没有还本付息的压力。目前，我国会展企业规模还不够大，很难通过资本市场寻求上市。况且按照西方财务界的"融资定律"，企业融资首选是留存收益，其次是债务融资，最后才是股权融资。从股票融资来看，股权合约使投资者和企业管理者之间建立了委托-代理关系，就有可能出现道德风险问题，为避免这一问题，就必须对企业管理者进行监督，但这样做的成本很高。相比之下，债务合约是一种规定借款人必须定期向贷款人支付固定金额的契约性合约，不需要经常监督公司，从而监审成本很低的债务合约比股权合约更有吸引力。而且负债筹资的发行成本要比股票筹资低，债务利息可从税前利润扣除，而股息则从税后利润支付，存在公司法人和股份持有人双重课税的问题。负债融资不影响原有股东的控制权，债权人只有按期收取本息的权力，没有参与企业经营管理和分配红利的权力。

二、会展企业负债融资

通过对上述不同融资方式的不同特点分析，不难发现会展企业利用内部留存收益筹集资金是微不足道的，需要借助外源融资方式。最适合会展企业的外源融资方式应为负债融资。负债融资具有如下优点：

（一）利息抵税效用

负债相对于股权最主要的优点是节省了企业所得税，提高了纳税筹划效率,因为负债利息可以从税前利润中扣除。世界上大多数国家都规定负债免征企业所得税。我国《企业所得税暂行条例》中也明确规定:"在生产经营期间,向金融机构借款的利息支出,可按照实际发生数扣除。"负债的利息抵税效用可以量化,用公式表示为:利息抵税效用=负债额×负债利率×所得税税率。所以,在既定负债利率和企业所得税税率的情况下,会展企业的负债额越多,利息抵税效用也就越大。而且,会展企业有实力偿付利息。会展企业所在行业的竞争程度较低,具有垄断性,销售收入和利润一般呈稳定增长,有条件按期支付本息,财务风险较弱。

(二) 财务杠杆效用

当企业经营状况很好时,债权人只能按约定获得固定的利息收入,而剩余的高额收益全部归股东所有,提高了每股收益,这就是负债的财务杠杆效用。用公式表示为:财务杠杆效用=负债额×(债务资本利润率-负债利率)×(1-所得税税率)。在负债利率、所得税税率既定的情况下,即在一定的负债规模和税率水平下,负债资本利润率越高,财务杠杆效用就越大;负债资本利润率等于负债利率时,财务杠杆效用为零;负债资本利润率小于负债利率时,财务杠杆效用为负。

(三) 负债是减少管理者和股东之间代理成本的工具

詹森和麦克林在其经典之作《企业理论:管理行为、代理成本和所有权结构》中,将代理成本定义为:"代理成本包括为设计、监督和约束利益冲突的代理人之间的一组契约所必须付出的成本,加上执行契约时成本超过收益所造成的剩余损失。"同时,詹森和麦克林认为,代理成本存在于几乎所有的企业中,而现代企业里"所有权"与"控制权"的分离是产生代理问题的根本原因。在会展公司中,管理者作为外部股东的代理人,由于仅仅持有部分股份或不持有股份,其目标函数和外部股东之间肯定会产生偏差,往往不会按照股东利益最大化的目标行事,结果就会引起管理者与股东之间出现利益冲突。会展公司可以通过负债融资方式,在降低代理成本的同时,缓和股东与管理层之间的冲突,因为负债的存在会对公司管理层的行为产生多方面的约束。例如,使会展企业面临还本付息的压力,限制现金流的不合理流出;不能按时偿还债务是企业破产的根本原因,会展公司也不例外,为了遏制破产,管理层不得不努力工作,加强经营管理;由于负债的存在,管理层在对内与对外投资方面会采取谨慎的态度,避免了盲目追求规模效应可能导致的会展企业现金流的不足。

三、会展企业负债融资时需要考虑的因素

会展企业在选用负债融资时要考虑三个方面的因素。

(一) 制订负债融资计划时考虑内部条件

一个良好的销售网络及稳定的客户系统等微观环境,将十分有利于会展企业负债筹资的顺利实现。企业的内部条件还包括:企业经营者的能力、人力资源开发的现状和政策、组织结构、管理制度、研究开发情况等。就筹资而言,企业内部条件达到一定的标准,才会吸引资金、技术进入企业,因此会展企业要得到实现企业扩张所需要的资金,应扎扎实实地做好企业的各项工作,赢得债权人的信任,他们才会将资金交由企业使用。

(二) 从企业的销售收入状况确定负债规模

销售收入稳定且有上升趋势的企业,可以提高负债比重。因为企业销售收入稳定可靠,获利就有保障,现金流量可较好地预计和掌握,即使企业筹资较大,也会因企业资金周转顺畅、获利稳定而能支付到期本息,不会遇到较高的财务风险;相反,如果企业销售收入时升时降,则其现金的回流时间和数额也不稳定,企业的负债比重应当低些。会展企业的销售收入规模决定企业的负债临界点。用公式表示为:负债临界点=销售收入×息税前利润率/借款年利率。会展企业负债筹资规模若超过这个临界点,企业不仅会陷入偿债困境,并且可能导致企业亏损和破产。

(三) 有效控制筹资风险

首先,当会展企业处于创业期时,最好慎用负债融资方式,此时企业偿还债务的能力较差,筹资风险较大;其次,把筹资量控制在会展企业资产负债率许可的范围内,从国际发达国家的经验来看,第三产业的合理资产负债率上限为60%~70%,若超过该比率就是超负债;最后,融资总收益大于融资总成本是企业负债经营的前提和基础,由于财务杠杆的影响,会展企业总资产收益率(这里指剔除负债资金成本之后所产生的收益)只有高于企业负债的资金成本,才能使企业的负债融资所产生的收益大于负债的成本支出,从而使所有者的实际收益率高于企业的资金收益率,产生杠杆正效应。

总之,会展企业应结合目前其所处的经济环境及自身的内部条件合理选用融资方式,即负债融资成为其现实选择。但随着我国资本市场的进一步发展和

完善，针对我国会展企业的融资渠道会逐渐拓宽。

第五节　会展企业财务报表

财务分析是重要的管理手段之一，是一种结果性控制措施，会展企业管理者必须学会这一财务管理方法。

一、会展企业财务报表的内容

会展企业财务报表（即会计报表）是反映企业财务状况和经营成果的总结性书面材料。具体包括以下内容：

（1）反映财务状况的报表。会展企业反映财务状况的主要报表有资产负债表和财务状况变动表。资产负债表是反映企业在某一时间节点资金状况的财务报表；财务状况变动表是反映企业流动资金来源和运用情况的报表。

（2）反映收益形成及分配情况的报表。会展企业反映收益形成及分配情况的报表主要有损益表、利润分配表、营业收支明细表等。损益表反映了企业经营的最终财力成果，即反映会展企业在一段时间内的利润情况；利润分配表是反映利润分配情况的报表；营业收支明细表是反映企业实现营业利润详细情况的报表。

（3）内部报表。内部报表是企业根据管理者的需要而制作的报表，如营业费用明细表、管理费用明细表、财务费用明细表、营业外收支明细表。在具体的会展企业中，这些报表可以不对外公开。

二、会展企业财务报表分析

会展企业财务报表的分析方法主要有趋势分析法和比率分析法。趋势分析法就是把若干期的会计报表做纵向的比较分析；比率分析法则是分析同一期会计报表上项目之间的联系。会展企业财务报表分析具体包括偿债能力分析、资产管理能力分析、盈利能力分析、现金流量分析和财务状况综合分析。

（一）会展企业偿债能力分析

会展企业偿债能力分析是指分析会展企业的偿债能力。会展企业对债务的清偿能力,往往预测着企业近期的风险。因此,会展企业财务人员最关心的事情之一是债务的清偿能力。会展企业偿债能力反映的是会展企业资产的流动性,资产的流动性即会展企业资产的变现性。变现能力是会展企业产生现金的能力,它取决于可以在近期内转变为现金的流动资产的多少。由于短期偿债能力是会展企业维持日常经营活动的主要凭证,而偿还短期债务又必须及时支付现金,该比率可以在很大程度上揭示会展企业流动负债的清偿能力和保证程度,它对短期债务的清偿有重大影响。会展企业偿债能力比率把流动资产和流动负债联系起来,为会展企业财务分析人员提供了简便快速的衡量尺度。在会展企业财务管理中两个主要的流动性比率是流动比率和速动比率。

值得注意的是,会展企业财务分析人员在运用流动比率时,应注意以下几个问题:其一是虽然流动比率越高,企业偿还短期债务的流动资产保证程度就越强;但这并不等于说企业已有足够的现金或存款用来偿债。其二是从短期债权人的角度看,自然希望流动比率越高越好;但从企业经营角度看,过高的流动比率通常意味着企业闲置现金的持有量过多,必然造成企业机会成本的增加和获利能力的降低,企业应尽可能将流动比率维持在不使货币资金闲置的水平。其三是流动比率是否合理,不同行业、不同企业以及同一企业不同时期的评价标准是不同的,因此,不应用统一的标准来评价不同的会展企业。

(二) 会展企业资产管理能力分析

会展企业资产管理能力比率是用于衡量公司资产管理效率的指标。资产管理能力比率有存货周转率(或称库存利用率)、应收账款周转率(或称应收账款平均回收期)、流动资产周转率、固定资产周转率(或称固定资产利用率)、总资产周转率(或称总资产利用率)。从营业水平看,会展企业财务报表的这些指标回答了这些问题:其一是资产负债表上的资产是否在有效运转;其二是资产结构是否合理;其三是所有的资产是否能有效利用(充分利用);其四是资产总量是否合理。上述反映会展企业资产管理能力的指标的具体内容如下:

(1) 应收账款周转率。应收账款周转率是一定时期内商品或产品销售收入净额与平均应收账款余额的比率,用以反映企业应收账款周转速度的快慢及管理效率的高低。计算公式为:应收账款周转率 = 赊销收入净额(营业收入)/应收账款平均余额。

(2) 存货周转率。存货周转率是一定时期内企业销货成本与存货平均资金占用额的比率,是反映企业流动资产流动性的一个指标,也是衡量企业生产经营各环节中存货运营效果的一个综合性指标。计算公式为:存货周转率 = 营业成本/存货平均余额(期初期末的平均数)。存货周转率表示企业存货的周转速度。一般而言，企业存货周转率高，说明企业存货从投入资金到被销售收回的时间短，经营管理效率高；反之，存货周转率低，说明企业存货积压，滞销或不对路，导致经营管理效率低。当然，存货周转率过高时，也要防止采购供应脱节现象的发生。

（3）流动资产周转率。流动资产周转率是流动资产在一定时期所完成的周转额（销售收入净额）与流动资产的平均占用额之间的比率，是反映企业流动资产周转速度的指标。计算公式为：流动资产周转率（次数）＝销售净额/流动资产平均余额。

（4）固定资产周转率。固定资产周转率是用来考查设备厂房利用情况的，它等于销售额除以固定资产净值。计算公式为：固定资产周转率＝销售收入净额/固定资产平均净值。当固定资产周转率处于较低水平时，反映固定资产利用不够，需要分析固定资产没有被充分利用的原因。通常计划新的固定资产投资时，财务管理人员需要分析现有固定资产是否已经被充分利用。固定资产周转率越高，表明企业固定资产利用充分，也表明企业固定资产投资得当，固定资产结构合理，能够充分发挥效率。如果公司的固定资产周转率远高于行业平均值，有可能是需要增加固定资产投资的信号。

（5）总资产周转率。总资产周转率是企业销售收入净额与资产总额的比率，它可以用来反映企业全部资产的利用效率。计算公式为：总资产周转率（次数）＝销售净额/平均资产余额。总资产周转率反映总资产周转速度，该比率越高，说明企业利用资产进行经营的效率越高，获利能力越强；反之，则应该采取措施提高销售收入或处置资产，以提高总资产利用率。

（三）会展企业盈利能力分析

会展企业就是要以较少的耗费获取较大的收益。盈利能力的强弱、盈利的多少、今后的发展趋势，是衡量会展企业财务管理水平的综合指标。会展企业大量决策和行动的综合结果，形成了获利能力，前面介绍的各种财务比率给出了公司经营过程的信息，它们最终将反映到公司的获利能力上。会展企业盈利能力是指会展企业获取利润的能力。利润是会展企业内外有关各方都关心的中心问题，利润是投资者取得投资收益、债权人收取本息的资金来源，是经营者经营业绩和管理效能的集中表现，也是职工集体福利设施不断完善的重要保障。因此，会展企业盈利能力分析十分重要。会展企业盈利能力分析主要用企业资金利润率、销售利润率、成本费用利润率等指标评价。

（四）会展企业现金流量分析

会展企业进行现金流量分析的意义主要体现在资产的内在价值是其未来现金流量的现值，所以会展企业的财务分析者越来越重视现金流量的分析。现金流量分析主要从现金流量表提供的现金流量实际数据入手，提供评价本期收益质量的信息，可以分析企业的财务弹性和流动性，对企业未来现金流量做出合理的预测。会展企业现金流量分析的内容主要体现在两个方面：一是按照现金流量表的内容划分，现金流量分析的主要内容包括经营活动现金流量分析、投资活动现金流量分析和筹资活动现金流量分析；二是按照现金流量分析方法划分，现金流量分析主要包括现金流量的构成分析和现金流量财务比率分析。

（五）会展企业财务状况综合分析

会展企业财务状况综合分析，就是将营运能力、偿债能力、盈利能力和发展能力分析等各个方面纳入一个有机的整体之中，全面地对企业经营状况、财务状况进行解剖与分析。财务综合分析的特点体现在其财务指标体系的要求上，而综合财务指标体系的建立应当符合以下要求：指标要素齐全适当、主辅指标功能匹配和满足多方信息需要。在会展企业财务状况综合分析中，主要方法有杜邦财务分析体系和沃尔比重评分法两种。

1. 杜邦财务分析体系

杜邦财务分析体系是利用各个主要财务比率之间的内在联系，对企业财务状况进行综合分析评价的一种方法。杜邦分析是对企业财务状况的综合分析。它通过几种主要的财务指标之间的关系，全面系统地反映出企业的财务状况。在杜邦分析体系中，较为重要的几个财务指标是：

（1）股东权益净利率。股东权益净利率是一个综合性最强的财务比率，是杜邦系统的核心。股东权益净利率反映所有者投入资金的获利能力，反映企业筹资、投资、资产运营等活动的效率。提高股东权益净利率是所有者财富最大化的基本保证。所以，所有者、经营者都十分关心这一财务指标。而决定股东权益净利率高低的因素有三个：销售净利率、总资产周转率和权益乘数。这样分解后，可以把股东权益净利率这一综合性指标发生变化的原因具体化。

（2）总资产利润率。总资产利润率具有较强的综合性，也是一个重要的财务比率。它是销售净利率和总资产周转率的乘积，因此，要进一步从销售成果和资产运营两方面来分析。

(3) 销售净利率。销售净利率反映了企业净利润与销售收入的关系，从这个意义上看，提高销售利润是提高企业获利能力的关键所在。要想提高销售净利率，一是要扩大销售收入，二是要降低成本费用。扩大销售收入具有重要的意义，它首先有利于提高销售利润率，同时它也是提高总资产周转率的必要前提。降低成本费用是提高销售净利率的另一重要因素，利用杜邦分析体系可以研究企业成本费用的结构是否合理，从而加强成本控制。这里联系到资本结构来分析，还应研究利息费用与利润总额的关系，如果企业承担的利息费用太多，就需要查明企业的负债比率是否过高，防止资本结构不合理影响企业所有者的收益。

(4) 总资产周转率。总资产周转率综合反映了企业资产营运的能力，对此要联系销售收入分析企业资产的使用是否合理，流动资产和非流动资产的比例安排是否恰当。会展企业资产的营运能力和流动性，既关系到会展企业的获利能力，又关系到会展企业的偿债能力。如果会展企业持有的现金超过业务需要，就可能影响会展企业的获利能力；如果会展企业占用过多的存货和应收账款，则既可能影响获利能力，又可能影响偿债能力。为此，要进一步分析各项资产的占用数额和周转速度。

(5) 权益乘数。权益乘数反映股东权益同企业总资产的关系。在总资产需要量既定的前提下，企业应适当开展负债经营，相对减少股东权益所占的份额，充分利用财务杠杆作用来获取杠杆利益，就可使此项财务比率提高。因此，企业既要合理使用全部资产，又要妥善安排资本结构，这样才能有效地提高股东权益净利率。

2. 沃尔比重评分法

沃尔比重评分法是指将选定的财务比率用线性关系结合起来，并分别确定各自的分数比重，然后通过与标准比率进行比较，确定各项指标的得分及总体指标的累计分数，从而对企业的信用水平做出评价的方法。20 世纪初，作为财务状况综合评价的先驱者之一亚历山大·沃尔，在他撰写并已出版的《信用晴雨表研究》和《财务报表比率分析》中，提出了信用能力指数的概念，把流动比率、负债资本比率、固定资产比率、存货周转率、应收账款周转率、固定资产周转率和主权资本周转率七项财务比率用线性关系结合起来，并分别给定各自的分数比重，然后通过与标准比率进行比较，确定多项指标的得分及总体指标的累计分数，从而对企业的信用水平乃至整个企业的财务状况做出评价，即所谓的沃尔比重评分法。沃尔比重评分法的基本步骤如图 8-1 所示。

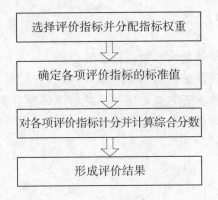

图 8-1 沃尔比重评分法的基本步骤

沃尔比重评分法将彼此孤立的偿债能力和营运能力指标进行线性组合，对企业财务综合状况做出较为系统的评价，具有一定的积极意义。然而由于现代会展企业与沃尔时代的企业相比，已发生了根本的变化，无论是指标体系的构成内容，还是指标的计算方法和评分标准，都有必要进行改进和完善。因而，沃尔比重评分法并非十全十美，其在会展企业财务综合状况分析的运用中存在有两个显著缺陷：一是选择这七个比率给定的比重缺乏说服力；二是如果某个指标严重异常时，会对总评分产生不合逻辑的重大影响。

在日常经营管理过程中，财务管理往往处于会展企业管理的核心地位。筹措资金、使用和控制资金、确保资金增值、合理分配资金等，是会展企业财务管理所面临的重要问题。会展企业的财务管理包括筹资、投资、资金营运及分配四种活动。通过对企业财务的有效管理，实现生存、发展和获利是企业财务管理的基本目标，预测、决策、计划、控制和分析等方法的综合运用是会展企业财务管理目标实现的保障。加强预算管理、防范财务风险、选择合适的融资方式、分析财务报表，是会展企业财务管理的重要工作。

会展企业财务管理　会展企业财务活动　会展企业财务关系　会展企业预算管理　会展企业风险管理　会展企业融资　会展企业财务报表

复习思考题

1. 会展企业财务管理的内容包括哪些?
2. 会展企业财务风险的防范措施有哪些?
3. 会展企业的主要融资方式是哪种,并简述该种融资方式的优点。
4. 会展企业财务分析的内容包括哪些?

综合案例

政府引导性基金:解决会展企业资金瓶颈的一剂良药

进入 21 世纪以来,我国会展经济持续保持高速增长,但在日益激烈的市场竞争环境下,会展企业却也出现了资金瓶颈的问题。像一些规模大、周期长的项目,由于前期需要大量的资金投入,尽管有中央或地方政府的财政资助,但也是杯水车薪,需大量举借外债,财务风险很高。面对这一困境,政府引导性资金或许是一剂良药。会展业作为高端服务业,一定程度上符合当前国家提出的"双创"(大众创业万众创新)目标领域,同时会展业作为城市经济的一部分,在产业特征和政府需求两个方面体现了公共性,因而不适用引进市场化程度较高的"私募"等模式,而只能采取政府引导基金的方式。

早在 2008 年,国家发改委、财政部和商务部联合发布的《关于创业投资引导基金规范设立与运作的指导意见》就指出:"创业投资引导基金是指由政府设立并按市场化方式运作的政策性基金,主要通过扶持创业投资企业发展,引导社会资金进入创业投资领域。其中,政府不参与创业投资机构的直接管理,而是通过杠杆效应,以参股、提供融资担保或给予补偿等财政金融优惠政策,吸引民间资金或一些外资进入风险投资领域,聚集更多的资本。其资金来源主要为:支持创业投资企业发展的财政性专项资金;引导基金的投资收益与担保收益;闲置资金存放银行或购买国债所得的利息收益以及个人、企业和社会无偿捐赠的资金。

2016 年是国家"十三五"规划的开局之年,厦门市宣布将设立会展产业基金,尝试为政策的突破助力,推动厦门市会展经济上一个新的台阶。在当前城市会展政策走入瓶颈之时,厦门率先借鉴引导资金这一金融工具,摆脱对单一财政投入的路径依赖,推动会展经济发展模式创新,实乃壮举。此外,广东南方媒体融合发展投资基金于 3 月 27 日揭牌,总规模 100 亿元,首期规模 10.6 亿元,主要投资于新兴文化产业项目、文化版权交易项目等。其目的是

"让金融创新成为媒体融合发展的助推器",通过有效的资本手段成为撬动传媒业转型的杠杆。尽管传媒业与会展业不可相提并论,但或许不久,它将会以文化创新项目的形态渗透到会展人的面前,成为解决当下许多会展企业资金瓶颈问题的有效途径之一。

(资料来源:http://www.chinatradenews.com.cn/shuzibao/images/2016-04/12)

■讨论题

1. 政府引导性基金究竟给会展企业的发展带来了什么样的契机?在具体操作层面上应该注意哪些问题?

2. 是不是所有的会展企业都适用于政府引导性基金?为什么?

第九章 会展企业危机管理

①了解会展企业危机管理的相关概念;②熟悉会展企业危机管理的具体程序;③掌握会展企业危机预警管理的对策;④掌握会展企业各种危机类型的处理;⑤熟悉会展企业危机恢复阶段的工作。

第一节 会展企业危机管理概述

会展活动是一项筹备时间长、参展单位众多、参与人员复杂、人流高度集中的大型公众性活动,任何细小的疏忽和失误都有可能引发危机的出现。会展企业应树立危机意识,认真预防和积极应对,加强危机管理,把危机的损害降到最低程度,甚至将危机消灭在萌芽状态,这也是会展企业管理者的重要工作。

一、会展企业危机管理的相关概念

(一)危机

1. 危机的概念

所有的危机(Crisis)都是无处不在的,它总是在人们毫无预警的情况下发生,并存在于个人、家庭、组织,甚至地区和国家中,如个人的信誉遭到质疑、家庭成员财产纠纷、组织产品或服务出现质量问题、地区发生自然灾害或者国家发生人员暴动等。尽管对危机所产生的现象都不陌生,但是,对于危机的概念，学术界至今没有一个统一的、确切的定义。罗森塔尔和皮内伯格认为，危机是"具有严重威胁、不确定性和有危机感的情境"。福斯特则指出："危机具有四个显著特征：亟须快速做出决策，严重缺乏必要的训练有素的员工、物质资源和时间。"巴顿对危机的定义是："一个会引起负面影响的具有不确定性的大事件，这种事件及其后果可能对组织以及员工、产品、服务、资产和声誉造成巨大的损害。"居延安指出："危机是指危及组织利益、形象、生存的突发性或灾难性的事故与事件。"刘刚认为："危机是一种对组织基本目标的实现构成威胁、要求组织必须在极短的时间内做出关键性决策和进行紧急回应的突发性事件。"胡百精则认为："危机是一种威胁性情势或者状态，而非某一个事件，强调从破解现代媒介的运行逻辑入手，寻求危机的解决之道。"

综合上述概念，可以认为，会展企业危机是指影响会展企业正常运营的、具有破坏性的、非预期性的事件。

2. 危机的特征

危机具有以下特征：

（1）突发性。危机的突发性具有两层含义。一是危机在发生前出现一些征兆，从其产生到爆发经过了一段时间的累积，但是由于人们的疏忽，对这些变化习以为常，视而不见，待到危机发生时，人们总是感觉很突然。二是有些危机从其产生到爆发经过的时间很短，当人们感觉到危机的征兆时，可能危机已经爆发了，危机爆发的时间、规模、态势和影响都是让人始料未及的。

（2）破坏性。由于危机的突发性，无论是什么规模和性质的危机发生时，都会给组织、个人和其他资源造成各种各样直接的或间接的损失，如人员伤亡、财产受损、环境破坏、企业形象受损甚至破产等。而因为处于危机中的人们的信息来源不充分，很容易导致决策失误，延缓危机的处理，就会加剧危机的破坏性；而且危机往往具有连带效应，"城门失火，殃及池鱼"，引发一连串的不良后果。

（3）紧迫性。危机一旦发生，管理者就必须在有限的时间内采取有效的应对措施，否则由于危机的连锁反应，任何犹豫和延迟都会使危机迅速扩散以致引发一系列不良影响。危机若不能及时控制就会急剧恶化，使组织和个人遭受更大的损失，这对管理者是一个极大的考验。

（4）双重性。万物都有其两面性，古语"祸兮福所倚，福兮祸所伏"说的就是这个道理。危机也具有双重属性。从字面上简单地理解危机，就是"危险"和"机遇"。危机固然会给个人或组织带来危害性，这点是不言而喻的，但是，如果把危机管理工作做好，就有可能给个人或组织带来某种机会。

(二) 危机管理

危机，从字面上去简单理解，是由"危"和"机"组成的，即挑战和机遇并存。在我们人类的生活中，危机无处不在，如近年来发生的"非典"（SARS）、禽流感、全球金融危机、汶川大地震、甲型 H1N1 流感、西南大旱、玉树地震等。无论是人为的或非人为的危机、内部的或外部的危机、显性的或隐性的危机，它们的发生总是让人难以预测，稍有疏忽就会产生难以估价的损害。对企业而言，如果对这些危机处理不当就很可能招来致命的打击。例如，1997 年，在民间有传言，湖南常德一老人喝了三株口服液而死亡，这件危机事件发生的时候，三株集团没有认真地去处理，在危机事件加剧的情况下，三株集团处理危机的方式不及时，虽然在打了长达 2 年的官司中胜诉了，但是当年盛极一时的三株集团却轰然倒塌。2001 年 9 月，南京冠生园被揭露使用陈馅做月饼，受到当地媒体与公众的批评。面对即将掀起的产品危机，南京冠生园这家一向有着良好品牌形象的老字号企业，做出了让人不可思议的反应，不是主动与媒体和公众进行善意沟通、坦承错误、赢得主动，把危机制止在萌芽阶段，反而振振有词地宣称"使用陈馅做月饼是行业普遍的做法"。对于这种不负责任的言辞，公众舆论顿时一片哗然。一时间，谴责、批评、起诉、退货、索赔接踵而来，有着 88 年历史的南京冠生园宛如惊涛骇浪中的一叶扁舟，不久就葬身商海。

简单地说，危机管理，就是一个对危机产生前的预防、危机产生时的处理以及危机结束后的恢复等的动态循环管理系统。企业的危机管理正是防微杜渐、以防万一。企业只有做好对危机的预防和应对工作，及时采取补救措施，并积极主动地做好危机后的恢复工作，有意识地以该危机事件为契机，因势利导，才能使企业化"险"为"夷"，恢复企业的信誉，将损害降到最低的程度，而且有可能使"坏"事变为"好"事，扩大企业的知名度和美誉度，为企业的可持续发展打下坚实的基础。因此，企业进行危机管理就显得尤为重要了。

(三) 会展企业危机管理

作为我国现代服务业的重要组成部分，会展业素有国民经济"晴雨表"和"行业风向标"之称。在现代社会经济体系中，会展活动已经成为人们物质文化和精神文化交流的重要方式之一。一次具体的会展活动时间多则几个月，少则几个小时，但是无论是会议、展览或大型节事活动，都是一项系统工程，其筹办前、举办时和结束后这三个阶段中所涉及的范围非常广，需要协调的关系非常多，管理的内容非常复杂，而参展者和观众都是来自五湖四海，这也增加了管理的难度，容易出现危机事件。一旦某个环节出现危机而处理不当就会严重影响会展活动的顺利举行，造成企业以及利益相关者的损失，引起媒体的关注，对会展企业的品牌及至其生存发展都带来负面的影响。因此，会展企业的危机管理与一般企业的危机管理相比，既有相同性，又有其特殊性。

同时，会展企业的利益相关者包括企业内部员工、参展商、与会展有关的运输商、展台搭建承包商、观众、政府部门、行业协会、新闻媒体等。因此，会展企业的危机管理就是会展企业在会展活动前期、中期、后期三个阶段中对危机的预防和监测、危机的处理和恢复的动态循环管理过程，这个过程始终以会展企业的利益相关者利益优先，其目标是避免、减少危机的发生，甚至将危机转化为契机。

二、会展企业危机的类型

（一）会展企业危机类型的划分方法

为了使会展企业更好地对其危机进行管理，首先应对会展企业危机的类型进行划分。根据不同的划分方法，会展企业危机的类型多种多样。

（1）根据危机的内外部来源，可以将会展企业危机划分为外部危机和内部危机。外部危机通常包括由会展企业外部因素而引发的，如企业所处的宏观环境中的政治因素、法律因素、经济因素、社会文化因素、自然因素、科技因素等的急剧变化所引发的危机；内部危机则是由会展企业内部因素所引发的，如组织、财务、人力资源、保障体系等的变动所引发的危机。

（2）根据危机是否属人为造成的，可以将会展企业危机划分为人为危机和非人为危机。人为危机是由人的因素造成的，如企业的财务危机、人力资源危机、营销危机等；非人为危机则一般是由大自然的因素造成的，如地震、洪灾、冰雹等。

（3）根据危机的表现形态是否可见，可以将会展企业危机划分为显性危机和隐性危机。显性危机是直接给企业带来重大损失的危机，是可以评估的，如由会展企业保管不当而造成参展商财产损失，或因场馆的设置不当、提供饮食不卫生等造成人员的人身伤害等；隐性危机则是间接给企业带来损失的危机，是不可以评估的，如会展企业的形象、信誉等遭受的危机。

（4）根据危机的严重程度，可以将会展企业危机划分为一般危机和严重危机。一般危机是指给企业带来的损失小，经过处理可以完全消除的危机；严重危机则是指给企业带来重大损失，严重影响到企业生存的危机。一般危机若处理不当也可能向严重危机转化，因此，一般危机不容忽视。

（二）会展企业危机的具体类型

会展企业的各种内外部因素都可能引发企业危机。因此，下面就从会展企业内部危机和会展企业外部危机两个方面来对会展企业危机的具体类型进行介绍。

1. 会展企业内部危机

会展企业内部危机具体包括创新危机、硬件设施危机、公共关系危机、卫生与安全危机等。

（1）创新危机。面对经济全球化、信息和高科技的迅猛发展，企业的创新能力已经成为企业在激烈竞争中取胜的核心竞争力，推动着企业的发展。而裹足不前、故步自封的企业潜伏着危机。会展企业创新危机是指企业创新动机的消退或创新能力的衰弱。会展企业创新不足的危机表现在：①思维定式。一些发展到一定规模的企业，其领导者和员工对企业已有的管理模式、市场定位、发展战略等往往存在很大的依赖心理，思想僵化，形成了"以不变应万变"的思维定式。正是因为这种定势的思维，即使是有过无数辉煌的"老字号"品牌企业也逐渐走向消亡。②新理念推广缓慢。我国会展业目前对观念推广的功能还不成熟，近两年来出现的一些概念性展会，其主题内涵也大多是从国外直接移植过来的，雷同且无特色，同时大部分会展企业经营依靠前人经验，少有展览公司提出自己独特的展览计划，导致展会"千人一面"。③新技术应用不足。科学技术的现代化给会展企业带来了宝贵的机遇，而国内会展企业新技术应用还远远不足。目前，我国会展业的发展还处于初级阶段，与发达国家的会展业相比有较大的差距。国内的展会新技术应用还不够，办展的效率和展会的吸引力不强，如现阶段主要还是采用静态的陈列式的布展形式，利用声、光、电以及多媒体和网络技术等还不充分，会展的参与性、互动性、体验性还有待提高等。由于没有创新，会展企业很难在众多的竞争对手中脱颖而出，品牌的打造难以成功。

例如，2008年在我国举办的以博览会为名称的展会数量超过800个，博览会的数量众多，但是主题重复，缺乏品牌意识。据统计，主题重复现象较多的是婚姻博览会、房地产博览会以及文化博览会，可以在不少城市找到同一主题的博览会。这些博览会主题重复、运行方式相似，且在内容和管理模式等方面大同小异。如果特色和经济效应不明显，重复举办类似的博览会就会造成资源的浪费。

（2）硬件设施危机。会展的硬件设施主要包括会展场馆和相关配套服务设施设备。会展企业硬件设施危机包括两个方面：一是在会展场馆的建设上。

近些年来，我国会展业在会展的硬件设施上有较快的发展，近年来建成的上海新国际博览中心、厦门国际会展中心以及武汉国际会展中心等都达到了国际先进水平。从面积来说，中国现有展览可使用面积已超过德国，展馆建设面积超过了美国。但是，目前我国展览场馆出现了总量"过剩"、布局不合理、运行效率偏低的"失衡"状态。随着近年来会展经济的快速发展，其越来越受到地方政府的关注和重视，围绕会展的场馆建设也是风起云涌，在全国遍地开花，使得场馆总量过剩。同时，一些地方还盲目建设高规格、高档次、超规模、大投入的会展场馆，更加剧了我国会展场馆利用率低、闲置率高的趋势，使得许多展馆的经营面临极大的困难。而一些会展经济发展形势良好的城市却存在展馆式样陈旧，缺乏大型国际展馆的问题，如北京、上海等城市。二是在会展场馆配套服务设施设备上。国外许多展馆一般都配套设施齐全，并配备了智能化程度很高的网络系统，如观众登录系统、电脑查询系统等。而我国许多会展场馆的相关配套设施落后，有的场馆甚至不能有效保障展会的顺利举办，如参展商或观众对于临时住宿、餐饮、零用品采购、票务商务、物流托运、银行、商务中心等都会有较大的需求，如果配套服务设施跟不上，就会制约会展项目的服务功能体现。

例如，北京借助举办奥运会的契机，其会展业得到了极大的发展，但是在会展硬件设施的建设上仍存在一些问题。如中国国际展览中心（简称"国展中心"）位于繁华地区，交通堵塞严重，停车位严重不足，现有的展览设施、配套设备陈旧，给参展商和观众带来极大不便。2008年3月28日，新国展中心正式启用后，北京才告别了大型展会缺少商业展馆的困境。但是，新国展中心先建设、后规划，运营后才开始完善配套设施，这种做法并不十分合理。

（3）公共关系危机。公共关系危机是指企业与社会公众之间因为某种因素引发的具有危险性的非常规状态，它是企业公共关系状态严重失常的反映。这种因素可能是企业内部的原因，如企业严重的内部事件、产品或服务质量事故、决策失误、公关活动行为本身失误等；也可能是企业外部的原因，如对手的不正当竞争、公众的误解、新闻媒介的失实报道等。而对于会展企业来说，其公共关系危机更多的是因企业内部因素而引发的。会展企业公共关系危机是一个具有破坏性和建设性的矛盾体。当危机形成时，就会使会展企业面临严重的困难，如果处理不当，不但会损害会展企业的整体声誉和形象，降低公众对会展企业的认可度，还会打击企业员工的士气，导致组织溃散；相反，如果处理得当，危机就会转化为契机，树立会展企业的形象，增加公众对其的认可度。

会展企业公共关系危机的对象是参展商、观众、赞助商、政府机构、媒体等，其中针对媒体的危机公关影响最大，也最需谨慎处理。因为随着我国会展业的飞速发展，传统媒体及其相关第三媒体对会展活动的重视程度也已经得到迅速提升，如中央电视台二套"商务时间-博览会"、上海电视台"第一会展时间"等多家媒体都开通了会展经济的相关专题节目，阿里巴巴网站也有迹象表明要进军会展业。媒体也就成为会展企业公关危机重点关注的对象。

（4）卫生与安全危机。会展企业的卫生与安全危机涉及以下几个方面：第一，环境卫生危机。会展活动是一种人员极度聚集的社会活动，人员的密集性对会展的场馆环境卫生提出较高的要求，如关注展会的通风状况、展馆附带的厨房和食物储藏室的卫生状况、垃圾处理等问题。第二，食品卫生危机。很多会展企业为了吸引高质量的参展商而增加了临时就餐服务，但是由于就餐服务工作量大且繁杂，所以就有可能出现诸如由食物清洗不干净、食物加热不均匀、食物交叉感染等引起的食品卫生危机。第三，人员安全危机。会展企业在筹办展会的过程中由于疏忽，可能导致在展位搭建和拆除的过程中存在危机，如因会展现场布置不当和设施设备老化而引起展位坍塌、因通道设置不合理而导致人群拥挤并出现事故，或因打架、抢劫、火灾等发生的人身安全问题等。第四，物品安全。如易燃的展品因保管方法不当而引起火灾，贵重的展品、个人物品或工具遭偷盗等。

2. 会展企业外部危机

会展企业外部危机具体包括竞争危机和突发性危机。

（1）竞争危机。进入新世纪以来，中国以其发展的速度和具有的潜力成为"金砖国家"中最被看好的市场。国际会展业的新蓝海无疑首选中国。据中国国际贸易促进会统计资料，2015年5月，美国国际消费电子展（CES）首次把其亚洲展放到上海举行。德国柏林消费类电子产品展览会（IFA）也在2016年4月在深圳举办首届展会。除北上广深一线城市外，成都也是一个热门城市。2013年举办了世界财富论坛，2015年举办了世界机场城市大会，2017年将举办世界旅游组织年会等。汉诺威、法兰克福等展览公司也都在成都扩展了合作项目。其他一些城市，如南京、武汉、哈尔滨、银川等，各自新的国际会展合作项目均有成功进展。此外，外国会展公司并购中国会展项目更加运用自如，并且已有外资向中国会展产业链诸多环节延伸。譬如，UFI的项目认证、IAEE的业务培训、慕尼黑展览公司的展馆建设咨询、澳龙公司会展统计和BPA公司会展数据审计业务等。这一切都表明在全球经济一体化的背景下，会展经济发展的国际化程度越来越高，竞争越来越激烈，竞争危机的影响越来越明显。

（2）突发性危机。突发性危机是指由非预见性的外在因素引起的突然发生的变化而对企业构成损害的危机。这种危机的破坏性比较大，常常给会展企业造成很大的损失。它具体包括：①由不可抗力导致的自然灾害，如地震、洪灾、飓风、沙尘暴、禽流感、"非典"（SARS）、甲型H1N1流感等；②外在因素引起的危机，如宏观经济政策变动引发的危机、亚洲金融风暴、美国"9·11"事件、伊拉克战争、恐怖活动、全球金融危机等；③其他危机，如在会展中有人因急性病、心脏病发作等引起的危机，外界的示威和对抗活动等。

例如，2001年"9·11"事件的发生严重影响着美国会展业的发展，在随后的两年时间中，美国的许多商业性展览会效果都大不如前，展会的参观人数锐减。美国最大的展览会之一Comdex在2002年中参加会展的观众人数由25万减到了15万，危机所带来的影响由此可见一斑。又如，受金融危机的影响，2009年中国华东进出口商品交易会共成交262亿美元，比上年减少了16.9%；境外采购商达16.5万人，比上年下降了5.2%。

三、会展企业加强危机管理的意义

在激烈的市场竞争中，危机总是与企业如影相随。会展企业在日常运营中随时都可能面临着各种各样的危机，若企业处理不当，无论是哪种危机的发生都有可能给企业带来致命的打击。因此，危机管理成为会展企业管理中必不可少的组成部分，会展企业加强危机管理具有十分重要的意义。

（一）有利于培育企业管理者的危机意识

"生于忧患，死于安乐"，这就要求中国的会展企业管理者随时都要保有危机意识。企业最大的危机是看不到危机，管理者放松对危机的警惕是造成危机发生、事态扩大的最主要的原因。危机意识是防范危机发生的最好的防火墙。因此，企业加强危机管理就可以从思想源头上预防危机的发生。

（二）有利于降低危机对企业造成的损害

危机对企业的破坏性表现在危机会造成企业的销售额下降、声誉受损、员工工作效率下降、客户流失、发展战略受阻等。虽然危机的发生具有突发性，以至于很多时候让人措手不及，但是只要会展企业加强危机管理，就有利于降低危机对企业造成的损害。

（三）有利于增强企业的社会责任感

会展企业危机的发生在很大程度上影响着与会展企业相关的个人或组织的利益，如参展商、观众、承办商、政府及部门、行业协会等。而会展企业加强危机管理，其在危机的预防和处理的过程中就不仅仅只是关注企业的利益，而更多的是将公众的利益置于首位，勇于承担企业的社会责任。

（四）有利于我国会展业的持续健康发展

目前，我国的会展业正处在初级的发展阶段，而会展企业加强危机管理，在经营过程中应懂得如何预防会展危机，在危机发生时能妥善处理，将危机对企业造成的损失降到最低程度，甚至将危机转化为企业的机会，使企业能很快地从危机中恢复过来，这些将有利于我国会展业的持续健康发展。

四、会展企业危机管理的程序

芬克的四阶段危机生命周期模型中，形象地用医学语言将危机的演变看作是一个生命周期：第一阶段是征兆期（Prodromal），有线索表明潜在的危机可能发生；第二阶段是发作期（Breakout or Acute），具有伤害性的事件已经发生并引发危机；第三阶段是延续期（Chronic），危机的影响持续，同时也是努力清除危机的过程；第四阶段是痊愈期（Resolution），危机事件已经完全解决。会展企业危机管理工作的程序也就是根据危机的生命周期阶段而展开：危机前的预防和监控、危机发生时的处理和危机结束后的恢复和总结。而在实际操作中，人们习惯将危机管理分为危机前、危机中、危机后三个阶段。

（一）危机前——预警

危机预警是指在危机发生前采取措施，以对危机防患于未然。"听于无声，见于无形"，中国古代人的思维里就有这种对危机"未雨绸缪，预防在先"的管理思想。英国危机管理专家迈克尔·里杰斯特也曾说过："预防是解决危机的最好方法。"中外学者对危机的预警都有一致的看法。不管危机怎样有利，和危机造成的不利影响相比，危机的不利影响总是大于有利影响，因此对企业来说，危机是应该力争避免的。如果做好了危机的预警工作，不仅可以在第一时间内发现危机"种子"的存在，同时也可以通过事先制定的危机管理应对计划而将损失降到最低程度，甚至可以将危机消灭在萌芽状态。因此，可以说危机预警是会展企业危机管理中最重要的一个环节。

（二）危机中——处理

危机处理是指在危机发生的时候，按照危机管理应对计划积极采取措施，将危机造成的损失降到最低程度。危机处理是危机管理的主要环节。当危机发生时，媒体的关注、观众的指责、员工的不信任等都将会对企业的正常运营造成严重的影响。面对危机，企业切不可以像鸵鸟一样把头埋在沙堆里去逃避危机，而是应该对危机采取不回避、不推卸、不避重就轻的态度，积极应对，争取在最短时间内以最快的速度处理危机，进而把危机造成的损失降低到最低程度。危机处理得当，则有可能使危机转化为发展的契机、良机；相反，危机处理不当，则有可能使企业走向消亡。

（三）危机后——恢复

危机处理阶段的结束，并不就意味着危机管理过程的结束，虽然危机已经处理了，但是危机对会展企业产生的很多后遗症还存在，如企业利润减少、客户流失、员工流失、品牌形象恶化等。因此，企业还要进入危机后的恢复管理阶段。危机后恢复是指在危机处理完毕之后，对企业由危机产生的不良影响进行全面恢复，解决一切由危机留下的后遗症，以防后患。其中的措施就包括危机的善后处理、危机的总结和危机的学习等，如图9-1所示。

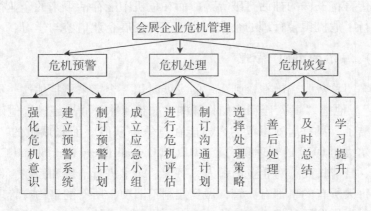

图9-1 会展企业危机管理程序

第二节 会展企业危机预警管理

危机是客观存在的，会展企业运营的每一个阶段都有可能存在危机，而最高明的危机管理，不在于危机爆发以后的处理，而在于排除可能导致危机的种种可能性，也就是危机的预警。因此，危机预警是会展企业危机管理中最重要的一个环节。目前，我国会展企业多半采用的是事后补救的末端危机管理方式,即当危机发生后再去处理,这样不但效果不好而且成本也较大。而如果会展企业做好危机预警管理工作,就可以通过预先做好防范寻找到产生危机的各种诱因,即使是在危机发生前的一些细微征兆也能被发现,并实施积极的危机预警方案将这些危机的诱因在其萌芽状态时进行清除,从而最大限度地降低危机的危害程度,甚至是将危机的火种彻底浇灭。会展企业的危机预警管理是把企业的危机管理方式由末端管理为主转到以预先控制为主的轨道上来,预先控制和事后控制相结合,使危机管理由被动变为主动,而且在这个阶段解决危机不但效果好而且成本也较少。因此,预防是解决危机的最好方法。

一、企业危机预警管理的实践

企业最大的危机就是忽视危机。在激烈的市场竞争下,企业在一夜之间陨落已不是什么新闻,如巨人大厦的三条裂缝将巨人大厦引入了资金周转困难的境地、一个体户拿酒精勾兑假林河酒将林河酒打入了冷宫、三株口服液喝死常德老人的传言将三株的神话打破等等,而在危机中能存活下来的企业很多都是对企业实行了危机预警管理的企业,非常值得会展企业借鉴与学习。

(一)海尔的 OEC 管理

海尔集团总裁张瑞敏在谈到海尔的发展时用一个字来概括他这些年的感觉——"惧"。他把"惧"诠释为如临深渊、如履薄冰、战战兢兢。他认为市场竞争太残酷了,只有居安思危的人才能在竞争中获胜。而张瑞敏的"惧"也体现在海尔集团 OEC 的管理模式上。OEC(Overall Every Control and Clear)即日事日毕、日清日高,对企业内每人、每天、每事进行清理和控制。具体讲就是,企业每天所有的事都有人管,做到控制不漏项,所有的事均有管理和控制的内容,对事物发展日控、事控、事事、物物都有人管,每一个员工甚至管理者都清楚自己该干什么,干多少,按什么标准干,达到什么效果;而且每天的工作必须当天完成,每天的工作质量都有提高。海尔集团正是通过每人、每天、每事的控制,防范危机的发生。正是因为海尔集团做好了危机预警管理工作,才使得海尔禁得起市场的严峻考验。

会展企业可以借鉴海尔集团这套 OEC 管理方法,做好危机预警管理,每人都把自己每天的工作做好,并对自己的工作负责,消除管理工作中的混乱现象,杜绝企业的隐患。

(二) 华为的"冬天"危机管理

2000年，正当华为公司销售额达152亿元、利润以29亿元人民币位居全国电子百强首位的时候，华为总裁任正非写出了那篇著名的《华为的冬天》。"公司所有员工是否考虑过，如果有一天，公司销售额下滑、利润下滑甚至会破产，我们怎么办？我们公司的太平时间太长了，在和平时期升的官太多了，这也许就是我们的灾难。居安思危，不是危言耸听。十年来我天天思考的都是失败，对成功视而不见，也没有什么荣誉感、自豪感，而是危机感。"2004年，任正非在华为公司承建的文莱NGN下一代网络的开通仪式上说："我们今年可能活不成了。"而此时，华为公司在国际上的业务份额是：NGN市场份额13%，为全球第二；ADSL市场份额32.9%，全球第一；2001—2003年全球交换机新增市场份额32%，全球第一……正是因为华为推崇的"冬天"危机管理，因此才能使华为取得一次又一次的成功。

会展企业应该向华为集团学习，因为人们容易看到在企业经营形势不好的时候的危机，却往往忽视了其实企业最大的危机应该是在企业如日中天的时候。

(三) 小天鹅的"末日"管理

小天鹅集团曾获全国洗衣机行业唯一的金牌，销量连续5年居全国同行之首。小天鹅员工在企业捧回国家奖后产生了自满情绪，小天鹅集团及时开展了"反骄破满"活动，提出了著名的"末日"管理，以增强员工的危机意识，认为"企业最好的时候往往是最不好的时候，末日往往就是这样开始的""越是品牌美好的时候，就越有可能发生衰退""攀登到一定高度，达到一个制高点，就容易走下坡路""今天的成功不等于明天就不能失败的观念"等等。小天鹅正是通过这种"末日"管理的方式，让员工树立危机意识，而员工也经常与国内外同行业比较，在产品质量与信誉、营销、战略等方面寻找差距，以不断改进其产品，使"天鹅"越飞越高。

危机的预警管理不但需要企业管理者要有危机意识，而且也要让其员工懂得这个道理，使企业上下都保持头脑的清醒。小天鹅的"末日管理"值得会展企业借鉴。

(四) 荣事达的零缺陷管理

合肥荣事达在刚创办的时候只是个员工不足300人、资产仅306万元、濒临倒闭的小厂，而发展至今已成为中国知名的家电企业集团，集团产品线涉及白色家电、黑色家电、系列小家电、汽车配件、太阳能热水器、新型建材等多个产业。2006年，经中国品牌研究院权威评估，"荣事达"品牌价值超过26亿元，名列中国白色家电行业前茅。其成功的奥秘之一就在于坚持零缺陷管理，包括零缺陷生产、零缺陷供应、零缺陷服务和零缺陷决策。零缺陷管理特别强调预防系统控制，要求第一次就把事情做好，使各个环节的缺陷都趋向于"零"。正是因为这种零缺陷管理，使得企业的生产、供应、服务和决策等各个环节出现的差错得到事先的防范，将危机尽可能消灭在萌芽状态。

会展企业要学习荣事达集团强调预防系统控制的做法，通过管理的完善对企业的各个环节都采取预防控制，有助于避免危机的发生，使各个环节处于"零缺陷"状态。

二、会展企业危机预警管理的对策

（一）强化危机意识

美国康乃尔大学曾经做过一个有名的"青蛙试验"，就是把一只青蛙放入热水中，它马上就会跳出来，但是如果又把该青蛙放入冷水中逐渐加热，青蛙在缓慢的变化中没有感受到危险，最后被煮死了。对企业来说，这也是一样的道理，没有危机意识就是企业最大的危机。据调查，在世界500强企业名录中，每过10年，就会有1/3以上的企业从这个名录中消失，或落魄，或破产，他们的例子就说明了，即使企业已经很成功、很强大了，但是在当今这种瞬息万变的环境中，一旦企业丧失了对环境变化的警觉性，忽视了危机的存在，那么结果也与那只温水中的青蛙一样。企业的危机重在防范，防范危机的突破口就在于强化危机意识。居安思危是建立危机预警系统的重要思想准备，企业没有危机意识，危机预警就很难发挥效力。

1. **强化企业全员的危机意识**

有远见的企业家都在不断强化自己的危机意识，因为他们懂得没有危机意识，就难以产生危机应对计划；没有危机应对计划，就难以判别危机征兆，防止危机扩散。比尔·盖茨"微软离破产永远只有18个月"名言、张瑞敏"永远战战兢兢、永远如履薄冰"的危机意识、任正非"华为总会有冬天，准备好棉衣，比不准备好"的危机观念、天津大海食品有限公司开业庆典时"今日开业，何时倒闭？开业大愁"的警语等，这些都是企业家心中存在的强烈的危机意识，正是因为这些危机意识，他们才能带领企业渡过一个又一个的难关，使企业取得更长足的发展。但是对企业来说，光是强化企业家的危机意识还不够，还需要强化企业全体员工的危机意识，各司其职，做好各自的工作，避免危机的发生，也只有企业上下都树立危机的意识，才能在危机到来时各尽其力。例如，我国"入世"以来，外资会展公司大举进军中国市场，给我国会展企业的发展带来了巨大的压力，而具有危机意识的会展企业则会勇敢面对，让员工树立危机意识，而员工也就会经常在与外资企业的产品质量与信誉、营销、战略等方面寻找差距，以不断改进和提升，积极应对。

2. 营造企业危机预警的文化氛围

由于我国企业长期处于计划经济体制下，很多企业在安逸的环境中待久了就自然地像温水中的青蛙一样忽略了外界环境的变化，最终当危机降临的时候因毫无准备而损失惨重，甚至被市场淘汰。对会展企业而言，预防危机的难度一方面是由于危机发生的征兆较小，人们习以为常，视而不见；另一方面，还可能是危机从出现征兆到爆发的时间极短，企业无暇顾及。而由于危机的突发性，如果企业没有进行危机的预警管理，一旦危机发生，企业将措手不及。因此，要使企业管理者和所有员工在面对激烈的市场竞争时充满危机感，就要营造企业危机预警的文化氛围，用危机理念来激发员工的忧患意识和奋斗精神。而企业危机预警氛围的营造要从企业创办的第一天起就着手进行，对企业上下的员工进行危机教育和培训，包括安全教育、危机观念教育、具体应对措施的培训等，使员工掌握危机管理的专业知识，懂得危机一旦发生应采取哪些应对措施来避免危机的扩散。企业危机预警氛围的营造不是一天两天的事情，而是应该伴随企业的经营而长期坚持不懈，使危机预警成为公司的一种文化，渗透到企业的每一位员工身上。

（二）建立危机预警系统

会展企业的危机管理重在预防，而那种等危机出现后才急着去寻找解决的途径，把危机管理当作一种临时性措施和权宜之计的做法是不可取的，而要达到有效预防危机，建立一套完善的危机预警系统必不可少。企业危机预警系统是一种对企业危机进行超前管理的系统，它通过运用一定的科学技术方法和手段随时对企业的运营状态进行监测，收集有关企业内外环境变化的信息，对这些信息进行分析和研究，及时发现和识别潜在的或现实的危机信息，采取预防措施以达到防止和控制危机爆发的目的。危机预警系统主要包括危机监测子系统、危机预测子系统和危机警报子系统三个方面。

1. 危机监测子系统

危机的监测是指对企业内外部环境中可能引起危机的各种因素和危机的表象进行严密的监测。危机监测的内容包括危机信息的收集和危机信息的分析两个方面。

（1）危机信息收集。信息是企业危机管理的关键，也是会展企业危机预警系统有效运行的前提，通过收集有关企业危机发生的信息，及时掌握企业危机变化的第一手材料，为预防危机的发生和危机的处理提供指导。根据会展企业运营的特点，应收集会展企业外部环境和内部环境的信息。

在收集会展企业外部环境的信息时，应尽可能地收集包括政治、经济、法律、科技、金融、市场、竞争对手、客户等方面的信息，有利于企业掌握企业外部环境的发展趋势和动态。在政策方面，会展企业要了解所在国家或参展国家对会展企业的国家政策是什么，有无调整，且政策的调整对会展企业的有利因素是什么、不利因素是什么，等等。例如，按照国家奥委会的规定，2005年11月9日，中共中央办公厅、国务院办公厅下发了《关于从严控制2008年奥运会期间及前后在北京地区举办全国性国际性会议和活动的通知》，而这段时间在北京举办的国际例行展览至少有86个，因为这个通知，许多会展不得不停办或推迟举办，或者换地方举办。在经济方面，会展企业要了解企业外部的经济形势，如目前金融危机的状况对会展企业的发展还会产生什么样的影响等；还要了解竞争对手的发展战略、营销策略、经营管理、人力资源状况、举办会展的次数、会展主题、会展规模等方面的信息，一方面可以避免因相同主题展会而导致与其他会展企业争抢客源的恶性竞争，另一方面可以有效应对来自其他会展企业的竞争。在客户信息方面，会展企业要了解包括参展商、观众、供应商等方面的信息，建立客户信息库，并及时进行更新和维护，在与客户保持良好关系的同时，调查他们的需求，倾听他们对会展的建议，以不断提高企业举办会展的水平。

此外，还要收集会展企业内部环境的信息，了解企业的财务状况、市场营销、经营观念、人力资源、后勤保障、信誉状况、公共关系、会展项目进展等信息，掌握会展企业的运营状况。例如，在营销方面，要调查企业目前的营销战略是否有效、市场调查和预测是否准确等；在人力资源方面，要了解企业员工最近的工作情绪、员工的满意度、员工队伍是否稳定、合同规章是否合法等。

（2）危机信息分析。危机信息分析就是在掌握企业内外部环境信息的前提下，对可能或者已经引起危机发生的经济、文化、社会等环境因素信息的分析，了解与危机态势有关的微观动向，敏锐地察觉环境的各种变化，以保证能及时发现会展企业运营中已发生的危机征兆和将要发生的危机趋势，从而有针对性地采取应对措施，避免危机的发生。同时信息的分析也包括分析其真实性。任何虚假、失真的信息都会影响危机监测和危机预测的准确性，浪费企业的资源。当然，也不是对所有的信息都要进行详细的分析，要区别对待，有些一般性的信息只需了解即可，而对企业发展有重大或潜在重大影响的信息则需着重分析。例如，随着信息技术的发展，社会各行各业的信息化改革得到了推动，但是与此同时，电子商务的发展和网络贸易市场的发展也使得会展企业面临着网络时代的冲击，因此会展企业需要着重分析会展运行的网络化趋势，以寻求应对措施。

2. 危机预测子系统

科学预测是危机管理的前提。危机预测系统是根据在危机监测中得到的信息来对未来可能发生的危机类型、时间、概率进行预测分析，对已发生的各种危机进行成因、过程分析和发展趋势预测，以及对危机造成的损失进行预测，是企业进行危机预警和处理的前提与依据。首先，会展企业通过已掌握的信息对在企业经营中出现的各方面的风险、威胁和危机进行识别和分析，如社会环境、竞争、营销、财务、人力资源、自然灾害、健康和人身安全等。其次，会展企业对每一种风险进行分类，并决定如何管理各类风险，从而为企业危机管理提供指导。就具体的会展项目而言，可能引起危机的环节有会展项目定位、会展项目主题、市场环境、设施故障等，对这些都需要一一加以梳理分析，从而准确地预测会展企业所面临的各种风险和机遇。最后，因为企业的资源有限，而企业存在的危机不止一种，所以就要对已经确认的每种风险按照其威胁的大小及发生概率的多少来安排风险管理的优先次序，以达到有效防范或规避最严重的一种或几种风险。当然，在这个过程中也要尽可能实事求是地对危机的威胁程度进行确认，减少因危机预测失误而导致向警报系统发出错误的结果。例如，在"非典"刚开始时，许多会展企业看到的是会展业良好的发展态势，而对"非典"的发展形势的分析和预测都过于乐观，导致后来许多会展企业损失惨重。2003年，北京取消或延期的会展就占全年会展总数的40%～65%。本来在四五月份举行的会展活动，几乎都没有达到展前所预计的会展人数，甚至部分企业的展览会临时取消，这给参展企业造成了极大的经济损失。

3. 危机警报子系统

危机警报子系统是会展企业根据危机预测子系统提供的危机预测结果来决定是否发出警报、发出何等程度的警报以及用什么方式发出警报，来警示企业现在及将来可能存在的危机。首先，评估危机和预警系统之间的关系进而确定危机的警戒线也就是危机发生的临界点。其次，根据危机预测子系统提供的危机预测结果来判断危机是否到达警戒线。当危机预测的结果是危机程度的评估值在警戒线下方时，企业处于一种正常运营状态；而一旦企业的这种评估值接近警戒线或在警戒线上方时，就说明企业状况正处于接近危机或危机状态，需要马上向企业发出危机警报。

危机预警系统的各个子系统之间是相辅相成的,前一部分的工作是后一部分工作的前提和基础,任何一个环节出错都会导致危机预警系统失灵。在危机警报系统中,无论是未发出警报还是未及时发出警报甚至发出错误的危机警报,都会导致企业管理者对企业所处环境的错误评估。一旦危机来临时,企业可能因未及时做好应对措施而蒙受损失。

(三) 制订危机预警计划

在企业危机发生前就制订危机预警的应对计划,当危机真正来临时企业就可以从容应对,按照预先的计划迅速果断地处理危机,从而有效地化解危机,避免危机的扩大化。因此,建立一套规范、健全的危机预警应对计划非常有必要。

1. 成立危机预警管理小组

成立危机预警管理小组是危机预警管理系统正常运行的保证,只有成立危机预警管理小组,才能使企业在应对危机时更加敏捷和顺畅,使企业的整个危机管理工作做得更加周密和有效。危机预警管理小组的组成人员是兼职的,平时并不经常活动,只是定期地召开会议,主要由熟悉企业管理业务、具有现代企业经营管理知识和技术的企业管理人员组成,同时,也可以聘请企业外部的危机管理专家。他们主要的职责包括全面分析会展企业的内外部环境的变化及发现企业各种可能的危机征兆,预测企业各种危机的发展趋势及对企业造成的可能影响,为处理危机制定有关策略和应对计划,并监督有关方针和计划的正确实施等。危机预警管理小组的成员是企业危机管理中重要的人力资源,在危机管理中处于信息管理的中枢位置,担当重要的沟通角色,发挥领导和协调作用。因此,要求小组成员与企业的各个部门通力合作,在平时做好企业在产、供、销等环节和人、财、物等方面的监督和控制工作,在危机发生前时刻保持警惕的危机意识,对危机产生的表象具有较强的洞察力,对危机发展的趋势和影响具有较强的分析和判断能力;在危机发生后应具有处变不惊、临危不惧的心理素质和良好的沟通能力,能迅速果断地做出决策,从而有效地化解危机。

2. 制定危机管理预案

危机管理预案是对企业可能发生的不同类型的危机事先拟定处理的程序和应对计划。很多企业因没有做好危机管理预案,一旦危机发生时措手不及,延误了处理危机的最好时机,造成不必要的损失。预则立,不预则废,因此,制定危机管理预案是一个至关重要的环节,更是一个容易忽略的环节。

危机管理预案的第一步是将企业所有可能发生的危机分类型罗列出来,分析可能发生的危机的特点、发生的可能性、危害程度等。这样做可能比较麻烦，但是危机与企业运营是如影相随的，企业内任何一个人、一个环节的失误或疏忽都可能产生危机，所以这一步是有必要的，防微杜渐。第二步则是按照危害程度及发生的可能性划分预案处理的优先次序，并拟定危机处理的程序和应对计划，并做好人员预案、财务预案、传播预案、沟通预案等。在人员预案上要安排好人员的组织和协调、工作岗位职责、工作流程等；在财务预案上要估计预防和处理危机所需的花费、企业财务状况受影响的状况等；在传播预案上要确定信息传播所需要的媒介、所需针对的其他重要的外部公众等；在沟通预案上要掌握危机所涉及对象的相关资料，如参展商、观众、供应商、政府部门或行业协会等，针对他们的情况及时做出回应。最后一步则是将第二步形成的有关计划落实成文字，一方面可以形成企业的规章制度，另一方面可以通过编制危机管理手册来对员工进行危机教育。

一套完整的危机管理预案可以使企业在面对危机的时候从容不迫。例如，据估计，参观上海世博会的 7000 万人次中将有 85% 的人在世博展区内用餐，为此上海世博会方面建立了世博食品药品安全实时监控中心，制定各类突发食品安全事件的应急预案，建立世博食品安全应急指挥协调机制，做好人员物资和技术储备，采取针对性措施，按危害和风险程度对事件实行分级管理，并与世博医疗急救体系搭建沟通渠道。

3. 建立危机管理的资源保障

危机管理也需要一些资源保障其顺利实施，这些资源包括危机处理的专业队伍、危机处理设备、危机联络网等。危机处理的专业队伍成员是企业各个方面的专业人员，平时是企业的普通员工，一旦危机来临时就是危机处理队伍的骨干，领导企业员工执行危机预警管理小组的决策。在危机处理的设备方面，对危机处理时所需要的但是企业没有或数量不足的设备要及时引进，并注意平时的保管和维护。企业在危机预警阶段就要与同自己有关联的有关单位建立良好的联系，形成一种能够相互及时联系的网络，以便危机出现后能及时有效地沟通和合作，以降低危机造成的损失。企业的危机联络网包括新闻媒介、医院、消防、公安部门、保险公司、行业协会、其他会展企业等。

4. 加强危机管理预案演练

目前，我国许多会展企业不够重视危机管理预案的演练，制定的应急预案流于形式，应急预案演练工作没有走上规范化道路。但是，许多现实的教训告诉我们，加强危机管理预案的演练，不但可以强化企业员工的危机管理意识，增强企业应对危机的快速反应能力、应急处理能力和协调作战能力等的综合能力，确保危机发生时能迅速启动相关应急预案，最大限度降低危机造成的损失,而且可以检测危机管理预案是否具有可操作性,为进一步完善危机管理预案提供指导。因此,我国会展企业需加强危机管理预案的演练。

危机管理预案的演练包括培训和实战两个步骤。危机培训的内容主要包括危机管理意识、面对危机的心理素质、处理危机的能力(如洞察能力、决策能力、沟通能力等)、处理危机的基本知识等,可以通过讲授、小组讨论、案例分析等多种方式进行。危机实战演练是通过仿真的演练场景来检验危机管理预案的可操作性、危机管理小组现场指挥、决策、协调和应变的能力,危机管理专业队伍的实战应急能力,以及企业危机管理机制的完善程度。例如,模拟会展场馆发生火灾的情景,通过实战演练如何灭火、如何疏散场馆内的人员、如何处理人员的伤亡和参展商及供应商等的财产损失、如何应对媒体的采访、如何采取善后措施等等,让企业在危机实战演练中提高应对危机的技能,同时也可以通过实战演练完善危机管理预警方案。

5. 加强关键危机预案的落实

危机管理预案如果没有落实到具体的工作上,那就成为一纸空文,发挥不了危机预警的效果。但是,会展企业的危机预案涉及许多方面,包括政治、经济、文化等方面的危机,其具体的表现形式也千差万别,要把所有的危机预案都一一落实,考虑到成本,这对目前阶段我国会展企业来说是不现实的。因此,要分清主次,将会展企业发展的每一个阶段最可能发生的以及发生后影响最严重的危机预案作为关键危机预案,企业按照预案的优先处理次序而将主要注意力集中在关键危机预案的落实上。比如,对有关易燃易爆物品的展览项目,火灾的预防方案是企业最需要集中力量去落实的。又如,对有关珠宝等财物的展览项目,会展企业要集中力量加强有关财物盗窃的关键危机预案的落实,但是许多会展企业却没有做到。例如,2004 年,上海国际珠宝展览会上一枚价值百万美元的钻石被盗;2005 年,香港国际珠宝展开展的第一天,参展商被窃珠宝总值高达 14.7 万港元;2006 年,澳洲珠宝展有 500 颗钻石被盗;等等。

第三节　会展企业危机处理与恢复

危机的预警管理只能使危机爆发的次数或程度减到最低,但是却无法阻止所有危机的到来。许多看似强大的企业却因一两次危机的处理不当而无奈地垮下去,而同时有一些企业经过合理的危机处理后不但春风依旧,而且还从危机中找到转机，如强生公司的"泰莱诺尔"药片中毒事件、肯德基的危"鸡"事件、法国"碧绿液"苯超量事件、中美史克公司PPA风波等。这些例子给中国的会展企业上了生动的一课：一旦企业发生危机，企业要以积极的态度去面对危机，对危机一味逃避的"鸵鸟"心态只会使得危机继续扩散。因此，企业应在危机发生的第一时间按照企业危机管理预案对危机进行全方位的控制和管理，及时收集信息，分析危机的发展趋势，不断调整危机管理的措施，尽可能降低危机的影响范围。

企业的危机管理并没有随着危机的消除而结束，一方面，企业还要消除危机给企业带来的后遗症，恢复企业的正常运营；另一方面，企业需要及时进行危机总结，吸取经验教训，不断提高和改进，从而寻求企业更长远的发展。

一、会展企业危机处理的原则

会展企业危机处理的原则是指导会展企业有效处理危机的主要依据和行为规范。

（一）快速反应原则

由于危机具有突发性特征，所以危机的发生在很多时候都是让人措手不及的，而且其较强的破坏性和扩散性都使得企业在应对危机时应当机立断，快速反应，果决行动，在尽可能短的时间里采取应对措施，从而迅速控制事态，否则危机的扩散有可能使企业失去对全局的控制而导致事态扩大化。危机发生后，快速做出反应控制事态，使其不扩大、不升级、不蔓延，是企业处理危机的重中之重。

（二）承担责任原则

企业在实现其经济价值的同时，也要勇于承担一定的社会责任。危机一旦发生，即使过错不在企业身上，如果企业一味地推卸责任，只会引起公众的反感，而将企业推向公众指责的矛头上，不利于问题的解决。在危机管理过程中，企业要始终将公众的利益放在首位，主动承担危机造成的损失，给公众留下负责任的好感，这样不但有利于企业危机后的品牌及形象恢复，而且有利于企业的长远利益。

（三）以诚相待原则

危机的发生总会给企业以及相关公众留下心灵的创伤，一方面，公众希望企业实事求是地报道企业处理危机的进展，真诚坦率地面对他们；另一方面，希望企业能站在受害者的立场上给予他们一定的同情和安慰。一旦公众和媒体发现企业有所隐瞒，只会产生新的危机，令企业损失更大。因此，企业在处理危机时必须坚持以诚相待的原则，以赢得他们的理解和信任。

（四）有效沟通原则

有效的沟通是危机处理的重要原则。会展企业的有效沟通是会展企业以沟通为手段，与所有利益相关者包括参展商、观众、供应商、政府部门、媒体等的多种需求进行互动交流，以降低危机的冲击。如果没有有效的沟通，企业的小危机就可能演变成大危机，最终导致企业破产。因此，在危机一旦发生时，会展企业应坚持有效沟通的原则。

（五）协调一致原则

在危机发生时，企业的混乱无序只会使企业造成更大的损失，使局势恶化。因此，在危机处理时，必须保持冷静，迅速按照危机管理预案将所有人员布置到位，注意各个方面的配合协调，力争做到企业危机处理的领导、指挥的协调统一，对外宣传解释的统一和企业上下行动步骤的统一，做到企业参与危机处理的人力、物力、财力等资源的协调一致，有序应对危机，将危机控制住。

二、会展企业危机处理的一般步骤

虽然危机事件是千差万别的，但是不同的危机其处理的步骤却有着一定的相同点，紧急情况下甚至可以用同一套危机处理程序和必要的措施加以应对。

（一）成立危机处理应急小组

危机处理应急小组的前身是危机预警管理小组，一旦危机发生，危机预警管理小组成员在得到充分授权的前提下将全面接管企业的危机处理工作，制定危机处理措施，并领导和指挥企业上下员工齐心协力地应对危机。危机处理应急小组成员来自危机预警管理小组成员，由企业的最高领导者领队，并招募必要的专业顾问如信息顾问、法律顾问、公关顾问、管理顾问、财务顾问等，他们的职责主要是根据危机发生的情况对危机发展的可能情形进行预测、计划并制定相应对策、监督并落实制定的有关对策等。例如，企业的最高领导者作为有关危机处理措施的决策者，全面领导危机处理的全过程；信息顾问承担危机信息的收集、整理、分析、预测等工作；公关顾问负责企业的对外沟通；法律顾问负责处理危机产生的法律纠纷，为企业提供法律指导；其他有关人员则是负责有关危机对策的实施和落实，并进行危机的现场管理。危机处理应急小组是一个临时性的应急组织，其快速的反应、果断的决策、灵活的组织等都有助于尽快地消除危机。

（二）对危机进行评估

危机发生后，会展企业只有对危机进行准确的评估，才有可能制定准确的应对措施，因此，对危机进行评估这一环节至关重要。危机评估包括危机的基本信息评估和发展趋势评估两个方面。危机的基本信息评估是会展企业通过收集危机发生的有关信息而做出的评估，如危机发生的地点、时间、经过、原因，以及危机现场的状况、当事人的反应等，其目的是让应急小组成员通过危机评估而掌握危机的全部情况，以便做出决策。在掌握了危机的基本信息后，应急小组要对危机的发展趋势进行评估，确定危机的大小、所处的阶段，评估不同的处理措施对危机的发展产生的不同影响，从而根据评估的结果得到一个更加全面周到的危机处理方案，以便做好各方面应对工作的安排。例如，在SARS发生期间，许多展会被迫取消或延期举办，这使得会展企业损失惨重。但是，有些会展企业经过对危机的分析和评估，发现利用网络组织和举办展会可以有效地避免SARS对会展的影响，降低危机对企业造成的损失。

（三）制订全面的沟通计划

沟通是协调各方面的因素以应对危机的主要工具。在危机发生时，会展企业制订的全面沟通计划包括确定沟通对象、建立企业内外沟通渠道、确定沟通方式、选定发言人等方面的内容。在危机发生时，首先，企业必须清楚区分与危机有关的公众，这样才能确定企业危机沟通的对象，这其中可能包括参展商、观众、媒体、政府、企业员工、竞争对手、业务伙伴等，充分掌握他们的信息才能有针对性地进行沟通。其次，建立企业内外沟通渠道，对内的沟通渠道主要有各种通信设施、内部电视频道、内部文件、面对面交谈、内部公共关系活动等，对外的沟通渠道主要有记者招待会、演讲、行业论坛以及外部各类公共关系活动。在危机发生时，企业危机沟通渠道建设的最基本要求是危机沟通渠道越短、越直接，效果越好。在选择沟通的方式时，可以考虑书面沟通、口语沟通、形象沟通、活动沟通等向公众告知危机发生的具体情况。最后，危机的发生使企业处在舆论的风口浪尖，要同时面对不同的压力，如公众的误解、媒体的指责、政府的不信任等，这时会展企业就需要一个具有良好沟通能力的发言人代表公司向公众传播正确的信息，避免公众各种无端的猜疑，并勇于承担责任，对公众说明企业处理危机的主要措施，以获得公众的理解和同情，达到有效沟通的目的。

（四）选择合适的危机处理策略

危机的种类千差万别，针对不同的危机，处理策略的选择也应该有所不同。选择合适的危机处理策略，可以减轻或消除危机给企业带来的冲击；而选择不合适的危机处理策略，则有可能使危机继续扩散，局势得不到控制。因此，根据不同类型、程度的危机选择合适的危机处理策略则显得相当重要。一般而言，危机的处理策略包括危机中止策略、危机隔离策略、危机消除策略、危机利用策略等。危机中止策略就是企业在危机可以控制的前提下，通过主动承担责任，防止危机进一步扩散的策略，如明确责任、赔偿受害者损失、取消展会、延期展会等。危机隔离策略是指，由于会展行业易受媒体、公众关注，以及危机具有连锁效应，一旦危机发生往往会不断扩散而引发另一危机，造成局势不可控。因此，一旦发生危机，会展企业应设法将危机进行隔离，避免造成更大的损失。危机消除策略，即会展企业根据既定的危机处理措施，通过利用正面的材料，获得公众的理解和同情，迅速有效地消除危机带来的负面影响。危机利用策略，是会展企业通过在危机中表现企业诚实坦率的态度、勇于承担责任的形象、公众利益至上的价值观等，降低危机造成的损失，使危机转化为契机。

三、会展企业危机处理的对策

英特尔公司前 CEO 安迪·格鲁夫曾说："优秀的企业安度危机，平凡的企业在危机中消亡，只有伟大的企业在危机中发展自己。"对会展企业来说，一次成功的危机处理既减少或避免了企业的损失，也发展了企业，使企业的经营管理更加成熟。下面主要针对前面所列的几种主要的会展企业危机处理实务进行讨论。

（一）创新危机的处理

创新是一个民族进步的灵魂，是国家兴旺发达的不竭动力。对会展企业来说，创新是发展企业和抵御危机的必由之路。会展企业通过创新可以在危机中寻找机遇，而机遇促进创新，创新促进发展。

1. 创新思想意识

会展企业在应对企业的创新危机时，首先必须创新思想意识，任何改革都源于意识的创新，因此，意识的创新是会展企业创新的核心和前提。会展企业应该不断突破思维定式，使企业的管理模式、市场定位、发展战略等随着时代的发展趋势而变化，做到与时俱进。同时，要树立品牌意识，会展企业通过品牌这一方式在市场上发出信号，可以使自己区别于其他企业，从而不但有利于会展参加者的选择，获得高额的市场利润，而且有利于在会展产业链中减少营销成本，发挥企业品牌的延展力。例如，品牌全球化是汉诺威展览公司的核心策略，凭借其清晰的主题和相关活动，那些已经树立的品牌展正在被有策略地引入经过精心选择和广泛详尽调查的市场中，这为活跃的国际参展商们提供了在新市场上展示他们的产品和服务的良机。同时，汉诺威展览公司在国际上的品牌打造活动并不仅仅是为了促进海外展览业务，而是同样给予了汉诺威展览中心和德国本土旗舰展一个积极的推动。通过在海外的活动，世界各地的厂商们对汉诺威展览公司在德国本土展览会的认可度同样得到了提升。

2. 推出新理念

会展企业必须不断推出会展新理念，以适应新形势的要求。会展企业新理念的创新就是对会展企业举办的展会主题和内涵的创新。会展主题和内涵的创新应体现在具有会展所在城市的文化底蕴、当地的民族特色和风土人情上，具有独特文化内涵的会展才能吸引更多的参展企业参展和更多的观众到场。

3. 加大技术创新

会展企业应对创新危机的一个重要措施是加大企业的技术创新。会展企业应利用不断涌现的大量新技术来实现企业的创新。此外，随着互联网的进一步普及，会展产业运行网络化的趋势越来越明显，网络会展风生水起，如阿里巴巴、中博集团等实力龙头企业利用网络平台，发展网上会展，不但节省办会资源，而且开拓了会展的新渠道。因此，会展企业加大技术创新，一方面要创新传统展会，完善传统展会的运营模式；另一方面要逐渐掌握虚拟的网络办展技术，以适应新时代的发展。

4. 开拓新领域

会展企业要不断加强新领域的开拓。从行业发展的阶段来分析，大多数单个的具体行业及其产品都存在由产生直至衰亡的生命周期，而展会项目的展出效率与产品周期之间有密切联系，一旦到了产品的衰退时期，举办该类产品的展会就会劳而无功。因此，会展企业要把握时代的脉络，研究该行业的发展和产品的转型趋势，不断加强新领域的开拓。例如，曾经是三大展会之首的拉斯维加斯 Comdex 电脑展，近几年因参展厂商和参观人次逐年递减，人气明显消退，2004年开始不得不停办，究其根本是因为消费电子产品异军突起，成为全球IT业中最有活力的领域，传统IT厂商纷纷转移战略重点，因此，消费电子展（Consumer Electronics Show，CES）人气直线上升。

（二）硬件设施危机的处理

快速发展的会展业需要硬件支撑，这硬件就是会展场馆及其相关的配套设施。场馆的规模与质量是一个会展项目得以成功实施的重要媒介，其相关的配套设施服务也是一个会展项目是否能按照预定目标完成的重要指标。

1. 加强宏观调控

一方面，我国会展场馆建设的热度不减。近年来，会展经济的快速发展也促使了全国会展场馆建设的升温。据不完全统计，全国各地正在建设的展览场馆或规划在三年内建设成展览场馆的展览面积将达200万平方米，北京、上海、天津、重庆四个直辖市在建和拟建的会展场馆面积超过60万平方米。中西部的部分地区也试图通过会展场馆的建设来发展当地的会展经济，其中，太原国际会展中心、西安曲江国际会展中心、甘肃会展中心的总投入均超过10亿元人民币。我国会展场馆建设总体失衡状态继续加剧。另一方面，我国会展场馆利用率低下、闲置率高。以会展场馆的经营来说，按照业内通常的评价标准，一个展馆的利用率达到60%左右时，才能实现较佳的市场效益。但是据不完全统计，全国200多个展览馆共计800多万平方米的使用面积的平均年租用率只在15%左右。全国除了上海新国际博览中心等一批少数场馆继续保持供不应求的状态，许多场馆一年也举办不了几个像样的或者有点规模的展览会，场馆面临使用率低、闲置率高而经营困难的窘境。会展场馆的这对矛盾严重制约着中国会展业的发展。因此，在会展场馆的建设上应保持理性的态度，宏观调控，科学规划，使会展场馆的数量和规模与当地会展活动的发展水平相适应，避免导致展馆经营面临更大的困难。

2. 科学合理布局

布局合理的会展场馆有利于我国会展业的健康发展。对于会展发展态势良好而会展场馆不足的城市应该适当地加大场馆建设的力度。例如，我国展览业已逐步形成以北京、上海和广州为中心的三个产业带，而这三个展览中心城市主要是北京展览场馆供应不足，急需规划建设和扩大建设大型展览中心。因此，应加大北京国际展览场馆的建设；而其他区域性展览中心城市，应根据市场需求，正确引导场馆的建设，防止出现盲目建设。对于区域内同一城市和城市之间的展馆资源应该共享，避免低水平重复建设和资源闲置。对于经济发展不发达的地区，应慎重考虑建设大型会展场馆，可以请有关专家进行论证，避免场馆建设后出现严重的经营困难。

3. 完善配套设施

展会需要展示和推介产品，洽谈业务，且参展客商多，为此，拥有设备完备、服务优良的展馆是发展会展产业的必要条件。会展的顺利开展也需要有住宿、餐饮方面的接待保障和交通、通讯方面的设施保障。因此，解决配套服务设施设备的问题包括展馆的停车问题是否解决、商务中心提供的服务是否完备、小卖部是否设在会展中心的显著区域、公共通信设备是否设置合理等。

（三）公共关系危机的处理

当企业出现与公众之间因为某种因素引发的具有危险性的非常规状态时，企业的公共关系便处于危机状态中，面临强大的公众舆论压力和危机四伏的社会关系环境，会展企业必须快速果断地采取相应的措施，将危机的负面影响降到最低限度，并逐渐恢复和提升企业的形象。

1. 迅速成立专门小组

当会展企业发生公共关系危机时，必须保持冷静、理性，迅速成立处理公共关系危机的专门小组，并明确处理危机时应共同遵守的准则和相关的责任。小组的决策水平和预见能力的高低将直接决定着公共关系危机的处理进程和结果，因此，小组的成员选择应科学合理。根据危机的大小和类型确定小组的成员。一般的危机可由一名企业主要负责人担任小组领导，公共关系部与有关职能部门人员组成有权威、高效率的工作班子；如果是危害较严重的公共关系危机，则应由企业最高领导直接指挥。在掌握危机事件的基础上，小组成员应及时制定出危机处理的对策，并通告企业全体人员，领导企业上下以统一口径、统一行动应对危机。

2. 详细收集有关信息

信息的收集为公共关系危机处理小组迅速制定应对措施提供依据。一旦危机发生，危机处理小组成员应尽快到达事故现场，详细收集有关危机的信息，具体包括：第一，危机事件的信息，如危机发生的时间、地点、原因，危机是企业内部的还是外部的、是人为的还是自然的，以及危机现场人物伤亡和财产损失的状况、事态的发展情况、控制措施等。第二，危机牵涉的公众对象。一方面，根据危机事件的信息，了解危机事件牵涉的公众对象包括哪些，如直接、间接受害的公众对象，与危机事件本身有直接、间接责任和利害关系的组织和个人，与危机事件处理有关的机构、新闻舆论界人士，等等；另一方面，要了解受危机牵涉公众的反应和要求。第三，危机事件的后果，了解危机事件已经造成的损失及其给社会和企业带来的影响。

3. 果断采取应对措施

在掌握公共关系危机事件全貌的基础上，危机处理小组成员在经过有效的讨论后，应迅速果断地采取应对措施，以控制危机事态的发展。一方面，在危机发生时，即使责任过错并不全在企业，企业也要坚持公众利益至上的原则，适时地安抚有关各方人员，对受害者要给予安慰和同情，并尽可能提供其所需的服务，及时弥补公众的损失，对伤亡人员要及时进行救护和善后，通过企业的实际行动以期获得公众的理解和好感。另一方面，在危机发生时，企业要保持所有信息渠道的畅通，及时利用传播媒介等有效手段对外发布危机事件相关信息，以及企业所采取的处理危机的一切措施以及处理的进程与结果等，消除社会公众的各种猜测和流言，控制危机影响的扩大，把危机造成的社会影响和对企业的损害控制到最低程度。同时，要做好企业的全面沟通工作，尽可能快地恢复企业的形象。会展企业公共关系危机处理涉及的工作对象众多，因此，应做好企业多方面、多层次的沟通，而不是单向行动，如除了处理好与媒体的沟通外，还要处理好与参展商、观众、员工、上级主管单位、供应商、保险公司等的沟通。

（四）卫生与安全危机的处理

大多数展会都或多或少地会出现有关卫生与安全的一些事故，因此掌握卫生与安全危机的处理对策也不容小觑。一旦展会发生卫生与安全的危机，将立刻启动危机管理预案，会展企业按照预案的有关规定、程序来对危机进行处理。

1. 现场指挥

危机管理预案中已经事先明确展馆各方面卫生与安全的主要负责人，一旦发生卫生与安全危机，各方面的负责人将立刻承担其责任，并要求各类应急救援队伍和人员根据各自职责开展现场处置，或进入待命状态，以对危机的情况进行现场指挥。具体表现在以下三个方面：

（1）了解危机的性质、危害程度、影响范围和可控性等，以帮助企业迅速做出处理危机的对策。

（2）根据掌握的危机信息采取对应的措施。如果是因会展环境或食品的卫生、安全问题引发的疾病、伤亡问题，如头晕、腹泻、中毒、砸伤、烧伤等，根据受害者的状况来采取相应措施，病情不严重的受害者可通过场馆预先设置的紧急医疗小组进行治疗，病情严重的受害者则需通知事先已有联系的医疗机构进行紧急救援。如果是发生打架、抢劫、火灾等事故，危机并不严重的最好现场马上控制住危机，合理解决问题，一旦危机的情况比较紧急和严重，则应马上启动应急通道，转移、撤离或者疏散容易受到危机事件危害的人员和重要财产，并进行妥善安置，同时联系公安、消防、卫生等相关处置单位立即实施紧急疏散和救援行动，组织开展自救互救，并确保救援时通讯、交通、供水、供电等公用设施的安全和正常运行。

（3）对现场实施动态监测，组织协调现场危机工作的处理，并迅速控制事态，尽可能降低危机造成的损失。

2. 明确责任

在会展发生卫生与安全事故时，要严肃查处事故发生的原因，根据有关规定明确造成有关事故的人员的责任，并要求其履行相关的责任。如果是受害者因个人不遵守展会的有关规定而造成事故的发生，则要求其赔偿事故所造成的相关损失；如果是会展企业因自身的疏忽而造成有关受害者的损失，会展企业应马上拿出实际行动表明公司的诚意，尽量为受到危机影响的公众弥补损失，将大事化小；如果是参展商的责任，参展商则需承担赔偿责任，并做出有关检讨。例如，在2005年的第十五届中国华东进出口商品交易会（简称"华交会"）上，浙江远大国际展览公司施工的2号馆一个展位发生楣板跌落伤人事故。事故发生后，展会组织方马上开展处理工作，一方面立即送受伤的观众去医院进行包扎，安抚受伤的观众；另一方面通过调查事故的原因明确应由参展商承担此次事故的责任，参展商不但要给予伤者赔偿，而且取消其下一届华交会布展资格，并要求该企业深入整改。通过事故的处理，很快平息了此次危机。

3. 如实汇报

危机发生后，一方面应按照国家和地方有关规定的要求和时限及时向有关上级部门汇报危机处理的情况以及工作的不足、下一步工作的改进等；另一方面应及时建立公开、顺畅、权威的沟通渠道，掌握对外报道的主动权，及时公布情况，如实告知公众企业到底发生了什么危机、公司正在采取什么应对措施等等，以防止事件出现放大效应，并尽快恢复企业正常的秩序。

（五）竞争危机的处理

中国的会展企业为适应企业全球化和世界经济一体化的发展趋势及中国加入世贸组织后所面临的新形势，需采取措施以应对新形势的竞争。中国会展企业在应对越来越激烈的国内外市场竞争危机时，既不能悲观丧气，也不能盲目乐观，而应把握机遇，勇于创新，迎接挑战。

1. 加快会展企业的集团化

集团化的问题，也就是企业兼并和集中的问题。综观当今世界实力雄厚的大财团、大企业的成长史，不难发现它们无一不是通过兼并、收购等方式才取得现有企业的规模、市场份额和竞争优势的,如国外大型展览公司不但通过收购与兼并实行展览项目的集团化经营,而且把展览与会议业务融合起来,在经营中加强与旅游、餐饮、住宿、交通等相关部门的合作,同时还拥有报纸、杂志、网站、电视台等媒体,以便在全球范围内宣传它们的展览会。这对于我国会展企业极具借鉴意义。我国会展企业要加快集团化的进程,必须在市场竞争中通过收购、兼并、联合、参股、控股等方式将分散条件下许多企业独具的优势聚集起来,同时还可以进行跨地区、跨部门的战略重组,组建会展集团,做到扬长避短,实现优势互补,增强会展企业在国际市场上的竞争实力。例如,2015年,河北省政府出台《关于促进展览业改革发展的实施意见》,明确提出加速"'京津冀'大展览圈"建设,实现三地展会、展馆、参展商信息资源共享共用。通过跨地区的战略重组,组建会展集团,弥补与长三角、珠三角会展带竞争中资源分散的短板,推动京津冀区域会展经济的快速发展。

2. 加强会展企业间的竞合关系

目前,中国会展业存在"三多"现象,即展会数量多、主办单位多、展会重复多,导致我国会展市场混乱无序,国内各会展企业间自相恶性竞争。具体表现在:一是展会组织者相互争抢客户,参展企业无所适从;二是展会经营靠压低价格招揽客户,陷入"你展位费低,我比你还低"的价格大战。其直接的后果就是国内会展企业间的两败俱伤,企业的经济效益和社会效益都达不到效果。因此,在面对激烈的国内外市场竞争环境时,不但要加强国内会展企业间的有序竞争关系,而且也要加强它们之间的合作关系,形成会展企业间的竞合关系,规范企业之间的竞争行为,以实现同一区域不同会展企业、不同区域会展企业、内地与港台会展企业的资源与信息共享,避免重复办展而导致的资源浪费,实现合作双方的共赢,有利于各地会展业的良性发展。合作领域可以是组展、场馆经营、教育培训等多个领域。例如,从2009年起,深圳、香港、澳门三地车展合一,将互补、互动、共建中国领先的"深港澳"大汽车生活圈,合并后的车展更名为"2009(第十三届)深圳-香港-澳门国际汽车博览会"。2010年,上海博华国际展览有限公司(UBM Sinoexpo)主办的国际建筑装饰展、酒店用品展、清洁展、照明展四大品牌展会将在上海新国际博览中心共同举办,酒店业四展合一,共同打造一站式采购平台。

3. 推进会展企业的国际化

随着贸易世界化的发展,会展产业的国际化程度不断提高,参与到激烈的国际竞争中是我国会展企业发展过程中不可回避的现实。因此,推进我国会展企业的国际化是中国会展业应对激烈的国际竞争的必由之路。会展企业的国际化分两个方面。一是我国会展企业可以通过引进国外会展企业的资本、技术、人才、管理经验等,熟悉国际竞争的游戏规则,在国内与外国投资者合资、合作经营,使企业熟悉市场、政策、客户,掌握先进的管理经验,增强企业的国际竞争力,从而实现国际化。二是会展企业可以通过在国外设立办事机构、合作主办展览、移植品牌展会、投资兴建展馆等形式使会展企业的产品、劳务出口;或进行跨国直接投资,在国外开展跨国经营,参与国际会展业竞争,从而实现国际化经营。

(六)突发性危机的处理

当突发性危机发生时,考虑到其破坏性较大,会展企业应立即通过采取有针对性的应对措施及时控制住危机,将危机造成的损失降到最低程度。因此,越是在危急时刻,越能昭示出一个优秀企业的整体素质和综合实力。

1. 快速反应

危机不等人,速度是关键。一旦危机发生,会展企业应以最快的速度启动危机处理计划,如果初期反应滞后,将会造成危机的蔓延和扩大。企业在应对突发性的造成人员伤亡的自然灾害事故如地震等时,应立即组织企业应急救援队伍和工作人员营救受害人员,疏散、撤离、安置受到危害的人员,控制危险源,标明危险区域,封锁危险场所,并采取其他防止危害扩大的必要措施;企业应对影响企业正常运营但暂时没有造成人员伤亡的危机如"非典"、甲型H1N1流感、金融危机等时,应快速制定应急措施,并落实到各个部门,使企业有序地开展经营活动。当然,由于危机的产生具有突变性和紧迫性,任何防范措施也无法做到万无一失,因此应针对具体问题,随时修正和充实危机处理对策。

2. 保持联系

突发性危机发生后,会展企业要做好各方面的联系工作,并处于随时保持联系的状态。首先,企业要与有关方面的医疗机构保持联系,以便随时做好展会期间的防范工作。其次,企业要与地方政府部门保持联系,及时将现场的各种重要情况向其报告,必要时请求地方政府部门给予支持。再次,企业还要与媒体保持联系,定期通过媒体向社会发布与公众有关的突发事件的信息和企业处理危机的措施、进展等,将承担责任、注重信誉的负责任的形象传递给公众,进而利用危机带来的企业形象塑造的机会,使危机转变成机会。最后,企业还要与保险公司保持联系,一旦危机造成企业的人员伤亡和财产损失时,保险公司可以转移企业的若干损失。

3. 公众利益至上

当企业发生危机时,应该把公众的利益放在首位,在危机处理过程中显示出展览组织者负责任的形象。企业要获得长远利益,则应该更多地关注公众的利益而不仅仅是企业的短期利益,用实际行动表明企业的社会责任。例如,对危机造成的人员伤亡问题,应妥善处理,对伤亡人员应真诚地表示同情,并立即采取行动,以一种富有人情味、积极解决问题的态度来对待危机受害方,尽量为受到危机影响的公众弥补损失。这样有利于维护企业的形象,使企业获得长远利益。

四、会展企业危机的恢复

危机处理阶段的结束,并不意味着危机管理过程的终结,会展企业还需要经过一个危机的恢复阶段来使企业的一切工作恢复正常。在这个阶段,会展企业要做的工作包括:善后处理、及时总结和学习提升。

(一)善后处理

危机事态虽然被完全控制了,但是其留下的后遗症还存在。因此,企业需要通过善后处理阶段来消化危机给企业带来的多方面损失,解决这些后遗症,并尽可能快地让企业运转恢复正常。一方面,企业要针对危机造成的损失而采取一定的处理措施,如进行责任归属、纠纷处理及补偿分配等工作,对企业的人事和组织机构进行调整,加强与客户的联系,特别要防止大客户的流失,抚平企业员工以及受害公众的心理创伤等。另一方面,要尽最大努力恢复和重塑企业的形象,如通过在媒体上进行公益宣传、召开新闻发布会、与相关部门保持良好沟通,通过主动说明、积极赔偿等手段,将承担责任、注重信誉的负责任的形象传递给公众,以转变企业的形象,使危机转变成机会。

(二)及时总结

亡羊补牢,为时未晚。危机结束后,会展企业要及时总结经验,不但可以避免类似的危机再次发生,而且即使再次发生也可以及时应对。危机消除后,企业首先要对引发危机的成因、预防和处理措施的执行情况进行系统的调查分析,并对调查的结果进行评估,分析此次危机管理的得失,梳理此次危机管理中存在的主要问题及主要矛盾,通过评估反思工作中的不足;其次是将危机涉及的各种问题综合归类,分别提出对包括危机预警系统的组织和工作程序、危机处理计划、危机决策等各方面的修正措施,改进企业的经营管理工作,制订一个更切实可行的危机管理计划;最后是责成企业有关部门对修正的措施进行逐项落实,不断完善危机管理内容。

（三）学习提升

危机一方面代表着危险的境界，另一方面也意味着大量的机会。因此，危机不能笼统地被认为是只对企业起破坏作用的事件。对会展企业来说，发生的每一次危机都是一次新的体验。一方面，会展企业可以利用危机与应对危机的经验和教训来作为教材对企业员工进行学习教育，强化他们的危机意识，锻炼他们的危机处理能力，从而增强企业对危机的"抵抗力"。另一方面，会展企业通过危机可以发现企业在技术、管理、组织机构及运作程序等方面的不足，驱使企业不断改进工作，谋求创新，从而不断提升企业的竞争实力，使企业从危机中获益，最终增强企业对危机的"免疫力"。

本章小结

会展市场竞争日趋激烈，内外危机如影相随，加强危机预警，妥善处理各种危机，对于会展企业来说具有十分重要的意义。从本质上来说，会展企业的危机管理就是一个在不确定条件下如何把风险降低到最小的过程。在危机发生前，准确地分析、判断、发现危机的征兆并将其消弭在萌芽状态，是危机预警阶段的核心工作。防患于未然是危机管理的核心思想，是成本最低效益最好的管理。在危机爆发后，必须动员和组织力量，快速反应，积极应对，努力把事态和由此可能导致的损失控制在最小的范围，是危机管理的重要工作。在危机结束阶段，恢复、总结、评估和检讨是必要的工作，目的在于将危机转化为商机和生机。危机是企业锻炼自身能力的好机会，因为危机既敲响警钟，又实实在在地创造机会，促进变革，增强企业的竞争力。

本章关键词

会展企业危机　会展企业危机管理　会展企业危机预警

复习思考题

1. 会展企业危机管理的程序包括哪些内容？
2. 会展企业危机预警管理的对策有哪些？
3. 会展企业危机处理的原则是什么？
4. 会展企业危机处理的一般对策有哪些？
5. 会展企业公共关系危机应如何处理？

6. 会展企业危机的恢复阶段需要进行什么工作?

直击展会现场风险

展会与一般的企业经营活动不一样，具有展览时间相对集中、所牵涉组织人员复杂、展览现场占地面积广不易管理的特点，可谓是危机四伏。最常见的几种是展台塌陷、客流预测不准导致的人员疏散隐患以及展会食品服务区食品安全问题。此外还有一些社会政治经济等原因引起的展会诈骗、展会盗窃等隐患。由于展会具有牵一发而动全身的效应，任何一个潜在隐患的出现都有可能导致整个展会以失败告终，因此做好会展危机预警与防范、危机处理以及危机恢复都至关重要，尤其是危机预警与风险防范。

近日，2016长沙贺龙（春季）车展展台倒塌事件再次引发会展业内关于展览搭建工程门槛低、行业间低价竞争的讨论。实际长期以来，一旦发生展台倒塌事件，展会安全瞬间就会受到高度关注，但事件过后，展会安全又像流行性感冒一样被忘记了。为什么展台搭建安全得不到保障，究其根本是什么原因呢？经过记者调查发现原因主要有两点：第一是作为会展产业链下游的展览工程搭建方安全防范意识不强（没有形成购买保险的意识）与场馆方管理不到位（不强制要求搭建方购买保险）的因素；第二是误解政府对展会审批的开放政策导致对展中的监督不到位因素。姜淮呼吁，为了避免上述安全问题的发生，地方行业组织要进行干涉，要帮助行业形成自律意识。

总的来说，对于展会管理，政府要思考的是如何将有形的手转为无形的手，支持行业组织加强自律，出台行业规范标准，强化行业组织管理的角色定位。目前，厦门市应该是一个好的典范，在会展专项资金的支持下，成立了"会展项目协调委员会"，对展前、展中、展后环节进行监管，有效地防范了许多展会危机，算一重大创新举措，值得学习。

（资料来源：http://www.expo-today.com/front/info/info）

■讨论题

1. 根据你所熟悉的展会分析其存在的安全隐患以及可采取措施。
2. 厦门成立会展项目协调委员会加强展会监督对其他城市或公司的会展安全工作有什么启示？

第十章　会展企业人力资源管理

> **学习目标**

①了解我国会展企业人力资源存在的问题；②熟悉会展企业员工招聘的具体程序；③掌握会展企业员工培训和开发的过程；④掌握会展企业员工绩效管理的过程；⑤能运用所学知识构建会展企业的激励机制。

第一节　会展企业人力资源管理概述

随着会展业竞争的日趋激烈，越来越多的会展企业已经认识到人才将是企业未来持续发展的动力和核心竞争力。因此，如何对人力资源进行管理以建立一支高素质的人才队伍已成为会展企业共同面临的问题。

一、会展企业人力资源及人力资源管理的定义

（一）人力资源

自美国管理学家彼得·德鲁克 1954 年在其著作《管理的实践》中提出"人力资源"一词至今，人力资源是企业核心竞争力的关键已成为世界各国企业界普遍认知的理念。而不同的学者对人力资源概念的表述也不同，国外学者如伊凡·伯格（Ivan Berg）认为，人力资源是人类可用于生产产品或提供各种服务的活力、技能和知识。雷西斯·列克（Rensis Lakere）认为，人力资源是企业人力结构的生产力和顾客商誉的价值。内贝尔·埃利斯（Nabil Elias）认为，人力资源是企业内部成员及外部的人，即总经理、雇员、顾客等可提供潜

在服务及有利于企业预期经营活动的总和。国内学者王先玉等人认为，人力资源应包括以下内涵：人力资源是具有劳动能力的人的要素的总和；是能够促进社会、经济、文化发展的劳动者的全部潜能的总和；人力资源是多种层次的人员的集成，包括领导人才、管理人才、各类专业技术人才和各种类型的工人或工作人员。赵恒平则认为人力资源也称"劳动力资源"，是指在一定时空范围内能够创造物质财富和精神财富、具有智力劳动和体力劳动能力的人的总和。

为了更容易地理解人力资源的概念，需要了解它的特征。人力资源具有以下特征：

（1）能动性。这是人力资源区别于自然资源的一个最重要的特征。人力资源能主动利用其他资源去推动社会和经济的发展，其他资源则处于被动使用的地位。另外，由于人具有创造性思维的潜能，人力资源还是唯一能发挥创造作用的因素。

（2）时效性。基于人的生命周期的阶段性和知识与技术的时间性，人在生命周期的不同阶段其体能和智能是不同的，因而人力资源在各个时期可利用程度也是不同的，具有时效性。

（3）双重性。人力资源具有生产性和消费性的双重性。生产性是指人力资源能够创造社会财富，为人类或组织的生存和发展提供条件；消费性则能够保障人力资源的维持和发展，是人力资源生产和再生产的条件。

（4）再生性。虽然人力资源具有时效性，但是它同时也具有再生性，是一种可再生资源。它是通过人口的再生产和劳动力的再生产，通过人口总体内各个个体的不断替换更新和劳动力消耗—生产—再消耗—再生产的过程实现的。

（二）会展企业人力资源

会展企业人力资源是指可以利用一切可能利用的资源进行创造性劳动，为会展企业的发展贡献能力的人员及其总和。会展企业的人力资源状况是关系会展企业未来发展的重要环节，是会展企业竞争力提升的重要保障。

现代会展业是一个涉及面广、政策性强、专业化程度高的产业，对专业人才和复合型人才的需求特别大。我国许多会展企业从业人员都是半路出家，专业素质不高，造成展览公司资质差，展览总体水平低，无论从展前的营销设计、展中的现场管理、展后的服务等方面，都与国外发达企业存在很大差距。因此，为了提高我国会展企业的核心竞争力，会展企业人力资源应该具备多方面的能力。

1. 全面知识能力

由于会展企业所从事的会展活动具有综合性强、涉及面广、内容复杂等特点，因此要求其从业人员具有全面的知识，既要懂得会展的运作模式，会展流程涉及的策划设计、营销宣传、客户沟通等方面的知识，也要懂得国际会展运作的规则、知识产权、外语及高新技术的应用等方面的知识，并具有丰富的实践经验。

2. 营销策划能力

会展企业从业人员营销策划能力的高低直接关系着会展能否达到预期的效果。从场馆的选择、会展主题的确定、展会的布置到展位的推销，从会展项目的启动阶段、项目的规划阶段、项目的执行阶段到项目的结束阶段，都体现出从业人员的营销策划能力。因此，具有良好的营销策划能力的从业人员极受会展企业的欢迎。

3. 有效沟通能力

会展业是提供面对面的人性化服务，与服务对象进行沟通是关键。举办一次展会，要沟通的服务对象非常多，如展馆商、参展商、供应商、观众、政府有关部门、行业协会、媒体等。因此，有效的沟通能力是会展企业从业人员必须要掌握的一项技能。

4. 随机应变能力

由于会展是一项系统工程，一个展会从展前的策划、招商，到展中的运作，再到展后的服务这个系统工程涉及了许多环节，而每一个环节都存在不确定因素。如果没有处理好其中一个环节的变数，则可能会影响到整个会展环节的正常运作。因此，这就要求会展从业人员具备随机应变的能力，及时解决突发性危机。

5. 不断创新能力

我国会展企业举办的展会很多都存在主题重复、组织管理模式落后、没有特色等问题，使参展厂商"食之无味，弃之可惜"。而创新是会展业持续发展的源泉，因此，这就要求会展企业从业人员应该具备很强的创造性思维能力，要善于独创、开拓和突破，而不是一味地模仿。

（三）会展企业人力资源管理

会展企业人力资源管理是指会展企业通过对人力资源的若干项活动，充分发挥人的主观能动性，提高工作效率，最终实现企业目标的管理过程。与企业的生产、营销、财务管理等一样，会展企业人力资源管理也是企业组织一项必不可少的基本管理职能，它通过设计有关人力资源的计划、组织、领导、协调、控制的每一个具体职能活动，以实现人与事的优化组合，达到事得其人、人适其事、人尽其才的目的。其功能主要体现在选择、培育、使用、维护人才四个方面，即"选、育、用、留"。因此，本章介绍的会展企业人力资源管理的内容主要是围绕这四个方面来展开讨论的。

1. 选：员工招聘

这是会展企业获取人才的第一步。会展企业根据招聘计划提出的人员需求数量与任职资格要求，通过各种招聘渠道来选择企业所需的人员，并满足企业未来的发展需要。招聘程序具体包括人员的招募、甄选、录用以及评估等内容。

2. 育：员工培训与开发

造物之前先造人。会展企业为使员工不断适应新形势的发展，通过对企业员工进行教育和培训，让员工保持拥有能够满足当前及未来工作需要的知识和能力，以提升企业人力资源的优势，获得长远发展。具体包括对员工的知识、技能和职业生涯发展的培训。

3. 用：员工绩效管理

绩效评估是会展企业的各级管理者通过各种手段对其下属的工作完成情况进行定量和定性评价，进而为企业如何用人提供指导。绩效评估最普遍的用途是检查和改进员工现有的工作绩效，为企业对员工职务升降、调配、解雇、绩效加薪等提供依据。

4. 留：员工激励

会展企业实行激励机制，不但可以正确诱导员工的工作动机，使他们在实现企业目标的同时满足自身的需要，增加其满意度，使他们的积极性和创造性继续保持和发扬下去，而且可以培养员工对企业的忠诚度，留住人才。

二、我国会展企业人力资源状况

会展业作为新兴服务业，是21世纪的朝阳产业，有着巨大的发展潜力。据中国会展经济研究会统计，2014年我国共举办展览会8009场，展出面积1.02亿平方米，位居世界第一。而会展经济的快速发展也亟须大量的会展专业人才。虽然目前我国会展业从业人员数量不下100万，但是其人力资源状况却令人担忧。人才问题已成为制约中国会展企业持续健康发展的瓶颈。

（一）我国会展企业人力资源存在的问题

1. 队伍规模较小

我国会展业的起步虽晚，但发展较快，总体规模以年均20%的速度递增。

但是，我国会展教育的发展情况却严重滞后于会展业发展的大格局，导致我国会展企业的人才队伍数量不多，质量不高。据丁萍萍对我国会展专业本专科学历教育的调查，截至2008年秋，我国开设本专科会展类专业的高校已有123所（其中高职90所，高专7所），2008年秋招收新生7176人。2008年相比2004年全国24所高校开设会展类专业招生数1966人的情况有较大提高，但是仍不能满足我国会展业发展的需要。如据上海会展业内人士分析，仅2010年的世博会对会展人才的需求就高达10万人，而目前作为全国最大的会展教育中心的上海，2008年有27所高校设有会展专业，招生数占全国的24.5%，但也不到2000人。由此可见，目前我国会展专业人才队伍的规模很难满足会展企业的发展要求。

2. **专业结构不全**

会展业是一个系统的工程，关联性较强，因此其从业人员需要具有十分渊博的知识面来作为支撑。会展业人力资源的专业结构是十分重要的衡量指标。然而目前我国许多会展从业人员都是不称职的，他们很多都是半路出家，专业结构不全，难以适应会展业的市场化和国际化趋势。例如，有些会展设计人员是从其他专业如平面、广告等专业"转道"而来；展会项目的招展营销人员中具有高质量外语水准、学经济管理出身的更是凤毛麟角；工程、制作、施工人员则是来自各种专业。虽然也有一批从业十几年、致力于会展业的有识之士，积累了较丰富的经验可以传授给企业的员工，但是由于缺乏系统的学习环境及自身知识结构的缺陷，无法培养出专业型、全面型人才。

3. **人才流动性大**

会展业的迅猛发展与会展专业人才缺乏的矛盾导致会展人才的流动性较大。一方面，由于会展举办的不连续性，会展结束后企业为压缩成本只适当地保留一些业务骨干，其他员工则被视为临时工而解散。另一方面，会展人才有可能为追求高薪或是个人发展，而自动离职到别的企业另谋高职或创立自己的会展公司，也有可能是因同行业中其他优势企业的"挖角"而导致人才的流失。例如，目前许多外资会展企业都在实行人才本土化的政策，它们不惜重金选才，那些极富人脉和会展资源的中资企业高层管理人自然成为它们的首选，短短几年间，一些会展业界高级会展人才由原单位走进了外资企业，并在外资企业都位高且权重。人才的流失性大，不但不利于员工队伍的稳定性，极大地影响了会展工作的进行，而且伴随着企业高管的流失，其客户资源和信息也随之流失，这对会展企业来说是切肤之痛。

4. **技术应用能力低**

现代会展业是一个涉及面广、政策性强、对专业人才和复合型人才需求特别大的产业。中国会展业的从业人员缺乏会展相应的操作技能，尤其是对技术的应用能力，严重制约了我国会展业的发展。目前，中国经济正处于高速发展的阶段，但会展技术应用还处在初级阶段，会展从业人员应用高新技术的能力与国外会展发达国家相比有较大的差距。一些展会的水平反映了中国会展从业人员的观念和应用技术手段相当落后。至今为止，我国展览服务公司还无法承担国际展会的一些特装修。例如，在2000年的北京第六届国际汽车展上，德国大众公司2000平方米的特装修材料全部是从德国空运过来的，施工人员也都来自德国，其他一些名车展位的特装展也几乎被合资公司包揽了。

（二）原因分析

我国会展企业人力资源存在问题的产生原因是多方面的。宏观上主要是由于我国的会展业起步较晚，正处于初级阶段，因此也决定了我国的人力资源状况不甚理想；微观上主要是由于我国会展教育的滞后与会展培训的效果不理想等因素造成的。下面就从微观方面分析我国会展企业人力资源存在问题的产生原因。

1. 会展教育滞后

从世界范围来看，会展教育早就随着会展业在全球的快速发展而在欧美国家得到重视而开拓。以美国为例，从美国内华达大学于1978年开设了第一门会议管理课程，发展至今已有30多年的时间了。而我国是从2000年才在全国开设有关会展的专业，与国外会展教育的发展相差了20多年的时间。虽然我国的会展教育具有后发优势，但是与国外会展教育相比有较大的差距。总的来说，我国会展教育滞后表现在以下几个方面：第一，专业课程设置不一。在教育部对高校专业目录实行严格管理的大背景下，各院校会展类专业名称趋向统一，主要分本科组的会展经济与管理、会展艺术与技术两个专业与专科组的会展策划与管理、广告与会展两个专业。但是各院校对专业课程的设置却尚未达成共识，专业课程设置五花八门，有的课程与专业不太相关。第二，会展教材专业性有待提高。目前市场上有关会展的教材不下百本，但是专业性还有待提高，尤其是有关实践操作和专业技能方面的专业性更为缺乏。会展教育师资力量较弱。教育质量取决于师资力量，但因为我国会展教育的起步较晚，因此师资队伍在数量和质量上等都有待提高。第三，会展教育与市场需求有脱节。许多高等院校人才的供给与市场的需求有着一定程度的脱节，导致培养的许多学生不能为企业所用。

2. 会展培训质量不高

在现代人力资源管理中，在职员工的培训开发对提高员工的专业素质、职业能力、个人绩效有着深远的意义。作为市场对会展专业人才大量需求的回应，全国各地纷纷开设了专门的会展培训项目，一些短期培训班也应运而生。短期培训主要有三类：一是机构内训，主要是根据企业需要量身定制的；二是不同机构集中在一起的公开课，主要是针对行业的热点问题进行培训；三是职业资格认证，主要是根据一定的职业从业标准展开的培训。这些会展培训项目质量良莠不齐，其中大多数的培训项目质量不高，存在的问题主要表现在：首先是缺乏师资，对所讲的内容往往浅尝辄止，培训的针对性不强，对学员的业务提高帮助不大；其次是培训的内容缺乏系统性，没有形成会展业操作和发展的系统理论；最后是行业领域宽，缺乏标准，很多培训机构通常根据自己对会展业的理解以及邀请的讲师状况而调整课程，从而导致培训的随机性大。当然，会展培训效果好的也有，如中国国际贸易促进委员会从美国 IAEM 引进了"注册会展经理"（CEM）培训项目，以及中国展览馆协会在北京大学举办的"中国会展业高级管理培训班"等，但是整体而言，中国的会展培训的质量还有待提高。

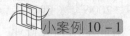

小案例 10-1

美国和德国的会展人才教育、培训体系

　　人才是会展业发展的关键，许多会展业发达的国家如德国和美国，都非常重视对会展人才的培养，他们的会展教育和培训居于世界领先地位。

　　德国是"世界展览王国"，在会展业方面具有很强的实力。目前，德国主要有两所院校开办会展教育，一是瑞文斯堡合作教育大学，另一个是科隆大学，而且两所学校错位发展、相得益彰，前者偏重实践操作，后者偏重理论研究，实行的是一种精英教育。例如，瑞文斯堡合作教育大学的学生大多数是接受展览公司委托而前来进行培训的，经培训的学生毕业后会回到公司，为公司服务。这些学生平时可以从公司得到工资，一般在学校里学习3年，一年半时间上理论课，一年半时间实习，通常3个月上课，3个月实习，学生反复地从理论到实践，再从实践到理论，强化自身的理论修养和实践能力。正是通过这种理论联系实践的教育体系，德国瑞文斯堡合作教育大学为德国培养了许多经验丰富、理论基础扎实的会展经理人。

　　美国会展专业教育和职业培训的健康发展，为美国展览业的高速增长提供了强有力的人力资源支持。其中，以美国国际展览管理协会所建立的培训和认证最为著名。美国国际展览管理协会（IAEM）经过多年的研究实践，从1975年起就建立起了一套较为系统、完整的会展专业人才培养计划，推行了资格证书制度。这种制度就是分别通过课堂学习、工作实践、参与协会活动和考试等方式给予被培训人多种机会，被培训人每完成一个专业测试就被授予一定的分数，累积到一定的分数后，协会将授予其一个资格证书，即"注册会展经理（CEM）"证书。一般取得这个证书要花3～5年的时间，而获得此证书就表明该从业人员在展览业取得了一定的地位和名誉。中国国际贸易促进委员会与美国国际展览管理协会合作，在中国独家引进了CEM课程体系并对其做本土化改造，使其成为全新的中国式CEM体系。除中国外，该项目也在欧洲、日本和韩国得到相应发展。

三、会展企业人力资源管理的意义

我国会展业作为新的经济增长点，对国民经济有着强势的拉动作用，如根据国际上1:9的说法，即会展业的直接收入是1的话，其带动交通、旅游、餐饮、住宿、通信、广告等国民经济相关产业的收入将达到9。2006年，我国各类展览项目已接近4000个，直接收入达140亿元人民币，由此带动相关行业收入近1300亿元，形成了良好的经济效益和社会效益。从地域分布上看，我国已经初步形成了五大会展经济带，分别是：以上海为核心的长三角会展经济带、以广州和香港为龙头的珠三角会展经济带、以大连为引擎的东北会展经济带、以成都为首的中西部会展城市经济带和以北京为辐射极的环渤海会展经济带。

我国会展业发展的势头迅猛，取得了可喜成绩。但是必须看到的是，我国的会展业仍存在许多问题，尤其是专业会展人才的缺乏，制约着我国会展经济和会展企业的发展。对于我国会展企业而言，经济全球化和我国加入WTO的形势对其提出了更高的要求。面对来自国内外市场的激烈竞争，会展企业加强人力资源管理，提高企业的核心竞争力，具有重要的意义。

（一）有利于企业员工的发展

人类社会的发展，无论是经济的、政治的、军事的、文化的发展，最终目的都要落实到人——一切为了人本身的发展。会展企业通过对企业员工进行人力资源管理，强调将员工作为一种具有潜能的资源来开发和管理，通过采取多种方式激发员工的潜能，发挥员工的积极能动性，实现员工的全面发展。

（二）有利于企业目标的实现

人才是提高企业核心竞争力的关键。对于会展企业来说，只有求得有用人才，合理使用人才，科学管理人才，有效开发人才，才能促进企业目标的实现。因此，会展企业通过对企业员工进行人力资源管理，不断提高员工工作的积极性和创造性，提高企业的核心竞争力，实现企业的目标，促进企业的发展。

（三）有利于企业留住人才和吸引人才

目前，我国会展企业的发展不但要面临会展人才缺乏、人才竞争激烈的问题，同时也要面临企业人才流动性大的问题。许多发展很好的会展企业之所以能留住人才并在人才市场上有着强大的吸引力，在很大程度上是因为这些企业实施了有效的人力资源管理。因此，会展企业通过对员工进行人力资源管理，不但能提高员工对企业的归属感，留住人才，同时也能吸引各类优秀人才到企业来。

（四）有利于会展业的持续发展

会展业是现代科学技术与经济发展的"晴雨表"，它反映了一个国家、地区乃至全球科学技术和经济发展的历程。近年来我国会展业虽然取得了长足的发展，但是人力资源的问题影响了我国会展业的持续发展，而通过加强对人力资源的管理，有利于我国会展业的持续发展，跻身于世界会展强国行列。

第二节　会展企业员工招聘

员工招聘是企业通过各种渠道寻找、吸引并鼓励符合要求的人到企业任职和工作的过程。员工招聘是人力资源管理的基础。通过招聘获得合格的员工，不但有利于及时补充企业所需，提高企业的核心竞争力，而且在招聘过程中也有利于传播企业的形象。因此，会展企业要想在激烈的市场竞争中胜出，就必须重视员工的招聘工作。会展企业需要招聘员工可能是有以下几方面的原因：新公司成立；公司扩张，新增岗位；调整不合理的人员结构；员工因故离职而出现的职位空缺。员工招聘程序具体包括人员的招募、甄选、录用以及评估等内容。

一、会展企业员工招募

招募是员工招聘的第一个阶段,是会展企业为吸引更多的应聘者前来应聘所做的准备工作,具体包括制订招聘计划、选择招聘渠道、落实招聘工作等。

(一) 制订明确的招聘计划

制订明确的招聘计划可以使企业的整个招聘活动按照预定的方向顺利开展,使招聘工作更科学化、合理化。会展企业在制订员工招聘计划之前,首先要分析企业现行的组织结构、职务设置和职务权限,各岗位不同的任职资格和要求,企业职务人员的空缺,等等,然后预测企业的人员需求状况,最后是确认这种需求行为的合理性和可行性。招聘计划的具体内容是:企业员工需求清单,包括应招聘的职务名称、人员数量、任职资格和要求等;招聘信息发布的时间和渠道;招聘小组成员人选,包括小组成员的姓名、职务、职责等;应聘者选拔方案及时间安排;新员工的上岗时间、招聘费用预算、招聘工作时间表;等等。

(二) 选择合适的招聘渠道

对会展企业而言,招聘员工的渠道按照招聘的内外环境不同可以分为内部选拔和外部选拔两种方式。不同的招聘渠道都有其优势和劣势,因此,会展企业要根据自身的需要来选择合适的招聘渠道。

1. **内部选拔**

内部选拔是企业通过在其内部的组织成员中选择出合适的人员填补职位空缺的方法。内部选拔是员工招聘的一种特殊形式,在我国多数的企业中,当一个岗位需要招聘员工时,管理人员首先想到的是内部选拔是否可以解决该问题。对于会展企业在招聘少数员工时,可以首先考虑这个渠道。

(1) 内部选拔的方式。内部选拔有两种方式:一是内部提升。当企业内部员工的能力和素质得到充分肯定后,被委以比原来责任更大、职位更高的职务,以填补企业由于发展或其他原因而空缺的岗位。二是内部员工推荐。当企业的某些岗位出现空缺时,由企业内部员工推荐其他候选人,候选人可以不是企业的正式员工。

(2) 内部选拔的优缺点。

内部选拔的优点是:一是有利于节约成本。由于内部选拔的费用低廉,手续简便,人员熟悉内部的环境,因此可以减少企业的招聘费用、培训费用,减少为招聘员工所花费的时间成本，节约企业的成本。二是有利于降低风险。员工招聘关系着企业的生存与发展。而企业招聘时也有可能招聘到不合格的员工，因而存在很大的风险。但是采用内部选拔的方式，彼此熟悉，减少了双方的磨合期，从而降低招聘风险。三是有利于激励员工。内部的提升是企业激励员工的一种方法。通过内部提升不但能提高员工的工作积极性，而且也能培养员工对企业的忠诚度。采取内部员工推荐的方式，也能够提高员工对企业的信任感和归属感，形成有效的激励。

内部选拔的缺点是：一是不利于吸收优秀员工。由于内部选拔的对象只限于企业内部员工或与企业员工有关的人员，可选范围有限，不利于企业吸收优秀员工，长期下去可能会使企业失去活力，影响企业的发展。二是可能导致企业内部发生"近亲繁殖"的现象。招聘人员容易利用职权徇私舞弊，送人情或受制于人等，使得企业内部选拔时出现"举人唯亲""任人唯亲"的情况，造成企业内部发生拉帮结派、各自为政的不良影响。三是影响员工的工作积极性。在若干个候选人中提升其中一名或少数员工时，虽可能提高了员工的士气，但也有可能使落选者产生失落感和挫折感，甚至产生不满情绪，引起同事之间的矛盾，影响员工的工作积极性。

2. 外部选拔

外部选拔是会展企业根据发展的需要而从企业外部选拔符合空缺职位要求的员工的方法。

（1）外部选拔的方式。外部选拔可通过以下几种方式进行：一是广告招聘。企业通过广播、报纸、电视等各种广告媒体用以吸引应聘者前来应聘。因为广告的辐射范围比较广，所以这种方式是会展企业目前应用最为广泛的一种外部选拔方式。二是中介机构。人才中介机构是指那些为用人单位寻找合适的职业候选人，也为求职者寻找工作机会的服务性机构，主要包括劳动力市场、人才交流中心或人才市场、管理顾问公司等。三是校园招聘。对于应届毕业生的招聘可以在校园直接进行，方式主要有招聘张贴、招聘讲座和毕业生分配办公室推荐三种。四是网上招聘。企业可以通过互联网发布有关招聘信息，而应聘者也可以通过互联网寻找到适合自己的工作。因为网上招聘具有费用低、覆盖面广、广告周期长、联系快捷方便的优点，所以近些年来随着计算机和网络应用的普及，网上招聘的方式得到了迅速的发展。

（2）外部选拔的优缺点。

外部选拔的优点是：一是有利于增加企业的活力。来自企业外部的候选人可以为企业输送新鲜的血液，带来新的管理方法和经验，调动其他员工的积极性，增加企业的活力。二是有利于平息并缓和内部竞争者之间的紧张关系。企业中某些管理职位的空缺可能会引发内部竞争者的较量，导致内部员工的不和睦。为此，许多企业为了避免这种情况就选择以"空降部队"的形式从外部选拔人才。三是具备外部竞争优势。所谓外部竞争优势，是指因为企业的内部员工对被聘者的过往了解不多，特别是不了解其职业生涯中的负面消息，所以被聘者没有太多的顾虑，可以放手工作，具有"外来和尚会念经"的外来优势。

外部选拔的缺点是：一是企业对外聘者了解不深。许多外聘者都是通过几次短暂的会晤就被企业确定下来了，企业对外聘者的了解虽然可以借鉴一定的测试和评估方法，但是结果可能与外聘者的实际能力有很大差别，因此，招聘到不合适的员工是企业经常发生的事情，对企业的发展造成不利的影响。二是外聘者进入工作角色需要较长的时间。外聘者一般不熟悉企业内部复杂的情况，同时也缺乏一定的人事基础，因此很难一下子融入工作角色中去，企业的正常运营受到一定的影响。三是挫伤内部员工的工作积极性。许多员工都希望在企业得到不断的提升和发展，这样可以满足他们的工作成就感。如果企业过多地使用"空降部队"，就肯定会挫伤他们的工作积极性，甚至会导致人才的流失。

（三）落实招聘工作

在招聘计划和招聘的渠道都确定后，会展企业就要开始落实具体的招聘工作，确保招聘工作的顺利有序开展。具体的工作包括：对招聘小组成员人选的确定，并落实其具体的职责；招聘信息的发布与宣传；招聘场地的布置；应聘流程涉及的如面试专家、应聘者等的应聘接待工作；面试需要的工具的准备；等等。

二、会展企业员工甄选

员工甄选是会展企业根据招聘计划中招聘职务的任职资格和要求对应聘者进行筛选，在所有的应聘者中寻找到最适合的人选。这是企业员工招聘的重要步骤，因此招聘小组成员应对应聘者从多角度、多方面进行测评。

（一）甄选原则

1. 全面原则

一个人能否胜任某项工作或者发展前途如何，是由多方面因素决定的。因此，在对应聘者的甄选过程中，招聘小组成员应对应聘者的品德、知识能力、技术能力、心理素质、过去工作的经验和业绩进行全面考试、考核和考察,以便甄选出德才兼备的优良人选。

2. 适用原则

招聘小组成员应根据招聘职务的任职资格和要求来挑选最合适的人选。应聘者里面不乏优秀的人员,但是会展企业不一定是要最优秀的,企业要根据自身的情况在那些优秀的应聘者中挑选更符合职务需求和企业文化的应聘者,合适的才是最好的。

3. 公平原则

招聘小组成员应对所有的应聘者一视同仁,不得人为地制造各种不平等的限制或条件,以及各种不平等的优先政策,如性别歧视、有经验者优先等,给每一位应聘者公平竞争的机会,做到不拘一格选拔人才。

4. 公开原则

招聘的标准、要求、过程以及评审的标准必须是公开透明的,一方面给予人才公平竞争的机会,另一方面在社会的监督下避免某些不合格的应聘人员利用不正当的手段进入企业。

(二) 甄选程序

1. 对应聘者进行初选

当应聘者数量很多时,招聘小组首先要对应聘者是否符合职位的基本要求进行初步甄选。内部候选人的初选可以根据以往的人事考评记录进行;对外部应聘者,则采用审阅个人简历或应聘申请表的方式初步筛选出符合条件的应聘者进行下一轮的复选。

2. 对初选合格者进行复选

这个阶段主要是对初选合格的应聘者进行复选,一般采用笔试和面试的方式进行测评,对应聘者的个人情况、工作经历、爱好、工资待遇期望值、个人发展目标等做进一步的了解。

3. 背景调查

对面试合格的应聘者,招聘小组需在应聘者到岗之前对其进行适当的背景调查,如可通过与原工作单位、毕业院校的沟通等,以判断其提供个人信息的真实性。

4. 体检

通常企业是否录用应聘者还得根据其是否能通过体验。体检的目的是为了确定应聘者的健康状况是否符合要求,同时也为后续的健康检查提供一个比较和解释的基础。

5. 试用

经过了层层考验，最后在以上的甄选过程中成功的应聘者还要经过企业的一个试用期阶段，试用期的存在有利于企业与应聘者之间的双向选择。根据新《劳动合同法》的规定，企业在录用员工后可规定一定时期的试用期，通常为3～6个月。如果应聘者在试用期后最终决定留在企业，那么这个甄选过程才算完成。

(三) 甄选测评方法

1. 申请表

申请表是初选阶段的甄选工具，招聘小组通过应聘者填写的有关个人的信息资料来初步了解应聘者。申请表的具体内容包括应聘者的工作经历、教育经历、兴趣、特长、培训情况等。

2. 笔试

笔试主要是测评应聘者的知识和能力，包括应聘者的知识广度、语言理解能力、语言写作能力、专业知识、管理知识等。因笔试具有成本低、迅速、简便、公平等特点，所以至今仍是许多企业最常用的测评方法。通常，在企业的招聘过程中，只有笔试合格者才有进入下一轮甄选的资格。

3. 面试

面试即面试测评，也叫专家面试，是企业招聘时必不可少的测评手段。招聘小组成员通过在与应聘者面对面的交流中掌握应聘者的心理素质和潜在能力，更深入地了解应聘者，以便为录用工作提供依据。面试的重点内容包括应聘者个人的素质、仪表风度、工作经验、求职意向、人际交往与沟通能力、应变能力、分析判断能力等。但由于面试具有较大的主观性，因此，为了提高面试的有效性，招聘小组成员应具有较高的素质和丰富的经验，同时也应努力避免以下情况：

（1）受第一印象的影响而很快下结论。在面试过程中，招聘小组成员应避免根据面试初始印象或者面试前资料审阅中得到的印象而对应聘者下结论，因为第一印象往往会存在偏差。

（2）受应聘者的排列顺序影响而产生对比效应。在面试过程中，招聘小组成员应避免相对于前一个接受面试的应聘者来评价目前正在接受面试的应聘者，这样欠缺客观的评价。

（3）面试进程控制不当。面试应规定每个应聘者基本的时间界限，避免因时间控制不好而影响整个招聘的进程。

（4）受雇佣压力而放宽标准。当上级对招聘结果有定额要求时，招聘小组成员就容易因以完成任务的心态而放宽录用的标准，导致招聘的效果不佳。

4. 工作模拟

工作模拟也称情景模拟，是指模拟工作的情景，让应聘者处理可能出现的各种工作问题，从而对其实际的工作能力做出评价。最常用的工作模拟方法有"文件筐"处理法、无领导小组讨论法、角色扮演法、系统仿真法等。这种测评方法具有信度高、效度高、预测性强的优点，但同时由于情景模拟设计较为复杂、准备时间长且费用高等，这一测评方法往往在招聘管理人员或特殊人才时才运用。

5. 心理测试

心理测试是应用心理学的相关理论和方法来测试应聘者的智力水平、个性特征等的一种测试方法。心理测试的类型有多种，可从内容和形式上加以划分。按测试内容划分，心理测试有智力测试、个性测验、能力测试等；按形式划分，心理测试有纸笔测试、投射测试、心理实验、仪器测量、笔迹分析等。在使用这种方法时，应遵循隐私原则，对测试内容要予以严格保密，保护个人隐私。同时，在心理测试以前，招聘小组成员要事先做好准备工作，以保证对每一个人测试的条件相同。

三、会展企业员工录用和评估

（一）员工录用

在上述各项工作完成的基础上，招聘小组通过加权的方法，算出每个应聘者的知识、智力和能力的综合得分，并根据待聘职务的资格和要求对应聘者做出最终的录用决定。

（二）工作评估

在对应聘者做出录用决定后，招聘小组还要对整个招聘工作进行招聘结果成效评估和招聘方法成效评估，以检查招聘工作的成效，为总结招聘过程的得失提供依据，并通过反馈以便不断改进招聘工作。

1. 招聘结果成效评估

招聘结果成效评估包括招聘成本效益评估、录用人员的数量和质量评估。只有在招聘成本较低，同时录用人员数量充足且质量较好时，才能说明招聘工作效率高。招聘结果成效评估包括招聘成本效益评估和录用人员数量及质量评估。

(1) 招聘成本效益评估。招聘成本效益评估指标主要有招聘成本、成本效用、招聘收益－成本比。在招聘过程中的各个环节都会产生费用，为了评估招聘工作的有效性，可以将招聘到的人数与招聘过程中所产生的总成本、所创造收益进行比较，用数据来说明情况。例如，招聘单位成本＝招聘总成本/录用人数，这个指标值越小，说明招聘录用每一个新员工所花的费用越少。招聘收益－成本比＝新员工创造的总价值/招聘总成本，这个指标是核算新员工入职一段时间后为企业带来的直接经济利益、企业市场竞争力的提高、市场份额增长的幅度等收益价值，指标值越大，说明新员工对企业的贡献越大，招聘工作越有效；反之，则可能说明企业招聘工作没有效果。

　　(2) 录用人员数量和质量评估。会展企业通过对录用人员的数量和质量进行评估分析，有利于找出招聘环节的薄弱之处，改进招聘工作。录用人员数量评估主要从应聘比、录用比、招聘完成比三方面进行。其计算公式为：录用比＝录用人数/应聘人数×100%；招聘完成比＝录用人数/计划招聘人数×100%；应聘比＝应聘人数/计划招聘人数×100%。一般而言，录用比越小，说明录用者的素质可能越高；当招聘完成比大于或等于100%时，说明在数量上完成或超额完成了招聘任务；应聘比说明招聘的效果，该比例越大，则招聘信息发布的效果越好。录用人员的质量评估实际上是对录用人员能力、潜力、素质等进行的各种测试与考核的延续，也可根据招聘的要求或工作分析中得出的结论，对录用人员进行等级排列来确定其质量，其方法与绩效考核方法相似。当然，录用比和应聘比这两个数据也在一定程度上反映了录用人员的质量。

2. 招聘方法成效评估

　　招聘方法成效的评估指标包括招聘的信度与效度评估，只有信度和效度达到一定水平的测试，其结果才适于作为录用决策的依据，否则将有可能对招聘小组成员造成误导，影响其做出正确的决策。

　　(1) 信度评估。招聘信度主要是指测试结果的可靠性或一致性。在招聘过程中，如应聘者多次接受同一测验或有关测验时，总是得出相同或接近的结论，我们认为该测验的可靠性较高。通常，信度可分为稳定系数、等值系数和内在一致性系数。稳定性系数是指相同被试在不同时间里获得的测验分数之间的相关，强调的是跨时间的一致性；而等值系数强调的是跨形式的一致性；内在一致性系数强调的是跨项目的一致性。

　　(2) 效度评估。招聘效度是指招聘的有效性或精确性。在招聘过程中，测评的效度高是指实际测得应聘者的有关特征与想要测得特征的符合程度高，其结果应该能够准确地预计应聘者将来的工作成绩，即选拔结果与今后的工作绩效是密切相关的。通常，效度分为三种类型：内容效度、结构效度和准则效度。内部效度是指在研究的自变量与因变量之间存在一定关系的明确程度。结构效度指一个测验实际测到所要测量的理论结构和特质的程度,是指实验与理论之间的一致性,即实验是否真正测量到假设(构造)的理论。准则效度又称为效标效度,是指量表所得到的数据和其他被选择的变量(准则变量)的值相比是否有意义,根据时间跨度的不同,准则效度可分为同时效度和预测效度。

第三节 会展企业员工培训和开发

日本松下公司的座右铭是"造物之前先造人"。松下幸之助指出:"松下电器公司与其他公司最大的不同地方,就是在员工的培育与训练上。""这种造就人才的风气,成为推动公司发展的原动力。"随着经济全球化浪潮的全面推进和科学技术的迅猛发展,中国的会展业也进入了一个飞速发展的时代。为了在国内外激烈的市场竞争中获胜,我国许多会展企业不惜大力引进资金和技术,兴建现代化的大型展馆,加紧对企业内部硬件的升级,然而却忽视了对企业的软件——工作人员的开发上。在对企业软件——工作人员的开发上,一个十分重要的手段就是培训。培训和开发不但可以帮助企业员工充分发挥和利用潜能,使员工具备自我发展的潜力,更大程度地实现自身的价值,而且同时使企业的人力资源总体状况得到提升,提高企业的核心竞争力。

一、会展企业员工培训和开发概述

(一)会展企业员工培训和开发的定义

员工的培训和开发是会展企业人力资源管理中的重要组成部分,它是指会展企业通过一定的措施和手段使员工的知识、技能、价值观、工作态度、工作行为等得到补充或改进,从而促进员工的发展,最终实现企业目标的一种有计划、有目标、有组织的人力资源管理活动。

经济全球化趋势的加强使许多企业认识到必须不断提高自身的竞争力以适应外部形势的发展,而全面的、有计划的培训是员工发展与企业发展的重要基础。根据中国国际贸易促进委员会的调查,100%的办展单位都有对员工进行培训的需要,77%的高级展览经理希望得到国外著名展览公司高级展览专家的培训，68%的展览经理希望学习国外会展理论和实践知识，70%的展览经理表示最希望参加国内短期培训班。因此，会展企业加强对员工的培训和开发具有重要意义。

（二）会展企业员工培训和开发的原则

1. 学用一致原则

学用一致，即员工培训的内容与培训的目标相一致。培训和开发具有很强的针对性，因此，一定要从企业的实际出发，根据企业和员工的实际需要进行培训和开发，避免培训与使用脱节；否则，不但导致员工学而不用，失去参加培训的动力，而且造成企业人力、物力和财力的浪费，失去了培训的意义。

2. 因材施教原则

由于会展企业岗位繁多，员工水平参差不齐，差异较大，因此，不能对所有的员工都采取同一套培训方法，要坚持因人而异、因材施教的原则，有针对性地根据每一位员工的实际水平和所处岗位要求而开展培训工作。

3. 全员培训原则

会展企业员工的培训并不是只针对普通员工或管理人员开展而已，培训工作的对象是全企业的员工，包括决策人员的培训、管理人员的培训、技术人员的培训、业务人员的培训、操作人员的培训等。

4. 有效激励原则

会展企业应该经常采取措施鼓励员工积极参与培训和开发工作，如把员工培训与员工的任职、晋升、奖惩、工资福利衔接起来，这样，员工才会自愿接受培训，才会积极进取而不是被动消极地参与培训，从而不但使培训的效果好，而且还可以提高员工的士气，进一步调动员工的积极性、主动性和创造性。

5. 不断反馈原则

员工的培训与开发应该是双向运作的，培训效果的好坏最终应是由员工来评定的。员工反馈的信息越及时、越准确，就越有利于提高培训的效果。因此，企业要通过与员工在教与学的互动交流中不断调整培训目标和培训课程，提高培训的针对性和效率性。

（三）会展企业员工培训和开发的类型

（1）按培训对象划分，员工培训可以分为决策人员培训、管理人员培训、策划人员培训、营销人员培训、技术人员培训、业务人员培训等。培训对象的不同，决定了培训的内容、方式、时间等也会有所不同。

（2）按培训内容划分，员工培训可以分为知识培训、技能培训、价值观培训等。知识培训包括对企业概况、员工岗位知识、应急危机处理知识等的培训;技能培训包括对员工的沟通技能、营销策划技能、会展现场管理技能、高新技术应用技能等的培训;价值观培训包括企业的使命和质量观培训、企业文化的学习、团队精神培训、员工的献身精神培训等。

(3) 按培训性质划分,员工培训可以分为对新员工的适应性培训、对老员工的提高性培训和对不同技能者的转岗性培训。

(4) 按培训地点划分,员工培训可以分为教室课堂培训、工作现场培训和网上培训等。网上培训是指通过光盘、局域网、网络学校等进行的网络化培训。

(5) 按培训时间划分,员工培训可以分为短期培训(如2周以内的培训)、中期培训(如2周至3个月的培训)和长期培训(如3个月以上的培训)。

(6) 按培训方式划分,员工培训可以分为头脑风暴法培训、参观访问法培训、工作轮换法培训、情景模拟法培训、授课法培训等。

二、会展企业员工培训和开发过程

员工培训和开发是一个有目的、有计划、有组织的循环过程,它具体包括培训和开发的需求分析、培训和开发计划的制订、培训与开发计划的实施以及培训和开发工作的评估四个环节,如图 10-1 所示。

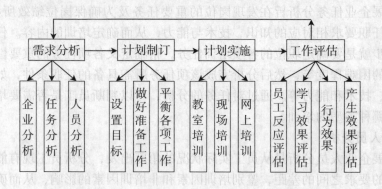

图 10-1 会展企业员工培训和开发的过程

(一) 培训和开发的需求分析

会展企业培训和开发的需求分析是会展企业培训和开发管理活动的首要环节,在培训中发挥着基础性、指导性作用,它直接决定了员工培训和开发活动的成败。所谓培训和开发需求分析,就是指通过对企业及其员工的目标、任务、技能、知识等方面进行系统的鉴别，分析员工现有的能力与岗位职责要求的能力之间的差距，以确定是否需要培训及培训内容的一系列活动过程。因此，如何做好员工培训需求分析，对企业建立有效的培训体系，提高员工队伍整体素质具有十分重要的意义。会展企业培训和开发需求分析的具体内容包括企业分析、任务分析和人员分析。

1. 企业分析

会展企业分析就是从会展企业的角度出发，把对培训需求的分析与企业战略、目标、人力资源状况、企业内外环境的变化等联系起来，对会展企业现有的能力和要求的能力之间进行差距分析，从而确定是否需要培训以及培训与开发的重点。首先，要透彻理解企业的战略，预测企业未来在技术、组织结构及业务上的发展方向，以判断企业哪些员工和哪些部门需要培训，以保证培训计划符合组织的整体目标与战略要求。其次，通过对企业过去或当前记录的资料如员工培训、出勤、纪律、满意度调查等记录的分析，了解企业的人力资源数量与质量。最后，在进行企业培训和开发需求分析时，还应重视对培训发生环境的分析，包括两个方面：一是企业内部培训氛围的分析，如企业管理者和员工对待其参与培训、应用培训所学知识和技能的态度；二是企业内部可用于培训的资源分析，如会展企业人员安排、设备类型、培训预算等。

2. 任务分析

会展企业任务分析旨在发现岗位的重要任务及为确保岗位绩效所必需的、与具体任职要求相对应的知识、技术与能力，从而确定培训的内容。任务分析的第一步就是要确定职位的各项培训任务，精细定义各项任务的重要性、频次和掌握的困难程度等，然后分析完成该项任务所需具备的任职条件，如需掌握的知识、技术和能力等。通过对任务的分析，可以判断员工是否需要培训以及应接受哪种类型的培训。

3. 人员分析

会展企业人员分析是从员工实际状况的角度出发，分析员工现有能力与完成任务的要求之间的差距，鉴别培训因素和非培训因素的影响，从而确定谁需要培训以及培训是否适合。会展企业人员分析包括对新员工和现有员工的分析。对新员工进行培训需求分析时，主要是了解其所拥有的知识、技术、能力等与新岗位要求之间的差距，以确定培训内容；对现有员工的培训需求分析，主要是确定员工目前的实际工作绩效水平与企业规定的绩效标准之间是否存在差距，分析的信息来源包括员工业绩考核的记录、员工技能测试成绩以及员工完成规定任务的能力评估等资料。如果存在差距，还要分析该差距是否可以通过培训来弥补，因为培训并不是万能的，很多不良绩效是由于管理等方面出现问题所致，因此，一旦差距不能通过培训来弥补，则需考虑其他方法。

(二) 培训和开发计划的制订

会展企业培训和开发计划的制订为后期员工培训和开发工作的顺利开展指明了方向，该计划具体应包括设置目标、做好准备工作和平衡各项工作三个方面。

1. 设置目标

根据会展企业的总体战略和人力资源的总体计划，并以企业的需求为前提，制定企业员工培训和开发的总体目标，然后把这个总目标按照各个阶段、各个培训计划细分为若干个分目标，以使员工培训的总目标分段化、具体化。一项培训目标一般由三项要素构成，即组织期望员工做什么（即绩效）、组织可以接受的绩效水平是怎样的（即标准）、受训者在何种条件下有望达到理想的培训效果（即条件）。

2. 做好准备工作

设置了培训目标后，就可以为达到培训的预期目标而做好各项准备工作。例如，选择培训对象，选定合适的培训项目和内容，选择适当的培训场地和设施，科学制订包括课程设置、课程大纲、课程方案、教材与参考资料、作息时间、考核方式、教学方法等在内的教学计划，物色有水平的任课教师，制定培训经费预算并筹措资金，妥善考虑一些住宿和饮食等后勤方面的问题，为培训工作的顺利进行做好人力、物力、财力等方面的准备工作。

3. 平衡各项工作

会展企业员工培训和开发工作的开展涉及多方面的工作，因此必须综合平衡各项工作，避免出现大的冲突而导致企业得不偿失。首先是会展企业要平衡培训与企业正常运营之间的关系；其次是平衡对企业的要求与受训员工要求之间的关系；再次是平衡培训成本与企业效益之间的关系；最后是平衡培训事业发展与培训投资之间的关系。

(三) 培训和开发计划的实施

无论培训是针对实际工作的还是性质更广泛的，都必须选择适当的培训形式。目前，会展企业在培训和开发计划的实施阶段中通常使用的方式是教室课堂培训、现场培训、网上培训。

1. 教室课堂培训

教室课堂培训在员工的培训和开发工作中，是适合程度最高和运用范围最广的培训方式。因此，会展企业对教室课堂培训应予以重视。为了达到培训的效果，培训老师的选择是关键。培训老师不但要对授课的内容非常熟悉，而且也要了解受训人员的基本情况，包括知识、学历、职位等，进而有针对性地选择培训的重点。例如，对新员工的适应性培训，就应该主要进行专业知识和企业价值观等方面的培训；对企业技术员工的提高性培训，就应该主要进行技能方面的培训，提高员工使用高新技术的能力；对管理人员的培训，可以通过情景模拟、管理游戏、案例分析、角色扮演等方法加强他们的管理素质。同时，培训老师的上课技巧也非常重要。

教室课堂培训方式的优点，一是培训的操作比较简单，只需寻找到合适的培训老师和培训地点，培训工作就可以进行；二是费用相对较低，教室课堂培训可以使很多受训者同时接受培训，人均费用低，且适合于众多受训者在一段时间内对简单知识的掌握。它的缺点，一是由于员工没有进行实际操作，仅是理论学习，因此培训的效果不一定理想；二是因为不同的员工有不同的需求，教室课堂培训很难一一满足员工的需求，缺乏针对性，同时员工对课堂培训容易感到枯燥。

2. 现场培训

对于目前的会展企业来说，更多的是采用这种员工培训方式。现场培训是通过工作过程学习有关会展的专业知识、能力、技术、策划营销、管理实务等。上级主管或资深员工一方面要指导下属或新进员工完成业务工作，同时要作为培训者，在日常工作中对下属员工传授知识和技能。

现场培训的优点是，员工在工作现场边工作边学习，提高了员工的动手操作能力，培训效果比较理想；同时培训的针对性较强，培训的内容与员工的工作密切相关，且成本比较低。现场培训的缺点就是，该类培训比较适合于操作性比较强的技能型培训，对于理论性的培训则不适合。

3. 网上培训

随着信息技术的飞速发展，网上培训比传统培训方法具有无可比拟的优越性，因此网上培训已经成为广大企业培训员工的不可阻挡的大趋势。通过光盘、局域网、网络学校等进行的网络化培训，使得培训不再需要面对面进行，不但可以降低会展企业的培训费用，提高学习效率，而且可以根据员工的情况以及会展业的发展趋势及时地、低成本地更新培训内容，便于员工掌握最新的知识。同时，对于会展企业而言，网上培训不仅仅是一种培训方法，也是一种新型的办展方式。虽然目前网上展览只是实物展览的补充，但是随着信息技术和电子商务的进一步发展，网上展览有望后来居上，成为现代会展业的主体。因此，通过网上培训，可以使员工更容易掌握网上展览技术，便于会展企业把握会展业发展的脉络。

（四）培训和开发工作的评估

培训和开发工作评估是培训和开发工作的最后阶段，也是培训和开发过程中的一个重要的环节。会展企业管理者通过评估、收集培训和开发成果以衡量培训和开发工作是否有效，这样可以保证培训和开发工作按计划顺利进行，并通过反馈以对下一年度的培训工作起到很好的借鉴与指导作用。

有关培训评估最著名的模式是由柯克帕特里克经过多年研究提出的柯氏四级培训评估模式。

1. 第一级——员工反应评估

员工反应评估是在培训结束时收集受训人员对培训的反应以评价培训效果，如测量受训者对培训内容、培训教师、教学方法、材料、设施、培训管理等的反应情况。主要的评估方法是采用向受训员工发放满意度调查问卷的方式。

2. 第二级——学习效果评估

学习效果评估是目前最常见也是最常用到的一种评估方式。它主要检查受训人员在培训结束时学到了什么知识及掌握的程度，培训内容和方法是否合适、有效，培训是否达到了目标要求，等等。学习效果评估的方法包括笔试、技能操练、工作模拟等。会展企业可以通过笔试、绩效考核等方法来了解受训人员经培训后其在知识以及技能的掌握方面有多大程度的提高。

3. 第三级——行为效果评估

行为效果评估主要是衡量培训是否使受训人员的行为发生了新的改变和改变的程度。培训的目的就是要改变员工工作中的不正确操作或提高他们的工作效率，因此，如果培训后员工的行为并没有发生太大的变化，这就说明过去的培训是无效的。因为这一阶段的评估只有在学员回到工作中才能实施，因此，评估可以通过对受训人员进行正式的测评或非正式的方式，如由上级、同事或客户观察其培训前后行为的变化，或以受训人员的自评等方式来进行。

4. 第四级——产生效果评估

产生效果评估主要衡量培训对会展企业经营带来的改变，这可以通过一些指标来衡量，如员工流动率、服务质量、员工士气以及客户的满意度等。最为重要的评估内容是对投资净收益的确定。投资净收益是对培训所产生的货币收益与培训成本进行比较后的净得收益，若成本高于收益，则说明培训方案不可行，应找出原因，设计更合理的培训方案。

三、会展企业员工培训和开发机制

会展企业的竞争，归根到底是人才的竞争。只有一流的人才才能创造一流的企业，因此，会展企业要建立企业培训和开发的机制，提高会展企业人员的素质，打造会展企业的核心竞争力。

（一）健全培训和开发的模式

由于我国会展企业亟须一大批高素质的会展人才，因此通过健全会展企业的培训和开发模式，培养一支熟悉会展业务、富有管理经验、掌握会展专业技术的人才队伍已成为我国会展企业持续发展的当务之急。一方面，会展企业要加强对员工的内部培养。目前，由于会展企业人才流动性较大，许多会展企业一般不会花很多精力在其员工的培训上，而往往采取"师傅引进门、修行在个人"的方法，其实际效果并不明显。而通过塑造良好的企业人才培养氛围，明确员工的职业发展路径，加强对员工的内部培养和引导，能更有效地建立一支会展企业的人才队伍。另一方面，会展企业要加强与企业外部组织或机构的联系。会展业是一个前瞻性很强的行业，这种行业特色要求从业人员不能仅仅满足于过去的经验，要不断学习才能跟上时代要求，符合会展业的前瞻性发展需要。因此，会展企业在员工的培训和开发上可以通过加强与外部组织或机构的联系，如与高校、社会培训机构、会展企业之间的联合等，使企业员工所具备的理论知识和掌握的技能随着形势的变化而发展，培养高素质的会展专业人才。

（二）提升培训和开发的国际化

随着我国加入 WTO 以及对外开放力度的进一步加大，会展企业面临着来自国内外的激烈竞争，其国际化趋势也日益增强。为了适应会展企业国际化的趋势，提升企业员工培训和开发的国际化程度势在必行。一方面，会展企业在培训课程的设置、培训内容的选择等方面要与国际接轨，通过聘请中外会展专业的培训老师进行教学，汲取当今国际上最领先的经验、管理和技术，使员工获得会展业的国际化理念及先进的会展技术。另一方面，会展企业可以选派核心员工赴国外学习，在会展领域知名的高校、会展机构或会展企业进行交流和培训，了解会展业的国际市场状况，学习国外会展企业先进的经营理念、管理模式、营销策略和现代技术手段，拓宽员工的国际视野，从而达到提高会展人才素质的目的。

（三）鼓励员工参加职业认证培训

会展企业为了提高员工的整体素质，可以通过各种奖励措施来鼓励企业员工积极参加会展职业认证培训，通过专业的培训，将企业员工培养成会展企业所需要的核心人才、辅助型人才和支持型人才，提高企业的核心竞争力。会展业比较发达的国家一般都针对从业人员推行资格证书制度,如美国的会展职业认证培训已相当成熟,其主要表现就是由美国国际展览管理协会(IAEM)开发的注册会展经理(CEM)等一系列培训项目受到了业界的广泛认可。我国于2003年由中国国际贸易促进委员会与上海交通大学共同组建的全国首家会展经济发展研究中心引入了这套注册会展经理认证CEM课程培训认证项目,以培养中国的CEM。从2004年5月起,国家劳动和社会保障部中国就业培训技术指导中心陆续在全国范围内开展了"会展职业培训合格证书"认证的试点工作。目前,我国主要的会展职业认证培训项目主要有六种,如表10-1所示。

表10-1 我国主要的会展职业认证培训项目

认证项目	开发机构	主要培训对象
会展经营策划师	劳动和社会保障部 上海市劳动和社会保障局	大学相关专业学生和会展行业从业人员
会展策划与实务	上海市紧缺人才办公室 上海市旅游事业管理委员会等	大学相关专业学生和会展行业从业人员
注册展览经理	美国国际展览管理协会(IAEM) 中国国际贸易促进委员会	展览公司和会展场馆的经理管理人员
会展职业经理人	华东师范大学 上海市国际服务贸易行业协会 上海外经贸商务展览有限公司	会展公司或饭店的经理人员,以及在校大学生
活动管理师(三级,政府补贴培训项目)	上海市劳动和社会保障局 上海世博集团人才开发中心	高等院校本科四年级学生、在职员工
中国会展业高级培训班	北京大学和中国展览馆协会联合举办	会展公司的总经理、总裁等高层管理人员

第四节 会展企业员工绩效管理

员工工作绩效的高低直接影响着企业的整体效率和效益。因此,在现代企业制度中,绩效管理已经逐渐成为现代企业人力资源管理的核心内容。通过对员工进行有效的绩效管理，提高员工的工作绩效，从而实现企业的目标，是企业的重要措施。然而，现实中许多会展企业的绩效管理都流于形式，不仅没有把绩效管理的真正作用发挥出来，甚至事与愿违。因此，建立有效的绩效管理体系对会展企业具有十分重要的意义。

一、会展企业员工绩效管理概述

（一）会展企业员工绩效的含义和性质

1. 绩效的含义

从管理学角度看，绩效是组织期望的结果，是组织为实现其目标而展现在不同层面上的有效输出，它包括个人绩效和组织绩效两个方面。绩效应该是行为和结果的综合。它是员工对组织在工作结果方面的承诺，相应地，组织应在薪酬福利方面对员工做出对等的承诺。具体地说，绩效就是员工一段时期工作结果、工作行为、工作态度的总和，部门一段时期完成任务的情况，以及企业在一定时期内目标管理工作完成的数量、质量、效率和赢利情况。在会展企业中，绩效是企业和员工共同关心的内容。从员工的角度，绩效就是指员工在工作过程中所表现出来的与组织目标相关的，并且能够被评价的工作行为及其结果。

应当注意的是，第一，绩效是基于工作而产生的，与工作过程直接相联系，工作之外的行为和结果不属于绩效的范围；第二，绩效要与组织的目标有关；第三，绩效应当是能够被评价的工作行为和工作结果；第四，绩效还应当是已经表现出来的工作行为和工作结果。

2. 绩效的性质

一般说来，会展企业员工的绩效具有以下三个显著的性质：

（1）多因性。绩效的多因性是指绩效的好坏不取决于单一因素，而受主、客观多种因素影响，主要包括技能、激励、环境和机会等因素，其中技能和激励属于员工自身主观性的影响因素，而环境和机会则属于外部因素。绩效的多因性要求在进行员工的绩效分析时，应从多个因素着手分析对员工绩效的影响。

（2）多维性。企业往往需要从多个方面或维度对员工的绩效进行分析与评价，不仅要考虑工作结果，还要考虑工作过程。如果无视绩效的多维性，评价指标就难以全面，这样将难以取得比较合理的和客观的结果。当然，各维度的权重不同，考核的重点也会有所不同。

（3）动态性。员工的绩效是处于不断变化之中的，由于个人努力程度的不同和主客观条件的变化，绩效也会发生变化。因此，在进行绩效评价时不能以一成不变的思维来看待员工的绩效，应该是根据员工在本评估时期内的实际工作结果和工作表现进行客观的评价，而不能受其原来绩效的影响。

（二）会展企业员工绩效管理的定义和原则

1. 绩效管理的定义

绩效管理作为企业人力资源管理的中枢，是防止绩效不佳和共同提高绩效的有力工具。绩效管理概念是在20世纪70年代后期提出的，在20世纪80年代后半期和90年代早期得到了人们的广泛认可和接受。所谓会展企业员工绩效管理，是指会展企业采用科学的方法，根据事先制定和设计的各种标准和程序，对员工的工作行为和工作业绩做出尽可能客观准确的考核与评价，并根据评价的结果，对员工的管理进行改进与提高，从而实现企业目标的一种过程。绩效管理贯穿于企业整个运作过程，从事前策划到过程监控、从事后考核到绩效改进的动态过程，目的在于通过激发员工的工作热情和提高员工的能力和素质，以达到改善企业绩效的效果。

2. 绩效管理的原则

由于会展企业所从事的会展活动具有综合性、关联性、带动性等特点，对其员工本身及其产出具有特殊的要求。因此，会展企业在对员工进行绩效管理时应遵循以下原则：

（1）公开化原则。绩效管理工作应该建立在公开的基础上。绩效管理的规章制度、标准、考评的程序、考评的方法、时间的选择等必须明确具体并公开宣布，考核的透明化可以使员工积极参与到考评中来，而不是被动地等着上级考评。同时，考评的结果也应该是公开的，这样有利于员工的横向和纵向比较，明确自己在整个企业中的绩效水平，从而确定今后的努力方向。

（2）客观公平原则。会展企业员工绩效管理要以客观事实为依据，对员工的绩效考评实事求是地做出评价，避免带入个人主观因素。同时，应在考评中一视同仁，避免人为因素使绩效评价结果与员工的实际工作绩效有较大的差距，影响绩效评价结果的可信度。为此，要建立科学适用的绩效管理指标体系和标准，应尽量采用客观公正的尺度和绝对考评方法。

（3）沟通反馈原则。绩效管理就是沟通。在整个绩效管理的过程中，考核者与被考核员工需要进行持续不断的沟通。例如，绩效计划需要管理者与员工共同参与，达成共识，形成承诺；评估需要就绩效进行讨论，形成评估结果，员工在对评估结果有不同意见时可以向更高层申述；考核者要及时将考核结果通过沟通反馈给员工，肯定成绩，指出不足，并提出今后应努力的方向。

(4) 正面激励原则。绩效管理的结果应仅用于正面激励目的，这样有利于激发员工的活力和创新精神，从而实现员工的全面发展。在过错惩罚方面应另外进行独立考核，这样做也许会增加成本，但若将绩效管理的结果用于惩罚，将严重动摇绩效管理的根基。例如，在 IBM 不允许从工资中扣任何的惩罚款项，工作做得好，在奖金分配和薪金调整上就会有体现；否则，可能没有奖金，工资也涨不了，员工自然会意识到"没有得到奖励就是惩罚"的含义。

(三) 会展企业员工绩效管理的作用

会展企业员工绩效管理是企业通过与员工持续的沟通和规范化的管理，不断提高员工绩效以及员工的能力和素质，从而达到企业最终目标的过程。会展企业实行员工绩效管理对员工和企业都具有重大作用。

1. 促进员工提高绩效

一方面，会展企业绩效管理通过设定科学合理的组织和个人的目标，为企业员工指明了努力方向，可以作为员工确定自我发展计划的依据。考核者在对员工的考核中，通过帮助员工分析其工作中的长处，使员工了解自己的潜在能力，有利于员工加强自我管理，发掘自身的潜能；通过考核，指出员工工作中的不足，鼓励其努力改进，促进个人发展。另一方面，绩效管理通过对员工进行甄选与区分，保证优秀人才脱颖而出，同时淘汰不适合的人员。通过绩效管理能使内部人才得到成长，同时能吸引外部优秀人才，促进员工提高绩效。

2. 提高企业管理水平

绩效管理是人力资源管理的核心内容之一，其最终目标是为了促进员工和企业的共同发展。绩效管理是贯穿于企业整个过程的活动，其不但是员工任用、人员调配和职务升降、制订和修改员工培训和开发计划、做出正确的人事决策的依据，也是解决企业管理问题、提高企业管理水平的重要基础。员工绩效水平的高低与其自身的素质和努力程度有关，更与企业管理制度、管理理念和企业文化、管理风格有关。在绩效管理的过程中，各级管理者要从企业的整体绩效出发，不断发现企业管理中存在的潜在问题并及时解决，努力提高企业的管理水平。

3. 实现企业战略目标

绩效管理的目标是根据企业的发展战略来制定的，通过把企业将要达到的战略目标分解到各个部门，各部门再根据员工的能力和工作分工将目标分解到员工个人，从而将企业的战略目标层层分解变为部门和员工的目标，在此基础上确定部门和个人的绩效目标；然后通过对员工的工作表现和工作业绩进行考核、分析，对员工的工作结果进行反馈，及时发现工作中存在的问题并进行修正，充分发挥员工的潜能和积极性；通过提升员工的业绩从而达成企业的业绩，实现企业的战略目标，使企业进入良性循环。

二、会展企业员工绩效管理的过程

会展企业的管理者应该明确绩效管理是一个循环过程，是一个包括若干个环节的系统管理活动，是用来建立组织与个人对目标以及如何完成该目标的共识，进而实行有效的员工管理方法，以提升目标完成的可能性。绩效管理是过程管理，而不是结果管理。绩效管理的过程包括绩效计划、绩效实施、绩效考核和绩效反馈四个方面内容，如图10-2所示。

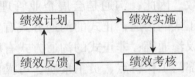

图10-2 会展企业员工绩效管理的过程

（一）绩效计划

绩效计划是绩效管理过程的起点，是绩效管理的重要环节，通过它可以在会展企业内建立起一种科学合理的管理机制，能有机地将企业的整体利益和员工的个人利益整合在一起。因此，一个好的绩效计划，意味着绩效管理成功了一半。绩效计划是在绩效周期开始时，会展企业管理者与员工之间就员工在绩效考核期内的绩效目标进行沟通，并达成一致的意见，形成绩效契约的过程。绩效计划具体应包括设置绩效目标、制订工作计划、选取绩效考核指标，也可以和员工签订绩效合同。绩效目标的设置应基于员工的职位对企业的战略目标进行分解，同时结合企业对员工在绩效周期的期望和员工本人的发展愿望，在与员工进行充分沟通的基础上进行设置。绩效目标不是企业压给员工的任务，而是企业和员工双方共同努力的方向。所以在设置绩效目标时，企业必须要与员工充分沟通，考虑员工的意见，使员工的个人目标和企业的目标保持一致。在与员工达成共识的基础上，制订详细的工作计划，为员工达到绩效目标指明方向。而在选取绩效考核指标时，一定要特别慎重，因为可以用来考核的指标非常多，如果贪大求全，面面俱到，其结果不仅会加大企业的管理成本，增加操作难度，而且会分散管理人员和员工的注意力，达不到预期的效果。所以，绩效评估指标的选取应力求客观，抓住关键绩效指标，侧重工作效率、完成结果等方面的考核，选择最能反映影响企业创造价值的关键驱动因素，同时又可用来衡量员工工作绩效的具体量化指标。

（二）绩效实施

绩效计划制定以后，员工按计划开始实施。在员工绩效实施的这个阶段，会展企业的管理者应与员工保持积极的双向沟通，并适时地对员工进行有效的绩效辅导，督促和帮助员工提高绩效能力，使绩效计划朝预定的方向前进。一方面，在绩效周期开始时制订的绩效计划有可能在实施时会随着环境的变化而必须做出相应的改变，通过会展企业管理者与员工之间的绩效沟通，可以适时地根据环境的变化而对绩效计划进行调整；同时有效的沟通能够及时排除障碍，最大限度地提高绩效。因此，沟通是会展企业管理者与员工共同需要的。沟通有正式的沟通和非正式的沟通，正式的沟通方式有定期的书面报告、一对一正式会谈、定期的会议沟通等；非正式的沟通方式有聊天、交流、非正式会议等。管理者可以根据部门工作特点、员工素质、可操作性等选择实用并能真实反映绩效情况的沟通方式。另一方面，会展企业在绩效实施阶段，通过对员工进行绩效辅导，帮助员工不断改进工作方法和技能，随时纠正员工行为与目标的偏离，并对绩效计划进行跟踪与修改。同时，通过观察和辅导，可以收集与记录员工的绩效信息，为绩效考核提供充足的客观依据。在此阶段应收集和记录的有关绩效的数据包括：确定绩效好坏的事实依据、绩效有问题的行为表现、绩效问题产生的原因、绩效突出的作为表现等。绩效信息除了从与员工沟通中获得外，还可以根据需要从内外部客户、同级员工、更高一级的管理者等处获得。

（三）绩效考核

绩效考核是绩效管理的核心环节，它是现代组织不可或缺的管理工具。绩效考核是一种周期性检讨与评估员工工作表现的管理系统，是指确定一定的考核主题，借助一定的考核方法，由管理者或相关人员对员工的工作绩效进行系统的评价。绩效考核主要包括确定绩效考核的内容、实施绩效考核等方面的内容。员工绩效考核的内容主要侧重于员工的工作行为和工作结果两个方面，由有关人员对被考评员工的工作行为和工作结果做客观的记录，并确定其在不同指标上的成绩水平。实施绩效考核即采取自上而下与自下而上相结合、专业机构评估与民众评估并重等方式，对员工的绩效进行评估。绩效考核最普遍的用途是为与员工晋升、解雇、临时雇佣和绩效加薪有关的管理决策提供依据。绩效考核信息也能为个人和组织对培训与发展方面的需要提供必要的依据。绩效考核的另一个重要作用是鼓励员工绩效改进。管理者通过绩效考核，与员工沟通他们目前的绩效水平，并指出他们在行为、态度、技能或知识方面所需要改进的手段。因此，有效的绩效考核，可以改善组织的反馈机能，提高员工的工作绩效。

（四）绩效反馈

绩效管理的最根本目的是不断提高员工和企业的绩效，而不是以得出绩效考核的结果为主要目的。如果只做考核不反馈结果，那么考核便失去其重要的激励、奖惩和培训功能。因此，会展企业管理者在员工绩效考核周期结束时需要与员工进行绩效反馈。绩效反馈的主要方式是绩效面谈，其要求会展企业管理者把员工的绩效考核结果通过面谈的形式反馈给员工，让员工清楚自己的表现，取得员工的认可，帮助员工更加清楚地认识自己的表现，并对员工在绩效方面存在的不足提出建设性的改进意见，与员工一起制订绩效改进计划，使员工在下一个绩效周期内能够做得更好。绩效面谈应做到对事不对人，先不要责怪和追究员工的责任与过错，尽量不带威胁性，重点应放在共同讨论绩效计划实施的偏差、分析造成偏差的原因以及寻找提升能力和改进绩效的办法上。为了使绩效面谈顺利进行，会展企业管理者应做好相应准备工作：首先是事先准备工作，如选择适宜的时间和场所，准备面谈的资料，还要掌握一些面谈的原则；其次是计划面谈的程序，设计如何开始面谈以及面谈事项的次序等；最后是对待面谈的对象要有所准备，驾驭好交流过程，要注意营造面谈气氛，避免对抗与冲突，并根据面谈进程及时调整反馈方式。

三、会展企业员工绩效管理的方法

绩效管理的方法有很多，如关键业绩指标法、平衡计分卡、关键成功因素法、目标管理法、关键事件法、配比法、360度反馈法、等级评估法、强制分布法等。任何绩效管理的方法都不是十全十美的。因此，会展企业需要根据自身的情况选择适合企业自己的绩效评估方法。下面只简单介绍其中几种常用的方法。

（一）关键绩效指标法

关键绩效指标（Key Performance Indicator，KPI）是现代企业较为重视的绩效考核方法，它是对组织内部流程的输入端和输出端的关键参数进行设置、取样、计算、分析，衡量流程绩效的一种目标式量化管理指标，是把企业的战略目标分解为可操作的工作目标的工具，是企业绩效管理的基础。关键绩效指标法的理论基础是二八原理，是由意大利经济学家帕累托提出的一个经济学原理，即一个企业在价值创造过程中，每个部门和每一位员工的80%的工作任务是由20%的关键行为完成的。因此，在绩效考核时，考核工作一定要围绕关键绩效指标展开。关键绩效指标可以使会展企业管理者明确企业的主要责任，并以此为基础明确员工的业绩衡量指标，使员工工作业绩考核量化。会展企业在确定关键绩效指标时应注意：第一，企业的衡量指标数量很多，可经过筛选确定各个岗位的关键绩效指标，指标的数量应控制在5～10个范围内。筛选指标时可以依据SMART原则，即S代表具体（Specific）、M代表可度量（Measurable）、A代表可实现（Attainable）、R代表关联性（Relevant）、T代表时限性（Time Bound）。第二，绩效指标必须从企业的战略目标层层分解到各部门，然后到各员工的工作岗位。第三，绩效指标权重的设置必须依照企业对各员工工作活动期望的大小而有所不同。第四，绩效指标考核标准必须详细说明分数计算方法及规则。

（二）目标管理法

目标管理（Management by Objectives，MBO），其概念是由管理专家彼得·德鲁克于1954年在其名著《管理的实践》中最先提出的，其后他又提出"目标管理和自我控制"的主张。德鲁克认为，并不是有了工作才有目标，而是有了目标才能确定每个人的工作。德鲁克的主张在管理学界产生了极大的影响，对形成和推广目标管理起到了巨大的推动作用。目标管理法是指由企业的上层管理者和员工一起协商制订员工个人的目标（员工个人的目标是根据企业的战略目标和部门的目标而制订的），并以此作为员工考核和奖惩的依据，力求组织目标与个人目标更密切地结合在一起，以调动员工的积极性，提高员工工作效率的一种管理方法和过程。目标管理既是一种管理手段，又是一种管理过程，通过这一过程，企业上下级一起为未来的绩效考核确定目标和考核标准，从而能够按员工的实际贡献大小如实地进行评价，使考核更加科学化、规范化，更能保证考核的公开、公平与公正。这比传统的管理方法中根据印象、本人的思想和对某些问题的态度等定性因素来评价员工的表现有了很大的进步，使员工更加明确、高效地工作。但是，目标管理法也有其不足之处，如管理成本比较高、难以对企业员工的工作绩效做横向比较，不能为以后的晋升决策提供依据；目标管理法倾向于注重短期目标的结果容易产生忽略企业长远发展目标的现象，可能导致员工为达到目标而不择手段；等等。

（三）360度绩效反馈法

360度绩效反馈法又称全方位绩效考核法，是指从与被考核者发生工作关系的多方主体那里获得被考核者的信息，以此对被考核者进行全方位、多维度的绩效评估的过程。由于会展业是一个关联性很强的行业，会展企业的业务涉及面非常广，因此，对会展企业的员工而言，360度绩效反馈法信息的来源包括来自会展企业管理者的自上而下的反馈（上级）、来自下属的自下而上的反馈（下属）、来自平级同事的反馈（同事）、来自企业内部的支持部门和供应部门的反馈（支持者）、来自参展商和观众的反馈（服务对象）和来自本人的反馈。这种绩效考核过程与传统的绩效考核和评价方法最大的不同是：传统方法的关键是管理者和下级，而360度绩效反馈法是多方位评估，将组织内部和外部与员工有关的多方主体作为提供反馈的信息来源，可以避免单方考核的主观武断，增强绩效考核的可信度和效度。同时，通过评估反馈，受评员工可以获得来自多层面的人员对自己素质能力、工作风格和工作绩效等的评估意见，较全面、客观地了解有关自己优缺点的信息，以作为制订工作绩效改善计划、个人未来职业生涯及能力发展的参考。但是，360度绩效反馈法在具体的应用中，由于中国文化中的中庸思想影响深远，"老好人"意识严重，员工之间考核结果差别不大，同时其牵涉面广、成本较高，所以实施起来有一定难度，往往需要会展企业本身的管理平台搭建得好，否则，推行起来会很困难。

第五节　会展企业员工激励

员工激励是现代企业获得活力与动力而不断成长的重要条件，已经成为现代企业管理的重心工作。随着经济全球化和信息技术的发展，我国的会展企业想要在激烈的市场竞争中生存和发展，就离不开企业内部员工的努力，而调动员工工作的积极性和创造性最主要的手段就是员工激励。美国哈佛大学威廉·詹姆斯教授在对员工激励的研究中发现，在缺乏激励的情况下，一个人的能力只能发挥20%～30%，而进行了适当的激励，则可以发挥到80%～90%。员工激励前和激励后之间存在60%的差距，这说明了企业激励水平的高低直接关系到员工的积极性、士气和生产效率的高低，运用好激励机制是决定企业兴衰的一个重要因素。因此，如何对员工进行激励成为会展企业所面临的重要问题。

一、激励概述

(一) 激励的定义

美国著名管理学家斯蒂芬·罗宾斯在《组织行为学》一书中将激励定义为:"通过高水准的努力实现组织目标的意愿,而这种努力以能够满足个体的某些需要为条件。"从心理和行为过程来看,激励主要是指通过一定的刺激手段激发人的动机,使人向所期望的目标前进的心理和行为过程。但是,激励并不是企业管理者强加给员工的,只有当员工认为管理者所提供的报酬和其他物质符合他们的需要时,这些刺激才能发挥作用,起到激励作用。因此,对会展企业而言,激励是企业运用各种有效的方法去诱导员工的工作动机,使员工在实现企业目标的同时实现自身的需要,增加其满意度,从而使他们的积极性和创造性继续保持和发扬下去。

(二) 激励理论

激励理论是关于如何满足人的各种需要、调动人的积极性的原则和方法的概括总结。自20世纪二三十年代以来,国外许多管理学家、心理学家和社会学家结合现代管理的实践,提出了许多激励理论。下面只介绍几种影响颇深的理论。

1. 马斯洛的需要层次理论

马斯洛需要层次理论认为,人的需求可以分为五个层次,即生理需要、安全需要、归属和爱的需要、尊重的需要、自我实现的需要。需要层次理论强调,人是有需要的动物,且需要是分层次的,低层次的需要满足之后,高层次的需要才会出现,只有尚未满足的需要可以影响行为,而已得到满足的需要则不再具有激励作用。因此,会展企业在对员工实行激励时,应针对员工不同时期的不同需要而采取相应的激励措施,否则当员工低层次的需求已经满足之后,原来针对低层次时期的激励作用就会减弱甚至无效。同时,由于不同的员工有不同的需要,应对不同的员工实施差别的激励措施。

2. 赫兹伯格的双因素论

双因素理论是美国心理学家赫兹伯格于20世纪50年代提出来的,也称为激励-保健因素理论。赫兹伯格认为,促使员工在工作中产生满意或良好感觉的因素通常是与工作本身联系在一起的,包括工作的成就感、工作成绩得到认同和赞誉、工作本身的挑战和乐趣、工作中的成长感和责任感等。这类因素的改善，能够激发员工的工作热情，从而提高工作效率，因此被称为"激励因素"。另外，赫兹伯格认为，员工产生不满情绪的原因，大都属于工作环境或工作关系方面的，如公司的政策、行政管理、员工与上级之间的关系、工资、工作安全、工作环境等。他发现，上述条件如果达不到员工可接受的最低水平时，就会引发员工的不满情绪。但是，具备了这些条件并不能使员工感到激励。赫兹伯格把这些没有激励作用的外界因素称为"保健因素"。因此，会展企业在对员工实行激励时，要善于区分这两种因素，对"保健因素"要给予基本的满足，使员工不致产生不满情绪，同时还要注意利用"激励因素"进行有针对性的激励，尽量使员工得到满足的机会。

3. 弗鲁姆的期望理论

美国心理学家弗鲁姆于1964年在《工作和激励》一书中提出了著名的期望理论。他认为，激励力量受到两个因素影响：一是目标效价，指人对目标价值的判断，即如果实现该目标对人来说很有价值，人的积极性就高；反之，人的积极性就低。二是期望值，指人对目标实现可能性的估计，即如果人觉得实现该目标可能性大，就会努力争取，激励程度就高；反之，激励程度就低，以至完全没有。激励是个人寄托于一个目标的预期价值与他对实现目标的可能性的看法的乘积，其公式可以表述为：激励力量＝目标效价×期望值。只有当期望值和目标效价都高时，激励力量才能最大限度地发挥出来。期望理论注重于三种关系：①个人努力－绩效关系，即个人认为通过一定努力会带来一定绩效的可能性；②绩效－奖励关系，即个人相信一定水平的绩效会带来所希望的奖励结果的程度；③奖励－个人目标关系，即组织奖励满足个人目标或需要的程度以及这些潜在的奖励对个人的吸引力。因此，会展企业在对员工实行激励时，选择员工感兴趣、评价高且认为效价大的项目或激励手段，同时确定目标的标准不宜过高，必须是员工通过努力可以达到的，并将员工的目标和企业的目标协调起来。

（三）激励的类型

激励是激发人的行为动机并使之朝向组织特定目标的过程。根据不同的划分内容有不同的激励类型，而不同的激励类型对行为过程会产生程度不同的影响，因此，会展企业在选择对员工的激励类型时应综合考虑各方面的情况。

1. 物质激励和精神激励

从激励内容上进行划分，可以把激励分为物质激励和精神激励。所谓物质激励，就是指运用物质的手段使员工得到物质上的满足，从而进一步调动其积极性、主动性和创造性。由于物质需要是人类的第一需要，也是基本需求，所以物质激励是激励不可或缺的重要手段，它对强化按劳取酬的分配原则和调动员工的劳动热情有很大的帮助。在我国，由于职工收入较低，所以更是我国企业内部使用非常普遍的一种激励模式。企业选择物质激励的类型主要是通过改善薪酬福利分配制度使其对员工具有激励功能。所谓精神激励，就是指从满足人的精神需要出发，对人的心理施加必要的影响，从而产生激发力，影响人的行为。企业选择精神激励的类型主要是通过向员工授权、认可员工的工作绩效、公平和公开的晋升制度、提供职业培训、实行灵活多样的弹性工作时间制度以及制定适合每个人特点的职业生涯发展道路等来激发员工的工作动力。精神激励作为激励的一种重要手段，有着激发作用大、持续时间长等特点。

2. 正激励和负激励

从激励的性质上划分，激励可分为正激励和负激励。所谓正激励，就是指对员工的符合企业目标的期望行为进行奖励，以使员工持续和发扬这种行为。正激励主要表现为对员工的物质奖励、表扬、升职等。所谓负激励，就是指对员工违背企业目标的行为进行惩罚，从而抑制员工这种行为的发生。负激励的具体表现主要为警告、纪律处分、经济处罚、降级、降薪、淘汰等。正激励和负激励作为两种相辅相成的激励类型，它们是从不同的侧面对人的行为起强化作用。正激励起正强化的作用，是对行为的肯定；负激励起负强化的作用，是对行为的否定。单纯的正激励或单纯的负激励都是不可行的，把握正激励和负激励的结合点关键是要分清楚员工的行为是正确的还是错误的，正确的行为用正激励去强化，错误的行为只能用负激励去避免。

3. 内激励和外激励

从激励形式上进行划分，激励可区分为内激励与外激励。所谓内激励，是指由内酬引发的、源自于员工内心的激励。所谓外激励，是指由外酬引发的、与工作任务本身无直接关系的激励。内酬是指工作任务本身的刺激，即在工作进行过程中所获得的满足感，它与工作任务是同步的；追求成长、锻炼自己、获得认可、自我实现、乐在其中等内酬所引发的内激励，会产生一种持久性的作用。外酬是指工作任务完成之后或在工作场所以外所获得的满足感，它与工作任务不是同步的；如提高工资、增加奖金、提升职务等外酬所引发的外激励是难以持久的，员工的积极性有可能会随着外酬的消失而荡然无存。但是，企业在选择激励类型时，单靠其中的一种也是不全面的。因为外激励以内激励为基础，内激励的产生有赖于外激励的诱发，而内激励一旦产生会使外激励更有效，两者互相促进，所以应根据员工的需要把内激励和外激励结合起来，这样才能取得最大的激励效果。

二、会展企业员工激励存在的问题

由于我国会展业起步较慢，因此，目前我国会展企业在员工激励方面还有许多不完善的地方。大多数会展企业都对员工实施了激励措施，但是这些激励措施不仅未起到相应作用，浪费企业资源，有时还适得其反，导致员工消极怠工，企业留不住人才，影响了会展企业的发展。具体表现在企业对激励认识不足、激励方式单一、激励无差别化、激励程度不合理和激励流于形式。

（一）对激励认识不足

由于会展企业属于服务性行业，其每个展览项目可独立作为一个生产周期，项目完成则该生产结束；加之中国很多会展企业规模不大，许多中小会展企业其固定的员工数量并不多，有项目时多半通过招聘临时工来解决企业的需要。因此许多会展企业对激励的认识不足。一方面，不重视人力资源的激励，认为有无激励一个样，或者在口头上重视，行动上却还是以往的一套；另一方面，盲目激励，看到其他企业有激励措施，自己便"依葫芦画瓢"，不从自身的实际情况出发，没有针对其自身的问题设定有效激励措施，从而造成对员工的激励不足，使员工的积极性逐渐下降。

（二）激励方式单一

我国许多会展企业对员工的激励方式单一，往往只注重采用物质上的激励方式，用薪资报酬去刺激员工的工作积极性，忽视精神激励的重要作用。物质需要是员工最基本的需要，是最低层次的需要。从短期上看，物质激励确实可以使企业在短期内获得员工的积极性，但其激励作用是表面的，激励的深度有限。由于会展企业的组织特性，其大部分员工都属于知识型员工，他们除了需要企业采用物质激励的措施满足其最基本的需要外，还需要企业采用精神激励措施满足其更高的发展要求。单一的激励措施，其激励效果将随着时间的推移而逐渐减低直至消失，甚至会抹杀员工工作的积极性，留不住人才。

（三）激励无差别化

一方面，许多会展企业在实施激励措施时，并不考虑员工需要的差异性，在激励的时候不分对象、不分层次、只重整体目标不重层次需要，"一刀切"地对所有的人采用同样的激励手段，这样的结果只能适得其反，造成激励效果与员工的期望值相差甚远，留不住人才；另一方面，许多会展企业没有意识到企业的激励创新对企业发展的重要性，因此在企业发展的不同时期一直采用一成不变的激励措施，使激励的效果大大降低，这就经常会出现一些与企业一起成长的核心员工在企业发展稳定后却流失的情况。

（四）激励程度不合理

激励程度是指激励量的大小，即奖赏或惩罚标准的高低。激励程度不合理主要表现在激励不足和激励过度两个方面。一方面，许多会展企业的员工报酬水平不高，尤其是一些有才能的管理者和基层骨干员工，如会展企业的项目经理、营销策划人才等，他们为企业创造了巨额利润，但其报酬不能体现员工的责任和价值，激励不足，从而加速会展企业人力资本尤其是高素质人才的流失；另一方面，是激励过度，其主要表现在部分管理人员收入较高，对物质的再刺激作用反应迟钝，更多的是考虑如何规避自身风险等问题，在工作中满足于现状，削弱了激励的效果，同时也可能造成其他员工的不满，影响整体的激励效果。

（五）激励流于形式

一方面，企业的激励工作只做表面文章，不落到实处。许多会展企业的管理者虽然已就员工激励采用多种方法，制定了包括绩效考核标准等在内的一些激励制度、方案和措施，但是却只是做做表面文章，打打"花拳"，并没有落到实处。另一方面，企业的激励工作只重视命令的传达，不重视反馈的过程。管理者和员工之间缺乏必要的沟通，员工处于一个封闭的环境中，工作积极性不高。管理者不重视员工的反馈，就不会了解企业实行的激励方式和措施的实施进程情况和实际效果，使得激励措施实施了却没有达到应有的效果，激励流于形式。

三、会展企业员工激励机制

会展企业的发展必须依赖于企业的每一位员工。为了在激烈的市场竞争中获胜，会展企业通过构建员工的激励机制，激发员工的工作动力，打造企业的核心竞争力势在必行。而会展企业有效激励机制的构建，不是一朝一夕就能完成的事，而是一个在不断成功与失败中摸索经验、持续改善的过程。

（一）完善激励机制的配套体系

建立有效的激励机制需要考虑企业的绩效考核制度、薪酬制度、晋升制度等配套体系，且激励机制的配套体系中的各项制度都应因时、因岗、因地而异，并不存在永远合理有效的制度和政策。激励机制的配套体系的完善是构建激励机制的必要保障。

1. **选人用人机制**

会展企业要建立起科学的选人用人机制，在选拔人才上，要避免任人唯亲的情况出现，在企业内部实行干部竞聘制，通过采取竞聘方式，将优秀人才选拔到管理岗位上，形成公平竞争的筛选、淘汰机制；在人才培养上，加大对企业员工的培训，采取灵活多样的教学方式，把企业的组织需求、岗位需求以及员工的诉求有机结合起来，努力做到员工需要什么就培训什么，员工成长缺少什么就补给什么的培训机制，提高员工的综合素质。

2. **绩效考核制度**

员工的绩效考核是按照一定的标准，采用科学的方法，检查和评定员工对岗位职责的履行程度，以确定其工作成绩的管理方法，其目的主要在于通过对员工进行全面综合的评估，判断他们是否称职，并由管理人员对员工工作进行指导、监督、培训和跟踪，从而保证企业运营效率和经营目标的完成。绩效考核制度是员工进行晋升、聘任、奖惩及调整工资待遇的依据，因此，会展企业要建立科学、合理的考核评价方法及程序，统一考核评价标准，促进考核评价工作的规范化，不断完善企业的绩效考核制度，以激发员工的潜能，使企业充满生机与活力。

3. **薪酬管理制度**

薪酬激励已不单单是金钱激励，而成为企业激励机制中一种复杂的激励方式，隐含着成就激励、地位激励等。会展企业建立合理的薪酬管理制度有三个目的：第一是提供具有市场竞争力的薪酬，以吸引有才能的人；第二是确定组织内部的公平，合理确定企业内部各岗位的相对价值；第三是通过薪酬激励员工的工作动力，奖励优秀的工作业绩，利用金钱奖赏达到激励员工的目的。因此，我国会展企业可推行年薪制和绩效报酬制相结合的二维工资制度。会展企业员工依照其工作的绩效而定，提倡"多劳多得，少劳少得，不劳不得"，坚持效率优先的原则，推行绩效报酬机制，实行按岗位定酬、按任务定酬或按业绩定酬的分配办法。对管理者的薪酬激励，会展企业可根据自身的现状和条件，实行长期的薪酬激励措施，如可尝试实行年薪制，未来可考虑结合股份制改造，实行股票期权、虚拟股票等激励，调动管理者的积极性。

（二）建立多层次的激励机制

激励机制是一个永远开放的系统，随着时代、环境、市场形式的变化而变化。以联想集团为例，联想多层次激励机制的实施是创造奇迹的一个秘方。联想集团始终认为，只激励一条跑道一定会拥挤不堪，一定要激励多条跑道，这样才能使员工真正安心在自己的岗位上工作。联想的激励机制主要是把激励的手段、方法与激励的目的相结合，从而达到激励手段和效果的一致性。而他们所采取的激励手段是灵活多样的，是根据不同的工作、不同的人、不同的情况制定出不同的制度，以期达到激励效果。由于会展企业中的每一个员工都是一个独立的不同于他人的独立个体，他们的需要、态度、个性等都有不同之处，而且他们的需求在不同的时间也会有所不同，因此，会展企业可以借鉴联想集团的经验，采取不同层次的激励手段，建立一套多层次的激励机制。会展企业应针对企业员工的不同特点，在满足员工的物质需求的同时，还要通过运用荣誉激励、工作激励、参与激励、关爱激励、情感激励、个人价值激励等多方面、多层次的激励机制，通过立体交叉的激励措施以满足员工的心理、精神的更深层次的需求。同时，会展企业可以将物质激励与精神激励、正激励与负激励、内激励与外激励、短期激励与长期激励等多种激励措施结合起来，充分调动员工的积极性和创造性，形成科学、规范、合理的激励机制体系。

（三）营造激励员工的企业环境

会展企业的激励环境主要是指工作与生活环境的激励，包括员工的客观工作环境激励、企业的人际环境激励和企业的政策环境激励三个方面的内容。

首先，员工的客观环境是指员工的工作环境、办公设备、环境卫生等方面。会展企业为员工提供良好的客观工作环境是企业环境激励的基础，可以使员工在优美、安静和舒适的工作环境中心情舒畅、精力集中地工作，从而激发员工的工作积极性，大大地提高员工的工作效率。

其次，会展企业要重视为员工创造宽松而融洽的人际环境，这就要求管理者注意改善领导作风，尊重和关心员工的工作、生活，保持工作团体内人际关系融洽，在员工遇到困难和挫折时给予及时的鼓励与支持，使员工感到集体的温暖、组织的关怀。创造良好人际关系的基本方法就是沟通。通过沟通，能加深管理者之间、上下级之间以及员工之间的相互了解，交流感情，避免各种误会、矛盾乃至冲突等。宽松而融洽的人际关系让员工感到在本企业工作是愉快的，因此能激发员工的工作热情和工作积极性与创造性。

最后是企业的政策环境激励。企业的各项规章制度一方面往往与物质利益联系在一起，对员工的消极行为起约束作用；另一方面，规章制度为员工提供行为规范，提供社会评价标准。这些规章制度可以保证企业员工相关方面的公平性。如果员工认为他在平等、公平的企业中工作，就会减少由于不公而产生的怨气,从而提高工作效率。

(四)塑造激励员工的企业文化

企业文化作为一种无形资源,是企业在长期的生产经营实践中逐步形成的文化观念、群体意识和行为准则,是企业员工在企业和企业环境中的活动方式。会展企业要发挥企业文化的激励作用,就要将企业文化整合到员工中去,并形成共同的价值观,员工才能够把实现自身价值的个人目标与企业目标结合起来,充分发挥个人的聪明才智以谋取企业的长远发展。会展企业要塑造激励员工的企业文化,首先要懂得这是一项系统工程,应避免以往只注意外包装而忽视其本质的倾向,使企业文化具有丰富的内容。一方面,由于会展企业员工大部分是知识型员工,他们掌握着某种特殊才能,因此,他们不崇尚职位的权威,而是渴望得到更多的尊重与信任。会展企业就要形成"尊重人、信任人、关心人"的企业文化,通过让员工参与决策并赋予其更多的责任、更多的个人成长机会、更大的工作自由和权限、更有趣和多样化的工作,使员工感到企业对自己的重视和重用,体验到自己的价值,从而为他们在工作中富于进取精神、发挥知识创新的积极性提供良好的基础。另一方面,管理大师彼得·德鲁克认为,员工的培训与教育是使员工不断成长的动力与源泉。在当今这样一个知识被迅速"折旧"的时代,员工更关心企业是否提供其个人成长的机会。只有当员工能够清楚地看到自己在企业中的发展前途时,他才有动力为企业尽心尽力地贡献自己的力量,与企业结成长期合作、荣辱与共的伙伴关系。因此,会展企业应在发挥知识型员工潜能的同时,还应重视员工的职业生涯设计,并以此为切入点,提供给员工不断增长知识、增强技能的机会,使其具备承担重任的能力和终生就业的能力,激发员工的工作积极性,实现企业和员工的双赢。

会展企业之间的竞争归根结底是人才的竞争。加强人力资源管理,科学合理地开发和利用人力资源,是提升会展企业竞争力的关键。会展企业人力资源管理工作主要围绕"选、育、用、留"四个方面的内容来开展,选对人是基础,培养人是中心,用好人是关键,留住人是目的。为此,应根据企业发展战略的需要,适时从内外部选择和聘用合适的人才,建立良好的培训开发机制和合理的激励机制,通过绩效计划、实施、考核和反馈的循环往复,达到员工、企业双方业绩提升的"双赢"。

 **本章关键词**

会展企业人力资源 会展企业人力资源管理 员工招聘 员工甄选 员工培训和开发 会展企业绩效管理 会展企业员工激励

 **复习思考题**

1. 你认为会展企业人力资源应具备哪些能力？
2. 结合实际，谈谈会展企业人员招聘的流程是什么？
3. 你认为应如何建立会展企业员工的培训和开发机制？
4. 会展企业员工绩效管理的原则是什么？
5. 你认为目前会展企业员工激励存在什么问题？
6. 如何构建会展企业员工的激励机制？

综合案例

会展企业如何留住人才

会展人才包括核心人才、辅助人才和支持人才。不同层次的人才对于会展企业的成长和发展壮大发挥着不同的作用。

随着我国会展业的快速发展，各会展公司正大量并不断吸收新的人才进入企业工作，这部分人员主要来源于市场营销、会展策划与管理和传媒等专业，主要担任项目助理、营销及相关辅助工作，但新就业的人员流动性也往往比较大，成为困扰很多会展公司的难题。

会展人才流失的原因多种多样，有社会环境、薪酬待遇等，也有自身的原因。从会展公司的角度来说，主要有以下三个方面的原因：第一，新老交替公司难以形成吸引员工的企业文化。新入职的员工主要为"80后""90后"，在价值观、工作态度等方面与企业原有文化存在差异，难以融入群体，新员工感到压抑和被边缘化，新老员工之间产生抵触情绪，导致企业人才流失。第二，项目资源少，员工发展空间有限。目前，很多中小会展公司一年举办1～2个展会，员工往往只能跟进一个展会，展会结束后处于半休息状态。同时，已经形成规模的展会，大部分客户资源掌握在项目经理和老员工手中，新员工很难有拓展的空间。第三，薪酬待遇较低，与员工期望值有差距。目前，相当一部分会展企业采用基本工资加订单提成的薪酬制度，而对于新入职的员工来说，由于缺少人脉关系和经验，要拿到订单往往比较难，这样导致工资往往较低，要想在大中城市维持基本生活消费都感到困难,只好另谋出路。

会展公司要留住适合企业发展需要的人才,就必须创新思路,采取有效的对策来预防人才流失对企业造成的影响。

第一,树立以人为本的理念,及时关注员工思想动态和价值观的转变,将员工职业生涯规划与企业文化相融合,建立符合公司未来发展需要的企业文化。

第二,加快创新,积极开发新的展会项目,拓展员工发展空间,要靠事业和发展来留住人才。

第三,适时调整绩效考核方案,根据项目调整薪酬结构,满足员工合理的薪金需求。对于成熟的会展项目,除了采用高底薪低提成的制度外,应考虑增加项目组完成整体项目目标的奖励制度。而对于新开发的项目,可以在保证盈亏平衡的基础上,员工利益最大化,满足员工对薪金的基本要求,确保员工队伍稳定之后再适时开发新项目,使企业进入良性循环。

(资料来源:根据李沫愚《关于会展企业人才流动的几点建议》改写,载《价值工程》2013年第13期,第254~255页)

■讨论题

请结合实际情况,谈谈会展企业如何吸引优秀人才?

第十一章　会展企业文化

学习目标

①了解会展企业文化的基本概念和内容；②熟悉会展企业文化的结构和功能；③掌握会展企业物质文化、行为文化、制度文化和精神文化的内涵和构成。

广义的文化是指人类在社会生活中所创造的一切，其中包括物质生产和精神生产的全部内容。在文化的概念中，包括两个至关重要的要素，一个就是人的参与，文化中的物质、精神财富的创造主体是"人"；另一个是劳动成果，即精神产品和物质产品，它们全部都来源于人的劳动，只有通过人的加工，自然物才能升格为产品，成为一种文化。文化的形成经历了一个长期的历史过程，是社会历史发展的产物。文化力也是推动经济、推动企业发展的原动力。近年来，我国会展业已率先在北京、上海、广州等一些经济水平较高、基础设施较为完善、第三产业较为发达的城市迅速崛起，使中国会展业在区域分布上，基本形成了以北京、上海、广州、大连、成都等为会展中心城市的环渤海会展经济带、长三角会展经济带、珠三角会展经济带、东北会展经济带及中西部会展城市经济带框架。会展活动实际上也是一种文化活动，它包括文化中的两个决定性因素：人的参与、劳动成果。会展活动离不开人的参与，活动从头到尾都有各种身份不同的人参与，他们从事着各种与会展有关的活动；会展人员的劳动成果主要体现在精美的展台、丰富的展品、周密的组织、周到的服务、良好的交流环境、顾客的认可和欢迎等方面。本章将从会展文化的形成、发展、特征、内容、功能、结构等方面详细阐述会展企业文化。

第一节 会展企业文化概述

一、会展企业文化的概念和特征

(一) 会展企业文化的概念

在讨论会展企业文化内涵时,首先将介绍国内外学者对企业文化概念的界定。

威廉·大内的《Z理论——美国企业如何迎接日本的挑战》一书给企业文化下了比较完整的定义,即"传统和气氛构成了一个公司的文化。同时,文化意味着一个公司的价值观,诸如进取、守成或是灵活——这些价值观构成员工活动、意见和行为规范。管理人员身体力行,把这些规范灌输给员工并代代相传"。美国学者约翰·科特和詹姆斯·赫斯科特在《企业文化与经营业绩》一书中给企业文化下的定义是:"一个企业中各个部门,至少是企业高层管理者们所共同拥有的那些企业价值观念和经营实践。……是指企业中一个分部的各个职能部门或地处不同地理环境的部门所拥有的那种共通的文化现象。"

我国学者也对企业文化进行了总结和概括。许鹏、陈力在《企业文化》一书中指出:"企业文化是从文化学角度观察到的企业的以生产经营为核心的一切活动,以及由这些活动所引起的一切社会现象。"刘炳英在《企业文化建设论纲》中指出:"企业文化是维系企业成员的统一性和凝聚力,以经营哲学、价值观念、目标信念和行为规范为内容的新型管理方式。"中国社会科学院工业经济研究所研究员韩岫岚认为:"企业文化有广义和狭义两种解释。广义的企业文化是指企业所创造的具有自身特点的物质文化和精神文化;狭义的企业文化是企业所形成的具有自身个性的经营宗旨、价值观念和道德行为准则的综合。"

综上所述,我们可以将会展企业文化简单地理解为会展企业在长期的生产、建设、经营、管理等过程中所形成的,在企业中占据主导地位的,并为全体员工所共同遵循和认可的,不断变化革新的文化传统和行为规范。它具体体现为会展企业的价值观、经营理念和行为规范这三个方面,其中企业价值观是会展企业文化的核心。

（二）会展企业文化的特征

1. 动态性

企业文化是企业员工共同拥有的宝贵财富，更是所有成员行为的规范和法则。企业文化的动态性可以从以下两个方面来理解：一方面，企业文化不是突然出现产生的，它与企业相伴而生，企业文化植根于民族文化，民族的传统文化是孕育企业文化的土壤。所以，每一种企业文化都承袭了前人的优秀文化成果和传统，通过引进、改造、吸收其他文化成果，历经漫长岁月的磨炼才逐渐形成了自身相对稳定的传统和价值观。另一方面，企业文化并不是恒久不变的。随着社会的不断变化发展，企业文化赖以生成的社会文化会不断变换其内容和形式，与此相适应，企业文化也会相应发生变化。企业文化只有随着社会发展而不断地运动、变化和发展，才能保持其旺盛的生命力和活力。首先，会展业有极强的专业性，对会展业各项活动的主办方和承办方来说，从前期申办到中标，再到具体的策划和筹办，直到现场的运作和接待，以至后期的评估与反馈，有的需要经历几年的时间，有的甚至需要上十年的时间，会展文化就是在会展企业的策划、筹办、运作、反馈中逐步形成的；其次，会展活动相对其他企业活动来说，具有短暂性，每一次会展活动都受季节和时间的限制，都是在某一事先计划好的时间段进行。

2. 共享性

企业文化不是某个人或某个领导的价值观、行为规范和经营理念，而是被企业全体职员或绝大多数员工所共同信仰、共同认可、共同遵循的价值观、行为规范和经营理念，它屏蔽了个体在价值观、行为规范和经营理念方面的差异性。因此，共享性是企业文化的显著特点。任何一个企业都是由许多人组成的一个群体，每个人都有着自己的价值观、行为规范和经营理念，而且企业个体在这些方面往往表现出差异性，有时甚至是相互冲突的，因此，企业文化绝不是企业个体价值观、行为规范和经营理念的简单集合，它必须被企业全体员工或绝大多数员工所接受、认同，并内化为自己的信念，达成共识后才能形成。正是企业文化的这种共享性，决定了一个企业的基本特征，形成一种认同感，使其与众不同。同时，这种企业文化成为企业全体员工心中的普遍真理，成为他们判断是非、决定行为价值取向的准则。企业文化的共享性使企业更具凝聚力、感召力和内在驱动力。中国2010年上海世博会的主题"城市，让生活更美好"就是上海世博会的主题文化，它鼓动所有参与上海世博会的成员从文化、经济、科技、社区和城乡关系五个方面来解释和探讨"和谐城市"的概念。

3. 无形性

企业文化是企业最为重要的无形资产，也是企业塑造战略的核心内容。企业文化具有无形性，企业无法直观地展现企业文化的形成、内部构成及其价值，加大了企业与员工进行有效沟通的难度；企业文化是一种无形有效的约束力量，这种无形约束力量不仅是针对个人而言，也是针对企业而言。对会展企业来说，任何一个企业的生存和发展都离不开同社会的联系，会展企业就是通过这种无形的企业文化作为其判断准则，来决定其对外界信息的取舍。这种取舍，实际上就是一种无形约束，即约束企业按一定的经营理念去发展。同时，会展企业也通过这种无形的企业文化告诉员工什么是对的、什么是错的，什么是企业所提倡的、什么是企业所杜绝的，并以此来规范和约束会展企业员工的行为，使其为完成企业的目标共同奋斗。对个人来说，企业文化就是员工行为的准则，无形约束着企业员工的行为。

4. 独特性

各个企业的企业文化所采取的形式是不同的，每家企业以自身的特点为立足点来建设自己的文化，充分利用自己已有的优势条件，有选择地学习于己有益的理论、方法和经验。每家企业的文化都是通过表现出明显不同于其他企业的、具有不可替代的个性化和差异化特征来表现这种独特性。企业只有有了自己的特色，而且被顾客所公认，才能在企业之林中独树一帜，才能在激烈的市场竞争中立足。

影响企业文化形成的外部因素主要包括民族文化因素、外来文化因素、行业文化因素、地域文化因素等；影响企业文化形成的内部因素主要包括企业传统因素、企业发展阶段因素、个人文化因素等。所以，在一些国家或地区主办展览，也要注意尊重当地的国民性质、民俗习惯，把当地居民的民俗文化、饮食习惯引入到会展中来，从而形成具有特色的会展文化。一般来说，处在不同社会、不同民族、不同地区的会展企业，其文化风格各有不同，同时，即使两个会展企业在环境、设施设备、管理领导、经营制度上十分相似，其在文化上也会呈现不同的特点。通常来说，相同或相近会展企业内的企业文化在类型方面表现为相近或相似；不同会展企业，其企业文化的差异比较大。

5. 系统性

首先，企业文化是一种群体性文化，是企业内在的文化特质、外在的文化环境和群体的文化素质的综合作用的体现，是企业所形成的价值观念、行为准则在人群中和社会上产生的各种文化影响。其次，企业文化是一种系统性文化，它是由不同层次相互联系、相互依赖、相互作用的意识形态、制度形态、物质形态等构成的有机整体。会展企业具有综合性的特点，它包括餐饮宾馆、建筑业、邮电通讯、交通运输、零售、广告、物流、装潢设计、保险、旅游、市政建设、社会中介、环保等行业，而文化的形成正是会展企业在与这个行业发生横向与纵向联系时产生的，所以会展企业文化具有系统性的特点。

二、会展企业文化的内容

根据企业文化的定义，企业文化的内容是十分广泛的，其中最主要的是经营哲学、价值观念、企业精神、企业伦理道德、企业形象和企业制度。

（一）经营哲学

经营哲学也称企业哲学，是一个企业特有的从事生产经营和管理活动的方法论原则，是指导企业行为的基础。一个企业在激烈的市场竞争环境中，面临着各种矛盾和多种选择，要求企业有一个科学的方法论来指导，有一套逻辑思维程序来决定自己的行为，这就是经营哲学。香港是中国会展企业的先锋，香港会展业经过多年来的努力，形成了一个公平、公开、公正的展览环境和竞争秩序，规范化的创新构思和全方位的服务令人叹为观止。香港会展企业把"服务"作为会展的第二生命线，不断强化优质服务、塑造核心竞争力。

（二）价值观念

所谓价值观念，是人们基于某种功利性或道义性的追求而对人们（个人、组织）本身的存在、行为和行为结果进行评价的基本观点。可以说，人生就是为了价值的追求，价值观念决定着人生追求行为。会展企业价值观包括员工个人价值观和企业价值观。员工个人价值观主要是指企业员工对企业存在的意义、经营目的、经营宗旨的价值评价和为之追求的整体化、差异化的群体意识，是企业全体员工共同的价值准则，包括员工个人的工作目的、兴趣爱好、情感、追求、意志等。企业价值观是指企业对企业存在的意义、经营目的、经营宗旨的确定和为之追求的整体化、差异化的群体意识，是企业认同的价值准则，主要包括企业生产方式、生产目的等。企业价值观不是企业在一时一事上的体现，而是在长期实践生产经营活动中形成的关于价值的观念体系。企业只有在共同的价值准则基础上才能产生正确的价值目标。有了正确的价值目标才会有奋力追求价值目标的行为，企业才有希望。因此，企业价值观决定着员工行为的取向，关系企业的生死存亡。

(三) 企业精神

企业精神是指企业基于自身特定的性质、任务、宗旨、时代要求和发展方向，并经过精心培养而形成的企业成员所认可、企业领导所提倡的群体精神风貌。企业精神是企业文化的核心，在整个企业文化中起着支配的地位。企业精神以价值观念为基础，以价值目标为动力，对企业经营哲学、管理制度、道德风尚、团体意识和企业形象加以提炼和升华。可以说，企业精神是企业的灵魂。

企业精神通常可用一些既富于哲理又简洁明快的语言予以表达，一方面便于员工铭记在心，时刻用于激励自己；另一方面也便于对外宣传，容易在人们脑海里形成印象，从而在社会上形成个性鲜明的企业形象。会展企业在长期的生产经营中也形成了"团结互助""坚持不懈""爱岗敬业""力争创新"等企业精神。

(四) 企业伦理道德

会展企业伦理道德一般分为两个层次：第一层次是员工个人道德，其道德主体是单个的员工；第二层次是会展企业道德，其道德主体是整个的企业。员工道德和会展企业道德相互联系、相互作用，其中，会展企业道德处于主导地位。员工道德素质的高低，必然会影响整个企业的形象，但是会展企业道德的优劣，对整个会展企业的影响更大，它甚至直接决定着整个会展企业的形象和发展前途。会展企业道德是指调整本会展企业与其他企业之间、会展企业与顾客之间、会展企业内部员工之间关系的行为规范的总和；它是从伦理关系的角度，以善与恶、公与私、荣与辱、诚实与虚伪等道德范畴为标准来评价和规范会展企业。会展企业道德一方面可以通过舆论和教育的形式来影响企业员工的行为和意识，形成员工诚实、善良、正直的行为理念；另一方面又通过会展企业制度形式在企业中确定下来，以企风、企纪、企律等来约束、规范企业和员工的行为。

会展企业道德与法律规范和制度规范不同，具有积极的示范效应和强烈的感染力，但不具有法律规范的强制性和约束力。当被人们认可和接受后，会展企业道德具有强大的自我约束力。因此，会展企业道德具有更广泛的适应性，是约束会展企业和员工行为的重要手段。

(五) 企业形象

企业形象是企业通过外部特征和经营实力表现出来的，被消费者和公众所认同的企业总体印象。会展企业形象可以分为表层形象和深层形象。由外部特征表现出来企业的形象称为表层形象。会展企业的表层形象主要包括商标、图案、徽标、广告、建筑风格、服饰、会展环境等，这些都给人以直观的感觉，容易形成印象。通过经营实力表现出来的形象称为深层形象，它是企业内部要素的集中体现。会展企业的深层形象主要靠提高人员素质、生产经营能力、管理水平、资本实力、产品质量等来实现。表层形象以深层形象为基础，没有深层形象这个基础，表层形象就是虚假的，也不能长久地保持。

(六) 企业制度

企业制度是会展企业在运作中必不可少的保障，它是会展企业为实现目标而制定的行为规范，集中体现了企业理念对员工和企业组织的行为要求。企业制度是在生产经营实践活动中所形成的，对人的行为带有强制性，并能保障一定权利的各种规定。

会展企业制度主要包括工作制度、责任制度、特殊制度三个方面。其中，会展企业的工作制度就是指会展企业各项管理规定和工作流程规定，包括人事制度、绩效考评制度、员工薪酬制度、生产管理制度、服务管理制度、技术管理制度、设备管理制度、产品销售制度、财务管理制度等；会展企业的责任制度是指会展企业各部门、机构和人员的权利和责任制度，一般包括会展企业领导者责任制、会展职能机构责任制、会展管理人员责任制、会展员工岗位责任制等；会展企业的特殊制度主要指会展活动总结表彰制度、员工福利制度、老员工退休制度等。

从企业文化的层次结构看，企业制度属中间层次，它是精神文化的表现形式，是物质文化实现的保证。企业制度作为员工行为规范的模式，使个人的活动得以合理进行，内外人际关系得以协调，员工的共同利益受到保护，从而使企业有序地组织起来，为实现企业目标而努力。

三、会展企业文化的功能

会展企业文化具有导向功能、约束功能、凝聚功能、激励功能、调适功能、辐射功能六种功能。

(一) 导向功能

所谓导向功能，就是通过企业文化对企业及其企业各种组织的引导作用，对企业员工所起的指引和向导作用。企业文化的导向功能主要体现在对企业及其构成机构起引导作用和对企业员工起引导作用两个方面。

1. 对企业及其构成机构起引导作用

首先，企业制度文化是企业文化的重要组成部分，它在企业精神文化和企业物质文化中起着中介的作用。而企业本身的行为以及企业内部的各种组织机构的活动行为，都是以企业制度为引导。所以，企业制度决定了企业本身以及企业构成机构的行为规范。企业以及企业中的各种组织机构，都必须遵守企业制度的引导，不能违反企业制度的规定。其次，企业共同的价值观念规定了企业的价值取向，价值观也促使企业建立完美的企业文化，从实际出发，以科学的态度去制定企业的发展目标，这种目标具有一定的可行性和科学性，企业以及企业中的各种组织就会为着他们所认定的价值目标去行动。

2. 对企业员工起引导作用

企业共同的价值观是企业员工的共同目标，它对企业员工有巨大的吸引力，使员工自觉地把行为统一到企业所期望的方向上去，在企业目标的指导下从事生产经营活动。企业文化以概括、精粹、富有哲理性的语言明示着企业发展的目标和方向，这些语言经过长期的教育和潜移默化，已经铭刻在广大员工心中，成为其精神世界必不可少的一部分。企业的发展并不是一帆风顺的，在遇到困难和危机的时候，强大的企业文化能将全体员工团结起来，把困难化为行动的动力，坚定企业的发展目标。美国学者托马斯·彼得斯和小罗伯特·沃特曼在《追求卓越》一书中指出："我们研究的所有优秀公司都很清楚他们的主张是什么，并认真建立和形成了公司的价值准则。事实上，一个公司缺乏明确的价值准则或价值观念不正确，我们则怀疑它是否有可能获得经营上的成功。"

（二）约束功能

在会展企业的运营过程中，所有企业员工的行为都受到企业文化的约束，这就要求企业员工能够自觉地遵守和贯彻企业制度的安排及企业经营战略的内在要求。因此，所有员工的行为规范，都来自于企业制度的安排，以及企业经营战略的选择。但是，人是有思想的动物，人的行为受到思想的支配，思想是人的内在约束，当一个人利用思想去决定自己的所作所为的时候，思想变成了他的内在动力。也就是说，当企业员工在价值观念上对企业制度安排和企业经营战略认可的时候，那么企业制度安排和企业战略选择就已成为了其一种价值观念而存在，会内在地约束自己的行为，也就是自我约束。企业只有在这种内在约束起作用的条件下，才能最终保证企业制度和企业经营战略的有效实行。总的来说，企业文化作为企业制度和企业经营战略在人的价值观念上的反映，必然会内在地约束企业员工的行为，从而成为规范企业行为的内在动力。

（三）凝聚功能

企业文化以人为本，尊重人的感情，从而在企业中营造一种团结友爱、相互信任的和睦气氛，强化了团体意识，使企业员工之间形成强大的凝聚力和向心力。共同的价值观念形成了共同的目标和理想，员工把企业看成是一个命运共同体，把本职工作看成是实现共同目标的重要组成部分，整个企业步调一致，形成统一的整体。这时，"企兴我荣，企衰我耻"成为员工发自内心的真挚感情，"爱企如家"就会变成他们的实际行动。

（四）激励功能

激励就是指激发人的动机，使人产生内在的动力，并朝着一定的目标行动的心理活动过程，也就是调动人的积极性。现代企业文化管理模式把以人为本视为企业的主要价值观念，视人力资源为企业最宝贵的资源，对激励问题非常重视。这种共同的价值观念使每个员工都感到自己存在和行为的价值，自我价值的实现是人的最高精神需求的一种满足，这种满足必将形成强大的激励效应。

企业文化管理模式主要采用两种方式激励员工。一方面是采用物质激励，通过健全绩效考评制度，根据绩效考评的结果，给予优秀员工适当的物质奖励，如奖金、奖品、加工资等；另一方面是采用精神激励，如提供晋升机会，赋予个人更多的责任与权力，给予员工适当的荣誉，在企业内部创造一种相互尊重、平等、民主的气氛等，从而激发员工追求出色工作的愿望和能力。企业文化对员工的激励，强化了员工对企业的归属感和使命感，激发了员工为集体做出贡献的决心和信心。

（五）调适功能

调适就是调整和适应。企业各部门之间、员工之间，由于各种原因难免会产生一些矛盾，解决这些矛盾需要各自进行自我调节；企业与环境、与顾客、与企业、与国家、与社会之间都会存在不协调、不适应之处，这也需要进行调整和适应。企业哲学和企业道德规范使经营者和普通员工能科学地处理这些矛盾，自觉地约束自己。完美的企业形象就是进行这些调节的结果。调适功能实际也是企业能动作用的一种表现。

（六）辐射功能

文化力不只在本企业起作用，它也能通过各种渠道对社会产生影响，这就是企业文化的辐射功能。这种辐射的途径，主要是通过企业及员工与外界的横向、纵向联系来实现的。

四、会展企业文化的结构

会展企业文化的结构也叫会展企业文化的框架。研究会展企业文化结构需把会展企业文化作为一种独特的文化现象来探讨。一般来说，可以把会展企业文化分为物质层、行为层、制度层和精神层四个层面来进行研究。其中，企业文化的物质层也叫物质文化层，企业文化的行为层也叫行为文化层，企业文化的制度层也叫制度文化层，企业文化的精神层也叫精神文化层。物质文化层、行为文化层、制度文化层和精神文化层由外到内分布，形成了企业文化的有机结构体系。其中，精神文化层是内核，制度文化层和行为文化层是中介，物质文化层是外层。精神文化层起核心作用，辐射渗透于制度文化层、行为文化层和物质文化层。会展企业文化的结构如图11-1所示。

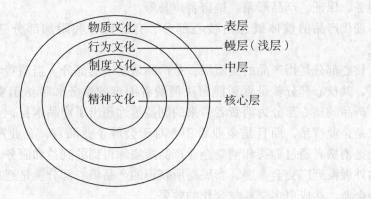

图11-1 会展企业文化结构

第二节 会展企业的物质文化

会展企业的物质文化是由会展企业员工创造的产品和各种物质设施等构成的器物文化，是一种以物质形态为主要研究对象的表层企业文化。会展企业物质文化一般主要包括两个方面的内容：会展企业生产的产品和提供的各种服务；会展企业创造的生产环境、企业建筑、企业广告、产品包装与设计等。会展企业生产的产品和提供的服务是企业生产经营的成果，是企业员工智慧的结晶，因此，它是会展企业物质文化的主体部分。而企业创造的生产环境、企业建筑、企业广告、产品包装与设计等都是为了更好地展示企业的产品、推销企业产品，从而实现企业利润最大化，所以，企业的生产环境、企业建筑、企业广告、产品包装与设计是企业物质文化的主要内容。

一、会展企业产品

传统的产品只是局限在产品特定的物质形态和具体用途上，而现代市场营销学中，产品则被理解为人们通过交换而获得的需求满足，归结为消费者和用户期求的实际利益。因此，产品概念所包含的内容大大扩充了。产品概念被定义为：人们向市场提供的能满足消费者或用户某种需求的任何有形产品和无形服务的总和。有形产品主要包括产品实体及其品质、特色、式样、品牌和包装；无形服务包括可以给买主带来附加利益和心理上的满足感及信任感，如售后服务、保证、产品形象、销售者声誉等。

现代产品的整体概念由核心部分、有形部分和附加部分三个基本层次组成。

核心部分是指产品的实质层，是产品最基本的部分。当消费者购买某一产品时，其核心部分就是真正能解决消费者困难的服务和带给消费者的核心利益。产品的核心部分为消费者带来的利益远远超出了产品本身，企业销售的不仅仅是企业产品，而且是企业希望。对于会展企业而言，企业产品的核心部分，是消费者通过购买和消费企业产品所实际得到的利益和服务。例如，每年国内外展商到广交会参展，参展商所获得的产品核心部分就是通过交易会达到宣传企业、达成更多交易与合作的效果。

有形部分也叫实际产品，是产品生产者围绕着产品的核心利益建立的实际部分。它通常包括五个方面的内容：质量水平、产品特色、产品款式、产品品牌和产品包装。这些因素有机地组合在一起共同传递着产品的核心利益。人们在购买产品时，不仅注意到产品的实际功能，同时还注重到产品的品质、款式、色彩、品牌等因素。会展企业产品属于服务产品，具有无形性的特点，从而加大了企业与消费者之间进行有效沟通的难度。因此，会展企业更需要用有形的部分来把信息与产品传递给消费者，促使无形产品向有形化转化，从而使消费者更有效地、更直观地衡量企业产品。在上述广交会的例子中，产品的有形部分就体现为展馆的布置、会议室的安排和宣传手册等。

附加部分是围绕着核心部分与有形部分附加的各种服务与利益的总和，包括售后服务、信誉与保证、付款方式等，它可以进一步提高顾客的满意度，提高顾客的回头率。对于会展企业来说，附加部分可以是展台的花篮装饰、为客商提供的法律服务，以及展后反馈给展商的展会信息等，所有这些服务都是产品附加的价值。

会展企业在开发产品时，要充分考虑产品的上述三个因素。它们共同构成产品的整体效能，可以帮助会展企业在顾客心目中建立起自己独特的风格与形象；它们也可以被视为会展企业管理工具，使会展企业与其他竞争企业明显区别开来；更重要的是，它们是顾客对会展企业产品感受的非常重要的一部分。会展企业产品更多的是一种无形的服务，就需要企业想方设法将无形的会展服务用可看得见的有形事物表现出来，让客户对无形的会展服务看得见摸得着。对会展企业而言，能够给参展商及专业观众以"有形展示"的实物主要包括会展场地的环境、会展设备及会展的品牌与主题三部分。会展环境是会场展台的设计、陈列等；会展设备是会展企业的硬件基础，包括会展场馆中的会议室、餐厅、银行、商务中心、电梯、电话、供水供气设备等；会展品牌与主题是会展企业的标识部分。

二、会展企业环境

企业环境是指企业经营所处的内部条件和外部条件，也是企业文化的前提条件，这些不可控制或难以控制的因素和力量，直接影响着会展企业的活动及其目标的实现。任何企业都如同生物有机体一样，都处在一定的社会环境和自然环境之中，不可能脱离环境而孤立存在。会展企业活动以环境为依据，受环境的制约和影响，积极主动地去适应环境，同时又要在了解、掌握环境状况及其发展趋势的基础上，通过合理规划、妥善管理，使环境朝有利于企业生存和发展的方向发展。通常，可以把会展企业环境分为外部环境和内部环境。

（一）会展企业的外部环境

企业的外部环境，是指企业系统边界以外所有因素的集合。会展企业的生存和发展需要正确处理好与各方面的关系，为会展企业创造一个和谐的外部环境。企业主管和经理人员要积极主动地对周围环境的变化保持敏感，并能准确地预见和解决问题。企业外部环境的内容比较广泛，可以根据不同标志加以分类。菲利普·科特勒采用了将企业外部环境分为微观环境和宏观环境的方法。微观环境与宏观环境之间并不是并列关系，而是主从关系；微观环境受制于宏观环境，微观环境中所有的因素都要受宏观环境中各种因素的影响。微观环境与会展企业紧密相连，是指直接影响与制约会展企业的经营状况，与会展企业具有或多或少经济联系的会展企业活动的参与者，也称直接外部环境，主要包括会展企业、顾客（参展商、采购商）、会展服务商、竞争者以及社会公众。宏观环境是指影响微观环境的一系列巨大的社会力量，主要包括人口、经济、政治、法律、科学技术、社会文化、自然生态等因素。宏观环境一般以微观环境为媒介去影响和制约会展企业的活动，所以也被称为间接外部环境。宏观环境因素与微观环境因素共同构成了多因素、多层次、多变化的会展企业外部环境，如图11-2所示。

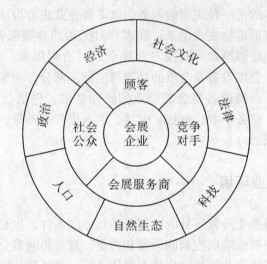

图11-2 会展企业的外部环境

（二）会展企业的内部环境

企业内部环境的优劣，直接影响企业员工的工作效率和情绪。优化企业内部环境，为企业员工提供良好的劳动氛围，树立企业员工共同的目标，培养企业员工同心协作的精神，塑造融洽的人际关系，企业以人为本，是增强企业凝聚力和活力的重要措施。企业决策人员和管理人员要充分认识到员工对企业命运的决定性作用，重视员工、善待员工，树立"员工是企业的第一顾客"的思想。广泛听取员工的意见和建议，民主决策，为企业员工提供各种发展机会，激发员工的积极性和创造性；建立健全绩效考评制度，鼓励上进，鞭策后进，淘汰劣者，提升优者，形成激励奋进的氛围和竞争机制；培植员工与企业的感情，培养员工"爱企如家"的思想。

企业文化建设的内在制约性因素包括员工队伍素质、技术设备、原材料、经营管理水平等。

1. 员工队伍素质

人是一种特殊和重要的资源，是企业管理中最关键的因素，决定着企业竞争的成败。现代企业的竞争，不仅是技术的竞争，更是人才的竞争。企业员工就像企业的一面镜子，员工的着装服饰、言谈举止、服务水平、服务技巧等都代表着企业的形象、决定着企业的兴衰成败。很多企业为了使自己立于不败之地，通过不断完善员工队伍素质来向顾客传达企业的信息，从而激励顾客积极选择本企业的产品。会展业是继旅游、房地产之后崛起的一大新兴"无烟产业"，会展活动是一种高规格的经济活动，消费档次高、经济效益好，一般面对的客源市场是受教育水平高、经济条件好、购买力强的豪华客源市场。因此，这部分顾客对会展企业员工的服务水平、服务技巧提出了更高层次的要求。

上海以世博会为契机，实施"科教兴市"的战略，使上海会展业的发展走上专业化、规模化的道路，从而实现与国际接轨。而对于上海的专业展览公司而言，只有拥有一支高素质的员工队伍，才能将展会做大、做强。

2. 技术设备素质

现代会展服务往往是为前沿性、高端性产品提供宣传和贸易的平台，即便是为一般性商品提供展示窗口，突出其特色和优良品质也是实现贸易成交的关键因素。良好的展示窗口能美化和宣传商品，吸引顾客注意力，有利于消费者认识、选购产品。所以场馆的软、硬件技术设施直接影响着会展的服务水平和效果。会展设备是会展企业的硬件基础，包括会展场馆中的会议室、餐厅、银行、商务中心、电梯、电话、供水供气设备。在传统的硬件设施中，声学设计、噪音控制、声音系统及设备、照明、音响辅助设备和投影系统、电气设备、空气调节、通风和取暖、安全和风险管理，以及能源存储和环保政策、残疾人的人性化设备、场馆内部的数字技术支持设备等硬件技术支持是判断一个场馆硬件设施的指标。会展不仅包括有形的硬件设施，同时还包括无形的科学技术因素，其中包括设计、绘画、摄影、影像、装置、馆际馆内外网络技术等。会展设计是在有限的时间、空间内，通过艺术设计的手法，综合应用造型、色彩、材料以及声、光、电等手段塑造一个独具个性的展会，产生独特的商业空间氛围，来展示参展企业的企业形象和企业文化。

3. 经营管理素质

经营管理素质主要指的是企业的经营管理水平。企业是一个以赢利为目的的法人，它存在的意义就是创造经济价值。任何一个出色的企业，无一不有先进的经营管理理念。近些年来，我国的会展业呈现出较快的发展势头，已经逐渐成为经济发展新的增长点。但是随着我国加入世界贸易组织和对外开放的进一步扩大，会展企业面临着国内外市场的激烈竞争，我国的会展企业为了应对这种激烈的竞争，必须加快制定自己的企业发展战略，积极引进先进的经营管理制度。在增长模式方面，逐步由粗放型增长模式向节约型增长模式转换，从原来单一地增加原材料、人力、物力、财力的投入，开始转到注重投入先进的科学技术、引进先进的管理制度；在生产目的方面，由原来的单纯追求产值、产量和速度，转到重视产品的质量、特色、品种和市场需求；在管理体制方面，由原来的单项管理逐步走向综合管理，建立起计划、控制、监督和信息体系，建立责、权、利相结合的经济责任制。

优化企业内部环境，是营造良好的外部环境、塑造良好的企业形象的基础。只有优化企业内部环境，才能赢得政府、社会大众、企业中间商和社会各界的信任和支持，才能使企业养成服务社会、爱护自然的习惯，从而使企业内外环境和谐发展。

三、会展企业容貌

企业容貌是企业文化的表征，是体现企业个性化的标志。企业容貌的好坏，已成为当今企业生存与发展的关键因素。很多企业主要是利用企业名称、企业象征物、企业空间结构和布局等来塑造企业的容貌，使本企业与其他企业区分开来，从而形成自己的特色。还有很多企业为了科学地设计企业容貌，积极引入和研究 CIS 战略。

在 CIS 识别要素中，首先考虑的是企业的名称。会展企业的名称除了以国别、地名、人名、产品名称为考虑因素外，还应考虑会展企业所处的自然环境、社会环境以及当地的文化习俗、风俗习惯，使会展企业的名称更具文化感召力。2008 年北京奥运会主体育场——"鸟巢"，是由 2001 年普利茨克奖获得者赫尔佐格·德梅隆与中国建筑师李兴刚等合作完成的巨型体育场设计，形态如同孕育生命的"巢"；它更像一个摇篮，寄托着人类对未来的希望。

其次，会展主题也是会展企业持续发展的关键。会展的主题，就相当于产品的 USP（独特销售主张），用以表明自己的个性和特色。一个有好主题的展会，就是一个稀缺的产品，会吸引众多的参展企业和专业观众来参展。准确的主题可以对参展商带来题材的约束，大家在同一个主题下组织参展，展会的主题性和指导性才会更为明显。一般而言，会展主题的确定，需要结合当地的产业特征和城市的定位。雄厚的产业基础是促成行业盛会的前提。

最后，企业布局也是塑造企业容貌的关键性因素。它包括厂容厂貌、会展企业的企业容貌、绿化、企业造型、布局等，都体现着会展企业独特的商业特征和人文特征。如果会展企业是以展示企业形象、宣传企业品牌为主，那么在展位的布局上，空间就应比较宽敞，以方便观众的流动和观览；如果会展企业是以展示企业最新的产品和技术实力为主，那么，在展位的布局上，就应设计出产品展示区和体验区，在产品的展示上要方便观众的了解和体验。2010年上海世博会的用地范围主要是在黄浦江两岸，在浦东部分的白莲泾直接汇入黄浦江，使世博会场地具有十分明显的亲水特征。此外，在世博会的用地范围内，共有七处建筑物被列为近代优秀历史建筑，同时还结合世博会的建设，把一些具有特色的其他工业建筑遗产转变为具有博览、文化、休闲等多方面功能的场所。

四、会展企业广告

会展企业的主体比较复杂，内容广泛，这就决定了展览会必须综合利用各种手段来开展宣传，以达到预期的营销目的。首先，会展企业的广告宣传手段具有多样性，除传统的广播、电视、报纸、杂志、专业刊物、互联网、商业网点之外，还可以采用路牌广告、的士广告、霓虹灯广告等户外广告形式，将大量的消息最快、最直接地传递给社会大众。其次，会展企业广告宣传的范围广、影响力大，能将大量会展信息在最短时间内传送给最多的潜在顾客。

五、会展企业产品包装和设计

会展企业产品大部分是无形产品，不像其他有形产品一样能看得见、摸得着，这就大大加大了顾客对产品质量、产品特征、产品成分以及产品价格等的判断难度。当顾客对产品的品牌缺乏忠诚度并有很多同类产品可供选择时，产品包装与设计就在激励顾客购买产品的过程中起了举足轻重的作用。产品的包装与设计实际就是产品生产的延续，任何产品只有经过包装后才能进入市场领域，实现其价值和使用价值。产品包装不仅能保护产品，而且能美化和宣传产品，便于陈列展销，吸引顾客，方便消费者认识、选购、携带和使用。在市场竞争日益激烈的今天，产品的包装与设计的作用越来越突出了，很多企业家为了开拓市场、拓宽销路，都积极地投入到创新产品的包装与设计中去。

包装是指对某一品牌产品设计并制作容器或包装物的一系列活动。产品包装包括商标或品牌、形状、颜色、图案、材料等要素。会展企业产品虽不像其他有形产品一样被装在保护性的容器中储存或展示，但也需要把产品的信息展示给消费者，以促使消费者购买自己企业的产品。会展企业可以把宣传手册、海报、网站等当作产品的容器，有效地向消费者展示会展企业及其品牌名称、产品特色与成分以及产品价格。由于宣传手册、海报、网站等在会展企业产品包装与设计中扮演重要角色，所以就要求企业在设计宣传手册、海报、网站时注重技术的投入，配备专业的摄影师、网络设计师等。

第三节 会展企业的行为文化

一、会展企业领导层的行为

企业领导是企业的精英，是企业经营决策方式和决策行为的引导者，在企业中起着核心和舵手的作用。一个企业、一个部门领导者的能力和水平，很大程度决定着企业和部门的发展前途。面对市场环境和社会环境的深刻变化，领导干部要不辱使命、不负重托，适应新形势、新任务的要求，在实践中掌握新知识、积累新经验、增长新本领。香港会展中心董事总经理 Cliff Wallace 先生在其 Trends in Contemporary Venue Management 一文中特别强调，行政总裁的重要性日益突出，这是现代场馆管理最为突出的一个趋势。当今社会、经济和政治环境错综复杂，领导层需具备高水平预测和把握形势的能力。主管人员必须从领导层候选对象中选拔，必须具备场馆管理的经验，并曾在其他行业处理过类似场馆管理的问题，才能证明能够胜任此项工作。

在会展业发达国家，会展公司管理层一般分执行管理层、展览会管理层和一般行政管理层。在会展企业中，领导层行为主要包括组织行为、交往行为和创新行为三个方面。

（一）组织行为

会展业具有综合性的特点。从会展主体来说，它包括各种与会展有关的利益相关者，会展营销主体十分庞杂，大到一个国家或城市，小到每个会展企业甚至是一次具体的会议或展览会；从会展客源市场来说，目标客源市场趋向多元化，它可能是以整个世界的居民作为本次会展活动的目标市场，而不同的目标市场具备不同的特征，其营销的目的也不同；从会展内容来看，会展内容丰富多彩，包括会展企业的各类会展产品和品牌。所以，会展活动不论规模大小，都会牵涉到各行业和不同的社会部门。这就需要会展企业的领导者具备良好的组织能力，把这些利益相关者有机地组织起来，共同为达到会展目标而努力，从而最终实现双赢的目的。

对会展现场的组织管理是保障展会活动正常有序的关键，除了做好参展商登记注册、展位的分配、保证展台区域及参展人员的环境、协调好场内外交通、处理好与合作企业及展出的政府间的关系之外，还包括向参展商提供一定的礼仪接待服务以及做好必要的信息收集、记录展示等。

2005年12月1日，《中国2010年上海世博会注册报告》获得国际展览局第138次成员国代表大会通过，标志着上海世博会完成法定注册程序，进入到实质性筹办阶段。中国政府为了顺利地筹办本次上海世博会，专门建立了一个完整的组织体系——世博会组织委员会和执行委员会。组委会是上海世博会的领导机构，由中央相关部门和上海市政府共24家成员单位组成，由一位国务院副总理担任主任委员。执委会是组委会的执行机构，由上海市相关部门共42家成员单位组成，由上海市一位主要领导担任执行委员会主任。

（二）交往行为

会展业提供的是一种面对面的人性化服务，而提供人性化服务的关键就是与服务对象进行沟通和交流。会展企业领导者的交往行为主要分为两种，即外部交往行为和内部交往行为。外部交往行为就是指会展企业要正确处理好与政府、社会大众、媒体及其他相关企业的关系，为会展活动创造良好的外部环境。内部交往行为就是指会展企业领导不能个人专断、自以为是，必须坚持以人为本的经营理念，关心员工、体恤员工，把员工当成企业的第一顾客来对待，为会展企业的发展创造一个和谐的内部环境。

（三）创新行为

会展企业领导者在工作上，不能指望用传统行政式的领导方式打天下、用旧办法解决新问题、用固定的思维定式驾驭日新月异的社会形势，而应积极引进创新的领导方法，注意抓住工作中遇到的新问题，用改革创新的精神去研究和解决。创新是会展企业持续发展的源泉和动力，任何一个会展活动都是一个系统工程，一个展会从策划、运作到客户服务等存在诸多环节，而环境和市场是瞬息万变的，这就要求从业人员能随机应变，利用创新方法解决突发的问题。

二、会展企业英雄人物的行为

企业英雄人物是指在企业各项活动中涌现出来的具有较高思想水平、业务技术能力、取得突出工作业绩的劳动模范和先进骨干。企业英雄是企业文化人格化的体现，是企业的中坚力量，在企业中起着中流砥柱的作用。企业的英雄人物是企业的无价之宝，是全体员工的楷模和学习对象，它对宣传和贯彻企业的价值起着至关重要的作用。企业英雄往往处在企业生产经营管理的各个层次或各个部门，他们的工作直接影响着企业的经营业绩。他们就好比企业的中枢，一方面，在协调和沟通企业高层领导和员工关系中起着中介桥梁的作用；另一方面，在企业的生产经营活动中起着模范带头的作用。

（一）会展企业英雄人物行为的特征

1. 独特性

企业英雄人物一般是在群体中表现优秀、具备独特特征的那部分人。在会展企业中，我们可以把企业英雄人物分为会展经营管理英雄、会展外语人才楷模、会展工程设计英雄、会展研究教育楷模。会展经营管理英雄，主要是指在企业规划与行业管理、国际公共关系、活动策划与组织、市场营销、服务管理、住宿、餐饮与场馆经营管理、融资与财务、项目与企业管理、信息管理与服务、法律服务、物流与货运、商务与差旅服务管理等方面为会展企业做出突出贡献和表现独特的员工。会展外语人才楷模，主要是指高级同声传译、高级国际导游以及其他在外事工作中表现优秀的人才。会展工程设计英雄，主要指在会展场馆设计、建设和管理，设备设计、生产、保养和维护，会展场馆装潢、设计和施工，展台设计和搭建，会展软件系统开发及维护中表现优秀的人才。会展研究教育楷模，主要包括专家学者、教师及科研人员以及在行业协会培训管理工作、信息统计工作、刊物网站编辑中表现突出的技术人才。

2. 先进性

企业英雄人物是企业文化建设成就品质化的体现，是企业先进文化的体现者，他们具备着企业一般员工不具备的特征，在企业中起着"火车头"的作用。会展业正朝着国际化、专业化、规模化、品牌化、科技化、多元化的趋势发展，这就要求会展企业培养一批具有高等教育水平和优秀素质的先进群体。一个会展企业中的所有模范人物的集合体便构成了会展企业的模范群体。优秀的模范群体必须是完整的会展企业精神的化身，是会展企业价值观的综合表现。对于会展企业而言，模范群体必须具备较高的人际关系能力、市场推广能力、组织协调能力、外语沟通能力、策划能力、创新能力、电脑操作能力和定量分析能力。这几方面的能力必须表现得很突出，使其他企业员工能够毫无争议地感觉出来。

3. 可学性

企业英雄的所作所为并非是企业员工遥不可及的，其实，普普通通的员工只要通过努力也能做到。香港会展旅游专家郑绮艳教授认为，未来的会展业将需要大量有较高英语水平、专业知识、营销技能和服务技巧的会展人才。而这些英语知识、专业知识、营销技能、服务技巧并不是企业员工与生俱来的，他们只有通过后天的学习和锻炼才能形成。因此，会展企业可以通过塑造、评定、奖励等方式培育一批具备较高英语水平、专业知识、营销技能和服务技巧的英雄人物，让他们在会展企业中起到示范、模范作用，供企业员工学习和效仿；同时，也可以通过这些企业英雄人物对企业其他员工进行培训和教育，从而解决会展企业发展中的人才瓶颈问题。

（二）会展企业英雄人物的作用

企业英雄人物一旦被树立起来，就开始在企业中发挥他们的作用，他们的成功经历告诉人们，成功并非可望而不可即，只要能坚持不懈、持之以恒，就能达到事业的顶峰。会展企业英雄人物的作用主要表现在对企业内部员工和企业外部公众两方面。

（1）对企业内部员工而言，企业英雄人物就是他们努力的目标，是他们学习的楷模，是企业精神和企业价值观念体系的化身。首先，他们为全体企业员工树立起了榜样，成为企业员工行为的准则，很多企业员工被企业英雄事迹所感动、所鼓舞、所吸引，以这些英雄人物的优秀品德、模范言行、生动感人的形象为准则，从而规范自己的行为。其次，企业英雄人物可以利用其自身在企业中的地位和优势，在解决企业内部各类矛盾、冲突中起调和作用，这也是对企业行政方法、法律方法和规章制度等的一种有益的补充。最后，企业英雄人物是企业的中坚力量，在企业的创新活动中发挥着中流砥柱的作用，他们代表着积极的企业文化因子，把先进的企业文化因子传递给企业的其他成员，从而带动整个企业文化的创新。

（2）对企业外部公众而言，企业英雄群体是企业形象的一个极其重要的组成部分，他们主要是通过企业英雄来了解和评价企业。企业英雄人物通过自己的行为向外界宣告企业的理念、企业的价值观、企业的经营与文化特色以及企业领导者的追求与希望，他们的理想、信念和追求具有广泛的群众基础，能产生独特的魅力，为社会大众所认同并敬佩，从而增强企业的凝聚力和影响力。

(三) 会展企业英雄人物的分类

狄尔和肯尼迪认为，企业中的英雄人物可以分为两种类型，即共生英雄和情势英雄。共生英雄就是指与公司一起诞生和成长的企业英雄，是企业英雄人物中的最高层次。因为他们不仅建立了企业组织，而且还缔造了一个能使他们生存并将个人的价值观付诸实践的优秀企业，如宝洁公司的普罗克特和甘布尔、IBM 的托马斯·沃森、松下电器公司的松下幸之助、索尼公司的井深大和盛田昭夫等。情势英雄是指企业在特定的环境或时间里塑造出的企业英雄，时势造英雄，企业造就英雄，企业可以通过创造必要的条件，营造恰当的氛围，主动培养、引导英雄的成长。情势英雄又可以分为出格式英雄、引导式英雄、固执式英雄和圣牛式英雄四种类型。会展企业要积极开展宣传和传播活动，提高企业英雄的知名度和感染力。

三、会展企业员工的群体行为

企业文化本身就是一种以人为中心的文化，会展活动中的文化因素主要来源于员工的参与，是员工在参与过程中逐步形成的。员工群体的素质和行为，直接影响和制约着会展企业的可持续发展。我国会展业发展起步相对较晚，专业会展人才较为缺乏，会展员工普遍素质偏低，与会展发达国家相比存在较大的差距。会展业是一个综合性比较强的行业，它包括会展研究、会展策划、会展实施三个步骤，每个步骤都必须由专业会展员工参与完成，所以就要求会展员工必须具备与会展行业特点相符、相对于其他产业和行业与众不同的职业素养。

(一) 会展企业员工的构成

我国会展企业员工通常由核心层员工、中层员工和外层员工三个层面构成。

1. 核心层员工

核心层员工主要指会展运作人才，位于会展企业员工结构最里层，包括会展主管、会展经理、会展项目策划师、会展场馆设计师、会展室内装潢师等。他们在会展企业中负责会展项目开发、策划、营销、管理、交流、服务等，涉及会展项目策划、会展项目管理、会展工程管理、会展场馆管理、会展设计、会展展品的运输操作管理、会展营销与服务、会展器材的标准化管理等方面。这部分员工是会展企业的核心员工，具有高水平的专业技术，也是目前会展企业急缺的人才。在很大程度上，会展活动成功与否，关键取决于这部分员工。

2. 中层员工

中层员工主要是指会展辅助人才，位于会展企业员工结构的中层，包括会展法律顾问、会展广告设计师等。他们在会展企业中负责广告、宣传、法律咨询、物流、运输等方面的工作。这部分员工既要具备相应的会展专业知识，同时也要求具备其他专业的相关知识。例如，会展广告设计师即应具备一般广告设计师应具备的素质，同时还应了解会展广告的特点和结构，从而设计出符合会展业特点、影响力大的会展广告。

3. 外层员工

外层员工主要是指会展支持人才，位于会展企业员工结构的外围，主要包括从事文秘、翻译、接待、金融投资、贸易等方面工作的员工。会展企业对这部分员工的会展专业知识水平要求不是很高，通用性比较大，人才来源比较广。

（二）会展企业员工群体行为的特点

我国会展企业员工的群体行为具有复杂性、开放性、动态性和自我调节性四个特点。

1. 复杂性

一方面，会展企业员工结构复杂，它不仅包括核心层、中层员工，而且还包括外层边缘员工。会展企业不仅有工程建设、场馆设计、展台搭建等理科人才，而且还有负责管理、策划、服务等方面的文科人才。另一方面，员工之间相互作用复杂。企业成员为了共同的目标在一起生活、工作，他们之间经常进行信息、感情等各方面的交流。企业中每个成员的思想、行为，特别是那些举足轻重的成员都有可能对其他成员产生影响，以至于影响到整个企业员工的行为。企业员工之间的交互作用非常复杂，而且这种影响是一种非线性关系，对企业成员之间的交互作用进行研究也同样需要把宏观因素与微观因素相结合，进行计算机模拟，用混沌论的观点从不确定的关系中寻找一种确定的关系。

此外，会展企业的结构复杂，不仅包括企业内部的组织结构，而且还包括企业外部的组织结构。首先，以一个部门为例，每一个部门会有一个部门经理或是部门负责人，在部门经理下面也会有具体负责事务的负责人，每个人都有具体的任务，上下级之间都有着复杂的联系，下级要服从上级的领导指挥，上级要听取下级反馈的意见。不同部门之间又存在相互协调、相互合作的关系。其次，会展企业也会与其他相关企业发生各种关系，而这种关系主要是通过企业员工的行为来完成的。例如，会展企业在策划活动中可能需要大笔资金，而这些资金主要靠银行贷款来获得，这样会展企业就可能会跟银行发生债务人与债权人的关系。

2. 开放性

企业是一个开放的系统。部门是企业的一部分，每一个部门只是完成一个特定的目标，即完成企业总目标的一部分，所以每个部门之间必然会进行信息、技术、资金、能量的交流。同时，企业与外界也会有其他的交流与合作，当市场供需情况、经济环境、内外政治环境等发生变化时，企业都有可能发生变化。

3. 动态性

会展企业不可能永久不变，企业每个成员的精神面貌、思想活动、表现行为也不可能完全相同，会随着市场环境、经济环境、社会环境的变化而做出相应的改变。同时，会展举办的不连续性和短暂性，导致会展企业员工流动性很大、员工队伍不稳定，增强了企业员工群体行为的动态性。

4. 自我调节性

每个会展企业都有自己的会展目标，并会把自己的目标通过各种方式传达给企业员工，企业员工也会根据企业的生产经营目标调整和规范自己的行为，以自己对工作的事业心和责任心积极投入到企业工作中去，把企业目标和个人的人生目标联系起来，以达到企业的既定目标。每个企业员工的工作积极性和主动性加起来就形成了一个优秀的企业群体，他们超过个人的局限，发挥集体的协作作用，进而达到 $1+1>2$ 的效果。

第四节　会展企业的制度文化

企业的制度文化主要包括企业领导体制、企业组织机构和企业管理制度三个方面。

一、会展企业制度文化的定义和作用

（一）会展企业制度文化的定义

会展企业制度文化是指企业为实现自身目标对员工的行为给予一定限制的文化，它具有规范性和强制性的特点。企业制度文化不仅包括实体形式的物，

而且还包含企业员工的意识与观念形态。在企业文化结构中，制度层是中介层，它是精神与物质的中介，它既能适应物质文化的固定形式，又能塑造精神文化。会展企业制度文化的规范性和强制性主要体现在：企业制度文化是企业及其构成机构的行为准则；企业制度文化是企业员工的行为规范。企业及其企业的任何组织机构，都必须遵守企业的制度安排，以企业制度为准绳，从事各种生产经营活动；企业员工作为企业的组成人员，无论是上层领导还是下层普通员工，都必须按照企业制度的要求规范自己的行为。

（二）会展企业制度文化的作用

1. 良好的企业制度文化是企业高效发展的活力源泉

对于企业来说，企业制度就是企业活力的最重要保证，没有良好的企业制度，就不可能有企业的活力。如果企业制度安排合理得当，则会有利于调动企业中各种生产要素的积极性，企业以最少的人力、物力、财力投入，获得最大的经济效益。但是，如果企业制度安排不合理，那么企业制度就不能调动企业各生产要素的积极性，会给企业带来负面影响，甚至可能导致企业破产。

2. 企业制度文化是企业生产经营有序进行的无形保障

文化是无形的，但文化的作用确实巨大。俗话说，无规矩不成方圆，企业要想有序运行，就必须有一定的制度保障，使企业活动按照一定的程序运行。程序是企业运行的准绳，而程序实际上就是企业制度。所以，良好的企业制度是企业有序化运行的保障。

3. 企业制度文化是企业经营活动的体制保证

没有一种合理的企业制度安排，就不可能有企业的高效经营活动。实际上，企业的高效经营活动是建立在良好的企业制度基础上的，企业制度文化为企业的高效经营活动提供了可靠的体制保证。

4. 企业领导体制是企业制度文化的核心

企业领导体制不仅影响着企业组织机构的设置，而且还制约着企业管理的各个方面。企业领导体制由企业领导方式、领导结构、领导制度三部分组成，其中最主要的是企业领导制度。企业领导制度受生产力和文化的双重制约。不同时期的企业领导体制，反映着不同的企业文化。企业领导体制是实现企业目标的有力措施和手段，是企业进行正常的生产经营管理所必需的强有力的保障。所以，企业领导体制也是企业制度文化的必要组成部分。

例如，在2010年上海世博会中，中国政府建立了一个完整的领导体制，成立了世博会组织委员会和执行委员会。组织委员会是上海世博会的领导机构，执行委员会是组织委员会的执行机构。同时，中国政府还拟定了《上海世博会注册报告》，这是一份关于上海世博会整体实施方案的法律文本，也是筹办上海世博会的基础纲领，不管是上海世博会组委会，还是上海世博会执委会，他们的工作必须按照《上海世博会注册报告》来执行。

二、会展企业组织结构的制度文化

会展企业组织结构是指企业内各构成要素以及它们之间的相互关系，它描述企业的框架体系。会展企业组织结构主要涉及企业部门构成、基本的岗位设置、责权关系、业务流程、管理流程及企业内部协调与控制机制等。会展企业组织结构是实现企业宗旨的平台，组织结构直接影响着企业内部各组织行为的效果和效率，从而影响着整个企业的发展。企业组织结构如果设计得好，就能汇聚企业各部分力量，形成 1+1>2 的扩大效应；否则，就容易出现"一盘散沙"的局面。"三个和尚没水喝"的典故就证明了这一点。

会展企业组织结构的设计必须遵循以下原则：①以企业整体经营目标为准绳；②权利的广度和层次要适度；③职、责、权必须明确、对等；④组织机构的精简化；⑤组织机构的弹性等。

目前比较典型的组织结构形式主要有职能式、事业部式、矩阵式、混合式等几种形式。会展企业组织结构也基本上是采用这几种形式。

第五节 会展企业的精神文化

一、会展企业精神

企业精神是现代意识与企业个性相结合的一种群体意识，是企业在长期的经营发展中逐步形成，并为企业领导所倡导、全体员工所认同的理想、价值观和基本信念，是对企业经营哲学、价值观念、行为准则、道德规范的提炼和升华。企业精神不仅体现为企业员工共同认同的内心态度、意志状况、思想境界和理想追求，而且还体现在企业的企歌、企训、企规、企徽等方面。企业精神是企业的无形资产，它是企业文化的精髓和灵魂，决定着全体员工的行为规范和企业文化的各个方面。企业精神对企业员工的作用主要体现在对员工行为的导向功能、激励功能、约束规范功能、凝聚功能等方面。导向功能主要是指企业精神能通过它的实质内涵,把企业员工的行为有效地引导到企业的目标上去;激励功能是指企业通过一些言词、口号、企歌、企训等,大大地激发员工的工作热情;约束规范功能是指企业精神中的一些不成文的企规、企训、企风、企纪等,渐渐演化为员工规范和约束自己行为的准则;凝聚功能是指企业精神能增强企业的凝聚力、影响力和感召力。在会展企业中,企业精神主要包括主人翁精神、敬业精神、团队精神、创新精神和服务精神。

(一) 主人翁精神

主人翁意识是一种与公司血肉相连、心灵相通、命运相系的感觉,是企业的精神支柱,是企业自我约束、自我激励的源泉。员工的主人翁意识能勉励企业员工自觉创新、积极参与、尽最大努力去做好每一件事情,尽最大热情去面对每一个客户,在企业中追求卓越,把企业目标和自己的人生目标紧密地联系起来,从而形成"企荣我荣,企衰我耻"的思想认识。企业员工的主人翁意识是企业发展的动力,它意味着诚信、团队、务实、积极、专业和创新,它会激励员工树立"百尺竿头,更进一尺"的气魄和信心,锐意改革、创新,不断向更高目标攀登。员工"爱企如家"的思想,为企业发展构建一个和谐的内部环境,进一步增强企业的凝聚力,统一思想,同心同德,用和谐的音符奏和谐的旋律,共同为企业的目标而努力。

一个洋溢着主人翁精神的企业必然是一个富有竞争力的企业。一方面,如果每一个人都把公司内部的事当作自己的事来做,大家就会尽最大努力去思考如何为企业节约人力、物力、财力,达到事半功倍的目标。另一方面,人的潜能是无限的,主人翁精神还可以把一个人的潜能发挥到极致。实践证明,如果企业员工把自己看作公司中重要的一员,那么他们会对自己的工作充满责任感和自豪感,就会尽最大努力去完成他的工作。

一个洋溢着主人翁精神的企业必然是一个充满活力的企业。每位员工都是企业中必不可少的一分子,企业为每位员工都提供了施展个人才华的舞台,同时,每位员工都是企业舞台上的主角,都可以在这个空间发挥自己的智慧才干,实现个人的人生价值。所以,每位员工都应树立起企业的主人翁精神,踏踏实实做好本职工作,从而推动企业的发展壮大。而企业的发展壮大也为企业员工提供了更广阔的发展空间和更多的发展机会,使员工利益达到更大化。员工看到了企业的前景和自己劳动所得的回报,就会更加努力地投入到工作中去,去为企业着想,为企业创造更大财富。如此一来,就形成了一个良性循环,推动企业不断向前发展。这种良性循环不是虚幻的,它是在企业生产经营的点点滴滴中体现出来的,员工在工作过程中的言行举止都能表现出他的主人翁意识。

一个洋溢着主人翁精神的企业必然是一个富有生存力的企业。市场环境风云变幻，企业要在市场中立足，就需要企业员工众志成城，积极发挥主人翁意识，积极发挥自己的主观能动性做好自己的本职工作。

(二) 敬业精神

敬业精神是个体以明确的目标选择、朴素的价值观、忘我投入的志趣、认真负责的态度，从事自己的主导活动时表现出的个人品质。敬业精神是做好本职工作的重要前提和可靠保障。敬业精神是优秀员工的职业基准，是企业基业长青的灵魂；敬业精神是员工实现个人价值的基础，是获得最佳绩效的有力保障；敬业精神也是员工的天职，是荣誉的象征，更是每个职场人士成长和成功的根本。敬业精神是一种工作态度，是一种生命态度，是企业长盛不衰的动力源泉，拥有一批富敬业精神的员工的企业才会永远立于不败之地。

(三) 团队精神

所谓团队精神，简单来说就是大局意识、协作精神和服务精神的集中体现。团队精神的基础是尊重个人的兴趣和成就，核心是协同合作，最高境界是全体成员的向心力和凝聚力，反映的是个体利益和整体利益的统一，并进而保证组织的高效率运转。

(四) 创新精神

创新是企业文化的精髓，是企业长盛不衰的法宝。企业文化只有把创新的基因置入到员工当中去，才是真正能够让企业长盛不衰的企业文化。像松下电器、IBM、英特尔、柯达等百年企业之所以生存至今，原因就在于其创新精神长盛不衰，其中非常重要的一方面就是企业文化已像基因一样置入到企业的细胞当中去。近年来，会展业规模日益扩大，会展企业数量的迅速增加，导致会展企业之间的竞争日益激烈。随着经济全球化的出现和我国加入世界贸易组织及国内经济方式的变革等一系列新的挑战的到来，我国的会展企业将在竞争战略、经营方式、管理理念、服务模式、内部组织结构、营销模式等方面发生全新的变革。

(五) 服务精神

服务不仅是一种责任，更是一种精神。会展业属于服务行业，要求员工树立主动服务的精神。会展企业为客人提供的产品不仅包括有形的设施，同时也包括无形的服务。在人们的消费观念日益成熟的今天，消费者对于服务的要求甚至超过了硬件设施，而往往服务上的优势还能有效地弥补硬件设施的不足。优质服务，成了企业吸引客人、留住客人的最佳武器。如何设计出能满足客人需求的服务项目以及让客人感觉舒服、满意的服务方式，已成为很多会展企业经营者关注的重点。所以，会展企业员工要树立主动服务的精神，不断创新会展服务方式，为顾客提供个性化和多样化的服务，从而满足顾客在不同层次上的需求。

二、会展企业价值观

企业价值观是企业文化的核心部分，是企业人格化的产物。企业价值观的发展经历了三个阶段：18世纪至20世纪初，盛行于西方发达工业化国家的追求利润最大化的价值观；始于20世纪20年代的经营者与投资者分享利润的价值观；在20世纪70年代逐渐兴起并成为主流的利润共享和履行社会责任的价值观。

企业价值观是企业在长期的生产、经营中所形成的，一旦建立，就会在企业中发挥重大的作用。企业价值观的作用是：为企业提供了价值标准，支撑着整个企业的发展；指导领导层的决策，决定着企业的基本特征和发展方向；形成价值取向，规范企业员工的行为；塑造企业形象，增强企业的凝聚力和竞争力。

在企业使命和企业功能单位的基础上，会展企业的战略目标主要包括市场目标、创新目标、盈利目标和社会目标。所以，依据会展企业的战略目标，我们可以把当代会展企业价值观大致分为经济利益价值取向、社会责任价值取向、伦理道德价值取向和以人为本的价值取向。

（一）经济利益价值取向

会展企业是以盈利为目的，自负盈亏的法人主体和市场竞争主体。会展企业必须担负两大功能，即生产功能和经营功能。企业从事生产经营的目标就是追求利润，如何使企业经营利润最大化是企业的最终目标。获得经济效益对于会展企业的生产和发展起着至关重要的作用。所以，会展企业通过有效地配置企业资源，不断提高企业资源的利用率，引进先进技术，以及分阶段制定人力资源、生产资源、资本资源的投入－产出目标等手段，来实现企业的盈利目的。

(二) 社会责任价值取向

会展企业作为社会大环境中的一员,一方面,它的生产经营活动会受到自然环境、经济环境、人口环境的影响和制约;另一方面,它的生产经营活动也会对社会带来各种正面和负面的影响。所以,会展企业必须意识到自己对社会的责任,必须对自身造成的社会影响负责任,必须承担解决社会问题的部分责任,在追求企业经济效益的同时,兼顾社会效益。很多会展企业通过制定环境保护、节约能源、社区建设、社会福利等社会目标来体现企业对社会的贡献程度。

(三) 伦理道德价值取向

会展企业的关系不仅包括企业所有者、经营者、员工之间的关系,同时也包括企业与消费者之间、企业与合作者之间的关系。企业与这些企业、顾客、员工之间的行为不仅受到法律规范的强制性制约,同时也受到企业伦理道德规范的约束。会展企业应以正直、善良、诚实、守信的企业行为,去建立和各方之间的友好关系,为会展企业的发展树立良好的形象,营造良好的内外部环境,从而实现会展企业的可持续发展。

(四) 以人为本的价值取向

在会展企业的诸多生产要素中,人是最具有主动性和主导性作用的因素。会展企业要全面发展,就必须坚持以人为本的经营理念,充分调动员工的积极性,发挥其主动性和创造性。会展企业人才必须具有十分广博的知识面,并熟悉和精通会展的业务操作流程,具有较高的组织、策划、公共、创新等能力。目前,具备这些素质的会展人才极其匮乏,已经成为限制我国会展业快速发展的瓶颈。因此,对专业人才的培养,对人力资源的开发与管理以及对人的重视程度,直接关系到会展企业经营管理的成败。首先,会展企业应坚持以人为本,建立起完善的人才培养机制和用人机制,实现企业员工招聘、录用、培训、激励、约束等环节的科学化操作。其次,会展企业尊重人的个性,把员工的个人人生目标统一到企业总体目标上来,帮助员工实现自身的价值,减少会展企业员工的流动率,从而为会展企业发展创造良好的人文环境。

本章小结

企业文化具有导向、约束、凝聚、激励等功能,对于会展企业的发展具有十分重要的推动作用。会展企业文化建设绝非一朝一夕之功,不是简简单单地举办几次文化活动就称之为企业文化,从根本上来说,会展企业文化建设是一项复杂的系统工程。会展企业文化由浅入深可分为物质文化、行为文化、制度文化和精神文化四个层面,每个文化层面所包含的具体内容不同、建设的方式及途径各异。每个会展企业需结合自身的实际情况和所处的成长阶段,在发展中建设企业文化,在建设中完善企业文化,使企业文化真正成为引领会展企业健康成长的驱动力。

会展企业文化　会展企业物质文化　会展企业行为文化　会展企业制度文化　会展企业精神文化　企业精神　企业价值观

1. 会展企业文化的主要内容包括哪些?
2. 会展企业文化的主要特点有哪些?
3. 会展企业文化的功能主要体现在哪些方面?
4. 会展企业物质文化的内容主要包括哪些?
5. 会展企业行为文化的内容主要包括哪些?
6. 会展企业制度文化的内容主要包括哪些?
7. 会展企业精神文化的内容主要包括哪些?

尚格会展——从来,看未来

尚格会展股份有限公司成立于 1995 年,是中国本土成长的会展企业。尚格系中国会展经济研究会副会长单位,湖北省会展业商会会长单位,是中国民营会展的引领者。20 年来,尚格参与、推动、见证了中国会展经济的发展,在会展项目策划、组织、服务体系建设方面卓有心得;在政府、场馆、媒体、行业协会等公共关系构建方面感同身受;在市场开发、项目运营、团队建设、企业文化、合作机制创建方面独树一帜。

尚格励精图治起伏跌宕的办展生涯,是中国会展人的创业史和中国会展发展历程的缩影。从皮草展起源,涉及服装展、家居展、通讯展、广告展、医疗展、生物展等 20 余选题,创造连锁办展的商业模式,形成了主要以汽车展、家居建材展、国际光电子博览会为核心产品线的连锁办展格局。至今，尚格会展足迹遍及武汉、上海、重庆、南京、郑州、南昌、南宁、贵阳等多个城市，年展览面积进入中国会展行业前列。尚格团队平均年龄 27 岁，成为中国会展经济的生力军。

创业路上追逐夸父精神

尚格会展在业界已很有名气，其创始人张珺说，对于民营企业来说，努力、坚持、执着，就是他们成功的方式。20 多年来逐渐形成尚格的"十六字"精神——志存高远，旷朗无尘；坚韧不拔，生生不息。这也是尚格会展的企业座右铭。它来自山海经中的典故"夸父逐日"。

夸父逐日

据《山海经·夸父逐日》记载：远古时候，北方高山里生活着一群力大无穷的巨人，叫作夸父族。有一年天气炎热，草木晒焦，河流干枯，夸父族的人纷纷死去。夸父看到这种情景很难过："我要追上太阳，捉住它，让它为大家服务。"族人听后纷纷劝阻。"你千万别去呀，太阳离我们那么远，你会累死的。""太阳那么热，你会被烤死的。"

夸父告别族人，怀着雄心壮志，从东海边上向着太阳升起的方向，迈开大步追去，开始他逐日的征程。逐日的道路异常艰险，但是，他没有害怕，并且一直鼓励着自己，"快了，就要追上太阳了，人们的生活就会幸福了"。

志存高远，旷朗无尘；坚韧不拔，生生不息。夸父的精神深深地影响着我们……这就是永恒的追求，SUNGOAL 尚格精神。

LOGO 演绎

sun + go + al
——朝着太阳奔跑……

尚：尊崇，注重，崇尚，重视，仰慕。

格：正，登，至，变革。

尚：代表一种高度，一种品位，一种方向。

格：诠释一种风格，一种境界，一种思想。

SUN：代表尚格追求的宏伟目标和美好愿景，代表一种昂扬向上的朝气和活力。

GOAL：代表尚格方向明确，目标坚定，定位准确。

GO：红色突出，代表现在就出发，向着目标全力以赴。

夸父内核

尚格"夸父族"拥有高远的志向，他们跨越世纪地奔逐，只为着在与世界会展经济共舞的旋律中，奏出和谐的美妙乐曲！而这个目标，因为他们的坚韧不拔，顽强拼搏，在一点一点地实现，近了，更近了……

泱泱中华，辽阔疆土，尚格"夸父族"对事业的决心生生不息。他们向着目标奔走的途中，用行动赢得了世人的嘉许和赞赏；他们对梦想的追逐，使尚格基业长青、枝繁叶茂；他们在中国大地上叱咤风云，占据全国二三级汽车展览市场的半壁江山……

世纪苍穹，志存高远的"夸父族"坚定似钢，奋力向前；历经风华，生生不息的夸父精神，柔韧如丝，熠熠生辉！

SUNGOAL，志存高远铸辉煌，与时俱进谱华章！

夸父精神

1. 学习精神

学习精神成为"夸父族"的首要精神。在思考中学习，在学习中竞争，在竞争中成长。学习是增加尚格团队核心竞争力的制胜法宝。崇高的理想就像生长在高山上的鲜花，如果要摘下它，学习才是攀登的绳索。

2. 团队精神

"夸父族"团结奋进，积极进取，为着一个共同的目标，汇聚尚格；"夸父族"足迹遍华夏，风华茂神州，为着一个共同的志向，齐步向前；"夸父族"不畏艰险，不怕荆棘，为着一个共同的梦想，同舟共济。这就是尚格团队，互相协作，彼此扶持，勇往直前！

夸父意识

1. 责任意识

责任，是一个团队的灵魂。责任意识是深深蕴藏在每个尚格人心中，并能随时转化为巨大发展动力的精神动力。坚守责任，维护使命，是尚格"夸父族"坚守的信念。

2. 危机意识

"居安思危，未雨绸缪"是尚格基业保持长盛不衰、蒸蒸日上的关键所在。"夸父族"依然时刻准备着，抱团迎战。或热流涌动，或激情碰撞，活跃的总是无坚不摧的战斗合力。

（资料来源：http：//www.sungoal.org/html/About/Wenhua/）

■讨论题

1. 试用企业文化理论分析振华会展有限公司的企业文化建设。

2. 振华会展有限公司的企业文化建设对于中小型会展企业的文化建设有何启示和借鉴意义？

主要参考文献

[1] 畅铁民. 企业危机管理 [M]. 北京：科学出版社，2004.
[2] 陈锋仪. 陕西会展企业应着力调整人力资源结构 [N]. 中国贸易报，2009 – 12 – 08.
[3] 陈亮. 大型会展危机管理研究：以中国–东盟博览会为例 [J]. 学术论坛，2007（1）：93 – 96.
[4] 陈信康. 上海世博经济研究专论 [M]. 上海：上海财经大学出版社，2006.
[5] 戴庚先. 现代企业管理 [M]. 北京：电子工业出版社，2002.
[6] 龚维刚，陈建国. 会展实务 [M]. 上海：华东师范大学出版社，2007.
[7] 龚平. 会展概论 [M]. 上海：复旦大学出版社，2005.
[8] 顾逸南. 会展业面对突发事件的管理 [J]. 国际商务研究，2005（1）：56 – 59.
[9] 郭奉元. 会展营销实务 [M]. 北京：对外经济贸易大学出版社，2007.
[10] 过聚荣. 中国会展经济发展报告（2006—2007）[M]. 北京：社会科学文献出版社，2007.
[11] 过聚荣，朱士昌，诺基. 中国会展经济发展报告（2008）[M]. 北京：社会科学文献出版社，2008.
[12] 过聚荣. 会展概论 [M]. 北京：高等教育出版社，2010.
[13] 韩晓芸，梁培当，杨莹. 会展客户关系管理 [M]. 北京：中国商务出版社，2004.
[14] 黄向，李正欢. 会展管理：原理、案例 [M]. 广州：暨南大学出版社，2009.
[15]（美）加里·德斯勒. 人力资源管理（第六版）[M]. 刘昕，吴雯芳，等，译. 北京：中国人民大学出版社，2005.
[16] 华谦生. 会展策划与营销 [M]. 广州：广东经济出版社，2004.
[17] 姜真，袁博，董华. 现代企业管理 [M]. 北京：清华大学出版社，2007.

[18] 金辉. 会展概论 [M]. 上海：上海人民出版社，2004.
[19] 黎群. 企业文化 [M]. 北京：清华大学出版社，2008.
[20] 林广瑞. 企业战略管理 [M]. 杭州：浙江大学出版社，2007.
[21] 林坚. 企业文化修炼 [M]. 北京：蓝天出版社，2005.
[22] 刘大可. 中国会展业：理论、现状与政策 [M]. 北京：中国商务出版社，2004.
[23] 刘大可，王起静. 会展活动概论 [M]. 北京：清华大学出版社，2004.
[24] 刘光明. 企业文化 [M]. 北京：经济管理出版社，2006.
[25] 刘俊心，李靖，张建庆. 企业文化学 [M]. 天津：天津大学出版社，2004.
[26] 刘松萍，梁文. 会展市场营销 [M]. 北京：中国商务出版社，2004.
[27] 刘伟，尹家绪. 构筑信息时代的企业竞争力 [M]. 北京：科学出版社，2004.
[28] （美）伦纳德·纳德勒，泽克·纳德勒. 成功的会议管理：从策划到评估 [M]. 刘祥亚，周晶，译. 北京：机械工业出版社，2003.
[29] （美）罗杰·摩司魏克，罗伯特·尼尔森，等. 会议管理：如何创造高效率的会议 [M]. 高维泓，译. 桂林：广西师范大学出版社，2001.
[30] 罗松涛. 会展管理实务 [M]. 北京：对外经济贸易大学出版社，2007.
[31] 马勇，冯玮. 会展管理 [M]. 北京：机械工业出版社，2006.
[32] 马刚，李洪心. 客户关系管理 [M]. 大连：东北财经大学出版社，2005.
[33] 毛金凤，韩福文. 会展营销 [M]. 北京：机械工业出版社，2005.
[34] （美）Milton T. Astroff, James R. Abbey. 会展管理与服务（第五版）[M]. 宿荣江，译. 北京：中国旅游出版社，2002.
[35] （美）桑德拉·L. 莫罗. 展会管理实务 [M]. 武邦涛，译. 上海：上海远东出版社，2005.
[36] 沈燕云，吕秋霞. 国际会议的规划与管理 [M]. 沈阳：辽宁科学技术出版社，2001.
[37] 孙名贵. 会展经济学 [M]. 北京：机械工业出版社，2006.
[38] 谭红翔. 会展策划实务 [M]. 北京：对外经济贸易大学出版社，2007.
[39] 王保伦. 会展经营与管理 [M]. 北京：北京大学出版社，2006.
[40] 王春雷，张灏. 第四次浪潮：中国会展业的选择与明天 [M]. 北京：中国旅游出版社，2008.
[41] 王方华，过聚荣. 中国会展经济发展报告（2009）[M]. 北京：社会科

学文献出版社，2009.
[42] 王军. 会展设计的切入点探析 [J]. 新西部，2009（14）：129－131.
[43] 王起静. 会展项目管理 [M]. 北京：中国商务出版社，2004.
[44] 王铁男. 企业战略管理 [M]. 哈尔滨：哈尔滨工业大学出版社，2005.
[45] 王先玉，王建业，邓少华. 现代企业人力资源管理学 [M]. 北京：经济科学出版社，2003.
[46] 王云玺. 会展管理 [M]. 上海：上海交通大学出版社，2004.
[47] 魏卫. 旅游企业管理 [M]. 北京：清华大学出版社，2006.
[48] 吴健安. 市场营销学 [M]. 北京：高等教育出版社，2007.
[49] 吴金法. 现代企业管理学 [M]. 北京：电子工业出版社，2003.
[50] 严成根，洪江如. 现代企业管理 [M]. 北京：清华大学出版社，2005.
[51] 杨春兰. 会展概论 [M]. 上海：上海财经大学出版社，2006.
[52] 杨念. 企业会展活动管理实务问答 [M]. 北京：中国海关出版社，2005.
[53] 杨顺勇，施谊. 会展项目管理 [M]. 上海：复旦大学出版社，2009.
[54] 于恬，李剑泉. 会展政策与法规 [M]. 大连：东北财经大学出版社，2009.
[55] （澳）约翰·艾伦，威廉·欧图，等. 大型活动项目管理 [M]. 王增东，杨垒，译. 北京：机械工业出版社，2002.
[56] （美）约瑟夫·M. 普蒂，海因茨·韦里奇，哈罗德·孔茨. 管理学精要：亚洲篇 [M]. 丁慧平，孙先锦，译. 北京：机械工业出版社，1999.
[57] 张东生，王久征. 现代企业管理 [M]. 北京：机械工业出版社，2004.
[58] 张静抒. 会展人力资源管理 [M]. 上海：上海交通大学出版社，2008.
[59] 张亚，郑予捷. 现代企业管理 [M]. 北京：科学出版社，2004.
[60] 张智利，潘福林. 企业管理学 [M]. 北京：机械工业出版社，2007.
[61] 赵春明. 企业战略管理：理论与实践 [M]. 北京：人民出版社，2009.
[62] 赵春霞. 会展概论 [M]. 北京：对外经济贸易大学出版社，2007.
[63] 赵恒平. 人力资源开发与管理 [M]. 武汉：武汉理工大学出版社，2008.
[64] 周丹青. 会展危机管理中的 RCRR 模式分析 [J]. 经济师，2009（05）：10－11.
[65] 邹树梁. 会展经济与管理 [M]. 北京：中国经济出版社，2008.
[66] 邹昭晞. 企业战略分析 [M]. 北京：经济管理出版社，2005.

后 记

自本书第一版于 2010 年 8 月出版以来，国内外会展业发生了全面而深刻的变化。全球经济仍深陷金融危机泥沼而处于缓慢的恢复发展过程中，国际会展业保持了持续而平稳的增长。与此形成鲜明对比的是，我国自 2010 年取代日本成为仅次于美国的世界第二大经济体，尽管我国经济进入了新常态发展时期，但会展业经过 20 多年的快速增长仍然保持高于我国 GDP 增长的速度。2014 年，我国共举办展览会 8009 场，展览总面积超过 1 亿平方米，跃居世界第一。2015 年 3 月，国务院颁布《关于进一步促进展览业改革发展的若干意见》，首次将展览业纳入国家发展战略，并成立了由商务部牵头的部际联席会议制度，显著提升了会展业在国民经济中的地位。同时，随着"一带一路"战略的实施和深入推进，我国一些战略眼光超前和实力强大的会展公司纷纷走出国门到境外举办中国具有优势的产业展览会，仅 2014 年就达到 84 场，总面积 26.8 万平方米，有效提升了中国制造的知名度和品牌影响力。

有鉴于此，我们对原书进行了修订，调整了部分章节结构，补充了一些新内容，并全部更换了每章后面的综合案例，目的是使读者在全面系统学习会展企业管理理论的基础上，深刻领会和把握国内外会展业发展的大势和会展企业经营管理的实际情况，更好地为中国会展业的健康持续发展献策献力。

本次修订工作由广东财经大学会展研究中心主任、会展经济与管理专业负责人袁亚忠博士、教授主持，并负责第一章至第五章的修订。硕士研究生胡观景负责第六章、第七章和第十一章的修订，硕士研究生张思负责第八章、第九章和第十章的修订。全书最后由袁亚忠教授统编定稿。

感谢中山大学出版社的翁慧怡编辑！你的敬业精神和认真态度，鞭策着我们完成了本次修订任务；你的耐心细致和一丝不苟的工作作风，督促着我们如期完成了本次修订任务。

本书在修订过程中，参考并引用了许多专家学者的研究成果和相关会展公司的资料,并将主要参考文献附于书后,在此表示诚挚的谢意,未能一一列举的,敬请谅解。由于编者学识水平有限,书中存在缺憾和不足在所难免,恳请学界同仁和各位读者批评指正。

编者
2016年6月于广州